日本労働政治の
国際関係史 1945-1964

日本労働政治の
国際関係史 1945-1964

社会民主主義という選択肢

中北浩爾

岩波書店

目　次

凡例／略語表

序　論　日本労働政治の国際関係史 ────────── 1
アメリカの労働界と CIA／冷戦と労働組合／労働をめぐる国際関係の多元性／日本労働政治の国際関係史

第1章　総評の結成と左傾化 ──────────── 17
第1節　共産党の組合支配とキレン ……………………… 17
初期対日占領政策と共産党の組合支配／AFLによるキレンの派遣／キレン労働課長と AFL の対日活動／マッカーサー書簡とキレンの辞任／AFL から CIO へ

第2節　総評の結成とブラッティ ………………………… 39
ドッジ・ラインと民主化運動／国際自由労連の結成／総評の結成／訪米・訪英プログラムの開始／総同盟の解体と産業別整理

第3節　総評の左傾化と国際自由労連 …………………… 68
朝鮮戦争の勃発と講和問題／総評第2回大会とブラッティの離日／民労研、労働者同志会、委員長グループ／総評に対する国際的支援／総評第3回大会とデヴェラルの来日

第2章　全労の結成と生産性運動の開始 ─────── 95
第1節　高野の総評指導と国際自由労連 ………………… 95
国際自由労連と民労連の結成／国際自由労連東京事務所の設置／国際自由労連と国際金属労連／総評の平和勢力論とアジア労組会議構想

第2節　全労の結成 ………………………………………… 118
デヴェラルの対日活動／アメリカ政府と全労の結成／全労の国際自由労連一括加盟問題／AFL とアメリカ政府の全労支援

第3節　生産性運動の開始 …………………………………… 146
　　　　生産性プログラムとは何か／日本における生産性
　　　　運動の開始／日本生産性本部の設立／労働組合の
　　　　参加と限界

第4節　太田・岩井ラインの登場 …………………………… 169
　　　　国務省の訪米プログラム／太田・岩井ラインの登
　　　　場／岩井に対する期待と幻滅／国際金属労連の対
　　　　日活動の開始

第3章　生産性プログラムから国際公正労働基準へ ——— 197

第1節　安保・三池闘争へ ……………………………………… 197
　　　　岸内閣の対総評強硬策／ミラード提案と労働戦線
　　　　統一問題／日教組の国際自由労連からの脱退／安
　　　　保・三池闘争

第2節　生産性運動と全労の発展 …………………………… 224
　　　　生産性運動への労働組合の参加／生産性運動と全
　　　　労の発展／アメリカ対日労働政策の見直しへ／生
　　　　産性プログラムの停止と滝田訪米

第3節　貿易摩擦と国際公正労働基準 ……………………… 249
　　　　アメリカ対日労働政策とチープ・レーバー問題／
　　　　AFL-CIOと国際公正労働基準／国際自由労連と
　　　　国際公正労働基準／国際公正労働基準と国際金属
　　　　労連の対日活動

第4章　IMF-JCと同盟の結成 ———————————— 273

第1節　ケネディ・ライシャワー路線 ……………………… 273
　　　　ケネディ・ライシャワー路線の登場／総評の穏健
　　　　化と石田労政／ケネディ政権と国際公正労働基準
　　　　／国務省訪米プログラムの新規開始

第2節　労組間交流の進展 ……………………………………… 298
　　　　総評と国際自由労連の緊密化／国際金属労連の対
　　　　日活動とケアリー訪日／ルーサーの訪日準備と全
　　　　労／ルーサーの来日とその提唱

第3節　IMF-JC と同盟の結成 ……………………………………… 324
　　　　国務省訪米プログラムと日米政府間賃金調査／賃
　　　　金共同調査センターの設立／IMF-JC の結成／全
　　　　労の国際自由労連一括加盟と同盟の結成

結　論　社会民主主義という選択肢 ───────────── 351
　　　　西側に統合される日本の労働組合／労働戦線統一
　　　　運動から連合結成へ／社会民主主義という選択肢
　　　　／グローバル社会民主主義の可能性

　参考文献　　　367
　参考資料　　　371
　あとがき　　　375
　人名索引　　　379
　組織名索引　　385

凡　例

1. 引用は「　」で示し、引用者による註記には〔　〕を、省略には …… を用いた。
2. 引用は原則として原文通りとし、旧仮名遣いはそのままにした。ただし、旧漢字は新漢字に改めた。
3. 英文は日本語に訳して引用した。
4. 敬称は原則として省略した。

略　語　表

AFL: アメリカ労働総同盟
AFL-CIO: アメリカ労働総同盟・産業別組合会議
AUCCTU: 全ソ労働組合中央評議会
CGIL: イタリア労働総同盟
CGT: フランス労働総同盟
GGT-FO: フランス労働総同盟・労働者の力
CIA: 中央情報局(アメリカ)
CIO: 産業別組合会議(アメリカ)
CISL: イタリア労働組合同盟
DGB: ドイツ労働総同盟(西ドイツ)
FDGB: 自由ドイツ労働総同盟(東ドイツ)
GATT: 関税および貿易に関する一般協定
ILO: 国際労働機関
IMF-JC: 国際金属労連日本協議会
ITUC: 国際労働組合総連合
LO: スウェーデン全国労働組合連盟
MSA: 相互安全保障法(アメリカ)
NATO: 北大西洋条約機構
OECD: 経済協力開発機構
TUC: 労働組合会議(イギリス)
UIL: イタリア労働連合
WTO: 世界貿易機関

序論

日本労働政治の国際関係史

アメリカの労働界と CIA

　アメリカ西海岸で最大の発行部数を誇る日刊紙『ロサンゼルス・タイムズ』は、1966 年 5 月 22 日号に衝撃的なインタヴュー記事を掲載した。労働組合のナショナル・センターである AFL-CIO（アメリカ労働総同盟・産業別組合会議）が、CIA（中央情報局）と緊密な協力関係を持っている、というものであった。そうした噂はかねてから存在していた。しかし、このインタヴューに応じたのは、AFL-CIO に加盟する全米自動車労組のヴィクター・ルーサー国際部長であった。CIO 系の全米自動車労組は、AFL 系が要職を占める AFL-CIO において少数派であったが、150 万人の組合員を擁するアメリカ最強の産業別組合であり、公民権運動を支援するリベラルな方針によって、大きな社会的尊敬を集めていた。この記事によると、AFL-CIO で CIA との関係を取り仕切っているのは、ジョージ・ミーニー会長の信任の厚いジェイ・ラヴストーン国際部長であった。ルーサーは、ラヴストーンがかつてアメリカ共産党の書記長であったことに触れ、その時代に身につけた秘密工作の手法をそのまま労働組合運動に持ち込んでいると批判した[1]。

　それから 1 年後の 1967 年 5 月 7 日、『ロサンゼルス・タイムズ』が再びアメリカの労働界と CIA の関係を暴露するインタヴュー記事を掲載した。CIA のアレン・ダレス副長官（後に長官）のアシスタントであったと語るトマス・ブレーデンが、国際共産主義勢力に対抗するため、アメリカの労働組合に資金援助を行うプログラムを立ち上げ、CIA の国際組織課長として自らそれを指揮したと証言したのである。後悔の上での告白ではなかった。それを行わなければ、ヨーロッパ、特にフランスとイタリアは共産化していたであろうと述べ、道義上恥じることはないというのが、ブレーデンの強調した点であった。彼が具体的に明らかにしたのは、フランスで共産党系の港湾労働者を買収する工作に、旧 AFL が協力したという事実である。これはヴィクター・ルーサーが攻撃し

たラヴストーンの関与を意味した。しかし、それ以上にこの記事で注目を集めたのは、全米自動車労組のウォルター・ルーサー会長が5万ドルの工作資金をデトロイトで受け取ったというくだりであった。その資金は、実弟のヴィクター・ルーサーを通じて、西ドイツの労働組合に流された。ブレーデンは、AFL-CIOとCIAの関係を批判したルーサーは偽善的であり、恥を知るべきである、と皮肉たっぷりに付け加えた[2]。

一転して批判の矢面に立たされたルーサー兄弟は、彼ららしい対応をとった。資金提供の事実をあっさりと認めたのである。5月7日付の全米自動車労組の声明文は、受渡し場所をパリ、受け取ったのを当時のCIO駐欧代表のヴィクター・ルーサーと訂正しながらも、不足していた対外活動資金の追加分として、CIAから資金提供を受け、ヨーロッパでの労働教育と組織化のために使用したことがある、と述べた。もちろん、彼らとて弁解するのを忘れなかった。それは、15年前の一度限りのことで、ヨーロッパが共産主義勢力の脅威にさらされていた当時においては、やむをえない行為であり、それ以後の国際活動の資金は全て自力でまかなってきたというのが、声明文の力説した点であった。それに加えて、ヴィクター・ルーサーが、ブレーデンから資金を受け取った際にCIAのエージェントになるよう求められたが、断固拒否したという事実を公表した[3]。ルーサー兄弟がいさぎよい態度をとれたのは、これ以上CIAとの関係が問われることはないという自信を持っていたためである。結局、その後の経過のなかで、全米自動車労組とCIAの密接な関係を裏付ける証拠が示されることはなかった[4]。

疑惑の中心は、AFL-CIO国際部長の地位にあり、合同前の旧AFLでは対外活動組織の自由労働組合委員会の事務局長を務めていたラヴストーンであった。ブレーデンは、週刊誌『サタデー・イヴニング・ポスト』の5月20日号で、CIAがラヴストーンとその配下のアーヴィング・ブラウンに対して資金援助を継続的に与えていたことを明らかにし、ブラウンのサインがある1万5000ドルの領収書を所持していると語った。ただし、そこに記されていたのは、ノリス・グランボというブラウンの秘密活動上の名前であったため、決定的な証拠とはなりえなかった[5]。5月8日、AFL-CIOのみならず、旧AFLの会長でもあったミーニーは記者会見を行い、自分が知る限り、旧AFLと

AFL-CIO は、直接的にも間接的にも CIA から1ペニーも受け取っていないし、ラヴストーンとブラウンは、この件に関与していない、と強い口調で繰り返した。そして、「とんでもない嘘」という言葉を吐いて、ブレーデンの証言を全面的に否定した[6]。はたして冷戦の闘士のミーニーは、真実を語っていたのか。

結果は、今日すでに明らかになっている。1990年3月7日、念願のソ連崩壊を目前にしてラヴストーンが死去した後、AFL-CIO のミーニー記念文書館とスタンフォード大学のフーヴァー研究所で、彼の個人文書が公開された。それを分析したアンソニー・カルーの論文によると、AFL の自由労働組合委員会は、1949年から1958年まで CIA から資金援助を継続的に受けていた。疑惑は事実であったことが、学問的に実証されたのである。しかも、それは総額46万4167ドルに達し、労働組合からの拠出金を遥かに上回っていた。そのうち日本での活動に使用されたのは、6万6902ドルであった。これとは別に、AFL 自由労働組合委員会の駐欧代表としてパリを拠点に活動していたブラウンは、CIA から現地通貨で資金援助を直接に得ていた。さらに、CIA とラヴストーンおよびブラウンとの関係は、自由労働組合委員会が解散され、組織的なつながりが途絶えた1957年末以降も継続した[7]。巨額の CIA の秘密資金が、冷戦期を通じてラヴストーンらの手を経て労働界に流れ込み、反共工作に用いられたのである[8]。

冷戦と労働組合

以上の事実は、アメリカの冷戦外交において、労働組合が非常に重要な位置を占めていたことを如実に示している。それは、以下にみるような、冷戦の構造そのものに起因していた[9]。

冷戦とは、アメリカとソ連という超大国を盟主とする東西2つの陣営が、戦争に発展しかねないほど厳しく対峙した、第二次世界大戦後の国際情勢を指す。大戦末期から摩擦を生じていた米ソ両国の関係は、1947年3月のトルーマン・ドクトリンの発表、6月のマーシャル・プランの提唱、10月のコミンフォルムの創設、1948年2月のチェコスロヴァキアのクーデタ、6月のベルリン封鎖とその後のドイツ分断、1949年1月のコメコンの結成と、ヨーロッパを舞台として次第に緊張を高め、「鉄のカーテン」と呼ばれる分断状況を作り上げ

ていった。こうした対立は東アジアにも波及し、1948年8月から9月の韓国と北朝鮮の成立、1949年11月の中華人民共和国の建国、1950年2月の中ソ友好同盟相互援助条約の締結、6月の朝鮮戦争の勃発と、激化の一途を辿った。冷戦は、超大国を中心とする2つのブロックの対立、すなわち二極体系という点で、それ以前の伝統的な勢力均衡体系とは著しく異なっていた。

　冷戦の1つの特徴は、西側のNATO（北大西洋条約機構）と東側のワルシャワ条約機構に代表される両陣営間の熾烈な軍事的対立であった。確かに、米ソ両国による全面戦争に至ることは最後までなかった。その意味で、冷戦は、冷戦であり続けたのである。しかし、冷戦史をひもとくと、局地的とはいえ米中両国間の熱戦に転化した朝鮮戦争や、核兵器による全面戦争の一歩手前にまで達したキューバ危機などを見出すことができる。よく知られているように、このような冷戦の軍事力学を規定したのは、強力な破壊力を持つ核兵器の存在であった。アメリカに続いて、ソ連が1949年8月に原爆実験に成功した後、米ソ両国は、核兵器の軍拡競争を不断に繰り広げ、その一環として水爆や弾道ミサイルなどを次々に開発した。つまり、核兵器による「恐怖の均衡」、つまり核抑止が、ジョン・ギャディスのいう超大国間の「長い平和」[10]をもたらしたにすぎなかったのである。そして、アメリカとソ連が、核兵器の保有において圧倒的な優位に立ったことが、この両国を頂点とする2つの軍事ブロックの存立を可能にした。

　この軍事力と並んで重要な役割を果たしたのが、イデオロギーであった。西側陣営は自由主義（ないし資本主義）に立脚し、他方、東側陣営はマルクス・レーニン主義、すなわち共産主義を正統教義とした。確かに、イデオロギーが冷戦の全てを律したわけではなく、国益がそれに優先する傾向が強かったのも事実である[11]。しかし、冷戦が、絶対的な価値体系をめぐる対立を基底として成り立っていたことは、両陣営間の和解を困難なものとし、二極体系を再生産した。さらに、イデオロギーは、国益とは違い、国境線を越える力を持つ。それゆえ、冷戦は、第三世界を含めて世界大に拡大する一方、各国の内政に大きな影響を及ぼした。国境線の内部への浸透は、国内でのイデオロギー上の締付けが相対的に緩やかな自由主義陣営で顕著にあらわれ、西側諸国では、ソ連を祖国とする共産党が親米的な保守政党および社会民主主義政党に対抗し、国内

冷戦と呼ばれる状況が現出した[12]。この点でも冷戦は、国家を単一の主体とする伝統的な勢力均衡体系とは大きく異なっていた。

　このような性格を持つ冷戦の下、ソ連を頂点とする国際共産主義勢力は、西側の労働組合への浸透を積極的に図った。それは、マルクス・レーニン主義が労働者階級を革命勢力と規定したことによる。もちろん、労働組合それ自体が革命の主体になるわけではない。しかし、革命の前衛たる共産党は、労働者の支持と運動に立脚しなければならず、それに対する影響力の行使の場として労働組合は位置づけられた。プロレタリア独裁を標榜する共産党の組織基盤は、理論上、労働組合に据えられなければならなかったのである。一方、自由主義陣営の内部の少なからぬ労働者にとって、共産主義は長期にわたり、資本家の搾取から自らを解放する1つの魅力的な理論であり続けた。ロシア革命によって誕生したソ連は、世界の労働者の祖国とみなされ、国内での階級闘争での勝利は、国際的には東側陣営に連なることを意味すると考えられた。ソ連は、労働者の国際連帯を説く共産主義イデオロギーゆえに、西側の労働組合に食い込み、限定的であれ、自らの影響下に置くことができたのである。

　そこで、自由主義陣営の内部の労働組合は、「鉄のカーテン」と並ぶ、冷戦のもう1つの前線となった。もし組織労働者がごく周辺的な勢力であったならば、共産主義が浸透したとしても、冷戦の帰趨にさして重大な影響を与えることはなかったであろう。だが、戦間期から第二次世界大戦を通じて、労働組合の影響力は社会のあらゆる側面で上昇していた。まず、労働組合の支持と協力なくして、総力戦の下での戦時経済は、アメリカですら成り立たなかった。労働組合の組織率は格段に高まり、その経済への規制力は強化され、資本主義を変質させつつあった。政治的にも、労働組合は、支配される側から、支配する側に転じつつあった。大戦終結間際には、アメリカと並ぶ大国のイギリスで、クレメント・アトリー率いる労働党が総選挙に圧勝し、内閣を組織した。もちろん、このような労働組合の台頭は、同時にその制度化と穏健化をもたらし、議会制民主主義の枠内で資本主義の改革を指向する社会民主主義が、多くの国々で組織労働者の多数の支持を得た。しかし、それも、とりわけ大戦直後には、不安定なものでしかなかった。前述したCIAの秘密工作は、こうしたなかで開始されたのである。

労働組合をめぐる冷戦が先鋭にあらわれたのは、ヨーロッパのなかでも、フランスとイタリアであった。この両国では、共産主義者が統一的な中央組織のCGT（フランス労働総同盟）とCGIL（イタリア労働総同盟）を実質的に支配し、それを背景として共産党が社会民主主義政党に対して優位に立った。アメリカ政府は、ヨーロッパの大国である両国の共産化を憂慮して強硬な方針に傾き、国務省やCIAがAFLと協力しながら、共産主義勢力を弱体化すべく分裂工作を行った。そして、マーシャル・プランの発表が引き金となって、まずフランスで1947年12月にCGTが分裂し、社会民主主義系のCGT-FO（フランス労働総同盟・労働者の力）が結成された。また、イタリアでも、1948年7月以降、CGILからの脱退が相次ぎ、最終的にキリスト教民主主義系のCISL（イタリア労働組合同盟）と社会民主主義系のUIL（イタリア労働連合）が成立した。アメリカの露骨な介入は労働者の積極的な支持を得られず、その後も共産党系のナショナル・センターが優位を保ったが、労働戦線の分裂を通じて共産党の影響力はかなりの程度低下した[13]。

1949年1月には、世界労連が分裂した。反ファシズム共同戦線を背景として1945年10月に結成された世界労連は、イギリスのTUC（労働組合会議）、アメリカのCIO、ソ連のAUCCTU（全ソ労働組合中央評議会）など、社会民主主義系と共産党系の両者を結集した史上空前の国際労働組織であったが、フランスCGT出身のルイ・サイヤン書記長をはじめとする共産主義者の影響下に次第に置かれるようになった。そして、マーシャル・プランへの賛否をめぐって、両勢力間の対立は修復不能なものとなった。こうしたなか、強硬な反共産主義ゆえに世界労連の枠外にあったAFLが、共産党系を排除した国際労働組織の結成を提唱した。ここでも、アメリカ国務省が、AFLと協力して、共産党主導の統一的な国際労働組織の分裂を図ったのである[14]。その後、1949年1月の世界労連の執行委員会を契機として、TUCとCIOなどが相次いで世界労連から脱退し、AFLとともに1949年12月に国際自由労連を結成した。書記長に就任したヤコブ・オルデンブローク国際運輸労連書記長は、第二次世界大戦中、CIAの前身の戦略情報局に協力した経験を持ち、かねてからAFLと緊密な関係にあった[15]。

労働をめぐる国際関係の多元性

　このようにみてくると、冷戦による二極化が進展するなか、アメリカ政府がAFLの協力を得ながら反共産主義的な労働外交を展開し、西側陣営の労働組合を再編成していったことが分かる。しかし、それは歴史の一面でしかない。近年の欧米の研究は、より複雑なイメージを提示している[16]。冷戦期の労働をめぐる国際関係は、多元的なアクターと多様なアプローチに彩られていたのである。

　まず指摘すべきは、アメリカ政府が万能ではなく、自国の労働組合と対等の立場で協力しなければならなかったことである。アメリカの労働組合は、政府から相対的に自立しており、自らの利益と目的を追求した。それゆえ、両者の関係は、しばしば摩擦を伴った。そのことは、CIAとAFLの間においてもみられた。AFLの自由労働組合委員会を率いるラヴストーンは、反共産主義的な労働組合運動のエキスパートとしての自負を持ち、そうした経験を持たないCIAの職員たちが資金の使途について口を挟むのを嫌った。それに対して、官僚組織のCIAは、自由労働組合委員会がきちんとした会計処理を行わないことに不満を抱いた。また、CIAの内部には、労働組合のAFLが反共工作で重要な役割を果たすことに批判的な意見が根強く存在していたが、逆にAFLは、CIAがライヴァルのCIOを秘密工作に引き入れるのではないかと警戒した[17]。政府と労働組合の関係は、決して一枚岩的なものではなく、当面の利害の一致に基づく不安定なものにすぎなかった。

　政府と労働組合のそれぞれの内部も、一枚岩には程遠かった。アメリカ政府では、国務省、労働省、CIAのほかに、経済協力局、相互安全保障局、対外活動本部、国際協力局、国際開発局と名称を変えていった対外援助機関が、労働外交に関わった。各省庁はそれぞれの方針を持ち、しばしば相互調整がなされないまま政策を実施したため、その効果は少なからず減殺された。また、共和・民主両党の政権交代による政策の変更が、労働外交に大きな影響を及ぼした。労働組合についてみると、2つのナショナル・センター間の対立は根深かった。AFLとCIOの対外方針をめぐる対立は、国際自由労連が結成され、両組織が加盟したことによって緩和され、それを1つの背景として、ミーニーAFL会長とウォルター・ルーサーCIO会長のイニシアティヴの下、1955年

12月にAFL-CIOが成立した。しかし、合同後も、AFL系とCIO系の対外方針の違いは、解消されなかった[18]。さらに、AFLが国務・労働両省の労働官プログラムに[19]、CIOが対外援助機関の生産性プログラムにそれぞれ足場を築くなど、政府と労働組合の内部対立はしばしば連動した。

　国際的にみるならば、アメリカの影響力には限界があり、イギリスが無視しえない役割を果たした。第二次世界大戦後、軍事や経済をはじめ多くの分野で、イギリスの国際的な影響力は急速に減退した。しかし、労働党政権を生み出した政治力、ヨーロッパ最大の組織力、19世紀半ばに遡る伝統といったTUCが保持する様々な威信によって、労働の分野でのイギリスの影響力は比較的よく維持された。国際労働運動での反米感情や、旧植民地の労働組合とのネットワークなども、それを下支えした。重要なのは、国際自由労連をはじめとする国際労働組織に対して、イギリスがアメリカと拮抗する影響力を持ったことである。確かに、アメリカのAFLとCIOは、合計でTUCの1.5倍の組合員を擁し、対外活動に不可欠な豊富な資金力を誇っていた。しかし、国際労働組織の人員構成において、TUCをリーダーとするヨーロッパの労働組合は圧倒的な比重を占めた。AFLとCIOの対立も、アメリカの影響力を低下させた。こうした背景から、国際自由労連のオルデンブローク書記長は、就任後、TUCとの関係を重視してAFLを失望させた。

　以上にみてきたアクターの多元性は、アプローチの多様性につながっていた。それはAFLとCIOの間に典型的にみられた。CIOは、世界労連を脱退し、内部の共産党系の労働組合を追放した後、AFLと同じく反共産主義を明確化したが、それでもなお無視しえない重要な相違が残ったのである。つまり、一概に反共産主義といっても、それには大きな幅が存在していたのである。

　AFLは、ソ連のAUCCTUの存在ゆえに、世界労連に加盟しなかった。そのことに示されるように、AFLの反共産主義は非常に強硬なものであった。全体主義的で侵略的な共産主義との平和共存などありえない。それはナチズムに対する宥和政策と同一である。封じ込めるだけでは不十分で、巻き返して打破しなければならない。世界には自由主義と共産主義のいずれかしか道はなく、中立主義は共産主義の別名である、というのが、AFLの立場であった。それは、1920年代にアメリカ共産党の書記長を務め、ヨシフ・スターリンから排

除されたラヴストーンの知識と経験に裏打ちされた確信でもあった。こうした強硬な反共産主義に立脚する AFL は、CIA から資金を受け取ることを躊躇しなかった。それほどまでに、共産主義の脅威は切迫しているようにみえたのである。援助を与えて経済を安定させ、共産主義の浸透を食い止めるという方法は、AFL には迂遠すぎた。フランスとイタリアでみられたように、共産主義者が主導するナショナル・センターの分裂、右派労働組合運動の育成こそが、彼らの典型的な手法であった。

これに対して、進歩的な CIO の認識では、共産主義勢力の浸透を可能にするのは、経済的、社会的な不満であり、それを阻止するためには、経済成長を促進し、労働者の生活水準を向上させることが不可欠であった。そこで、CIO は、アメリカの対外援助機関が実施する生産性プログラムに積極的に参加した。それはチャールズ・メイヤーのいう「生産性の政治」であり、生産性の向上に基づく経済成長によって、投資と賃金のゼロ・サム的な関係を解消し、階級対立を克服しようとする試みであった[20]。しかし、生産性を向上するための労使協力は、それだけでは経営者に利益を与えても、必ずしも賃金や労働条件の引上げにつながらない。「生産性の政治」は、実際には階級間の利害対立を消滅させることができなかったのである。それゆえ、CIO は、生産性向上の成果の配分を確実なものとすべく団体交渉を重視し、そこでの経営者に対する交渉力を高めるために労働戦線の統一を指向した。そして、労働者階級の連帯を重視する CIO は、AFL の分裂工作から距離をとる一方、共産主義者との対話可能性を否定せず、中立主義にも一定の理解を示した。

TUC、DGB(ドイツ労働総同盟)、LO(スウェーデン全国労働組合連盟)をはじめとして、西欧諸国の労働組合の大多数は、社会民主主義的な性格を持つ CIO の路線に親近感を抱いた。それに対して、マッカーシズムを想起させるほどの AFL の強硬な反共産主義は、アメリカ流のビジネス・ユニオニズムとして忌避された。ヨーロッパの労働組合のなかで AFL 寄りの立場をとったのは、それから秘密裏に資金援助を受けていたフランスの CGT-FO、イタリアの CISL など少数にとどまった[21]。そして、こうした対立は、国際自由労連の場にも持ち込まれた。1949 年末に結成された国際自由労連を主導したのは、アメリカの AFL と CIO、イギリスの TUC の 3 つの加盟組織であったが、

AFLと、CIOおよびTUCとの間の意見の不一致は深刻であり、国際自由労連の活動を制約した。国際自由労連本部は、後者に近い立場をとった。この意見の不一致は、最終的に、1968年5月のCIO系の全米自動車労組のAFL-CIOからの離脱、1969年2月のAFL-CIOの国際自由労連からの脱退という一連の事態を引き起こすのである[22]。

日本労働政治の国際関係史

　AFLとCIOに代表される2つの路線の対立は、フランスやイタリア以上に、日本をめぐって明確にあらわれた。それは、日本では1950年代以降、反共産主義者でも、共産主義者でもなく、中立主義者が、最大の労働組合の中央組織であった総評の主導権を掌握したからである。そもそも総評は、朝鮮戦争の勃発から2週間後の1950年7月11日、共産党の組合支配を打破すべく、総司令部の支援を受けて結成された。しかし、総評は、朝鮮戦争による両陣営の軍事的対立の激化を背景として、「ニワトリからアヒルへ」と呼ばれる転換を遂げ、西側寄りの立場を放棄して中立主義を掲げた。AFLからすると、アメリカの冷戦政策に反対する総評は、共産主義勢力の同伴者以外の何物でもなく、解体されるべき存在であった。そして、総評から分裂して1954年に結成された全労こそ、パートナーたりうるナショナル・センターであった。他方、中立主義と共産主義を同一視しないCIO、TUC、国際自由労連などにとっては、総評に体現される労働戦線の統一は維持されなければならず、総評を路線転換させて西側指向に導かなければならなかった。いずれかといえば、アメリカ共和党のアイゼンハワー政権は前者、民主党のケネディ政権とイギリス政府は後者に近い立場をとった。

　総評の中立主義は、国際関係に少なからぬインパクトを与えた。アジア唯一の工業国である日本の労働組合が、この地域の非共産主義諸国で最も強力な組織を誇っていたのに加え、それがアジア・アフリカの連帯という理念に導かれていたためである。総評の方針は、必ずしも一国平和主義と形容されるようなものではなかった。総評は、国際自由労連の地域組織の枠外にアジア・アフリカ労組会議を組織化し、それを基盤として冷戦構造を積極的に打破しようと試みたのである。この地域の新興独立国の帰趨は、ヴェトナムに典型的にみられ

るように、冷戦の1つの焦点であり、脱植民地化のなかで高まるアジア・アフリカ諸国のナショナリズムへの対処は、西側陣営の冷戦政策のアキレス腱であった。そして、欧米諸国の帝国主義に対する批判を基盤として、日本一国のみならず、アジア・アフリカ全体を中立化せんとする総評の方針は、自由主義陣営の冷戦戦略の根幹を揺るがすものであった。それゆえ、日本の労働組合をめぐる国際的な路線対立は、いやがうえにも深刻にならざるをえなかったのである。

　重要なのは、仏伊両国で共産主義者の優位が長期にわたり崩れなかったのに対して、日本の労働組合が西側陣営に編入されていったことである。それには、冷戦の経済的な側面が大きな役割を果たした。アメリカは、共産主義勢力の浸透を阻止すべく、GATT（関税および貿易に関する一般協定）を軸とする貿易の自由化を進めるとともに、マーシャル・プランにみられるように西側諸国に経済的な援助を与え、日本についてもアイゼンハワー政権期の1955年から生産性プログラムを実施した。生産性プログラムは、総評に対抗する全労を後押しする役割を果たす一方で、日本の国際競争力を強化したため、戦闘的な労働組合を含む労働戦線の統一を実現して日本の労働者の生活水準を向上させる必要性が、戦前以来のソーシャル・ダンピングを警戒するイギリスに加えて、深刻な失業問題に直面したアメリカでも強く認識されるようになった。そこで、AFL-CIOはCIO系の主導の下、ケネディ政権の協力を得て、国際自由労連や国際金属労連などとともに、全労よりも総評を重視する方針をとった。こうしたなか、1964年、ナショナル・センターを横断する金属産業の労働組合の統一体として、IMF-JC（国際金属労連日本協議会）が結成されたのである。

　本書は、以上のプロセスを解明することを通して、第1に、日本をめぐる国際関係史を労働政治という視角から捉え直す。アメリカ政府の対日政策に偏っていた従来の研究とは異なり、アメリカのみならずイギリスも、また、それらの政府だけでなく労働組合も分析対象とする。労働組合については、世界各国のナショナル・センターが加盟する国際自由労連や、各国の産業別組合が構成する国際産業別組織[23]も扱う。それによって、冷戦期の日本を取り巻く国際環境が、多様性を持っていたことを明らかにする。とりわけ本書が強調するのは、この時期の日本に対して社会民主主義的といいうる国際的な圧力が加えら

れたことである。西側指向で生産性の向上に協力しながらも、労働者の生活水準の改善を強力に推し進める戦闘的で統一的な労働組合のナショナル・センターを支持し、その登場を後押しする、そうした意味での社会民主主義的な外圧は、アメリカからも加えられた。アメリカの対日政策に関する通説的な認識、すなわち占領政策の転換後のアメリカは保守勢力の育成に専念し、それゆえ財界と結合した自民党政権が長期にわたって続いた、という認識[24]は修正されなければならない。

　本書は、第2に、日本の労働政治史を国際関係の視座から再解釈する。これまでの研究は、労働組合運動の歴史を左派と右派の二元的な対立として描いてきた。やや単純化して述べると、1950年に総評が共産党の組合支配に対抗する右派的なナショナル・センターとして発足したが、まもなく左傾化して中立主義を掲げたため、それに反発する右派によって1954年に全労が結成され、さらに1964年に全労が同盟に再編されるとともにIMF-JCが成立し、企業主義的な右派が覇権を握った、という図式である[25]。だが、本書は、国際自由労連と世界労連に対して組織的中立の立場をとった左派の総評、AFLと結びついた右派の全労・同盟の2つの中間に、CIO、TUC、国際自由労連、国際金属労連などにつながる社会民主主義の潮流が存在したことを明らかにする。結成時の総評やIMF-JCが、それである。この流れは、労働戦線統一運動を経て、連合の結成に至る。従来の研究がこの第3の潮流を把握できなかった一因は、IMF-JCを国際金属労連の加盟単位であるにもかかわらず、もっぱら企業主義と位置づけるなど、日本国内の労使関係に関心を集中させ、国際的な影響力を無視してきたことにある[26]。残念ながら、日本の労働組合をめぐる国際関係の分析は非常に乏しい[27]。

　本書は、以上の問題関心に立脚し、第二次世界大戦が終結した1945年から、1950年の総評の結成、1954年の全労の発足を経て、IMF-JCと同盟が成立した1964年までを分析する。第1章では、まずAFL出身のジェームズ・キレンが、次いでCIO出身のヴァレリー・ブラッティが、総司令部労働課を主導して、共産党の組合支配を覆そうとするが、総評の中立主義化を招いてしまう過程を明らかにする。第2章では、高野実率いる総評がさらに左傾化するなか、AFLとアイゼンハワー政権が、全労の結成を支援し、生産性プログラムを開

始するが、太田・岩井ラインの登場にもかかわらず、総評の中立主義が継続する過程を論じる。第3章では、中立主義の総評をめぐり、一方でアイゼンハワー政権と AFL、他方でイギリス政府、国際自由労連、国際金属労連、CIO、TUC の2つのアプローチが対立するが、日本の国際競争力の強化と日米貿易摩擦の激化につれて、後者のアプローチが次第に強まり、国際公正労働基準という概念が台頭する過程を分析する。最後に第4章では、ケネディ・ライシャワー路線の登場後、IMF-JC の結成と全労・同盟の国際自由労連への一括加盟によって、日本の労働組合運動で西側指向の基礎が築かれる過程を解明する[28]。

(1) *Los Angeles Times*, May 22, 1966.
(2) *Los Angeles Times*, May 7, 1967.
(3) *News from UAW*, May 7, 1967, Reuther Collection, Box 370, Folder 19, RL.
(4) Victor G. Reuther, *The Brothers Reuther and the Story of the UAW: A Memoir*, Boston: Houghton Mifflin Company, 1976, pp. 411-427. なお、この回想では、資金の受渡し場所や受取人について、ブレーデンの証言を認めるような表現が使われている。
(5) Thomas W. Braden, "I'm glad the CIA is 'immoral'," *Saturday Evening Post*, May 20, 1967.
(6) *New York Times*, May 9, 1967.
(7) Anthony Carew, "The American Labor Movement in Fizzland: The Free Trade Union Committee and the CIA," *Labor History*, Vol. 39, No. 1, 1998.
(8) ラヴストーンについては、Ted Morgan, *A Covert Life: Jay Lovestone: Communist, Anti-communist, and Spymaster*, New York: Random House, 1999 が優れた評伝である。ブラウンについては、Ben Rathbun, *The Point Man: Irving Brown and the Deadly Post-1945 Struggle for Europe and Africa*, London: Minerva Press, 1996 がある。
(9) 冷戦の構造を簡潔に整理したものとして、高橋進「冷戦」(『世界大百科事典 30』平凡社、1988年)。冷戦後の冷戦史研究の動向については、田中孝彦「冷戦史研究の再検討―グローバル・ヒストリーの構築にむけて」(一橋大学法学部創立50周年記念論文集刊行会編『変動期における法と国際関係』有斐閣、2001年)が示唆に富む。
(10) John Lewis Gaddis, *The Long Peace: Inquiries into the History of the Cold War*, Oxford: Oxford University Press, 1987. 日本語訳は、ジョン・L・ギャディ

ス(五味俊樹ほか訳)『ロング・ピース―冷戦史の証言「核・緊張・平和」』芦書房、2002年。
(11) こうした観点に立つ通史として、石井修『国際政治史としての20世紀』有信堂、2000年。
(12) 坂本義和「日本における国際冷戦と国内冷戦」(『岩波講座 現代6 冷戦―政治的考察』岩波書店、1963年)。
(13) フランスについては、Stephen Burwood, *American Labour, France and the Politics of Intervention, 1945-1952: Workers and the Cold War*, Lewiston: Edwin Mellen Press, 1998. イタリアについては、Ronald L. Filippelli, *American Labor and Postwar Italy, 1943-1953: A Study of Cold War Politics*, Stanford: Stanford University Press, 1989.
(14) Peter Weiler, "The United States, International Labor, and the Cold War: The Breakup of the World Federation of Trade Unions," *Diplomatic History*, Vol. 5, No. 1, 1981.
(15) Anthony Carew et al., *The International Confederation of Free Trade Unions*, Bern: Peter Lang, 2000, pp. 165-199, 559-560.
(16) これまでの註で挙げた文献のほかに以下が重要である。Peter Weiler, *British Labour and the Cold War*, Stanford: Stanford University Press, 1988; Federico Romero, *The United States and the European Trade Union Movement, 1944-1951*, Chapel Hill: The University of North Carolina Press, 1992; Denis MacShane, *International Labour and the Origins of the Cold War*, Oxford: Clarendon Press, 1992; Hugh Wilford, "American Labour Diplomacy and Cold War Britain," *Journal of Contemporary History*, Vol. 37, No. 1, 2002.
(17) Carew, "The American Labor Movement in Fizzland."
(18) CIOに関する研究書として、Robert H. Zieger, *The CIO, 1935-1955*, Chapel Hill: The University of North Carolina Press, 1995. 日本語では、長沼秀世『アメリカの社会運動―CIO史の研究』彩流社、2004年、があるが、共産党系の労働組合の追放後のCIOとAFLの差異を過小評価する点で不満が残る。これら2冊はいずれもCIOがAFLと合同した1955年で分析が終わるが、ウォルター・ルーサーおよび全米自動車労組に関する研究は次のように多数あり、1955年以後にも分析が及んでいる。Anthony Carew, *Walter Reuther*, Manchester: Manchester University Press, 1993; Nelson Lichtenstein, *The Most Dangerous Man in Detroit: Walter Reuther and the Fate of American Labor*, New York: Basic Books, 1995; Kevin Boyle, *The UAW and the Heyday of American Liberalism, 1945-1968*, Ithaca: Cornell University Press, 1995; John Barnard, *American Vanguard: The United Auto Workers during the Reuther Years,*

1935-1970, Detroit: Wayne State University Press, 2004.
(19) アメリカの労働官プログラムについては、労働長官の手になる以下の論考が参考になる。Martin P. Durkin, "The Labor Attaché," *Foreign Service Journal*, Vol. 30, No. 9, September, 1953. また、国際問題担当労働次官を務めたフィリップ・ケイザーの回想録も興味深い。Philip M. Kaiser, *Journeying Far & Wide: A Political and Diplomatic Memoir*, New York: Charles Scribners Sons, 1992.
(20) Charles S. Maier, *In Search of Stability: Explorations in Historical Political Economy*, Cambridge: Cambridge University Press, 1987, Chapter 3.
(21) Anthony Carew, "The Politics of Productivity and the Politics of Anti-Communism: American and European Labour in the Cold War," *Intelligence and National Security*, Vol. 18, No. 2, 2003.
(22) Anthony Carew, "Conflict within the ICFTU: Anti-Communism and Anti-Colonialism in the 1950s," *International Review of Social History*, Vol. 42, No. 2, 1996.
(23) 国際金属労連など、国際自由労連と提携関係にある国際産業別組織は、ITS（International Trade Secretariat）と呼ばれてきたが、2002年にGUF（Global Union Federation）へと改称された。
(24) 次の拙著もこうした認識に基づいて書かれている。中北浩爾『一九五五年体制の成立』東京大学出版会、2002年。
(25) 代表的な研究として、兵藤釗『労働の戦後史 上・下』東京大学出版会、1997年、渡辺治『「豊かな社会」日本の構造』労働旬報社、1990年、第3章、新川敏光『戦後日本政治と社会民主主義―社会党・総評ブロックの興亡』法律文化社、1999年、第3章。
(26) 本書は、日本の労働政治史が国際要因のみで説明できると主張するものではない。国内的な要因について記述の比重を置かないのは、豊富な研究の蓄積があるからにすぎない。
(27) ただし、いくつかの重要な研究がある。Hugh Williamson, *Coping with the Miracle: Japan's Unions Explore New International Relations*, London: Pluto Press, 1994（ヒュー・ウイリアムソン［戸塚秀夫監訳］『日本の労働組合―国際化時代の国際連帯活動』緑風出版、1998年）は、日本の労働組合の対外活動を概説的に論じたものである。だが、一次史料を用いた深い分析にはなっておらず、学問的には物足りない。この分野の最も本格的な研究は、小笠原浩一『労働外交―戦後冷戦期における国際労働提携』ミネルヴァ書房、2002年、であろう。これは、本書とほぼ同じ時期を対象とし、全繊同盟を中心とする「アジア繊維労働者地域組織」の結成過程を検討する。しかし、労働組合のみで政府の分析を欠如していること、アメリカの労働組合を一枚岩的に描いていること、イギリスの影響

力を過大に評価していることなど問題が少なくない。Lonny E. Carlile, *Divisions of Labor: Globality, Ideology, and War in the Shaping of the Japanese Labor Movement*, Honolulu: University of Hawaii Press, 2005 は、冷戦などの国際情勢を背景として、日独仏伊の労働組合運動が類似性をもって展開したことを明らかにし、その上で比較を試みる野心的な研究である。ただし、労働組合や政府の国際的な関係を一次史料を用いて実証的に分析する本書とは、方法において異なる。

(28) 戦後の労働組合運動史についての事実関係を確認するには、労働省編『資料労働運動史』労務行政研究所、各年版、ものがたり戦後労働運動史刊行委員会編『ものがたり戦後労働運動史』全10巻、教育文化協会、1997-2000年、が便利である。本書の記述の多くも、この2つに依拠していることをあらかじめ断っておきたい。

第1章

総評の結成と左傾化

第1節　共産党の組合支配とキレン

初期対日占領政策と共産党の組合支配

　第二次世界大戦で日本を破ったアメリカは、対日占領政策の主要な柱の1つとして、労働組合の育成を掲げた[1]。1945年9月22日に発表された「降伏後におけるアメリカの初期対日方針」は、「民主主義的基礎の上に組織せられたる労働、産業および農業における組織の発展はこれを奨励、支持すべし」と謳い、10月11日、ダグラス・マッカーサー最高司令官が、労働組合の結成の奨励を盛り込む五大改革指令を発した。こうしたなか、日本政府は、厚生省の下に労務法制審議委員会を設置して、労働組合法の制定作業を進めた。12月22日に公布され、翌年の3月1日に施行された労働組合法により、日本の労働者は初めて労働組合を結成する自由を法的に認められた。総司令部で労働政策を担当する経済科学局の労働課は、この労働組合法の成立を高く評価した。以上の動向に加え、敗戦による経済の混乱と国民生活の窮乏化、さらに旧来の秩序の動揺が重なり、全国各地の工場や事業所で労働組合の結成が相次いだ。

　なぜアメリカは労働組合を育成したのか。占領初期の対日労働政策を確立したと評価される1945年12月28日の国務・陸軍・海軍三省調整委員会文書SWNCC92/1「日本の労働者組織の取扱い」は、次のような認識の下で執筆された。すなわち、戦前日本の国際競争力が不当に高かったのは、半封建的で家父長主義的な労使関係ゆえである。労働組合を育成し、労働者の生活水準を向上させ、近代的な労使関係を発展させることによって、日本経済は低賃金輸出ではなく国内消費を基礎とするものに変化し、それまでの軍国主義的な性格を払拭するであろう。軍国主義と闘ってきた労働組合を育成することは、民主化

に寄与するが、そればかりでなく、日本経済の構造を変化させ、占領政策の目的である非軍事化を促進する。要するに、前近代的な労使関係がソーシャル・ダンピングを可能にし、それが侵略主義的な日本の政治や経済の背景になっているという認識が、労働組合の育成策の根幹をなしていたのである[2]。そして、この日本の低賃金輸出という問題は、アメリカの対日労働政策の基底に長く存在していくことになる。

　労働組合の結成は、工場や事業所レヴェルだけでなく、産業別、地域別、さらには中央レヴェルでも進められた。ナショナル・センターの設立に向けた動きは、終戦後まもなく始められたが、それは大きく2つに分かれた。1つは、戦前の合法的な労働組合運動の流れである。右派の旧総同盟の松岡駒吉を中心として、それに左派の旧全評の高野実らが合流し、1946年8月1日から総同盟の結成大会が開催された。もう1つは、戦前には治安維持法で非合法とされた共産党である。再建された共産党の指導の下、8月19日に産別会議が結成された。そして、産別会議はこの時点で163万人を組織し、86万人の総同盟に対して優位に立った。共産党は、国鉄総連をはじめ、ナショナル・センターの傘下にない中立系の労働組合の多くに対しても、フラクション活動などを駆使して強い影響力を持った。アメリカによる労働組合の育成策は、敗戦後の状況のなかで労働者が戦闘的になっていたため、社会民主主義者ではなく共産主義者に有利に働いたのである。

　しかし、共産党の組合支配は、アメリカの占領政策との摩擦を次第に深めていった。そして、両者の対立は、いわゆる二・一ストによって決定的なものとなった。すなわち、徳田球一書記長率いる共産党は、民間労組を中心とする十月闘争に続いて、全官公庁共闘委員会を軸とするゼネストを1947年2月1日に計画し、それを吉田茂内閣の打倒と民主人民政府の樹立へと発展させようと考えた。しかし、総司令部は、ゼネストによって発生する混乱を憂慮して介入し、最終的にマッカーサーが1月31日、占領目的違反を理由として中止命令を発した。ゼネストは未遂に終わったのである。だが、二・一ストの失敗後も、すぐには共産党の組合支配は覆らなかった。そればかりか、1ヵ月あまり後の3月10日、産別会議、総同盟や多くの中立系の労働組合を糾合して、全労連が結成された。420万人から構成される全労連は、緩やかな連絡組織にすぎな

かったが、次第に共産党の影響下に置かれていった。

　全労連の結成の背景には、世界労連の代表団の来日を目前に控えて、労働戦線統一への機運が高まったことがあった。第二次世界大戦中の反ファシズム共同戦線を基盤に、イギリスのTUC、フランスのCGT、アメリカのCIO、ソ連のAUCCTUなど、56ヵ国、65組織、6700万人が参加して1945年10月3日に発足した世界労連は、日本の経済・社会情勢と労働組合を調査する代表団の派遣計画を立てた。世界労連の代表団は、ルイ・サイヤン書記長を団長として、CIOのウィラード・タウンゼント、AUCCTUのミカエル・タラソフ、TUCのアーネスト・ベルらによって構成され、1947年3月17日から21日にかけて来日し、全国各地を視察した。この代表団の派遣は、将来の日本の組織化を見据えたものと考えられた。そこで、社会民主主義系と共産主義系の両者を結集する世界労連への加盟に向けて、総同盟と産別会議は歩み寄り、全労連を結成したのである。サイヤンは来日中、世界労連への加盟には労働戦線の統一が不可欠であると繰り返し強調した[3]。

　こうした情勢に強い危機感を抱いたのが、AFLであった。アメリカの労働組合では、共産党員を内部に抱える進歩的なCIOが世界労連に加盟したのに対し、保守的なAFLは強硬な反共主義ゆえにそれへの参加を拒否し、外郭団体の自由労働組合委員会を用いて、独自の世界戦略を展開していた。そして、AFL国際労働関係委員長でもあるマシュー・ウォル会長とともに、この自由労働組合委員会を指導したのが、事務局長のジェイ・ラヴストーンであった。ラヴストーンは、アメリカ共産党の書記長を務め、ブハーリン派としてスターリンに党を追われた経験を持つ人物であった。共産党（反対派）を率いた後、アメリカ国際婦人服労組のデヴィッド・ダビンスキー会長の知遇を得て、その国際部の責任者となったラヴストーンは、1944年に上部団体のAFLが設立した自由労働組合委員会の事務局長に就任し、CIAの前身の情報機関と協力しながら、反共産主義的な国際労働運動を活発に展開した[4]。このようなAFLにとって、アジア最大の工業国である日本の労働情勢は、大きな関心事であった。

AFLによるキレンの派遣

　AFLは当初、日本の労働組合運動の前途について、楽観的な見通しを持っ

ていた。自由労働組合委員会の機関誌の 1946 年 4 月号は、アメリカ国際婦人服労組のチャールズ・クリンドラー副委員長の論文を掲載した。この記事は、戦前の 1940 年に 45 万人が労働組合に組織化されていたことに言及しつつ、「日本で自由な労働運動が復活し、強化される見通しは高い」と述べ、「日本のゴンパーズ」と呼ばれる松岡らが AFL を模範とする総同盟を結成しつつあることを高く評価した[5]。8 月号も、AFL のスタッフで総司令部の労働諮問委員会の一員として来日したジョン・マーフィーの報告を取り上げ、1946 年 4 月末までに 190 万人が労働組合に組織化され、総同盟と産別会議が二大勢力の位置を占めている、と報じた。「日本の労働組合が連合国の統治下で急速に成長している」というタイトルに示される通り、そこには共産主義に対する警戒感は希薄であった[6]。しかし、『国際自由労働組合ニュース』の論調は、年末に向かって急速に変化した。12 月号は、選挙でわずか 5% の票を得ているだけの共産党が、産別会議を実質的に支配し、それを自らの目的のために利用していると述べ、危機感を顕わにした[7]。

　AFL が具体的な行動に移るきっかけを与えたのは、アメリカ国際婦人服労組のマーク・スター国際部長の勧告であった。ちなみに、アメリカの産業別組合で、「国際」という名称が付いている場合、カナダに組織が及んでいることを意味する。さて、労働教育のコンサルタントとして 1946 年 8 月 27 日に来日したスターは、セオドア・コーエン労働課長やリチャード・デヴェラル労働教育係長の協力を得て、東京、京都、大阪、福岡など全国各地で調査を行い、9 月 30 日にマッカーサー宛の報告書を作成した。それは、共産主義者による少数の支配を排して、アメリカ流の自由で民主的な労働組合を育成するという目標を示し、総司令部労働課の指導の改善、労働省の設置などを提案した。注目すべきは、戦間期のドイツの苦い経験を踏まえて、アメリカの労働組合は敗戦国に民主主義を根付かせるために協力を惜しまないと表明した上で、各種の情報の提供や組織活動の専門家の派遣など、その具体策を示したことである[8]。このスターの報告書は、AFL に提出され、共産党主導の労働攻勢が激化するにつれ、その対日方針に大きな影響を与えた。

　AFL のウォル国際労働関係委員長は、12 月 11 日にマッカーサーに書簡を送り、スターの勧告に言及しつつ、日本に代表を派遣する用意があると伝えた。

この書簡は、ジョセフ・キーナンを労働力課長として迎え入れたドイツの占領当局に倣って、AFL の代表を総司令部のスタッフとして採用するよう求めた。それは、AFL の資金難ゆえであった。AFL の自由労働組合委員会は、ヨーロッパを中心として国際共産主義に対抗する活動を展開しており、日本に割り当てることができる資金は決して大きくなかった(9)。大統領選挙への出馬を狙っていたマッカーサーは、1947年1月7日、このウォルの要請を受け入れ、AFL に人選を委ねた(10)。労働教育などについて労働課に助言を行う労働顧問のポストが用意され、6ヵ月以上の雇用が条件とされた(11)。なお、スターが AFL に勧告したのは、日本への人材の派遣だけではなかった。日本の友好的な労働組合の代表を次の AFL 大会に招待することが必要だ、とスターは主張した。しかし、この提案は、資金的な問題からウィリアム・グリーン会長に受け入れられず、当面、代表を総司令部に派遣して労働教育を強力に行うことが目指された(12)。

　この間、日本の労働組合運動は、十月闘争から二・一ストへと急進化し、AFL を憂慮させた。何よりもその不安を搔き立てたのは、1947年3月に世界労連の代表団が来日したことであった。前述したように、この代表団には、フランスの CGT やソ連の AUCCTU だけでなく、アメリカの CIO やイギリスの TUC の代表も参加していたが、その圏外にあった AFL からすると、彼らは共産主義者に操られているにすぎなかった。2月28日、ウォルはマッカーサーに書簡を送り、「世界労連の代表団が日本に向かっているが、我々の認識では、それはソ連外務省の第五列以外の何物でもない」と警告した。その目的は、日本の労働組合全体を世界労連に加盟させることにあり、それが成功した暁には、日本の民主主義が危機に陥ることになる。西ドイツでは、こうした世界労連の策動を阻止することに成功してきたが、それは AFL の代表がドイツの占領当局に配置されているからである。以上のように述べて、ウォルは AFL が派遣する労働顧問の必要性を改めて説いた(13)。

　世界労連の代表団の訪日を承認していたマッカーサーは、その決定を覆そうとしたが、陸軍・国務両省は、すでに代表団がヨーロッパを出発していること、それが極東委員会の構成国の労働組合によって組織されていることなどを考慮して、予定通り日本への入国を認める決定を下した。これに驚愕した AFL は、

3月13日、両省に宛てて、世界労連の代表団の日本入国を認めたことを非難する声明文を送付した。そこでも、サイヤン指導下の世界労連がクレムリンによって操られていることが強調された。しかし、世界労連の代表団の日本入国が時間の問題となった以上、AFLの要求は次の2点に絞られた。まず、日本の労働組合を世界労連に加盟させようとするサイヤンの動きを、アメリカ政府が全力で阻止することである。もう1つは、AFLの声明書を日本語で印刷して、この問題の重要性を日本の労働者に気づかせることである[14]。事実、世界労連の代表団の来日を控えて3月10日に結成された全労連には、総同盟も参加していた。日本の労働組合は国際共産主義の危険性をあまりにも知らないように思われたのである。

こうしたなかでAFLは人選を急いだ。白羽の矢が立ったのは、アメリカ国際パルプ製紙労組のジェームズ・キレン副委員長であった[15]。キレンに求められたのは、いまだ幼稚な段階にある日本の労働組合運動を共産主義という全体主義から守り、平和主義的な民主主義に導くことであった[16]。そのような任務に、この人選はかなっていた。キレンは、1937年からアメリカ国際パルプ製紙労組の専従の立場にあり、カナダのブリティッシュ・コロンビア州で、日系労働者の組織化にあたった経験を持っていた。また、第二次世界大戦中は、戦時生産局林産物課の労働問題主任を務め、政府機関についての知識も有していた。AFL傘下の労働組合の副委員長という地位は、彼に十分な威信を与えた。キレンは、AFLに所属する反共産主義者であり、CIOの左翼的戦闘性に批判的であったが、それと同時に、労働組合主義者として確固たる信念を持つ、ニュー・ディール派のリベラリストであった[17]。コーエン労働課長は共産主義者に知的に対抗する能力を持った労働組合指導者を求めていたが[18]、キレンはその条件に合致していた。

キレンは、4月14日に日本に到着し、直ちにマッカーサーと面談した[19]。期待されたキレンの役割は、あくまでもAFLの代表であり、労働顧問というポストは、それに相応しいものであった。こうしたキレンの位置づけは、受入れ側の総司令部にとっても変わらなかった。だが、労働課長のコーエンが、マッカーサーの中止命令によってかろうじて抑えられた二・一ストの責任を問われ、経済科学局の経済顧問に移された[20]ことから、着任後すぐにマッカーサ

ーの信頼を得たキレンは、このポストを埋めることになった。コーエンにとっても、キレンは「労働政策の本来のあり方を守ってくれる」人物であった。ただし、労働課長への就任は、キレンが AFL の代表としてのみ振舞うことを難しくした[21]。だが、キレンは、総司令部の労働課長と AFL の代表という 2 つの立場を巧みに使いながら、日本の労働組合運動における共産主義勢力の排除に努めたのである。

キレン労働課長と AFL の対日活動

　来日後、キレンが不安に感じたのは、労働組合の組織と運営の稚拙さであった。日本全体で 450 万人が労働組合に組織化されているが、そのなかには会社の御用組合もあれば、左翼が引き回しているだけのものもある。キレンは、労働教育係長のデヴェラルとともに、パンフレットの配布や講演会の開催など労働教育に全力を傾けた。また、それ以上にキレンの眼を引いたのは、経済的な混乱であった。4 分の 3 の商品が闇市で扱われ、それは公定価格の 2〜4 倍の値段で売られている。生産は戦前の 30% の水準にまで落ち込み、回復は緩慢である。政府の対策は全く不十分で、労働者が 2〜3 倍もの賃上げを求めているケースもある。それでも実質賃金が低下し、労働者の生活水準は悪化している。キレンは、来日から 10 日後の 4 月 23 日、AFL 自由労働組合委員会のラヴストーン事務局長に宛てた手紙に、需要と供給のバランスが取れるようになるまでの唯一の選択肢は、混乱か、右翼もしくは左翼の全体主義かしかない、と絶望的に記した。経済が安定しない限り、労働組合主義は機能せず、混乱が深まれば深まるほど、ゼネスト、政治行動、政権打倒という急進主義者の呼びかけが説得力を増してしまう[22]。

　このようにキレンは共産党の影響力を排除するには経済復興が不可欠だと考えたが、経済を再建することの重要性は、すでに総司令部において強く認識されていた。二・一ストを禁止した 1 つの理由は、それが日本経済に打撃を与え、ひいてはアメリカの対日援助を増加せざるをえなくなるからであった。その 5 日後の 2 月 6 日には、共産党系労働組合のゼネスト戦術に反対する総同盟の主唱によって、生産復興を目的とする労使協力組織の経済復興会議が結成された。同友会、経団連の前身の日産協などの経済団体に加えて、産別会議も労働組合

運動の主導権を確保するという思惑から参加した。総司令部は、この経済復興会議に強い支持を与えた。例えば、キレンの前任者のコーエン労働課長は、3月1日に経済復興会議の代表と会談し、「GHQ〔総司令部〕としては、本運動を全面的に支持する」と言明した。6月1日には、社会党の片山哲委員長を首班とする社会・民主・国民協同の三党連立政権が成立し、経済復興会議と協力しながら生産復興運動を展開した。労働課をはじめ総司令部の経済科学局は、この社会党と総同盟を主軸とする経済復興に向けた取組みを支援した[23]。

共産党の組合支配への批判が顕在化したのは、こうした状況下であった。1947年の二・一ストが総司令部の介入によって中止され、失敗に終わると、国鉄総連、新聞通信放送労組、さらには産別会議の内部で共産党に対する批判が高まった。そして、4月の総選挙で共産党が議席を減らした後、産別会議は5月14日からの執行委員会で自己批判を決定した。キレンがデヴェラルの協力を得て作成した[24]6月27日付の文書「日本の労働運動における共産主義者の活動に対抗するためのプログラム」は、このような動きに注目して、「非共産党グループを支持し、激励する必要が明らかにある」と強調した。共産党の影響力の排除は、「組合それ自身によって遂行されなければならない」というのが、キレンの基本的な考えであった。外から強力な圧力をかけたり、直接的に介入したりすることは、一時的な成功しかもたらさない。熱心な労働組合の活動家を共産党員と同一視せず、彼らのなかに共産党の組合支配を打破する指導者を見出していくことが必要である、とキレンは主張し、自己批判の動きに注目した。

もちろん、共産党の組合支配は、下部・地方組織のみならず中央組織でも、いまだに堅固であった。労働学校の運営、ソ連からの情報に基づく出版活動、労働組合の教育プログラムの掌握などを駆使して、少数の共産党細胞が非民主的な方法で組合支配を続けている。そうである以上、様々な手段によって、労働組合運動の民主的な傾向を強化しなければならないというのが、この文書の主張であった。キレンによると、そのための最も重要な方法は、やはり労働教育の実施であった。労働組合の民主的な運営方法を教える「労働組合ハンドブック」の配布、欧米の事情に詳しい労働専門家の招聘などが、具体例として挙げられた。そのほかにも、政労使の関係者に非公式に働きかけて労働組合法を

改正させ、役員の秘密投票による選出など、組合民主主義を保障することが考えられた[25]。こうした方法を組み合わせて用いることで、共産党に対抗するグループを育成しよう、とキレンは考えたのである。

　キレンは、対外的には、世界労連の動きを警戒した。サイヤンは、来日した際、6月6日からチェコスロヴァキアのプラハで開かれる世界労連の執行委員会に日本の代表を招待する計画を示した。これを受けて、共産党色の強い複数の労働組合が総司令部に出国許可を求めていた。キレンは、プラハ行きの許可を与えるのは賢明ではないと考えた。サイヤンが来日中に緊密な連絡をとったのは共産党系の労働組合指導者であり、世界労連の執行委員会に出席する代表団も、共産党員もしくはその同調者によって占められるであろう、という理由からである。それは必然的に日本の労働組合における共産主義者の影響力の増大をもたらす。それに対抗すべく、キレンは、AFLのグリーン会長に書簡を送り、日米両国の労働組合の交流を積極的に推進するよう求めた。それによって、日本の労働者はアメリカの労働組合運動の成果を認識できるし、アメリカの労働組合も民主的な労働組合主義を日本に紹介できる。こうした考えから、キレンは、10月にサンフランシスコで開催されるAFLの第66回大会に日本の代表を招待することを提案した[26]。

　マッカーサーもまた、プラハでの世界労連の執行委員会に関心を寄せ、キレンと長時間にわたる協議を行った。課長クラスがマッカーサーと直接会うことは、異例中の異例であったが[27]、そこで一致した見解は、プラハ行きを認めることは日本の労働組合に好ましくない影響を与える、というものであった。マッカーサーは、キレンに信頼を寄せ、世界労連に加盟するCIOよりも、それに対抗するAFLに近い立場をとったのである。そして、総司令部は、世界労連本部が総司令部に許可を求める手続きをとらなかったことを理由に、日本の代表の渡航を認めなかった[28]。だが、これによって日本の労働組合をめぐる国際関係が安定化したとは決していえなかった。そこで、キレンは、サンフランシスコで開かれるAFLの第66回大会にマッカーサーを招待するよう、AFL本部に要請し、7月19日にグリーン会長名で招待状が送付された。これは総司令官の多忙ゆえに実現しなかったが、両者の蜜月を象徴していた。マッカーサーは、7月31日の返書で、キレンの有能な働きぶりを讃えるとともに、

彼がAFL大会に出席することを認めた(29)。

　キレンは、10月6日から16日にかけて開催されたAFLの第66回大会に出席して、演説を行った。まずマッカーサーからの祝辞を伝えた後、日本が置かれた状況を詳しく述べ、労働課の目標が労働組合の育成と、それに不可欠な労働法制の整備にあることを力説した。キレンは、共産党の脅威について語るのを怠らなかった。それは、早期講和が実現して、アメリカ軍が撤退する可能性によっても強められた。講和の後の日本が「鉄のカーテン」のいずれの側に位置するかは、アメリカの占領政策次第だというのである。労働課は、自由にして民主的な労働組合運動と団体交渉を普及させる教育プログラムを実施しているが、AFLやアメリカ労働省から送付されるパンフレット類が、それに大いに役立っている。共産党が食糧不足などの混乱に乗じて急進主義的な方針をとっている以上、願わくはヨーロッパで実施しているような援助を日本にも行って欲しい。AFL大会は、こうしたキレンの要請を受けて、日本に関する決議を採択し、精神的および物質的な支援を日本の労働組合に与えることを表明した。あわせて、この大会では実現しなかった日本の労働組合の代表の招待を、次の大会で実現することが謳われた(30)。

　このように、キレンは、左右の全体主義に対抗する労働組合運動を日本で定着させるには、AFLをはじめ国際的な支援が必要だと考えていた。AFL大会への招待以外にも、キレンは次のような提案を用意していた。まず、第1に、AFLが日本に使節団を派遣することである。これは世界労連の代表団に対抗する意味を持つとされた。第2に、AFLが日本の労働問題に関する声明書を折に触れて発表することである。アメリカ国内の進歩的勢力を啓発するとともに、日本の労働組合運動を後押しする効果が期待された。第3に、世界労連という選択肢に代えて、その集権的支配を嫌悪して対抗関係にあった各種の国際産業別組織に日本の労働組合を加盟させることである。国際産業別組織との関係が世界労連の分裂の一因になることを考えると、これは興味深い提案であった。第4に、日本の労働組合指導者の訪米プログラムを実施することである。アメリカ政府の資金によって労働組合の組織と運営を学ばせるのが、その眼目であった(31)。

　キレンは、アメリカ滞在中の11月11日、AFLの国際労働関係委員会に出

席して、日本での共産主義勢力の拡大と世界労連の代表団のインパクトに言及した上で、AFLの代表団を日本に派遣する必要性を強調し、同意を取り付けることに成功した[32]。また、日本の労働組合指導者の訪米プログラムについても、国務省のジョージ・ケナン政策企画部長や労働省のフィリップ・ケイザー国際労働部長と会談を行い、具体化を図った。キレンは、そのために陸軍省の資金を使用することを考えていたが、それに不可欠なマッカーサーの了解を得ることに絶対の自信を持っていた[33]。マッカーサーの支持がある限り、AFLの代表と総司令部のスタッフというキレンが保持する2つの立場は決して矛盾せず、共産主義勢力の影響力の排除に専念することができたのである。国際産業別組織との連携に関しても、長い伝統と強固な組織を誇る国際運輸労連と、海員組合、国労といった日本の労働組合の結合を図った[34]。世界労連の枠外にあったAFLは、国際産業別組織との関係強化を対外活動の基本方針としており、キレンの政策はそれに沿うものであった。

　この頃、日本国内の労働情勢は、キレンが期待する方向に向かいつつあった。二・一ストの失敗によって組織的動揺に見舞われた産別会議は、自己批判を行うべく、7月10日に臨時大会を開催した。それを主導したのは、事務局次長の細谷松太であり、彼を中心とする共産党の事務局細胞であった。しかし、共産党の産別会議に対する影響力は圧倒的であり、徳田書記長の意向によって自己批判は撤回されることになった。そこで、細谷らは、1948年2月に産別民同を発足させ、共産党に対して公然と反旗を翻した。それより前の1947年10月には、二・一スト計画の中心を担った国労で、共産党のフラクション活動の排撃を目指して、国鉄反共連盟（後に国鉄民同と改称）が結成された。これらの動きの背後には、1947年秋以来の総司令部労働課からの働きかけがあった[35]。産別民同は、共産党のストライキ偏重の方針を批判して「生産復興闘争」を掲げ、総同盟と提携した。総同盟も、産別民同や国鉄民同と協力する一方、1948年6月28日に共産党系が主導権を握る全労連から脱退した[36]。

　キレン労働課長の下で労働教育にあたっていたデヴェラル労働教育係長は、民主化運動を積極的に擁護して回った。例えば、1948年6月15日に兵庫県で実施された労働教育大会では、「労働組合の民主化運動」と題する講演を行い、「フラクションを持っている政党と申すのは、中央に於て毎日侵略会合をして

いるのであります。そこで強力な力を以て、全国的の団体から地方に流れてくる、そして次に個々の工場に対しては、フラクを侵入させて指令を与えている」と共産党のフラクション活動を批判した。その上で、デヴェラルは、「吾々は労働教育と健全なる一般組合員の活動によって、フラクの活動を完全に処理して呉れるということを信ずる」と述べ、民主化運動を「健全」だと評価し、全面的な支持を与えた[37]。

　共産党の組合支配に対抗する民主化運動は、まさにキレンが待ち望んでいたものであった。彼は1948年5月13日にウォルに送った書簡のなかで、「労働課は、これまでも、そして現在も、民主化同盟を担っている人々と恒常的な連絡をとっており、彼らにできる限りの激励と援助を与えている」と書いた。ところが、産別民同は、多くの困難を抱えていた。最大の弱点は、資金不足であった。活動を行うには紙などの物資を闇で購入しなければならなかったが、強固な組織的背景を持たない産別民同は、その費用を工面することが十分にできなかった。もちろん、労働課が資金や物資を援助することも考えられたが、それは否定された。なぜなら、キレンの言葉によると、「援助を与えることによって、確実な成果が見込まれるような特定の活動がみあたらないから」であった。一般の活動費の補助ということでは、官僚組織である総司令部では決裁を得られないということであろう。しかし、民主化運動の窮状を放置したならば、共産党の組合支配を覆す好機を逸することになる。そこで、キレンがとった方策は、AFLに援助を要請することであった[38]。

　このキレンの依頼は、早速、5月27日の自由労働組合委員会の会合で検討され、決定がなされた。それは、民主化運動を促進すべく、月額200ドルを5ヵ月間にわたって援助するというものであった[39]。ただし、これはあくまでも初期的な援助にすぎないと考えられた。満足できる結果がもたらされ、日本の労働組合と直接的な関係が構築されれば、物心両面で一層の援助を提供する用意がある、とラヴストーンはキレンに書き送った[40]。この間、キレンは最も必要度が高いと思われた紙の入手を進めていた。アメリカ国際パルプ製紙労組出身のキレンは紙1トン100ドルと見積もったが、これに従うと月額200ドルの援助によって2トンの紙を確保できることになる。それとともに、キレンは細谷に対して必要な援助の内容について問い合わせを行い[41]、現金よりも

物資の援助を求めるという回答を得た[42]。こうして、AFL は産別民同を提携相手として位置づけ、それへの援助に着手した。AFL はこの当時、仏伊両国で共産党系の CGT と CGIL から分裂した右派系の労働組合を支援していた。産別民同への援助は、それと同一の性格を持っていたといえよう。

マッカーサー書簡とキレンの辞任

　民主化運動は、産別民同の結成を契機に拡大していったが、1949 年に入るまで労働組合運動の主導権を握るには至らなかった。共産党による産別会議の支配は強固であり、産別民同はそれからの脱退と新産別の結成に向かわざるをえなかった。国労でも、民同派と共産派が一進一退の攻防を続けていた。その一因は、片山内閣と経済復興会議の努力にもかかわらず、生産復興がインフレーションを沈静化するほどには進展しなかったことにある。その下で相対的に低い賃金を強いられた官公労働者は、物価の高騰と共産党の指導とを背景として、二・一ストの挫折から次第に立ち直り、戦闘性を取り戻していった。片山内閣は 1948 年 2 月 10 日に総辞職したが、それは公務員の生活補給金の支払い問題をきっかけとしていた。民主党首班の中道連立内閣として芦田内閣が成立した 3 月には、2920 円ベースの公務員給与の実施に反対して、産別会議傘下の全逓などが三月闘争を展開した。これはウィリアム・マーカット経済科学局長の覚書によってひとまず沈静化したが、まもなく官公労組は 5200 円ベースを要求して夏期闘争を開始した[43]。

　こうしたなか、国家公務員法の改正をめぐって、総司令部の内部で民政局公務員課と経済科学局労働課が鋭く対立した[44]。ブレイン・フーヴァー公務員課長は、公務員を民間労働者と明確に区別し、アメリカの慣行に従い、それから一律に団体交渉権および争議権を剥奪することを主張した。雇用者である国民に対して、団体交渉で圧力をかけ、ストライキを行うのは非民主的であり、そうした権利を付与している現状は、共産主義勢力の活動を助長している、というのが公務員課の意見であった。AFL 出身のキレン労働課長は、労働組合の権利を擁護すべく、これに反論を加えた。憲法で保障された労働基本権は、公務員にも及ぶべきであり、公共の福祉や国民主権を脅かすストライキはすでに労働関係調整法で禁止されている。また、イギリスなどでは、これらの権利

が公務員にも付与されており、その剥奪は国際世論の反発を招く。さらに、労働組合運動の弾圧は、かえってその急進化をもたらす結果となる。キレンの提案は、全ての公務員に団体交渉権を与えることを基本線としていた。争議権については、非現業職員には与えないが、現業職員に対しては制限付きで付与し、強制仲裁制度を強化するとした。

　総司令部の方針を決すべく、7月6日にマッカーサーの面前で、7時間にわたるフーヴァーとキレンの討論が行われた。結果は、キレンの敗北であった。マッカーサーが官公労組の闘争を脅威とみなし、政府の対処能力を超える危機的状況が発生するのではないかと憂慮したためである。二・一スト計画の記憶はいまだ鮮明であり、全逓を中心とする官公労組は今また夏期闘争を展開していた。マッカーサーは、民主化運動の進展を待つのではなく、国家公務員法の改正という法的手段を用いて、それを力ずくで抑え込むことを決意したのである。AFL に対する配慮の根底にあった大統領選挙への出馬という野心も、すでに実現可能性を失っていた。キレンは、非現業、国鉄、郵政などの公務員の争議行為を占領終結まで期限付きで禁止するという譲歩案まで提示したが、受け入れられなかった。公務員の団体交渉権が否定された以上、キレンは、2～3ヵ月間で残務処理を終え、辞表を提出しようと考えた[45]。マッカーサーの支持が失われたため、総司令部の労働課長と AFL の代表という2つの立場が矛盾をきたし、離日を余儀なくされたのである。労働課長代理のポール・スタンチフィールドも、キレンの後を追った。

　マッカーサーは、7月22日、芦田均首相に宛てて書簡を送り、国家公務員法の改正を指示した。その内容は、民政局公務員課の提案に基づいて、公務員の団体交渉権と争議権を否認するものであった。ただし、郵政を除く国鉄・専売などの政府事業については、公共企業体にして国家公務員法の適用から除外し、強制仲裁制度を設けて、争議行為を禁止する一方、団体交渉権は認めた。政府事業のなかでも、官公労組の中心を担っていた全逓が組織する郵政事業の公共企業体化が否定された点に、この書簡の政治性が端的に示されていた。日本政府は、これを受けて7月31日に政令201号を発表し、公務員の団体交渉権と争議権を否認した。キレンは、その前日の7月30日に行った外国人記者との会見で総司令部の方針を非難したために、当初の予定よりも早い8月12

日の離日を強いられたが、アメリカに帰国すると、マッカーサー書簡を批判する活動を積極的に行い、AFL をはじめとする労働組合指導者はもちろん、国務省、労働省、陸軍省などの政府関係者とも接触して、総司令部の労働政策について警告を発した(46)。

こうしたキレンの活動もあり、アメリカ国内ではマッカーサー書簡に対する批判が高まった。労働省は、その情報を得るや、国務・陸軍両省と協議を行う一方、ジョン・ギブソン労働次官(長官代理)が閣議で懸念を表明した。さらに、労働・国務両省は、陸軍省に対して、アメリカと極東委員会の政策に違反する政令 201 号を修正するよう求める公電を 3 省の連名で送ることを提案した。陸軍省は、これを拒否したものの、労働・国務両省の意向を総司令部に伝えることを受け入れた。さらに、陸軍省は、イギリスやソ連からの抗議もあり、労働・国務両省と話合いを持った上で、9 月 2 日に新聞発表を行い、公務員の団体交渉権と争議権に関わる立法はいかなるものであれ国会提出前にワシントンに報告されなければならないと表明した(47)。労働組合の反対は、より明確であった。AFL や CIO の代表が参加する労働省の労働組合諮問委員会は、9 月 9 日の会合で国防長官宛の要望書を決定し、総司令部に方針を撤回するよう勧告すること、総司令部に許可を与える前に労働省と協議を行うこと、この問題に関して労働組合の代表を日本に派遣することなどを求めた(48)。AFL と CIO は、その後も反対運動を継続した(49)。

以上の事実、とりわけ政府機関の反対は、マッカーサー書簡の発出が、アメリカ本国の冷戦政策に基づいて行われたものではなかったことを示している。しかし、同時に、それが冷戦の激化を背景とする占領政策の転換に沿うものであったことも確かであった。1948 年 1 月 6 日、ケネス・ロイヤル陸軍長官が、日本を共産主義に対する防壁としなければならないと述べ、3 月 20 日にはジョンストン使節団がウィリアム・ドレーパー陸軍次官に伴われて来日し、賠償を大幅に緩和するとともに、インフレーションの安定化や単一為替レートの設定によって日本経済を復興させるよう勧告した。日本国内では、経営者が外資導入に対する期待から労使関係を安定化すべく攻勢に転じ、4 月 12 日に日経連を結成した。従来、労働組合の活動を奨励するため、経営者団体の全国組織の結成に難色を示していた総司令部は、方針を転換し、これを承認した。かく

して結成された日経連は、経営権の確立を目指して、労働者側に有利な労働協約の改定を推進するとともに、労働法規の改正を政府に強く働きかけた。7月22日のマッカーサー書簡は、こうした経営者の要望に合致していた。

キレンは、9月9日にAFLの国際労働関係委員会に出席して、国家公務員法の改正は、共産主義に対抗するものではなく、団体交渉権を制限し、労働組合運動を抑圧するものである、と断言した。そして、日本の経営者が労働基本権の制約を公務員だけでなく民間労働者にも及ぼそうとしていると非難した[50]。しかし、その後も、こうした日本国内の動きは加速していった。10月7日、社会・民主・国民協同の三党連立政権の芦田内閣が総辞職し、19日に自由党を与党とする吉田内閣が復活した。その下で、11月30日に国家公務員法改正案が、12月20日には公共企業体労働関係法案が国会を通過した。その2日前の12月18日には、総司令部が、NSC13/2に基づく経済安定九原則を発表し、単一為替レートの設定を目標として緊縮政策を実施し、インフレーションを収束させることを明らかにした。この経済安定九原則は、古典的な自由経済論を信奉するデトロイト銀行の頭取、ジョセフ・ドッジの手によって執行された。超均衡予算を中核とするドッジ・ラインは、深刻な不況を発生させ、その下で人員整理や賃金の切下げが進められた。

キレンは、こうした動きに対抗すべく、1948年11月15日から開催されたAFLの第67回大会に出席して、マッカーサー書簡を批判する演説を行った。「抑圧や圧迫ではなく、自由な労働組合運動と真の民主主義が労働者にとっていかに重要かということについての情報、教育、知識、そして正しい認識によってこそ、労働組合の内部の共産主義勢力と効果的に闘うことができる」というのが、キレンの主張であった。その上で、期待できる徴候として、民主化運動の進展に言及し、共産党の組合支配を覆しつつあると述べた。そして、産別民同のためにカナダの会社から新聞用紙を調達したことを紹介し、彼らが物資や資金の援助を求めていることに注意を喚起した。キレンがこの演説の最後で提案したのは、AFLがヨーロッパだけでなく日本にも代表を派遣して、労働組合と直接的かつ恒久的な接触を持つことであった。政府の役職では活動を制約されざるをえないというのが、キレンの挙げた理由であった[51]。実際、マッカーサー書簡をめぐって、総司令部とAFLの関係は決定的に悪化し、キレ

第 1 節　共産党の組合支配とキレン　　33

ンの後を追って、ジョン・ハロルド、サミュエル・ローマー、レオン・ベッカーら産別民同との連絡に当たっていた[52]労働課の AFL 出身者が次々と辞任した。AFL は対日政策の建て直しを迫られていたのである。

AFL から CIO へ

　ラヴストーンは、すでに 1ヵ月ほど前の 10 月 7 日に行われた自由労働組合委員会の会合で、日本の労働組合指導者と直接接触する用意を進めていること、彼らにクリスマス・プレゼントとしてケア小包を送る予定であることなどを報告していた[53]。ケア小包は、実際に産別民同の細谷らに送付され、その関心を得る上で重要な役割を果たしたが[54]、それと並行してラヴストーンは、AFL の駐日代表部を設置する準備を行った。その代表に選ばれたのは、労働教育係長としてキレンと協力して共産主義勢力の影響力排除に努め、1948 年 10 月に総司令部を辞めたデヴェラルであった。彼は、かつて全米自動車労組の教育部長を務めた人物であったが、その強硬な反共産主義ゆえに AFL に接近し、日本滞在中には定期的に労働情勢分析をラヴストーンに送付していた。また、日本の労働組合指導者をよく知り、日本語の会話能力を有していた。AFL 国際労働関係委員長のウォルは、1949 年 5 月 3 日にマッカーサーに書簡を送り、デヴェラルを代表とする AFL の事務所を東京に設立することについて許可を求めた[55]。

　興味深いのは、この AFL 駐日代表部の設置が、産別民同に対する支援を主眼としていたことである。ラヴストーンと細谷は、デヴェラルの仲介で、1948 年 9 月 26 日から頻繁に書簡を交換していたが[56]、ラヴストーンは、1949 年 5 月 26 日に細谷に宛てた書簡で、デヴェラルが 7 月までに日本に入国できるという見通しを示し、新たなナショナル・センターの設立を支援すると申し出た[57]。そこで、細谷は、6 月 27 日の書簡で、資金援助を要請した。前年の AFL による産別民同の援助は、キレンの辞任をめぐる混乱もあって結局実施されなかった。8 月から 9 月にかけて共産派と民同派の対決が予想され、すでに国労、電産、東芝労連などの重要な単産・単組で火ぶたが切って落とされている。数千ドルの追加資金があれば、10 名の有能なオルグを採用し、出版活動を強化できる[58]。ラヴストーンは、こうした細谷の要望に応えようと努力

したが、デヴェラルの日本入国が思うように行かなかったこともあり、実現しないまま時が過ぎることになった[59]。もしAFLの駐日代表部がこの時点で設置され、産別民同への援助が行われたとしたら、共産党に対抗する新中央組織の性格は、より保守的なものになったかもしれない。

デヴェラルが日本に入国できなかったのは、総司令部労働課が強く反対したためであった。それは、第1に組織的な理由からである。AFLに駐日代表部の設置を認めたならば、アメリカ国内での競合相手であるCIOのみならず、極東委員会を構成するソ連などの労働組合にも認めなければならなくなり、そうなった場合、それらの間の摩擦から日本の労働組合運動が混乱し、不安定化してしまう。また、AFLの指導者が労働課に加わるのは問題ないが、AFLの駐日代表部が労働課とは別に設けられると、組織的な紛争を惹起し、日本の労働組合運動に好ましくない影響を及ぼす可能性がある。第2に、デヴェラルの個人的な資質も問題であった。デヴェラルは、労働教育係長を務めていた際、他のスタッフと協調して働く能力と意志を持たず、異なる考えの持ち主に敵意を抱き、総司令部の内外で讒言を行った。決まった方針を守ることもできないし、上司の命令にも従わない。要するに、信頼できない人物であるというのが、労働課の反対理由であった[60]。

重要なのは、デヴェラルの入国が認められない背景に、労働課の内部のAFLとCIOの対立が存在していたことである。キレンが辞任する直前の1948年8月1日に労働課に加わったキャロル・エドガーは、「私がみる限り私の周囲のアメリカ人はほぼ全てCIOの出身者のようだ」とAFLに報告している。エドガーによると、労働課におけるCIOの影響力は強力であり、AFLの組織形態である職能別組合主義ではなく、CIO流の産業別組合主義こそが踏襲すべきモデルだとみなされている[61]。もっとも、この表現には誇張があり、労働課のポストがCIOによって独占されたという事実はないが、キレンの辞任によって労働課の内部でAFLが後退し、CIOの影響力が高まったことは間違いない[62]。客観的にみても、ドッジ・ラインの下での保守政権と経営者の対労働攻勢は、AFLよりも戦闘的なCIOの登場を要請していた。こうしたなか、CIOのニューイングランド地区評議会の広報部長などの経歴を持ち、1948年10月に来日したヴァレリー・ブラッティが、総評の結成に向けて大きな役割

を果たすことになった(63)。

(1) 占領期のアメリカの対日労働政策については、竹前栄治『戦後労働改革』東京大学出版会、1982年、遠藤公嗣『日本占領と労資関係政策の成立』東京大学出版会、1989年、が現在の通説を形成する研究書である。
(2) 竹前『戦後労働改革』37-55 ページ。
(3) 『労働戦線』1947年4月1日、8日、15日、『労働』1947年4月11日。
(4) Morgan, *A Covert Life.*
(5) *Special Bulletin*, April, 1946.
(6) *Special Bulletin*, August, 1946.
(7) *International Free Trade Union News*, Vol. 1, No. 3, December, 1946. *Special Bulletin* は、この号をもって *International Free Trade Union News* に改題された。この自由労働組合委員会の機関誌は、ジョージ・ミーニー記念文書館とハーヴァード大学のリッタウアー図書館に所蔵されている。
(8) Starr to Supreme Commander for the Allied Powers, "Report of Mark Starr, Workers' Education Consultant," September 30, 1946, Lovestone Papers, Box 245, HIA.
(9) Woll to MacArthur, December 11, 1946, Lovestone Papers, Box 245, HIA.
(10) MacArthur to Woll, January 7, 1947, Lovestone Papers, Box 245, HIA.
(11) Cooley to Secretary of War, "Reply to Letter from Matthew Woll," January 7, 1947, Lovestone Papers, Box 245, HIA.
(12) Green to Starr, January 15, 1947, Lovestone Papers, Box 245, HIA.
(13) Woll to MacArthur, February 28, 1947, Lovestone Papers, Box 245, HIA.
(14) *International Free Trade Union News*, Vol. 2, No. 4, April, 1947; *International Free Trade Union News*, Vol. 2, No. 5, May, 1947.
(15) キレンについては、Howard B. Schonberger, *Aftermath of War: Americans and the Remaking of Japan, 1945-1952*, Kent: Kent State University Press, 1989, Chapter 4. 日本語訳は、ハワード・B・ションバーガー（宮崎章訳）『占領 1945～1952』時事通信社、1994年、第4章。ただし、ションバーガーの分析はAFLとCIOの方針の違いを認めない点で問題が残る。
(16) Woll to Killen, March 3, 1947, Lovestone Papers, Box 245, HIA.
(17) Schonberger, *Aftermath of War*, pp. 119-120.
(18) Cohen to Starr, February 7, 1947, Lovestone Papers, Box 245, HIA.
(19) Killen to Burke, May 6, 1947, IBPSPMW Records, 1947, P83-264, WHS.
(20) セオドア・コーエン（大前正臣訳）『日本占領革命 下』TBSブリタニカ、1983年、110-111 ページ。

(21) Killen to Woll, July 24, 1947, Lovestone Papers, Box 247, HIA.
(22) Killen to Lovestone, April 23, 1947, Lovestone Papers, Box 247, HIA.
(23) 中北浩爾『経済復興と戦後政治』東京大学出版会、1998年、第1章、第2章。
(24) Memorandum by Stanchfield for Killen, "Comment and Recommendation for Counteracting Communist Activities in the Labor Movement," May 27, 1947, ESS(H)-02567, GHQ/SCAP Records.
(25) Memorandum by Marquat for Chief of Staff, "Program for Counteracting Communist Activities in the Japanese Labor Movement," June 27, 1947, ESS(H)-02572, GHQ/SCAP Records.
(26) Killen to Green, May 26, 1947, Lovestone Papers, Box 247, HIA.
(27) コーエン『日本占領革命 下』249ページ。
(28) Killen to Woll, July 24, 1947, Lovestone Papers, Box 247, HIA;『労働戦線』1947年6月17日。
(29) Minutes of the Meeting of the Executive Council, American Federation of Labor, September 8-13, 1947, *MECAFL*, Reel 13.
(30) *Report of Proceedings of the Sixty-sixth Convention of the American Federation of Labor*, October 6-16, 1947, pp. 419-426, 454-455, 684-685. なお、AFL、CIO、AFL-CIOの大会の議事録は、ミーニー記念文書館に所蔵されている。
(31) Killen to the International Labor Relations Committee, American Federation of Labor, "Observations and Suggestions Concerning the Development of Free Trade Unions in Japan," *Green Papers*, Reel 5.
(32) Meeting of International Labor Committee, November 11, 1947, *Green Papers*, Reel 5.
(33) Kaiser to the Under Secretary, Department of Labor, November 10, 1947, RG 174, Entry 44, Box 3, NA.
(34) Killen to Green, June 4, 1948, *Green Papers*, Reel 5.
(35) Memorandum by Romer to Chief, ESS/LAB, August 6, 1948, Burati Collection, Box 1, Folder 7, RL.
(36)『総同盟五十年史 第3巻』総同盟五十年史刊行委員会、1968年、423-428ページ。
(37)「労働教育大会講演集」(『兵庫県労働時報』1948年9月) 3-29ページ。
(38) Killen to Woll, May 13, 1948, RG 18-3, Box 35, Folder 29, GMMA.
(39) Free Trade Union Committee Meeting, May 27, 1948, RG 18-3, Box 35, Folder 29, GMMA.

(40) Lovestone to Killen, June 9, 1948, Lovestone Papers, Box 247, HIA.
(41) Killen to Lovestone, July 19, 1948, Lovestone Papers, Box 247, HIA.
(42) Memorandum of Conference by Romer, June 28, 1948, Burati Collection, Box 1, Folder 15, RL.
(43) 中北『経済復興と戦後政治』。
(44) 1948年6月22日のマッカーサー書簡と政令201号については、竹前『戦後労働改革』第4章第3節、遠藤『日本占領と労資関係政策の成立』第4章。キレンによる事実経過の説明は、"Mr. Killen's Remarks on the Denial of Collective Bargaining and Strike Rights of Japanese Government and Public Employees," enclosed with JMA to MG, September 9, 1948, 894.504/9-948, *RDOS, IAJ, 1945-1949*, Reel 24.
(45) Killen to Zempel, July 21, 1948, RG 174, Entry 44, Box 3, NA.
(46) Meeting International Labor Committee, September 9, 1948, *Green Papers*, Reel 5.
(47) Kaiser to the Secretary, September 8, 1948, RG 174, Entry 44, Box 3, NA.
(48) Gibson to the Secretary, Department of the Army, September 16, 1948, RG 174, Entry 44, Box 3, NA.
(49) Meany to Kaiser, October 5, 1948, RG 174, Entry 44, Box 3, NA; Woll to Tobin, December 14, 1948, RG 174, Entry 44, Box 3, NA; Ross to Tobin, December 22, 1948, RG 174, Entry 44, Box 3, NA.
(50) Meeting International Labor Committee, September 9, 1948, *Green Papers*, Reel 5.
(51) *Report of Proceedings of the Sixty-Seventh Convention of the American Federation of Labor*, November 15-22, pp. 338-340.
(52) Memorandum by Romer to Chief, ESS/LAB, August 6, 1948, Burati Collection, Box 1, Folder 7, RL.
(53) Free Trade Union Committee Meeting, October 7, 1948, RG 18-3, Box 35, Folder 29, GMMA.
(54) Hosoya to Lovestone, December 30, 1948, RG 18-3, Box 40, Folder 26, GMMA；『労働』1949年4月8日。
(55) Woll to MacArthur, May 3, 1949, Lovestone Papers, Box 263, HIA.
(56) Hosoya to Lovestone, September 26, 1948, RG 18-3, Box 40, Folder 26, GMMA.
(57) Lovestone to Hosoya, May 26, 1949, RG 18-3, Box 40, Folder 26, GMMA.
(58) Hosoya to Lovestone, June 27, 1949, RG 18-3, Box 40, Folder 26, GMMA.
(59) Lovestone to Hosoya, July 5, 1949, RG 18-3, Box 40, Folder 26, GMMA；

Lovestone to Hosoya, September 26, 1949, RG 18-3, Box 40, Folder 26, GMMA.

(60) CINCFE to Department of Army, April 23, 1949, ESS(A)-00752, GHQ/SCAP Records; Memorandum of Conversation, May 9, 1949, 894.5043/5-949, *RDOS, IAJ, 1945-1949*, Reel 25; Memorandum by Amis for Marquat, May 31, 1949, ESS(B)-16686, GHQ/SCAP Records; SCAP to Department of Army, June 5, 1949, ESS(A)-00752, GHQ/SCAP Records.

(61) Edgar to Flanagan, September 21, 1949, RG 18-1, Box 27, Folder 7, GMMA.

(62) 1949年10月27日のAFL国際労働関係委員会でも、日本の労働組合に対してCIOの影響力が高まっていることへの懸念が表明された。Meeting International Labor Committee, October 27, 1949, AFL Records, Series 8, File A, Box 17, WHS.

(63) ブラッティに関する研究論文として、John Price, "Valery Burati and the Formation of Sohyo during the U. S. Occupation of Japan," *Pacific Affairs*, Vol. 64, No. 2, Summer 1991.

第2節　総評の結成とブラッティ

ドッジ・ラインと民主化運動

　民同派と共産派は、1949年に入っても、労働組合運動の主導権をめぐって、一進一退の攻防を繰り広げていた。そうしたなか、民同派にとって、全労連と産別会議に対抗する統一的な中央組織の結成は急務であった。その最初の試みが、総同盟、産別民同、国鉄民同による1949年2月12日の全労会議準備会の結成であった。ところが、ブラッティは、2月15日にロバート・エーミス労働関係・教育係長宛のメモを作成し、労働課がそれに祝辞を送ったことを批判した。「総同盟の保守的な性格は、よく知られているように、日本の労働運動を通じて嫌悪されている」というのが、その理由であった。現に、炭労、私鉄総連、海員組合、電産、全逓などが、この組織から距離をとっている。こうした状況で、総司令部がこの組織に好意的な態度を示した場合、以上の進歩的な労働組合の失望を招くであろう。CIO出身のブラッティは、AFLと緊密な関係にあった松岡駒吉率いる総同盟[1]に対して批判的であり、労働課が全労会議準備会を支持するのは、アメリカ労働省が保守的なAFLを支持するようなものだと書いた[2]。結局、全労会議準備会は、ブラッティが指摘したように、総同盟、産別民同、国鉄民同の3組織以外には広がらず、労働戦線統一の母体とはなりえなかった。

　統一的な中央組織を欠いていたにもかかわらず、1949年半ば以降、単産および単組レヴェルで、民同派の共産派に対する優位は固まっていった。それは、ドッジ・ラインに伴って行われた企業整備と行政整理によって促進された。最も著名な例が、国労である。国労では、国鉄民同と共産派およびそれに同調する革同派とが拮抗し、執行部は大会ごとに左右に揺れ動いていた。そのようななか、7月上旬から行政整理が開始された。解雇者には17名の中央闘争委員が含まれていたが、内訳は共産派12名、革同派5名で、民同派は皆無であった。加藤閲男委員長は、この機を捉えて「指令零号」を発し、8月15日に中央委員会を開催して、民同派の覇権を確立した。同じ官公労組で、産別会議の

中心単産の全逓では、民同派が9月13日に中央委員会から退席して正統派全逓を結成し、その後、組合員の多数を掌握した。このようにして民同派が主導権を握った単産は、全労連と産別会議を相次いで脱退した。全労連は、1949年に入り、炭労、私鉄総連、全鉱、国労、正統派全逓、日教組が脱退したため、200万人前後にまで勢力を後退させ、産別会議も、全日通、正統派全逓などを失い、125万人の組織が76万人にまで縮小した[3]。

こうした動向を、総司令部は、不安を抱きながら見守っていた。ブラッティの上司であるエーミス労働関係・教育係長は、国務省極東局のフィリップ・サリヴァン労働顧問との会談で、民同派の労働組合が、共産党系の労働組合と同じようにトップ・ダウンで運営されており、決して民主的とは考えられない、と語った。彼によると、何人かの民同派の指導者は、明らかに反動的であった。さらに、エーミスは、民同派が既存の労働組合を分裂させる傾向があることに懸念を示した。もちろん、そうした分裂は、不可避であるかもしれないし、ある程度の望ましい結果をもたらすかもしれない。しかし、組織の分裂は、労働者全体の立場を弱めてしまうし、そればかりか、強力にして穏健な労働組合運動を発展させるという労働課の目標を難しくしている[4]。このエーミスの発言に明らかなように、労働課は、共産主義勢力を労働組合運動から排除すべく、民同派を支援しつつも、ドッジ・ラインの下での保守政権と経営者の対労働攻勢に便乗し、場合によっては組織の分裂すら辞さない民同派のあり方を憂慮していた。キレンの辞任後、労働課の内部では、民同右派への警戒感が明らかに強まった。

労働課にとって、進歩的な民同派による労働戦線の統一が急務であったが、そのような労働戦線統一の機運を醸成する役割を果たしたのもまた、ドッジ・ラインであった。緊縮政策と不況による人員整理や賃金の切下げに直面した民同派の労働組合は、社会党と協力してドッジ・ラインを修正するため、1949年10月3日に国会共闘を結成した。これに参加したのは、総同盟、新産別、国労、炭労、全逓（正統派）、電産、私鉄総連、日教組、全日労、全鉱、硫労連など16組織に及んだ。国会共闘は、発足後、賃金問題をドッジ・ラインの修正要求の中心に位置づけた。ドッジ・ラインの下で、民同派の方針の力点は、労使協力による経済復興から、政府や経営者に対する賃上げ闘争へと変化

しつつあった。つまり、生産復興闘争は継続されたが、民同派の性格は、労働課が期待するように、より戦闘的なものへと変化していった。その結果、共産派に対して優位に立つために、保守政権と経営者の対労働攻勢に便乗した民同派の労働組合は、それに対抗して労働者の利益を擁護すべく、労働戦線の統一に向かっていったのである(5)。

国際自由労連の結成

　もう１つ、民同派による労働戦線の統一を促したのは、世界労連の分裂と、それに伴う国際自由労連の結成であった。世界労連への加盟を目指して全労連が設立されたように、国際自由労連への加盟問題は、総評の結成に重要な役割を果たした。

　1945年10月、AFLを除く世界の主要なナショナル・センターを結集して設立された世界労連は、非共産主義勢力と共産主義勢力の対立を内包していた。それを顕在化させたのは、1947年6月のマーシャル・プランの発表であった。アメリカのCIOやイギリスのTUCなど西側の労働組合の多数がこれに賛成したのに対し、東側の労働組合に加えて、共産党が主導権を握るフランスのCGT、イタリアのCGILなどが強硬に反対した。サイヤン書記長の党派的な指導も、TUCやCIOに強い不満を抱かせた。もう１つの争点は、国際産業別組織との関係であった。世界労連は、国際産業別組織を自らの産業別部門に再編成し、統制下に置こうとしたが、国際運輸労連や国際金属労連をはじめ、長い歴史と伝統を誇る国際産業別組織は、自立性を維持しようとした。そして、国際産業別組織がマーシャル・プランに賛成するなど、以上の２つの問題は連動していた。最終的に、世界労連は、1949年1月19日の執行委員会で、TUC、CIO、オランダ労働総同盟の代表が脱退を表明し、分裂した(6)。

　世界労連の分裂後、アメリカの２つのナショナル・センター、すなわちAFLとCIOの間の調整が図られ、これにTUCを加えた３組織がイニシアティヴを握って、新組織の結成が進められた。まず、ジュネーヴで開かれた第32回ILO総会(国際労働総会)を利用して、6月25日と26日に「新世界労連結成準備会議」が開かれ、そこで選出された準備委員会が、7月25日から作業を行った。そして、63のナショナル・センターの代表の参集を得て、11月

28日から12月7日まで、国際自由労連の結成大会がロンドンで開催された。書記長には、国際運輸労連のオルデンブローク書記長が選出された。重要なのは、世界労連がファシズムとの闘争を謳ったのに対し、国際自由労連があらゆる種類の全体主義への反対を標榜したことである。すでに結成過程で、共産主義とのイデオロギー的な闘争の重要性を力説するAFLと、単なる反共産主義に否定的なTUCおよびCIOの意見の対立がみられたが、国際自由労連は、マーシャル・プランやNATOを支持するなど、冷戦の下、自由主義陣営に与することで基本的に一致していた。さらに、ヨーロッパ、北米のみならず、アジア、アフリカ、ラテンアメリカを含めた世界的規模の組織を目指して地域活動を重視したことも、国際自由労連の特徴であった[7]。

こうした性格を持つ国際自由労連にとって、日本の労働組合の加盟を得ることは、極めて重要であった。イギリスのTUCに置かれた準備委員会の事務局が、結成大会への日本代表の参加についての許可を求めて、総司令部に働きかけを行ったのは、8月末のことであった。それは2つのルートでなされた。1つは、イギリス外務省から駐日イギリス連絡代表部の労働官を経て総司令部労働課というルートであり、もう1つは、駐英アメリカ大使館からアメリカ国務省、そして総司令部というルートであった。前者の詳細は不明であるが、後者については、国務省が労働・陸軍両省と協議を行い、9月2日に3省共同の電報が総司令部に送られることを通して実行された。世界労連がアジアの労働者を代表しているというプロパガンダを打ち消す。日本の労働組合における反共産主義者の影響力を強める。日本の反共産主義的労働組合とその指導者のプレステージを増す。反共産主義的労働組合の統一行動を促進する。アメリカ国務省は、以上の4つの理由を挙げて、日本代表の国際自由労連結成大会への出席を「非常に望ましい」と評価した[8]。

国務省にとって気がかりだったのは、総司令部がこの年の5月8日からインドで開催されたアジア労働総同盟の結成準備会合への日本代表の出席を認めなかったことであった[9]。この組織は、インド全国労働組合会議を中心として、AFL、CIO、TUCなどと提携しながら、反共産主義的なアジアの労働組合を結集するものであり、国際自由労連のアジア地域組織の1つの源流をなすものであった[10]。国務・労働両省は、これをアジアでの世界労連の影響力を削ぐ

ものと考え、総司令部に日本代表の派遣を許可するよう求めた。しかし、総司令部は、アジア労働総同盟の目的については賛成であったが、産別会議の菅道議長が4月15日にモスクワで開かれる会議への出席の許可を求めていること、世界労連の第2回大会への代表団の渡航の許可申請が近く予想されることなどに鑑みて、拒否することにした。不平等な取り扱いは、ソ連が連合国の一員である以上、難しい問題を生じさせ、日本共産党にプロパガンダの機会を与えてしまう。それゆえ、総司令部は、ILO（国際労働機関）など異論の出ない国際会議に限って出席を認めることを原則とした[11]。

　この原則の変更は、国際自由労連の結成大会に向けて、ブラッティのイニシアティヴによってなされた。彼が起案した9月8日付の文書は、次の6つの利点を示して、それへの日本代表の出席を許可すべきだとした。日本の主要な労働組合と自由な国際労働組織の結合、代表として選ばれた労働組合指導者の名声・影響力・西側指向の強化、世界労連の北京会議への対抗、日本の反共産主義的労働組合の強化と統一の促進、反共産主義的な国民間の友好親善の増進、アメリカの2つのナショナル・センターの支持・協力の確保、である。要するに、「極左からも極右からも独立した」労働組合の中央組織の結成を促進し、強化する上で、国際自由労連の結成大会に代表団を出席させ、ひいてはそれに加盟させることが望ましい、とブラッティは主張したのである。問題は、国際自由労連に対抗して、世界労連が北京でアジア大洋州労働組合会議の開催を予定していたことであった。ブラッティは、これについては、世界労連が自由にして民主的な労働組合の国際組織ではない、中国の共産党政権を外交上承認していない、といった理由を挙げて、日本代表の渡航を許可すべきではないとした[12]。このメモランダムは承認を得て、9月16日に経済科学局長名で国務・労働・陸軍の3省に送付された[13]。

　国際自由労連の結成大会に派遣される代表団の組織化は、第32回ILO総会にあわせて「新世界労連結成準備大会」に出席した国労の加藤委員長を中心に進められた[14]。加藤の招請によって、9月3日、第1回の「自由世界労連加盟促進懇談会」が開催され、続いて10日に開かれた第2回懇談会で、「自由世界労働組合連盟加盟準備促進協議会」の設立が決まった。総同盟、新産別、全日労、国労、電産、炭労、日教組、海員組合、全鉱、全逓、日放労などがこれに

参加し、日本の組織労働者650万人のうち400万人を代表した[15]。設立要綱によると、国際自由労連として発足する組織に「日本の民主的労働組合が相携えて加盟する準備態勢を整えること」が、その目的であったが、ナショナル・センターとしての加盟が原則である以上、民同派の労働組合は労働戦線の統一を急がなければならなかった。「新世界労連と直結する形に於て、日本国内の民主的統一戦線が必然化してくるが、この国内の態勢を十一月上旬を目標として確立するよう努める」という方針が決められたのは、それゆえであった。

協議会の世話人は、9月26日に総司令部を訪問して、労働課長に昇任したエーミスおよびその後任の労働関係・教育係長に就任したブラッティと会談した。この席でブラッティは、「この協議会の動きは日本労働運動の帰趨を決するものである」と述べ、「この強大な労働組合の民主的統一への努力が実を結ぶよう祈つている」と激励し、「吾々は諸君等を全力を挙げて支持援助する」と表明した。この発言から、労働課の期待の程をうかがうことができるであろう。ブラッティは、10月7日にCIOのマイケル・ロス国際部長に送った書簡でも、この協議会のメンバーが個別の労働組合による代表の派遣に反対し、協議会として代表を選出することで一致していることを高く評価し、国際自由労連結成大会への代表団の派遣以上に労働戦線の統一を促進しているものはないと強調した。そして、総司令部が代表団の渡航費用を負担する方向で検討していることを明らかにした[16]。10月10日、エーミス労働課長は、マーカット経済科学局長に対して、総司令部の商業勘定からそれを支出するよう求めた[17]。

その後、代表団を派遣する準備は、順調に進んだ。10月4日、国際自由労連の準備委員会と「自由世界労働組合連盟加盟準備促進協議会」の直接の連絡が、協議会書記の大倉旭のヴィンセント・テューソンTUC書記長宛の書簡によって開始された。そのなかで、10月末までにナショナル・センターを発足させて国際自由労連への加盟を目指し、ロンドンでの結成大会には5名の代表を派遣するという計画が示された[18]。国際自由労連の準備委員会は、日本に関する情報収集について、9月21日と22日の会合で、AFLのブラウン駐欧代表に委ねたが[19]、実際には、CIOのロス―総司令部労働課のブラッティのルート、TUC―イギリス外務省―駐日イギリス連絡代表部労働官―総司令部労働課のルートの2つが、主として用いられた[20]。後者のルートが使われた

第 2 節　総評の結成とブラッティ　　45

点に、国際自由労連の結成、ひいては第二次世界大戦後の国際労働運動は、政府との関係を無視して理解できないことが示されているが、それとともに、AFL よりも TUC と CIO の方針が国際自由労連の対日政策に反映される兆しが、この段階ですでにあらわれていた。

　ブラッティも、自らの出身労組である CIO 寄りの姿勢をとり、「自由世界労働組合連盟加盟準備促進協議会」を CIO に結合させようと試みた。ブラッティは、9 月 26 日の協議会の世話人との会見の席で、国際自由労連の結成大会だけでなく、10 月 31 日から開かれる CIO の第 11 回大会に代表を派遣することを勧める一方、10 月 7 日、CIO のロス国際部長に宛てて書簡を送り、CIO が日本の労働組合に大会への招待状を送付し、渡航費用を負担するよう要請した[21]。これを受けて、協議会は、10 日の総会で、新産別の落合英一書記長のアメリカへの派遣を決定した。しかし、肝心の CIO の反応は、必ずしも良好ではなかった。AFL のように外国の労働組合の代表を大量に大会に招待することはしない、というのが従来からの CIO の方針であった[22]。また、CIO のジェームズ・ケアリー書記長は、日本代表がやってきたとしても、大会で発言する機会を与えられないという意向を示した[23]。日程上無理があったことに加え、AFL とは異なり、世界労連や国際自由労連といった国際労働組織を通じて対外関係を処理する CIO の手法ゆえに、日本代表の CIO 第 11 回大会への出席は結局実現しなかった。

　ブラッティの反 AFL の姿勢は、総同盟の右派に対する嫌悪とつながっていた。ブラッティは、10 月 7 日のロス宛の書簡で、国際自由労連への加盟問題によって促進されている労働戦線統一について、次のような見通しを示した。労働戦線の統一は、必然的に総同盟、新産別といった既存のナショナル・センターの解体を意味する。このうち、新産別は、自ら進んで解散するであろう。問題は、総同盟の松岡会長の反対が予想されることである。労働戦線の統一は、総同盟が分裂し、傘下の全繊同盟など保守的な労働組合が局外に立つかたちで最終的に実現されるであろう[24]。このように、ブラッティが目指した労働戦線統一とは、「左を切り、右を切る」、すなわち共産主義勢力と総同盟右派を排除したナショナル・センターの結成を目指すものであった。これは労働課全体の方針であった。エーミス労働課長は、同じ月の 21 日、アメリカ労働省国際

労働部のアーノルド・ゼンペルに情勢報告を送り、「我々は新しい中央組織の設立を期待しているが、それは日本の労働運動の約70%を代表するものになろう」と指摘し、産別会議と総同盟右派が残りの30%を構成することになると説明した(25)。

こうした労働課の方針が明確に示されたのが、国際自由労連の結成大会に派遣される代表団の人選であった。「自由世界労働組合連盟加盟準備促進協議会」による人選は、10月10日の総会で行われ、組合員数に基づく投票の結果、全鉱の原口幸隆委員長、総同盟の松岡駒吉会長、日教組の荒木正三郎委員長、全日労の森口忠造委員長、国労の加藤閲男委員長が選出された。しかし、5名の代表の名前が18日の大倉のテューソン宛書簡で伝えられる(26)までの約1週間で、総同盟出身の代表が松岡から、傘下の全繊同盟の滝田実会長に変更された。これは、直接的には松岡の健康診断の結果であった。しかし、その後、再度の健康診断が行われ、問題が発見されなかったにもかかわらず、最初の診断結果を好ましいと考えていた労働課の意向で、松岡のロンドン行きは認められなかった。エーミス労働課長によると、「彼〔松岡〕は、我々が育成しようと考えている種類の労働運動、つまり、右翼でも左翼でもない、リベラルで戦闘的な組合を代表していない」というのが理由であった。労働課は、これが干渉であることを自覚していたが、駐日イギリス連絡代表部のG・F・C・マシューズ労働官とも協議の上で、あえて強行したのである(27)。

この介入の背景には、11月3日から開催された総同盟の第4回大会で、その主導権が右派から左派に移行する、という労働課にとって望ましい変化があった。この大会で、共産党からの転向右翼の鍋山貞親に理論的な指導を受けていた右派の青年組織の独立青年同盟の排撃が、多数の支持を得て決まった。また、役員選挙でも左派が圧勝し、中央執行委員会を構成する24名のうち、右派はわずか6名に転落した。その結果、前年度の第3回大会で事務局長にあたる総主事のポストに就任していた高野実率いる左派の優位が確立したのである(28)。ブラッティは、12月2日に面会に訪れた総同盟の幹部に対して、第4回大会によって採用された新しい方針を松岡が代表しておらず、総同盟の中央執行委員会は国際自由労連結成大会の代表の選出を大会後まで待つべきであった、と語った。独立青年同盟に関与しているという事実をもって、ブラッティ

は松岡に「極右的な人物」という評価を下していた[29]。これを契機として、労働課は、総同盟右派を排除すべく、高野ら総同盟左派への支援を明確なものとした[30]。

　国際自由労連の結成大会に出席する代表団に対する総司令部の関与は、徹底したものであった。「自由世界労働組合連盟加盟準備促進協議会」は、11月1日にマッカーサーに宛てて出国の許可を求める書類を送り、17日に正式の許可が下りた。これを受けて、交通費や宿泊費のほか、遊興費、ポケット・マネーを含む、総額17795ドル95セントの支出が決まった[31]。これは見方によっては支援ともいえたが、それに対して、結成大会に提出するアジェンダの事前承認は、明らかに介入であった。総司令部は、日本国内の労働政策に関する事項については占領下に置かれている以上、議題として提出されるべきでなく、講和条約や漁業区域など国際的に重要な問題についても議論されるべきではないと伝えた。まさにこのような議題を用意していた代表団は、労働課の求めに応じて撤回せざるをえなかった。さらに、代表団にはエーミス労働課長が同行した[32]。一行は、11月28日から12月9日にかけて、国際自由労連の結成大会に参加した後に訪米し、アメリカの労働組合の指導者や労働省の官僚と会見して帰国した。

総評の結成

　国際自由労連の結成大会が開催された1949年末、「自由世界労働組合連盟加盟準備促進協議会」とは別に、民同派の労働組合の結集に向けた動きが活発化していた。それは、全労会議準備会から距離をとっていたブラッティがいうところの「進歩的」な労働組合によって主導された[33]。1949年11月1日、私鉄総連の提唱に従い、労働戦線統一のための会合が開かれ、炭労、全日労、全鉱、硫労連、全日通、海員組合が参加した。続いて14日、再び私鉄総連の呼びかけで、正式に第1回の戦線統一懇談会が開催された。前回の7組合に加えて、全逓のほか、全労会議準備会の総同盟、新産別、国労など、合計で19組合が招待された。さらに21日の第2回懇談会では、「民主的労働組合の統一結集体を組織すること」を目標に掲げて、「全国労働組合統一準備会」を発足させることが決まった。その後、参加組合を拡大する一方、憲章（基本綱領）、規約な

どの作成が進められ、1950年3月11日、総評の結成準備大会が開催された。この段階で、総同盟、全日労、国労、海員組合、日教組、炭労、私鉄総連、日放労、全鉱、電産、全逓、自治労協など17連合体・単産、397万7000人が正式に加盟し、全日通、硫労連など7単産、15万人がオブザーヴァーとして参加した。

「自由世界労働組合連盟加盟準備促進協議会」が労働戦線統一の直接的な母体にならなかったのは、私鉄総連、硫労連、全逓など、国際自由労連への加盟を正式に決定していない単産が参加できなくなる、という理由からであった。しかし、第1回戦線統一懇談会では、「基本的方向として国内の民主的労働戦線の統一は、国際的には自由世界労連につながる方向と分離して考えることは出来ない」という申合せがなされ、第2回懇談会でも、統一準備会の構成の基本線として、「自由世界労連加盟を正式機関で決定していない組合は早急に正式態度を決定するように努力すること」が決まった。1950年1月21日には、統一準備会の主催で、国際自由労連の結成大会に参加した5名の代表の報告会が開催された。さらに、総評の結成準備大会の挨拶で、炭労の武藤武雄委員長は、議長団を代表して、「国際自由労連と完全につながること」の重要性を訴えた。国際自由労連への加盟問題が総評結成の強力な促進要因となったことは、結成準備大会の経過報告でも確認できる。

もちろん、総司令部労働課は、総評の結成に大きな期待を寄せた。1950年2月2日から開かれた総司令部民事局の労働担当官の会議で、ブラッティは、労働戦線の統一こそが労働関係・教育係の主要な任務だと述べ、総評の結成が近く予定されていることに言及した。彼の認識によると、それは「自由世界労働組合連盟加盟準備促進協議会」の活動の成果であった[34]。また、駐日イギリス連絡代表部も、総評の結成を高く評価した。総評は着実に影響力を高めていくであろうし、その存在ゆえに日本の労働組合運動は占領終結後も無力化しないであろう。こうした認識の下、アルヴァリー・ガスコイン駐日代表は、本国の外務省に宛てて電報を送り、総評の結成準備大会にメッセージを送るようTUCに要請して欲しいと伝えた[35]。総評の結成準備大会では、CIOのフィリップ・マレー会長、全米炭鉱労組のジョン・ルイス会長、TUCのヴィンセント・テューソン書記長からの祝辞が披露された。ここにみられるように、CIO

とTUCは、総司令部の支援の下で進められた総評の結成を支持した。

　それに対して、AFLは、総評の性格に批判を持っていた。興味深いのは、それが新産別の総評批判と結合したことである。新産別は、規約の作成過程で、総評を合議制に基づく緩やかな連絡協議体にとどめるべきだと主張し、これが否定されると、「頭だけの統一は機関の官僚化を招く」と批判して、総評への加盟を保留した。この新産別の主張は、崇高な理念に依拠するものというよりも、小規模ながらナショナル・センターであるという組織上の理由に起因するものであった。孤立した新産別の細谷松太政治部長は、3月25日、かねてから連絡をとっていたAFL自由労働組合委員会のラヴストーン事務局長に書簡を送り、国際自由労連結成大会への代表団の派遣をはじめ、日本政府と総司令部が労働組合運動に介入していると指摘して、「総評は上からの統一戦線であるばかりか、政府によって作られた組織である」、「総評は職場活動家の自由に表明された意思に基づく戦線統一運動ではない」などと結論づけた[36]。新産別は、AFLの国際的権威を利用して、自らの日本国内での影響力を維持しようとしたのである。

　労働課の反対ゆえに日本への入国を果たせないまま、AFLの駐アジア代表としてインドのボンベイ（ムンバイ）に滞在していたデヴェラルは、これを受けて総評批判に乗り出した。デヴェラルの構想は、それまで総同盟左派と緊密な関係にあった新産別の細谷を総同盟右派の松岡と結びつけ、これに国労の加藤委員長を加えることであった。この組み合わせは、ブラッティが批判した全労会議準備会の構成と同一であった。デヴェラルは、同じく共産党からの転向者として細谷を信頼していた上司のラヴストーンの同意の下、4月25日、松岡、加藤、細谷の3名に宛てて、メーデーのメッセージを送付した[37]。これは、AFLがこの3名に支持を与えていることを意味した。もっとも、ラヴストーンに関する限り、反共産主義的な労働組合の中央組織である総評の結成を基本的に支持していた。新産別は孤立を避けて総評に参加すべきだというのが、彼の意見であった。ラヴストーンは、総評を破壊することではなく、総評の主導権を以上の3名が掌握することを望んでいた[38]。ところが、細谷は、ラヴストーンやデヴェラルからの書簡に言及して、AFLが新産別とともに総評の結成に反対しているかのように宣伝した[39]。

ブラッティは、以上の動きに神経をとがらせた。ブラッティの解釈によると、民主化運動の最大の指導者で、総評の結成を当初強く支持していた細谷が態度を変えたのは、デヴェラルの工作の結果であった。デヴェラルは、労働課に対していわれのない攻撃を加え、総評の結成に反対する考えを細谷に伝えた。これに強い影響を受けた細谷は、総評が総司令部に支配されていると批判するようになった。ところが、こうしたブラッティの解釈は、全て伝聞に基づいており、明確な証拠を欠いていた。ブラッティは、総評を「東京の労働官僚」、つまり総司令部労働課の創作物と非難するデヴェラルの手紙の存在を指摘したが、「この手紙のコピーを入手しようとしてきたが、今のところ手に入れられないでいる」と認めざるをえなかった[40]。もちろん、AFLが総司令部労働課を非難したことは確かであった。AFLは総評の性格にも批判的であった。しかし、AFLが総評の結成に反対したという事実はなかった。AFLを好ましく思っていなかったブラッティは、細谷の言葉に影響され、誤解したのである。

　ともあれ、総評の結成過程で高まったブラッティとデヴェラルの対立は、国際自由労連のアジア視察団をめぐって頂点に達した。国際自由労連は、1950年3月16日の緊急委員会で、南アジアと極東に視察団を派遣することを決め、5月25日から開かれた執行委員会で承認を得た。その目的は、アジア地域組織の設立に向けて、現地の労働組合運動の状況を把握することに置かれた。イギリスTUCのフレッド・ダレー（団長）、アメリカCIOのジョン・ブロフィー、アメリカAFLのゴードン・チャップマン、ベルギー労働総同盟のロジェ・デケイジェル、インド全国労働組合会議のデヴェン・センの5名によって構成された視察団は、7月1日に国際自由労連の本部があるベルギーのブリュッセルを発ち、西パキスタン、インド、東パキスタン、ビルマ、香港、日本、台湾、タイ、フィリピン、インドネシア、シンガポール、マラヤ、セイロン、インドシナ、イランを訪問し、2ヵ月後の9月1日に帰着した[41]。問題となったのは、この視察団に同行する秘書の人選であり、具体的にはそれにデヴェラルを加えるか否かであった。

　視察団の派遣が決定されるや否や、ラヴストーンは、それにデヴェラルを同行させるべく工作を始め、国際自由労連のオルデンブローク書記長に書簡を送り、強い口調でそれを迫った[42]。秘書の候補者とされたのは、2名であった。

1人は、AFLが推すデヴェラルであり、もう1人は、CIOが推薦するジェイ・クレーンであった。オルデンブロークは、CIOに勤務するクレーンの能力を高く評価し、国際自由労連本部で働くよう勧めていた。オルデンブロークの意中の人物は、やがて彼の下で国際自由労連の組織部の中枢を担うことになるクレーンであった[43]。しかし、AFLが有力な加盟組合である以上、その意向を無視することはできなかった。そこで、オルデンブロークは、最終的に、クレーンとともにデヴェラルを秘書に起用する一方、インド、パキスタンから極東に行くグループ1と、東南アジアを回るグループ2に視察団を二分することにした。そして、チャップマンとデヴェラルをグループ2に配属することで、AFLの日本への入国を阻止した[44]。ラヴストーンがこれに猛烈に抗議したのは、当然であった[45]。

　この国際自由労連の決定の背後には、ブラッティの強力な働きかけがあった。ブラッティは、国際自由労連からアジア視察団の派遣の情報を得ると、デヴェラルの同行に反対する労働課の意向を国際自由労連、AFL、CIOなどに書簡で伝えた。それによると、デヴェラルは、リベラルな人物を共産主義者とみなす狂信的なカトリックであり、労働課に在籍中、自分の気に入らない同僚に共産主義者というレッテルを貼り付け、諜報活動を担当する参謀第二部に密告した。その全ては、彼個人の偏見に基づく、根拠のないゴシップであった。デヴェラルは、ホモ・セクシュアルであり、求愛を拒んだ若い日系アメリカ人を共産主義者として通報したことすらある。さらに重要なのは、デヴェラルが、総評の結成に対して攻撃を加え、松岡や細谷と手を結んでいることである。それゆえ、デヴェラルが日本への入国を申請したとしても、許可されないであろうし、万が一、視察団に同行したならば、災いをもたらすであろう。こうした警告を含むブラッティの書簡を受け取ったオルデンブロークは、事情を理解し、日本行きの視察団からデヴェラルを外したのである[46]。

　国際自由労連の視察団は、7月11日に来日し、その当日から開催された総評の結成大会に出席して、ダレー、ブロフィー、クレーンの3名が挨拶を行った。それは、オルデンブローク率いる国際自由労連の対日政策が、それ以降、CIOとTUCの主導により、総評を軸に据えて実施されることを意味した。視察団はブラッティの要請を受けて新産別を説得し、細谷から総評に加盟する約

束を取り付けた⁽⁴⁷⁾。AFL は、孤立したばかりでなく、新産別という同盟者を失ったのである。総評は、「当面の行動綱領」で、「世界の民主的労働組合によつて結成された国際自由労連への加盟の速やかな実現」を謳い⁽⁴⁸⁾、初代の議長に選出された武藤炭労委員長も、国際自由労連への加盟を推進することを視察団に表明した⁽⁴⁹⁾。他方、国際自由労連も、11月9日からの執行委員会で、視察団の報告書に従い、総評の結成を歓迎するとともに、さらなる統一の促進と国際自由労連への加盟を求める決議を可決した⁽⁵⁰⁾。国際自由労連に結合した進歩的な反共産主義的労働組合の中央組織として総評を育成するというブラッティの構想は、順調に進んでいた。

訪米・訪英プログラムの開始

　国際自由労連結成大会への代表団の出席は、日本の労働組合を自由主義陣営の労働組合に結合させる契機となったが、この時期、同様の目的の下、日本の労働組合指導者を対象とする訪米プログラムが開始された。このプログラムは、かつてキレン労働課長が提案し、実現しないまま放置されていたが、その必要性は広く認められており、1949年2月1日にロイヤル陸軍長官に随行して来日したギブソン労働次官も、日本の労働組合指導者をアメリカに派遣するプログラムを早急に開始すべきだと勧告した⁽⁵¹⁾。総司令部による具体的な検討は、陸軍省がアメリカの1950会計年度の予算要求に日本を対象とする文化交流プログラムの費目を盛り込んだことで始められた。学生プログラムと国家指導者プログラムの2つが考えられたが、後者の一部として労働組合の指導者と政府の労働関係機関の職員の派遣が検討されたのである⁽⁵²⁾。また、アメリカ労働省の国際労働部も、ドイツの労働組合に対するプログラムが反共産主義的労働組合を育成する上で大きな効果を発揮していると指摘し、それを日本でも実施するよう総司令部に要請した⁽⁵³⁾。その後、資金的な裏付けはガリオア援助に変更されたが、総司令部労働課によって構想の具体化が進められた。

　労働課が作成した1949年9月16日付の文書によると、この派遣プログラムの目的は、以下の3点に置かれた。第1に、労働省、全国労働関係局、裁判所などアメリカ政府の労働関係機関の組織、機能、方法、手続きなどについて学ぶ機会を与えることである。第2に、ナショナル・センター、単産、単組とい

った様々なレヴェルの労働組合の組織、構造、経営、運営を学習させることである。第3に、団体交渉、苦情処理などの労使関係を見学させることである。要するに、アメリカ的な労使関係の日本への移植が企図されたのである。重要なのは、以上の目的が冷戦の文脈に位置づけられていたことである。すなわち、このプログラムの効果として、アメリカの民主的労働組合運動に関する情報を日本の労働組合指導者に広め、共産主義者のプロパガンダに対抗することが、明確に意図されていた。また、それに加えて、AFLやCIOなどアメリカの労働組合との接触を通じて、日本の労働組合を反共産主義的な国際労働組織と提携させることが期待された。要するに、国際冷戦のなかで日本の労働組合を自由主義陣営に組み込むことが、このプログラムのねらいであった[54]。

第1次訪米労働使節団は、1949年12月30日に日本を出発した。これには、国労の星加要書記長、電産の藤田進委員長、労働省の飼手真吾労働組合課長、中央労働委員会の末弘厳太郎会長、そして通訳として総司令部労働課の中脇ふじが参加した。このうち、労働組合指導者である星加と藤田は、帰国後、講演会や論文によって訪米の成果を公にする一方、共産主義勢力に対抗しつつ、それぞれの労働組合の内部で影響力を高めた。労働課は、こうした点を指摘して、満足できる結果が達成されたと、第1次使節団について総括した[55]。これに続いて1950年6月9日には、私鉄総連の藤田藤太郎委員長、全日通の森善治委員長、日本製鉄八幡労組の田中兼人委員長の3名がアメリカに派遣された。さらに、1950年7月28日に出発した政労使三者からなる視察団には、総評の武藤武雄議長、全鉱の神長一毛副委員長、全国化学の水野三四三副委員長、神戸製鋼労組の山脇陽三委員長、日本化成労組の柴田健三前副委員長、全蚕労連の小口賢三書記長の6名の労働組合指導者が参加した[表1]。

訪米労働使節団の派遣は、全てが順調に進んだわけではなかった。進歩的な人物を共産主義者とみなす保守的な参謀第二部が、しばしば横槍を入れたからである。最も代表的なのは、武藤武雄の例であった。参謀第二部は、日ソ友好協会の理事の名簿に名前が挙がっているという理由で、武藤の訪米を許可しなかった。しかし、それは労働課には全く信じられない事実であった。武藤は炭労委員長として共産党の影響力の削減に努め、最近の炭労大会でも、3分の1の代議員が共産主義者とその同調者によって占められていたにもかかわらず、

表1　ガリオア援助による日本の労働組合指導者の訪米(1949-51年)

自	至	名前	肩書き
1949年12月30日	1950年3月20日	星加要	国労書記長
1949年12月30日	1950年3月20日	藤田進	電産委員長
1950年5月	1950年9月	丸沢美千代	国労婦人部長
1950年6月9日	1950年9月8日	藤田藤太郎	私鉄総連委員長
1950年6月9日	1950年9月8日	田中兼人	日本製鉄八幡労組委員長
1950年6月9日	1950年9月8日	森善治	全日通委員長
1950年7月28日	1950年10月27日	武藤武雄	炭労委員長
1950年7月28日	1950年10月27日	神長一毛	全鉱副委員長
1950年7月28日	1950年10月27日	水野三四三	全国化学副委員長
1950年7月28日	1950年10月27日	山脇陽三	神戸製鋼労組委員長
1950年7月28日	1950年10月27日	柴田健三	日本化成労組前副委員長
1950年7月28日	1950年10月27日	小口賢三	全蚕労連書記長
1951年7月	1951年10月	中島優治	全繊同盟福井県織書記局長
1951年7月	1951年10月	中島英雄	日本鋼管川崎労組副委員長

出典：労働省編『資料労働運動史』労務行政研究所、各年版、"List of Persons of Labour Union Concern Visited Overseas," undated, ESS(B)-16603, GHQ/SCAP Records.

1つの重要でないポストを除いて、中央執行委員会から共産主義者を締め出した。しかも、武藤は、この参謀第二部の決定の直後、総評の議長に就任した。日ソ友好協会についても、武藤自身、1949年7月に理事に就任するよう繰り返し勧誘を受けたが、その都度断ったと証言していた。ブラッティは、エーミス労働課長を説得して、マーカット経済科学局長を動かし、武藤の渡米を勝ち取った[56]。だが、後述する徳田千恵子の場合、訪米自体については見送らざるをえなかったのである。

これと同じ時期、イギリスもまた、日本の労働組合指導者を対象とする訪英プログラムを開始した[表2]。その目的は、イギリスの労働組合の組織を学ぶ機会を与えることであり、具体的には、現場労働者の組合活動への参加、賃上げ要求を含む苦情処理手続き、TUCの活動と機能、労働組合の政治活動、労働組合の労働教育などが挙げられた[57]。費用はイギリス政府が全額負担し、イギリス外務省の情報政策局が管轄したが、人選については、駐日イギリス連絡代表部のマシューズ労働官が、総司令部労働課の助言に基づいて行った。両者は、松岡の国際自由労連結成大会への派遣問題にみられるように、緊密な関

表2 イギリス政府プログラムによる日本の労働組合指導者の訪英(1950-64年)

自	至	名 前	肩書き
1950年10月9日	1950年11月7日	高野実	総同盟総主事
1950年10月9日	1950年11月7日	斎藤鉄郎	国労委員長
1950年10月9日	1950年11月7日	柴田圭介	炭労副委員長
1950年10月9日	1950年11月7日	岡三郎	日教組委員長
1952年3月2日	1952年3月30日	大野はる	全日通婦人部長
1952年4月7日	1952年5月4日	久野福蔵	全窯連委員長
1952年4月7日	1952年5月4日	西口義人	八幡製鉄労組組合長
1952年4月7日	1952年5月4日	中山唯男	海員組合教育部長
1954年10月22日	1954年11月20日	坂田三郎	新聞労連副委員長
1954年10月22日	1954年11月20日	今田義之	鉄鋼労連委員長
1954年10月22日	1954年11月20日	小林喜久造	自治労東北地連議長
1954年10月22日	1954年11月20日	山本喜保	私鉄総連関西地連委員長
1955年10月8日	1955年11月9日	基政七	総同盟副会長
1955年10月8日	1955年11月9日	隅野源次郎	全金同盟執行委員
1955年10月8日	1955年11月9日	岡本丑太郎	都労連委員長
1956年9月3日	1956年10月1日	小山良治	総評政治部長
1956年9月3日	1956年10月1日	原茂	炭労委員長
1956年9月3日	1956年10月1日	遠山寛一郎	日放労委員長
1956年9月3日	1956年10月1日	塩谷竹雄	電機労連委員長
1958年2月4日	1958年3月1日	落合英一	新産別書記長
1958年2月4日	1958年3月1日	軽石喜蔵	日高教委員長
1958年2月4日	1958年3月1日	志村文明	東電労組組織部長
1958年2月4日	1958年3月1日	坂本房之助	全中総連中央執行委員
1959年1月13日	1959年2月7日	宮下キヨ子	全逓副婦人部長
1959年1月13日	1959年2月7日	浜崎サイ	国労副婦人部長
1959年1月13日	1959年2月7日	橋本まさ子	全蚕労連山形支部書記長
1962年2月6日	1962年3月7日	小川照男	総評事務局次長
1962年2月6日	1962年3月7日	小野明	福岡県評議長
1962年2月6日	1962年3月7日	小和田寿雄	自動車労連中央執行委員
1962年2月6日	1962年3月7日	渡辺章	全国ガス委員長

出典：TUC Papers, MSS. 292/952/3-13, MRC; TUC Papers, MSS. 292B/952/5, MRC; 労働省編『資料労働運動史』労務行政研究所、各年版。

係にあったのである。日教組、国労ないし私鉄総連、炭労、海員組合から各1名というマシューズの提案を下地に、日教組の岡三郎委員長、国労の斎藤鉄郎委員長、炭労の柴田圭介副委員長、総同盟の高野実総主事を労働課が推薦し、この4名が1950年10月5日から11月7日にかけてイギリスを訪問した[58]。

この訪英プログラムの背景には、総評の結成に対するイギリス政府の支持があった[59][表3]。

イギリスのプログラムは、アメリカに比べて小規模であったが、それでも無視しえない意味を持っていた。それは、高野が訪英報告で書いたように、「日本の労働運動の指導者間にはアメリカの労働組合運動よりも、遥かに、イギリスの労働組合運動の方に、より多くの親近さと信頼感をさえ持つている」ためであった[60]。日本の労働組合指導者は、イギリスの労働組合運動に関する知識を欲していた。例えば、1950年5月6日、英米合同綿織物使節団のイギリス・チームの一員として、イギリス合同繊維工場労組のアーネスト・ソーントン書記長が来日したが、総評の指導者は、19日に行われた会談で、イギリスをモデルとして日本の労働組合運動を作り上げていきたいと繰り返し述べた。英米合同綿織物使節団のアメリカ・チームには労働組合の代表が存在していなかったのに対し、ソーントンがイギリス・チームの正式なメンバーとして来日したことは、非常に印象的であった[61]。とりわけ高野は、帰国後もTUCに賃金闘争や組合運営に関する情報を繰り返し求めた[62]。イギリスのTUCやそれに近い立場をとっていたアメリカのCIOが総評に強い影響力を持ったのは、こうした日本の労働組合指導者の意識を背景としていた。

総同盟の解体と産業別整理

1950年2月1日、総司令部労働課は、「1950年の労働関係・教育プログラム」と題する文書をまとめた[63]。これは、ブラッティが係長を務める労働関係・教育係によって作成されたものであり、総評の結成に関する労働課の方針を端的に示すものであった。そこでは、共産党系労働組合の衰退と民主化運動の進展という前年度の変化を受けて、9点にわたる具体的な方針が示されたが、重要なのは以下の4点であった。第1に、総評の結成によって労働戦線の統一を実現し、それを国際自由労連に加盟させることである。第2に、化学、金属、鉄鋼、造船、電機、建設などの産業では、多くの労働組合が分立割拠しているが、それを産業別組織にまとめ上げ、総評に加盟させることである。第3に、単組と単産を直結させて、産業別組合の組織構造を簡素化することである。第4に、労働組合の民主化を推し進めるために、職場活動家に対する労働教育プ

表3 駐日イギリス大使館の労働官

名前	任命日	注記
E. G. Wilson	1947年8月17日	
G. F. C. Matthews	1949年8月6日	
Geoffrey R. Calvert	1951年10月3日	1960年11月死去

出典：LAB 13/604, PRO.

ログラムを強化することである。この労働課の方針は、2月2日から4日にかけて開催された総司令部民事局の労働担当官の会議で提示された。

　この文書は、国際自由労連の結成を背景として労働戦線統一の動きが進展し、総同盟、新産別、全日労といったナショナル・センターと、それらに加盟していない産業別組合によって、総評の結成が進められていると指摘した。重要なのは、総評が強力なナショナル・センターとなるためには、既存の中央組織の解体が不可欠だったことである。この段階では、新産別と全日労が、総評への加盟に向けて、自ら解散する意思を示していた（前述したように、新産別はその後この態度を転換した）。問題は、総同盟であった。総同盟は、総評の結成に前向きであるが、依然として全労会議準備会を通じた労働戦線の統一を追求している。しかし、労働課がみるところ、「中立系組合が総同盟もしくは全労会議に結集する可能性はほぼ完全に存在しない」。それゆえ、総評結成による労働戦線の統一を期待するほかない。こうした認識に基づいて、この労働課の文書は、1950年末までに650万人の組織労働者のうち550万人を総評に結集させることを目標として掲げたが、それは必然的に総同盟に解体を迫るものであった。

　総同盟の解体は、総評を軸とする産業別整理を実現する上でも不可欠であった。ブラッティの認識によると、ドッジ・ラインの下での経営者の対労働攻勢によって、企業別組合主義の傾向が強まっており、共産主義勢力に劣らぬ脅威となりつつあった[64]。この傾向に対抗するには、CIOのように産業別組織を基軸として総評を構築することで、労働組合運動を組織的に強化しなければならなかった。例えば、化学産業の労働組合は、総同盟、産別会議、全日労、新産別といったナショナル・センターに分断されているばかりでなく、いずれの中央組織にも属さない中立系の単組が少なからず存在した。労働課は、既存の

ナショナル・センターの解体を前提として、それらを反共産主義的な単一の産業別組合に統合し、総評に加盟させることを基本方針とした。さらに、この文書は、都道府県組織や地区協議会といった単組と単産の間の不要な中間的組織を廃止して、産業別組織を強化することを謳ったが、それもまた、伝統的に地域組織を重視してきた総同盟の組織原則を否定するものであった[65]。

　総同盟総主事で左派の指導者であった高野実は、1950年3月11日の総評結成準備大会の終了後、「高野プラン―組織に関する重要計画とそのめざす目標」と題する文書を、ブラッティに秘密裏に提出した。これは、総評を軸に労働組合を結集し、それを強力な組織にするため、総同盟傘下の12単産を再編成し、中立系の労働組合などと新たな産業別組織を発足させ、総評に加盟させることを骨子とした。中小企業などは大産別に組織するものの、基幹産業の労働組合は現状を踏まえて中産別に整理することを原則とした。中産別整理とは、金属産業についていえば、それを一括りに大産別に組織するのではなく、鉄鋼、自動車、電機、造船、金属など、中規模の産業別に組織することを意味する。企業連合会の設立や地方組織の設置も盛り込まれていたが、事業所を単組として単産に直結させ、それを集めて総評を構成する、という基本線は明確であった。そして、新たな産業別組織への再編成の途上では、総評と総同盟の並存状態が継続するが、それが完了した段階で、総同盟を解散し、総評に一本化する、というスケジュールが示された[66]。

　この高野の方針は、1950年5月11日からの総同盟の中央委員会に「総同盟組織改革にかんする件」として提出され、可決された。ブラッティは、これを大いに歓迎して、国務省のサリヴァンに宛てて、「現在起きているのは、高野やそのほかの労働組合指導者が、全国的産業別組合と労働戦線統一という我々のプログラムを採用し、それを自ら推進する意思を固めたということである」と書き送った。従来、総同盟の解体と産業別整理は、高野独自の構想であり、ブラッティと協議しながら具体化が図られた、と考えられていた。しかし、以上の事実から、ブラッティが、自らの出身労組のCIOを参考として立案し、それを高野が受容したという経過が分かる[67]。もちろん、ブラッティと高野は、総同盟右派に対抗するという点で一致していた。だが、高野は総同盟総主事の地位にあり、彼が率いる左派は総同盟の主導権を握っていた。それゆえ、

総同盟を解体することは、高野にとっても容易なことではなかった。しかし、総評の結成を目前に控えて、高野はブラッティの構想に従い、自ら率先して総同盟を解体し、総評を強化することで、その主導権を握る決意を固めた。ブラッティも、それに応えて、「全面的な支援」を高野に与えた[68]。

　高野は、これ以降、金属と化学を中心に産業別整理を進め、鉄鋼労連や合化労連などの結成を導いていったが、その一方で、ブラッティとともに、総同盟右派の最大の拠点である全繊同盟に対する工作を進めた。その梃子となったのが、1950年6月23日の「ブラッティ書簡」であった。問題の発端は、総司令部労働課が、高野の推薦に基づき、全繊同盟中央執行委員で大日本紡績労組犬山工場支部副支部長の徳田千恵子のアメリカへの派遣を決めたことにさかのぼる。この決定は、総同盟右派が掌握する全繊同盟や大日本紡績労組の同意なくなされたものであった。そのため、全繊同盟綿紡部会長で大日本紡績労組組合長の高山恒雄らは、労働課を訪問し、徳田の訪米を取り消すよう求めた。大日本紡績の経営者も、徳田の訪米中止を訴えた。こうした働きかけは、参謀第二部に対しても行われた。そこで、ブラッティは、全繊同盟の滝田実会長に宛てて書簡を送り、封建的な経営者に従属する非民主的な人物として、高山を非難したのである[69]。

　アメリカ繊維労組での活動経験を持つブラッティは、かねてから全繊同盟と経営者の癒着を断ち切らなければならないと考えていた。全繊同盟の組合運営は民主的でなく、多数を占める女性労働者の声が執行部に代表されておらず、これが会社組合的体質の基盤となっている。こうした状況を打破すべく、繊維産業の女性労働者を訪米プログラムに加えることにし、旧知の間柄であった徳田を選んだ。もちろん、経営者と癒着している全繊同盟の幹部に推薦を求めることなどありえない。これが、ブラッティの言い分であった。しかも、高山をはじめとする全繊同盟の幹部は、根拠もなく徳田を共産党の同調者と決めつけ、アメリカへの派遣の中止を求めた。大日本紡績の原吉平社長も、全く同じ根拠でエーミス労働課長に詰め寄った。これは、労使の共謀を裏付ける事実である。経営者は、徳田の訪米という純粋な組合活動に干渉しようとした。にもかかわらず、全繊同盟は、それを不当労働行為として糾弾しないばかりか、むしろ同調した。それゆえ、6月23日の書簡を送ったのだ、とブラッティは説明し

た[70]。

　興味深いことに、このような全繊同盟についての認識は、イギリスのTUCにも共有されていた。1950年5月に来日したソーントンの報告書は、「不幸なことに、繊維産業の労働組合は、最も未熟で脆弱な労働組合である」と書いた。繊維労働者の8〜9割は14歳から25歳までの女性労働者で占められているが、平均3年で離職してしまう。それに加えて、伝統的な日本女性の低い社会的地位が、問題を深刻なものにしている。女性の労働運動家も台頭してきているが、そのスピードは絶望的に遅い。全繊同盟の大会に出席したが、150名の代議員のうち女性はわずか2名であった。それは、企業の内部で相対的に高い地位にある男性によって、全繊同盟が運営されていることを意味する。事実、かなりの数の紡績工場では、経営者が組合活動に対して影響力を行使している。日本の繊維産業の低賃金労働に基づく不公正な国際競争力を憂慮していたソーントンは、松岡の国際自由労連結成大会への出席阻止などアメリカ的な強引さが目につくと指摘しながらも、戦闘的な労働組合運動の育成に努める総司令部労働課を高く評価した[71]。

　ブラッティによると、戦闘的な労働組合主義者を共産主義者だと非難するのは、総同盟右派と提携する鍋山貞親ら反動的な転向右翼の常套手段であった。反共産主義的でありながらも戦闘的な労働組合を育成したい労働課からみて、それは極めて危険な行為であった。そこで、全繊同盟の労使癒着を打破する人物として、かねてから徳田に期待を寄せていたブラッティは、高野との協力の下、この事件を使って全繊同盟の指導部を打倒することを決意した。事実、「ブラッティ書簡」は、高野との協議を経て作成されたものであった。その4日後の6月27日から開催された全繊同盟の第5回大会では、高山の会長就任を阻止したとはいえ、滝田会長の続投が決まり、執行部の方針が信任された。しかし、それでも、「ブラッティ書簡」を契機として、全繊同盟の内部に高野派が形成されたことは重要であった。ブラッティが総評の結成に関して懸念していたのは、総同盟が解散して総評に合流する際に、右派が分離して、独自のナショナル・センターを設立することであった。その鍵を握っていたのが、全繊同盟であった。全繊同盟の内部の高野派は、この総同盟右派の動きを阻止する役割を果たすと考えられた[72]。

第 2 節　総評の結成とブラッティ　　　61

　1950 年 11 月 30 日から 4 日間の日程で、総同盟の第 5 回大会が開催された。左右両派は冒頭から激しく衝突したが、最大の争点となったのは、「ブラッティ書簡」に関する総同盟の調査委員会の報告であった。それは全繊同盟の調査委員会の報告と内容的に異なっていた。議事は、総同盟の執行部を握る左派の優位の下で進行し、「ブラッティ書簡」に関する報告が賛成多数で可決された。そこで、全繊同盟の代議員が退場し、続いて右派に属する造船連、日鉱、全国食品、全国港湾同盟準備会、全国土建同盟の各単産と、全国化学と全国金属の一部、大阪などの府県連代議員が一斉に退場した。その後、残留した左派系代議員によって議案の審議が続けられ、翌年 3 月の総評第 2 回大会を目処とする総同盟の解散が決定された。ここに総同盟の分裂が決定的なものとなった。右派は、12 月 3 日に総同盟刷新強化運動協議会を発足させ、総同盟の解散を決めた左派に対抗して、その再建に向けた取組みを開始した。左右両派は、自派の勢力を少しでも多く確保するため、総同盟傘下の単産・単組に対して激しい多数派工作を展開した(73)。

　左派の総帥である高野は、自ら工作を進める一方で、ブラッティと繰り返し面会し、その進捗状況を報告した(74)。左派が最も積極的に切崩しを図ったのは、もちろん全繊同盟であった。進歩的な左派と経営者の息のかかった右派の対立として捉えていたブラッティは、高野を全面的に支援した。全繊同盟の帰趨を決めると考えられたのは、大日本紡績であった。奈良県の高田工場で工作にあたっていた柳本美雄から協力要請を受けたブラッティは、1951 年 1 月 11 日、CIO 傘下のアメリカ繊維労組のジョージ・バルダンヅィー副会長に対して、総評議長の武藤武雄、総同盟総主事の高野実、全繊同盟会長の滝田実の 3 名に宛てて書簡を送り、左派を支持することを表明するよう求めた。そして、日本の主要産業である繊維産業の労働組合の動向は、アメリカにおいて労働界のみならず、産業界やリベラル勢力の注視するところであり、その態度に影響を及ぼすであろう、という趣旨の文章を盛り込むことを要請した。ブラッティは、左派を支援するため、国際的な圧力すら用いようとしたのである(75)。

　1 月 12 日に開催された全繊同盟の執行委員会は、右派の刷新強化運動に参加することを決めたが、この執行部の提案は 2 月 28 日から 3 月 1 日にかけて開かれた評議員会で過半数の賛成を得られず、不成立となった。左派の工作が

功を奏したのである。全繊同盟の執行部の最大の関心事は、分裂の回避であった。そこで、3月19日からの第2回臨時大会では、刷新強化運動への不参加が決定された。前年10月20日からの第1回臨時大会で、総同盟の解体に反対する一方、総評への加盟を決定していた全繊同盟は、執行部における右派の優位にもかかわらず、これにより事実上、左派の単産と同一の行動をとることになった[76]。3月29日、総同盟は、左派系代議員のみで、解散大会を開いた。それに対して、右派は、この解散大会の正当性を認めず、6月1日から2日間の日程で、戦前以来の伝統を継承すべく、総同盟の再建大会を開催し、松岡駒吉を会長に、菊川忠雄を総主事に選出した。そして、これ以降、総同盟は、総評とは別のナショナル・センターとしての道を歩んでいった。しかし、その組織は公称30万人で、総評の10分の1にも満たなかった。

(1) Message to the American Federation of Labor from Matsuoka, October 9, 1947, *Green Papers*, Reel 5; Message from Matsuoka, October 24, 1947, *Green Papers*, Reel 9; Message from Matsuoka, September 24, 1949, *Green Papers*, Reel 12.
(2) Memorandum to Chief, Labor Relations and Education Branch by Burati, "Council of All-Japan Labor Unions," February 15, 1949, ESS(B)-16618, GHQ/SCAP Records.
(3) 労働省編『資料労働運動史 昭和24年』労務行政研究所、1952年、369-397ページ。
(4) Memorandum of Conversation, May 9, 1949, 894.5043/5-949, *RDOS, IAJ, 1945-1949*, Reel 25.
(5) 中北『経済復興と戦後政治』243-263ページ。
(6) Carew et al., *The International Confederation of Free Trade Unions*, pp. 167-184, は、TUCやCIOが世界労連の分裂を最後まで回避しようとしたと指摘し、世界労連の分裂が冷戦の激化によって単線的にもたらされたわけではないと論じている。
(7) Ibid, pp. 189-199.
(8) Allison to Rusk, August 30, 1949, 894.5043/8-3049, *RDOS, IAJ, 1945-1949*, Reel 25; DA(OUSFE) to SCAP, September 2, 1949, ESS(A)-00750, GHQ/SCAP Records.
(9) Swayze to Allison, August 29, 1949, 894.5043/8-2949, *RDOS, IAJ, 1945-1949*, Reel 25.

(10) アジア労働総同盟については、LAB 13/651, PRO に関係資料が残されている。

(11) CSCAD ICO to SCAP, March 12, 1949, ESS(B)-16688, GHS/SCAP Records; Memorandum for Marquat by Hepler, March 15, 1949, ESS(B)-16688, GHS/SCAP Records; SCAP to Department of Army, March 18, 1949, ESS(B)-16688, GHS/SCAP Records.

(12) Memo for Record, "Attendance of Japanese Delegation at London Conference to Organize New Free World Trade Union Organization," September 6, 1949, ESS(A)-00750, GHQ/SCAP Records. 総司令部は、6月29日からの世界労連第2回大会、11月16日からの世界労連アジア大洋州労働組合会議への日本代表の渡航許可を出さなかった。それゆえ、全労連は、国際自由労連結成大会への日本代表の渡航が許可されたことに強く抗議した。『労働戦線』1949年7月7日、11月24日、12月8日。

(13) Memorandum for Marquat by Amis, October 10, 1949, Burati Collection, Box 7, Folder 16, RL.

(14) 以下、「自由世界労働組合連盟加盟準備促進協議会」については、労働省編『資料労働運動史 昭和24年』417-421ページ。

(15) Amis to Zempel, October 21, 1949, RG 174, Entry 44, Box 3, NA.

(16) Burati to Ross, October 7, 1949, Burati Collection, Box 2, Folder 8, RL.

(17) Memorandum for Marquat by Amis, October 10, 1949, Burati Collection, Box 7, Folder 16, RL.

(18) Okura to Tewson, October 4, 1949, TUC Papers, MSS. 292/919.131/1, MRC.

(19) Minutes of Meeting of Working Committee, Preparatory International Trade Union Committee, September 21-22, 1949, TUC Papers, MSS. 292/919.11/1, MRC.

(20) Ross to Tewson, October 13, 1949, TUC Papers, MSS. 292/919.131/1, MRC; Memo for File, October 14, 1949, ESS(D)-13205, GHQ/SCAP Records.

(21) Burati to Ross, October 7, 1949, Burati Collection, Box 2, Folder 8, RL.

(22) Sullivan to Allison, October 11, 1949, 894.5043/10-1149, *RDOS, IAJ, 1945-1949*, Reel 25.

(23) Sullivan to Allison, October 14, 1949, 894.5043/10-1449, *RDOS, IAJ, 1945-1949*, Reel 25.

(24) Burati to Ross, October 7, 1949, Burati Collection, Box 2, Folder 8, RL.

(25) Amis to Zempel, October 21, 1949, RG 174, Entry 44, Box 3, NA.

(26) Okura to Tewson, October 18, 1949, TUC Papers, MSS. 292/919.131/1, MRC.

(27) Amis to Sullivan, November 9, 1949, RG 174, Entry 44, Box 3, NA.
(28) 『総同盟五十年史 第3巻』570-589ページ。
(29) "Report of Conference with Sodomei Delegation in Mr. Burati's Office," December 2, 1949, Burati Collection, Box 7, Folder 16, RL.
(30) 以上の経過については、総同盟の機関紙『労働』1949年11月25日、12月16日、が報じている。それはほぼ正確である。
(31) "Estimate of Travel Expense of Japanese Trade Union Representatives to New Free World Federation of Trade Unions, London, England," ESS(B)-16504, GHQ/SCAP Records.
(32) Memorandum for Chief of Staff by Faires, "Attendance at Free World Conference of Trade Unions," November 21, 1949, ESS(A)-02204, GHQ/SCAP Records.
(33) 以下の総評の結成に至るプロセスについては、労働省編『資料労働運動史 昭和25年』労務行政研究所、1952年、365-373ページ。この記述に使用されたと思われる原資料は、労働政策研究・研修機構『高野実文書』高野編ファイルIV-(1)民主化運動(2)ICFTU(ファイル26)に含まれている。
(34) "Notes of a Conference Conducted by the Labour Division of the Economic and Scientific Section of General Headquarters, Supreme Commander for the Allied Powers, on 2nd, 3rd and 4th February, 1950," by Matthews, February 9, 1950, FO 371/84050, PRO.
(35) Gascoigne to FO, March 1, 1950, FO 371/84050, PRO.
(36) Hosoya to Lovestone, March 25, 1950, Deverall Papers, Box 17, Folder 3, ACUA.
(37) Lovestone to Deverall, March 16, 1950, Deverall Papers, Box 17, Folder 3, ACUA; Lovestone to Deverall, April 12, 1950, Deverall Papers, Box 17, Folder 4, ACUA; Lovestone to Deverall, April 19, 1950, Deverall Papers, Box 17, Folder 3, ACUA; "May Day 1950 Greeting to the Free Trade Union Membership of Japan and Their Valiant Leaders: Komakichi Matsuoka, Etsuo Kato, Matsuta Hosoya and Hundreds of Other Free Trade Unionists from Richard L-G Deverall, Representative in India of the Free Trade Union Committee of the American Federation of Labour," May 1, 1950, Deverall Papers, Box 17, Folder 3, ACUA.
(38) Lovestone to Hosoya, April 3, 1950, Deverall Papers, Box 17, Folder 3, ACUA; Lovestone to Romer, June 8, 1950, Deverall Papers, Box 17, Folder 4, ACUA.
(39) Romer to Lovestone, June 3, 1950, Deverall Papers, Box 17, Folder 4,

第 2 節　総評の結成とブラッティ　　65

ACUA.
(40) Memorandum to Marquat by Burati, "Deverall Propaganda," June 3, 1950, ESS(B)-16510, GHQ/SCAP Records.
(41) "Item 9 of the Agenda: First Interim Report of the ICFTU Delegation to Asia and the Far East," ICFTU Executive Board, November 9-11, 1950, ICFTU Archives, Box 5, IISH.
(42) Lovestone to Deverall, March 28, 1950, Deverall Papers, Box 17, Folder 3, ACUA; Lovestone to Oldenbroek, May 3, 1950, ICFTU Archives, Box 3139, IISH.
(43) Oldenbroek to Lovestone, May 6, 1950, ICFTU Archives, Box 3139, IISH.
(44) Oldenbroek to Deverall, June 24, 1950, Deverall Papers, Box 17, Folder 4, ACUA.
(45) Lovestone to Oldenbroek, July 10, 1950, ICFTU Archives, Box 3139, IISH; Lovestone to Oldenbroek, August 11, 1950, Deverall Papers, Box 17, Folder 4, ACUA.
(46) Burati to Potofsky, June 12, 1950, Burati Collection, Box 1, Folder 12, RL; Memorandum for Marquat by Burati, "Additional Information on International Confederation of Free Trade Unions Labor Mission," June 17, 1950, Burati Collection, Box 2, Folder 8, RL; Burati to Oldenbroek, June 20, Burati Collection, Box 2, Folder 8, RL; Burati to Sullivan, August 14, 1950, Burati Collection, Box 1, Folder 12, RL.
(47) Burati to Sullivan, August 14, 1950, Burati Collection, Box 1, Folder 12, RL.
(48) 『総評』1950 年 7 月 15 日。
(49) "Subject: ICFTU Delegation," July 20, 1950, Burati Collection, Box 2, Folder 8, RL.
(50) Report of Third Meeting of Executive Board, November 9-11, 1950, ICFTU Archives, Box 7, IISH.
(51) Gibson to the Under Secretary of State, March 31, 1949, 894.5043/3-3149, *RDOS, IAJ, 1945-1949*, Reel 25.
(52) "Status Report on Student and National Leader Travel Program," July 27, 1949, ESS(C)-02944, GHQ/SCAP Records.
(53) Zempel to Hepler, July 28, 1949, ESS(C)-02944, GHQ/SCAP Records.
(54) "Leadership Training Program," September 16, 1949, ESS(E)-06344, GHQ/SCAP Records.
(55) "Report of First Labor Mission to America and General Plans for Utilization of Knowledge Acquired," July 29, 1950, ESS(E)-06348, GHQ/SCAP Records.

(56) Memorandum for Marquat by Amis, "Status of Mr. Muto, President of New General Council in Relation to Industrial Relations Mission to United States," July 15, 1950, ESS(B)-16506, GHQ/SCAP Records; Burati to Sullivan, August 22, 1950, Burati Collection, Box 1, Folder 12, RL.

(57) Montford to Carthy, September 19, 1950, TUC Papers, MSS. 292/952/3, MRC.

(58) Matthews to Amis, May 23, 1950, ESS(B)-16612, GHQ/SCAP Records; Memorandum for Marquat by Amis, "Labor Mission to England(United Kingdom Project)," September 29, 1950, ESS(B)-16612, GHQ/SCAP Records.

(59) Gascoigne to FO, July 25, 1950, FO 371/84052, PRO.

(60) 高野実『イギリス労働組合に学ぶ』雄文社、1951年、5ページ。

(61) "Visit of Members of the Cotton Board Delegation to Japan," by Matthews, May 23, 1950, FO 371/84052, PRO.

(62) Takano to Tewson, September 8, 1951, TUC Papers, MSS. 292/952/4, MRC; Takano to Tewson, September 11, 1951, TUC Papers, MSS. 292/952/4, MRC.

(63) Memorandum by Amis, "Labor Relations and Education Program for 1950," February 1, 1950, Burati Collection, Box 6, Folder 5, RL.

(64) "Notes of a Conference Conducted by the Labour Division of the Economic and Scientific Section of General Headquarters, Supreme Commander for the Allied Powers on 2nd, 3rd and 4th February, 1950," by Matthews, February 9, 1950, FO 371/84050, PRO.

(65) 後に国際自由労連の代表として来日したCIO傘下のアメリカ合同運輸労組のタウンゼント委員長は、ケアリーCIO書記長に宛てた書簡で、「総評の組織はCIOにかなり似せて作られている」と書いた。Townsend to Carey, August 7, 1952, CIO-STO Collection, Box 123, Folder 1, RL.

(66) 竹前『戦後労働改革』312-314ページ。

(67) 産業別整理を媒介としてブラッティと高野を結びつけたのは、労働省の飼手真吾労働組合課長であったという。占領体制研究会『マック書簡・レッド・パージ・産別解体等 中労委飼手事務局長述』1954年11月19日、17-18ページ。

(68) Burati to Sullivan, May 9, 1950, Burati Collection, Box 2, Folder 8, RL.

(69) Burati to Takita, June 23, 1950, Burati Collection, Box 6, Folder 14, RL.

(70) Memo for the Record, "Visit to Mr. Burati of Investigating Committee from Sodomei Re: Tokuda Case," October 16, 1950, Burati Collection, Box 6, Folder 14, RL.

(71) "Report to the Cotton Textile Trade Unions on a Visit to Japan, May 1950," by Thornton, August, 1950, TUC Papers, MSS. 292/952/2, MRC.

(72) Burati to Sullivan, August 22, 1950, Burati Collection, Box 1, Folder 12, RL.
(73) 『総同盟五十年史 第3巻』637-744ページ。
(74) Memo for Record, "Conference with Mr. Takano Monday, 4 December 1950," undated, Burati Collection, Box 6, Folder 14, RL; Memo for Record, "Conference with Mr. Minoru Takano‐23 December 1950," December 28, 1950, ESS(B)-16512, GHQ/SCAP Records.
(75) Memo for Mr. Burati by Nakawaki, "Situations at the Takada Plant of the Dai Nippon Cotton Spinning Company. Mr. Yanagimoto's Report," December 15, 1950, Burati Collection, Box 6, Folder 14, RL.
(76) 全繊同盟史編集委員会編『全繊同盟史 第2巻』全国繊維産業労働組合同盟、1965年、第8章。

第3節　総評の左傾化と国際自由労連

朝鮮戦争の勃発と講和問題

　冷戦の激化が1947年末に早期講和を挫折させた後、1949年9月13日のアメリカのディーン・アチソン国務長官とイギリスのアーネスト・ベヴィン外相の会談で、ソ連が参加しない場合でも対日講和を推進することが合意され、講和条約の締結に向けた動きがようやく再開された。吉田内閣は、講和をできるだけ早期に実現する観点から片面講和(単独講和ないし多数講和)を支持し、米軍の駐留についても受け入れる姿勢を示した。それに対して、社会党は、12月4日の中央執行委員会で、「講和問題に関する一般的態度」を決定した。これは、憲法の非武装・平和の趣旨が中立を意味すると説き、そこから全面講和と外国の軍事基地反対を導き出した。この決定に対する異論は社会党内にはなかった。全面講和、中立堅持、軍事基地反対のいわゆる平和三原則は、左右両派の一致の下で打ち出されたのである[1]。総評も、1950年3月11日の結成準備大会で、全面講和を盛り込む「当面の行動綱領」を決定した。それは、「全面講和の締結を促進し、自由と平等の保障される日本のすみやかな独立達成のために闘う」というものであった。

　重要なのは、総評の全面講和論がこの時点で柔軟なものだったことである。結成準備大会で行動綱領の提案理由を説明した総同盟の北川義行主事は、「多数講和が日本の労働者のために利益だと考えている」と述べた。北川は、総同盟左派でも高野の側近として著名な人物であった。総評は、この北川発言について、5月13日の帝石労組との懇談会で、「『全面講和は我々の最も欲する所であるが、五年十年たつても全面講和の望めない時は、多数講和でもやむを得ぬ場合もある』と答えたつもりだが、後でまずい表現をしたと思つた」と弁明した。要するに、総評は、全面講和を理想として打ち出したにすぎず、片面講和を容認する用意があったのである[2]。その後、総評は、7月11日からの結成大会で、行動綱領を最終的に決定した。北川は、その席でも、「抽象的に講和問題をいうならば、勿論全面講和を希む」が、「国際情勢の変化によっては

第 3 節　総評の左傾化と国際自由労連　69

行動綱領の当該スローガンを若干変えることになることも考えられる」と答弁した(3)。

　以上のような総評の方針は、総司令部にとって受け入れられるものであった。アメリカのトルーマン政権は、対日講和を超党派で実現するために、野党共和党の前上院議員ジョン・フォスター・ダレスを国務省顧問に任命した。1950 年 6 月 17 日に来日したダレスは、1 週間後の 24 日に総評の 4 名の代表、すなわち国労の加藤閲男委員長、総同盟の高野実総主事、電産の藤田進委員長、全日労の森口忠造委員長と会見した。ブラッティの見解によると、反共産主義者として総評を通じた労働戦線の統一を推進し、国際自由労連を支持する彼らの講和問題への態度は、可能であるならば全面講和を希望するが、片面講和に反対はしないというものであった。現に、加藤と森口の 2 名は、講和条約を早期に締結できるのであれば単独・多数講和もやむをえないと述べた。それに対して、東西両陣営間の全面戦争の勃発を必至とみて、中立堅持を強硬に唱えたのは、新産別であった。ただし、総評を総司令部によって支配されていると批判した新産別は、孤立した少数派にすぎなかった(4)。

　1950 年 6 月 25 日に勃発した朝鮮戦争は、当初、総評の西側指向を強化する役割を果たした。総評は 7 月 25 日に緊急評議員会を開き、「今度の朝鮮事件は、北鮮軍の計画的、侵略的行為からおこつている。われわれは朝鮮の南北統一はあくまで平和的、民主的手段によつて完成されるべきである、との見地から北鮮軍の武力的侵略に反対する」、「三十八度線の復元と安全保障を目的とする国連の基本方針と行動は世界平和の維持と民主々義の立場と一致することを確認する」といった基本的態度を決めた。北朝鮮を侵略者として批判し、アメリカ軍を主力とする国連軍を支持するこの方針は、国際自由労連のそれと完全に一致していた。総評は、戦争放棄を規定する憲法の趣旨から、朝鮮戦争への介入に反対することを方針のなかに盛りこみつつも、「朝鮮事件に便乗した特定勢力がことさらに反米宣伝をなし、北鮮の武力攻勢に従属するゲリラ部隊化し、産業のハカイをねらう、公然、隠然たる一切の活動に反対する」ことを当面の具体的活動として打ち出し、共産主義者に対抗する姿勢を明確化した(5)。

　この時期、総司令部によってレッド・パージが本格的に開始されつつあった(6)。マッカーサーは、6 月 6 日、吉田茂首相に書簡を発して、共産党の中央

委員 24 名の公職追放を指示し、翌 7 日には機関紙『アカハタ』の幹部 17 名の追放を命じた。同月 25 日の朝鮮戦争の勃発は、共産党に対する総司令部の態度を一層強硬なものとし、翌 26 日に『アカハタ』の 30 日間発行停止を内容とするマッカーサー書簡が送られた。こうしたなか、労働課も、労働組合に対する共産党の影響力を排除するための方策をまとめた。ブラッティが、6 月 27 日に作成した「日本の労働組合内の共産主義勢力に対抗するプログラム」が、それである。その中心課題とされたのは、共産党系労働組合の中央組織で世界労連に加盟する全労連への対策であった。全労連は 1948 年 6 月の 64 組合 560 万 16 名、1949 年 6 月の 40 組合 378 万 9434 名から、24 組合 60 万名弱にまで弱体化していたが、それに加盟していない労働組合の内部にも共産党系の少数派が残存し、全労連から支援を得ていたがゆえに、それへの対策は依然として重要だとみなされたのである。

　ブラッティが、その中核に据えたのは、反共産主義的な労働組合の中央組織の育成であった。「総評の組織化を促進すること」と「西側諸国を代表する国際自由労連に加盟させること」が、具体的な方策の最初に掲げられた。そして、それを下支えするため、労働組合法の改正によるアメリカ流の交渉単位制度の導入、共産主義者の暴力行為に対する刑事訴追、政府の労働関係ポストからの共産党シンパの排除など、法律、警察、公職を用いる各種の施策が盛り込まれた。同時に、反共産主義的な雰囲気を醸成し、「鉄のカーテン」の向こう側の真実を知らしめ、共産主義者と闘う必要性を感じさせるために、職場活動家を主たる対象として、労働教育を積極的に推進することが謳われた。7 ページにわたるこの文書は詳細なものであり、電力、鉄鋼、金属、自動車、造船、化学、炭鉱、私鉄、国鉄、日通、電機、官公の各産業について、共産党系の少数派と闘うための具体的なプランが個別に示され、最終的には反共産主義的で統一的な産業別組合を作り上げ、総評に加盟させることが目指された[7]。

　ブラッティは、朝鮮戦争の勃発によって、このプログラムの実行が時宜を得たものになったと考えたが[8]、その後の事態は、労働課の期待に反する方向に進んでいった。すなわち、7 月 18 日にマッカーサーが『アカハタ』の無期限発行停止を指示したのに続いて、7 月 24 日から新聞・放送機関の経営者が共産党員とその同調者の追放に乗り出し、これを皮切りに多くの産業でレッド・

パージが進められた。そして、8月30日、全労連の解散および主要幹部12名の公職追放が命ぜられた。この全労連の解散命令は、民政局、特にその公職審査課によって極秘に計画され、経済科学局労働課は事前の協議を受けず、エーミス労働課長はその当日になって知らされた(9)。朝鮮戦争の勃発後、駐留米軍の多くが日本を離れるとともに、日本が兵站基地として重要化するなか、総司令部は、労働課が主張する総評の育成という間接的な手段を迂遠とみなし、労働組合の内部の共産主義者を直接的に弾圧する方針を採用したのである。総評の指導者は、各産業でのレッド・パージに必ずしも強く反対しなかったが、全労連という労働組合のナショナル・センターが一片の指令で解散させられたことに強い衝撃を受けた(10)。

　朝鮮戦争勃発後の国内情勢は、レッド・パージにみられるように、戦前への復帰を憂慮させるものであった。7月8日、マッカーサーが吉田首相に警察予備隊の創設と海上保安庁の増員を指示し、再軍備が事実上開始された。経済についてみると、朝鮮戦争は、ドッジ・ラインによるデフレ不況にあえいでいた日本経済に特需景気をもたらしたが、その反面で、インフレーションが昂進し、臨時工・社外工の増加、労働災害の増大、残業や労働強化など、労働条件の悪化が深刻化した。これを受けて、総同盟は、11月30日からの第5回大会で、総評に本格的に合流すべく自らの解体を決定する一方、「階級間の力関係の隔差は資本の反動攻勢とわれわれの敗退の中に、益々開いてしまつた」と指摘する運動方針を採択し、労使協力による生産復興闘争の終焉を宣言した。この運動方針は、労働者の生活水準を切り下げる消耗的な対米従属の軍事経済化が進展することへの危機感を示し、それを回避するために全面講和を実現して、中国貿易を主軸とする拡大再生産的な平和的自立経済を建設すべきだと主張した(11)。全面講和論は、朝鮮戦争の下で当初の柔軟性を失い、労働組合の経済闘争と結合されたのである。

　講和問題をめぐる先鋭な対立が表面化したのは、まず社会党であった。総同盟右派と密接な関係を持つ社会党右派は、朝鮮戦争によって米ソ対立が決定的なものとなり、全面講和が不可能になったと考え、講和方針の変更を求めるとともに、自衛権の確立を主張した。しかし、1951年1月19日からの社会党第7回大会は、朝鮮戦争に巻き込まれないためにも全面講和が必要であると説く

左派の主導の下、全面講和、中立堅持、軍事基地反対の平和三原則を確認するとともに、再軍備反対を決定し、平和四原則を確立した。委員長には左派の領袖の鈴木茂三郎が選出され、就任演説で「青年よ、銃をとるな。婦人よ、夫や息子を戦場に送るな」と訴えた。この社会党大会の決定は、労働組合に大きな影響を与えた。総評傘下の有力単産の日教組と国労は、1月24日とその翌日からの中央委員会で、それぞれ平和四原則を採択した。こうして総評が全面講和論を修正することは、ますます困難になっていった。

ブラッティは、かねてから全面講和論を非現実的だと考え、総評の武藤武雄議長のアドヴァイザーを務めていた大倉旭を通じて、片面講和を支持するよう労働組合指導者に働きかけていた(12)。そして、それは舞台裏でかなりの程度進展していた。1月16日のブラッティのメモによると、総評の二大指導者である武藤と高野は、大倉を交えて話合いを持ち、全面講和を支持するという公式の発言にもかかわらず、社会党の方針から距離をとり、片面講和を容認することで一致した。そのなかで高野は、再軍備については賛成できないが、片面講和は不可避であると認めた。そして、武藤と高野は、占領下で導入された民主主義を堅持すること、労働条件を維持して共産主義者の浸透を防ぐ上で不可欠な対日経済援助を継続すること、これら2つの保障があれば、片面講和を支持することで合意した。彼らは、日本の主権と他国との関係に制限を加えるような講和条約に反対することで一致したものの、ソ連に対して千島列島の返還を求める一方、日本の主権の維持を条件とする沖縄のアメリカへの租借を容認した(13)。

ブラッティは、こうした総評幹部の西側寄りの見解を強固なものとするために、1月25日のダレスの再来日を活用した。2月9日に総評の武藤議長、島上善五郎事務局長らがダレスと会見したほか、武藤、高野、大倉の3名に加えて、蔭山寿(海員組合長)、加藤閲男(国労前委員長)、岡三郎(日教組委員長)が、カクテル・パーティとフェアウェル・パーティに招待された。武藤と高野は、2月2日の日米協会での昼食会にも出席した。ブラッティの知るところ、彼らは全員個人的には社会党の平和三原則に反対であった。興味深いことに、ブラッティは、武藤と高野の両名から、1人ずつ別々にダレスとの会談の場を持った方がよいという助言を受けていた。それは、集団で会見した場合、総評の既定

方針ゆえに真意を話すことができない、という理由からであった[14]。事実、武藤は、島上が同行した2月9日のダレスとの会見で、平和四原則を盛り込む要望書を手渡しただけであった[15]。全面講和論の修正は決して容易ではなかった。

さらに、総評の内部では、国際自由労連への加盟に対する熱意が失われつつあった。2月27日にブラッティが国際自由労連のオルデンブローク書記長に宛てた書簡によると、その原因の1つは、新産別と社会党の強硬な中立主義の影響であった。総評への加盟を保留していた新産別は、1950年11月24日からの第2回大会で、「全面講和をめざす平和運動の推進」のために、総評に参加することを決定していた[16]。しかも、産別会議で民主化運動の口火を切った細谷松太の威信は、総評においてもいまだ絶大であった。もう1つの原因は、国際自由労連が西欧や北米中心に運営され、アジアを軽視しているという不満であった。総評の第2回大会では、国際自由労連を支持する多数派とそれに反対する新産別の2つの提案が出され、前者の提案が採択されるであろうが、国際自由労連に最も忠実な労働組合においてさえも従来の熱意が影を潜めつつある、とブラッティは指摘し、オルデンブロークに対して、東京に国際自由労連の事務所を設置するよう求めた[17]。ブラッティの焦りは高まっていた。

総評第2回大会とブラッティの離日

総評の第2回大会は、3月10日から3日間の日程で開催された。最大の争点の1つとなったのは、平和問題であった。すなわち、行動綱領の講和に関する規定について、憲法の趣旨から平和四原則を主張するA案、平和四原則を階級的な立場として強く唱えるB案、旧来の文言のまま全面講和を掲げながらも平和四原則を明確には打ち出さないC案の3つが提案された。全鉱が提案したA案は総評執行部の意見に沿うものであり、総同盟左派の支持を得、新産別のB案は国労、日教組、私鉄総連などが賛成し、総同盟右派の日鉱が提出したC案は海員組合が支持した。採決の結果、A案86票、B案108票、C案27票と、いずれも規約上必要な出席代議員の3分の2に達しなかった。そこで、全逓のAB折衷案と、自治労協のAC折衷案が採決に付され、202対39で前者が可決された。これによって、平和四原則が総評の基本路線として

確立した。しかも、C案がわずかな票しか得られず、さらにA案よりもB案の方により多くの支持が集まったことから、総評が平和四原則を修正することは極めて難しくなった。

　平和問題と並ぶもう1つの最大の争点は、国際自由労連への加盟問題であった。国際自由労連への総評の一括加盟を支持したのは、炭労、海員組合、全鉱、総同盟などであった。これらの労働組合は、総評が結成当初から国際自由労連への加盟を基本方針として掲げてきたこと、国際自由労連加盟組合協議会の全ての労働組合が総評に結集するに至ったこと、国際自由労連に積極的に参加してアジアの声を代表すべきであること、国際的な提携が日本国内で闘争を行う上で不可欠であることなどの理由を挙げて、理解を求めた。他方、新産別、全逓、電産などは、総評傘下には国際自由労連への加盟を決定していない単産が多数存在する以上、その自主性を尊重するとともに、国際的な提携よりも日本国内の労働戦線統一を優先すべきであること、西側陣営を支持する国際自由労連の方針は総評の方針と相容れないことなどを指摘して、一括加盟に反対した。一括加盟案は2度採決に付されたが、それぞれで142票、149票と、過半数の支持を得たものの、3分の2には達せず、採択されなかった[18]。

　これについてブラッティは、国際自由労連のオルデンブローク書記長への書簡で、「国際自由労連の極東での後退」だと書き、一括加盟案に反対した国労、日教組、全逓などの官公労組と新産別を強く批判した。しかし、それと同時にブラッティは、この第2回大会で、新産別の反対を退けて、幹事会が満場一致制から4分の3の多数決制に改められ、会費も1.3倍に引き上げられた結果、総評が緩やかな協議体から強力な中央組織に変化したこと、また、総同盟の解体と産業別組合の総評への直結を主導した高野が事務局長に就任し、総評が強力なリーダーシップを確保したことなどを高く評価した。議長に再選された武藤炭労委員長や高野事務局長は、国際自由労連の熱心な支持者であり、大会から2日後に開かれた執行委員会では、一括加盟案に反対した国労と日教組の委員長が厳しく批判されたばかりか、国際自由労連への一括加盟を実現するための臨時大会を5月もしくは6月に開催することが検討された。こうした総評の動きを支援すべく、ブラッティは、オルデンブローク宛の書簡のなかで、東京事務所の設置を再度求めたのである[19]。

第 3 節　総評の左傾化と国際自由労連　75

　しかし、事態は、ブラッティの望む方向には向かわなかった。1951 年のメーデーでの皇居前広場の使用をめぐって、日本政府および総司令部の労働政策の保守化が顕在化したからである。吉田内閣が総評の皇居前広場の使用許可申請を拒否するなか、エーミス労働課長は、経済科学局長代理のウィリアム・ライダー大佐の意向に従い、吉田内閣を支持する保守的な参謀第二部に同調した。ブラッティは総評に使用許可を与えるために懸命に努力したが、吉田首相は、総司令部の意向に反しても許可を与えないという強硬な方針を堅持し、「労働組合のデモを警察が鎮圧できるかどうかみてみたい」とすら述べ、ブラッティと緊密な関係にあった労働省の飼手真吾労働組合課長を左遷した。上司のエーミス労働課長も、総司令部の要職を占める軍人出身者の意向を受け、ブラッティを労働組合寄りすぎると批判して、辞任を迫った[20]。使用許可を得られなかった総評は、5 月 3 日に皇居前広場で開かれた憲法記念祝典の際に抗議行動を行い、武藤議長や高野事務局長を含む 37 名の幹部が拘束されるという事件を引き起こした。

　ブラッティは、こうした流れのなかで、すでに 7 月を目途として日本を離れることを決意しており、CIO が強い影響力を有する経済協力局の駐フィリピン使節団の労働課長に転出することが内定していた。しかし、この皇居前広場事件は、ブラッティにとっても衝撃的であった。ブラッティは、「企業別組合主義者や政府への同調者に満ちた社会党右派」に対して否定的であったが、社会党左派の平和四原則にも批判的であり、総評が社会党から距離をとって国際自由労連への一括加盟など西側指向を強めることを期待していた。ところが、軍国主義、政府の抑圧、神聖な天皇制といった戦前への復帰を想起させる皇居前広場の使用禁止を総司令部が支持したことは、マシュー・リッジウェイ最高司令官がメーデー当日の声明において占領下で制定された諸法規を再検討する権限を日本政府に与えたことと相俟って、総司令部が吉田内閣の保守的な政策に同調していることを明るみに出し、ブラッティを大いに失望させた[21]。

　ブラッティは、5 月 21 日、総評の会合に出席し、「2000 人の警官がここにいるのではないかと予想していたから、この会場に入るとき何かが欠けていると感じた」と述べ、皇居前広場事件での警官隊の大量投入を皮肉った上で、アメリカに帰国する予定であることを告げ、「占領保護下で付与された基本的人権

や保障を奪う試みに反対する総評の闘争を支援するよう、ささやかではあるがアメリカの友人たちに要請したいと考えている」と演説した。これらの発言は占領政策を批判したものとみなされ、ブラッティは責任を問われた。労働課における彼のポストは廃止され、6月8日から12日の間に予定されていた離日も6月1日に早められ、半ば強制的に乗船させられた。それはブラッティ自身が感じたように、国家公務員法の改正に反対し、日本を追われるように去ったキレンの例と酷似していた。もう1つキレンの例と似ていたのは、彼を慕う多くの日本の労働組合指導者がいたことである。ブラッティは、CIOもしくは国際自由労連の代表として、再び日本に戻ることを期待しながら帰国の途についた[22]。

　吉田首相は、5月1日のリッジウェイ声明を受けて政令諮問委員会を設置し、労働組合法、労働関係調整法、労働基準法といった労働法規の見直しに着手した。総司令部労働課によると、それは「進歩的な労働法制の骨抜き」と「労働省の庁への転換」という方向性を明白に示すものであった[23]。総評は、こうした政府の動きに対抗して、6月19日に中立系の労働組合とともに労働基準法改悪反対闘争委員会を結成し、8月15日にはそれを労働法規改悪反対闘争委員会（労闘）に改称するなど、反対運動を積極的に展開した。重要なのは、総評が講和問題と労働法規改正問題を結合させて運動を進めたことである[24]。総評の認識では、抑圧的な労働政策がとられているのは、戦争経済の地ならしのためであった。そして、総評は、7月28日、社会党、宗教者平和運動協議会、日本生活協同組合連合会、全日本青年婦人会議などとともに、平和四原則をスローガンに掲げる日本平和推進国民会議を結成し、講和条約の調印と批准に向けて平和運動を強力に行った[25]。総評の左傾化は、加速していった。

民労研、労働者同志会、委員長グループ

　総評の内部では、第2回大会の後、左派の優位の下、左右両派への二極化が進展していた。6月5日からの国労の第10回大会での平和四原則の採択とそれを契機とする国鉄民同の分裂・解散は、その象徴的な出来事であった。全面講和、中立堅持、軍事基地反対、再軍備反対の平和四原則を掲げる左派に対して、全面講和は望ましいとはいえ実現可能性がなく、片面講和もやむをえない、

また、共産主義勢力の武力侵攻が予想される以上、国家として自衛力を保持するのは当然である、というのが右派の立場であった。総同盟再建派や国労・全繊同盟の右派などは、5月4日から会合を重ね、9月7日に民労研を発足させた。他方、第2回大会で総評の左旋回を導いた国労の岩井章共闘部長、全逓の宝樹文彦企画部長、日教組の平垣美代司組織部長のいわゆる三角同盟は、新産別、電産、全国金属、合化労連などから参加者を得て水曜会を組織し、9月24日、労働者同志会という名称の下でそれを公然化させた。高野事務局長はメンバーではなかったが、側近を送り込むことを通して、労働者同志会と密接に連携した。

こうしたなか、ブラッティなき総司令部労働課は、平和四原則に反対して片面講和を支持する国鉄新生民同、総同盟、全繊同盟、海員組合など、右派に対する期待を高めていった[26]。これらの多くは、従来、労働課が反動的ないし保守的とみなし、徹底的に排撃してきた労働組合であった。6月に右派によって再建された総同盟は、総評の内部に同盟者を見出し、孤立状態から脱するとともに、労働課の一定の支持を獲得することに成功したのである。例えば、エーミス労働課長は、8月16日に会見した総評の武藤議長と高野事務局長に対して、「ソ連に利する結果となる」と平和四原則を批判する一方、その5日後に懇談した総同盟の熊本虎蔵副会長、全繊同盟の滝田実会長らには、「諸君の組合の態度は現実的である。その考えを総評の中で徹底するよう努力されたい」と激励した[27]。もっとも労働課は、共産党の影響力が総評の内部で高まっているという参謀第二部の見解には与しなかった。だが、労働課が総評を共産主義者の組織とみなさない理由の第1に挙げたのは、右派による平和四原則への反対であった[28]。

左右両派の対立は、平和問題をめぐって激化の一途を辿ったが、それは国際自由労連に対する態度につながっていた。国際自由労連は、7月4日から12日にかけて、イタリアのミラノで第2回大会を開催し、「自由主義諸国が侵略を食い止めるために軍事防衛を強化するのを支持し、日本、西ドイツ、オーストリアとの講和条約ないし同等の条約の締結を促進する」と謳う「平和と民主主義への闘いに関する決議」と、「韓国に対する攻撃を冷血な侵略と非難するとともに、それへの抵抗を成功させるために自由主義陣営を迅速に動員する国

連の行動を支持する」との「全体主義に関する決議」を採択していた[29]。これを受けて、民労研の趣意書は、共産主義との対決を明確に打ち出し、「国際自由労連の戦列についてその思想的立場を鮮明にし、組織的連繋を明確化しなければならない」と表明した。右派は、自由主義陣営を支持する立場から国際自由労連への加盟を主張し、それに反対する左派を批判したのである。

　これに対して、左派は、国際自由労連に消極的な態度をとった。しかし、それは、国際自由労連に加盟している労働組合に脱退を求めるものでもなければ、国際自由労連の存在を否定するものでもなかった。ましてや世界労連に加盟すべきという主張は、共産党の組合支配に反対してきた以上、民同左派のなかには存在していなかった。労働者の国際連帯の場として国際自由労連を評価するが、その現在の方針には批判的な姿勢で臨み、日本の労働組合の立場を認めさせていくというのが、この段階での左派の考えであった[30]。事実、労働者同志会の趣意書は、「国際自由労連に対し、自主的立場を堅持しつつ世界の労働階級の団結の為その発展を期す」と謳っていた。自由主義陣営と共産主義陣営の対立と、国際労働運動における国際自由労連と世界労連の対立とは、微妙に重なり合いながらも、区別して捉えられていた。それゆえ、左派の中立主義は、必ずしも国際自由労連の否定を意味せず、総評が国際自由労連に一括加盟する可能性は、依然として残されていたのである。

　また、左右両派への二極化も、この段階では決定的なものではなかった。7月の労働課の月次報告は、「2つの対立する見解の間に、『平和三原則』を理想としては支持するが、その実現は不可能であることを認識している労働組合の大きな集団がある」と指摘し、炭労、全鉱、私鉄総連などを例に挙げ、これらの労働組合は、公式には平和四原則を支持しているが、非公式にはできる限り多くの国々との講和を即時に締結することに積極的であると評価した[31]。その結集に奔走していたのが、武藤総評議長の側近で、ブラッティとも緊密な関係にあった大倉旭である。大倉が8月24日にブラッティに宛てた書簡によると、炭労の武藤委員長、私鉄総連の藤田藤太郎委員長、電産の藤田進委員長、全鉱の原口幸隆委員長らが、すでに4回にわたって会合を持ち、(1)平和四原則を実現することを希望する、(2)しかし、総評の主たる課題は平和問題ではなく、日々の経済問題や労働法規改正のような政治問題である、(3)武藤の下

で力を合わせ、総評を分裂に導くいかなる偏向にも断固反対する、などの諸点で合意していた。

ブラッティが結成に尽力した総評が統一を保ちうるとすると、このいわゆる委員長グループの動向にかかっていた。武藤から離れて労働者同志会に接近し、平和運動を強力に推し進めていた高野に対して、大倉は批判的になっていた。ブラッティが民主化運動の過程で強力な支援を与えた細谷、高野、武藤の3名のうち、「武藤のみがいまだに正しい道を歩んでいる」というのが、大倉の評価であった[32]。そして、この委員長グループの背後には、国際自由労連の存在があった。委員長グループは、左右対立を激化させる平和問題ではなく、全ての労働組合が幅広く一致できる経済問題や労働法規改正問題を重視することで、総評の統一を維持しようとしたが、国際自由労連も、次項で論じるように、平和問題に関する方針の相違を強調するのでなく、経済闘争や労働法規改正反対闘争を支援することで、総評の国際自由労連に対する信頼を高め、一括加盟を実現しようと試みた。総評にとっても、国際的な連繋は日本国内で闘争を行う上で依然として重要であった。高野もそのことを十分に認識しており、総司令部労働課の通訳で、ブラッティの信頼を得ていた池原(旧姓・中脇)ふじに対して、国際自由労連が日本に代表部を設置することを強く望んでいると語った[33]。

しかし、総評における左右二極化の傾向は顕著であり、社会党にまで波及した。9月8日、対日講和条約がソ連や中国などを除いて調印されるとともに、アメリカ軍の日本駐留を規定する日米安保条約が締結された。ここに社会党は、国会での両条約の批准に対する態度を最終的に決定することを迫られたが、左派が両条約反対、中間派が講和条約賛成と安保条約反対、右派が両条約賛成を主張して鋭く対立した。総評の高野事務局長や労働者同志会は左派に両条約反対を貫くよう申し入れ、他方、民労研は両条約賛成を訴え、右派を激励した。こうしたなか、統一懇談会を通じて提携関係にあった右派と中間派は、講和条約賛成、安保条約反対で折り合い、この案が10月5日の中央執行委員会で採択され、第8回臨時大会に提出されることになった。民労研は統一懇談会の態度を弱腰と批判したが、労働者同志会は両条約反対を要求し、高野率いる総評も機関紙を通じて「社会党よスジをとおせ」と訴えた。23日から開催された

党大会は、両条約に関する採決を行う前に混乱状態に陥り、24日に散会され、社会党は左右両派に分裂した。そして、これは労働組合運動にもはね返り、左右対立を一層激化させた(34)。

総評に対する国際的支援

総評の第2回大会の結果は、国際自由労連に大きな衝撃を与えた。オルデンブローク書記長は、1951年4月16日にブラッティに宛てた書簡で、国際自由労連への一括加盟案が廃案に終わったことについて、「失望を隠せないでいる」と告白した。しかも、国労や日教組といった国際自由労連の加盟組合が、一括加盟案に反対したことは、オルデンブロークにとって予想外の事態であった。しかし、希望が失われたわけではなかった。ブラッティの書簡は、総評のリーダーシップが強化されるとともに、武藤や高野ら総評執行部が国際自由労連支持であることを強調していた。オルデンブロークは、これに大いに勇気づけられたと述べるとともに、4月18日からブリュッセルで開催される世界教育者会議に出席する予定の日教組の代表と全般的な問題に関して協議を行う機会を持ちたいと書いた(35)。そして、その席で、オルデンブロークは、国際自由労連が日本に代表を派遣することなどを打診したが、日教組の今村彰副委員長から、公務員の労働基本権の制約について抗議する書簡を日本政府に送って欲しいという要請を受けた(36)。

1950年11月の執行委員会で、日本の加盟組合協議会の提案に基づき、労働組合運動の自由と公務員に対する労働基本権の制限の撤廃を求める「日本に関する決議」を採択するなど、かねてから吉田内閣による抑圧的な労働政策への懸念を表明してきた国際自由労連は(37)、この日教組の要請に応えることにした。5月18日、オルデンブロークは、吉田首相に宛てて書簡を送り、公務員の労働基本権の制約を批判するとともに、メーデーでの皇居前広場の使用禁止や労働法規の改正への動きに言及して、労働組合に対する抑圧策を停止するよう求めた(38)。また、同日、オルデンブロークは、イギリスのTUCをはじめ、極東委員会の構成国の加盟組合に書簡を送り、この問題について自国の政府と協議し、事態の深刻さを知らしめ、日本政府に意見表明を行うことを要請するよう求めた(39)。労働組合運動の自由は占領下の民主化政策の重要な一部であ

り、それを制約することについての警戒感は戦勝国の間に根強く、国際社会への復帰を控えていた日本政府に対して、この方法は有効だと考えられた。

　外務省は国際自由労連からの書簡を内政干渉とみなして返答することに強い難色を示したが、最終的に吉田内閣は、労働省の主張に基づき、寺本広作労働事務次官の名前で回答を行った[40]。6月22日付で送付されたその書簡は、内容的には極めて抽象的であり、自由にして民主的な労働組合運動の発展と労働者に対して最低限の労働条件や生活水準を保障するという日本政府の目標は変更されていないし、占領終結後も変わらない、と述べるにとどまった[41]。それでも、保守的な吉田内閣ですら、国際自由労連を無視できず、その理念に対する支持を表明せざるをえなかったという事実は、重要な意味を持っていた。さらに、こうした国際自由労連の動きは、総評から好意的な反応を受けた。機関紙『総評』はオルデンブロークの2つの書簡を一面のトップで取り上げた[42]。また、高野事務局長も駐日アメリカ政治顧問部のジョン・バルー労働官に対して、「オルデンブロークの書簡は〔総評傘下の〕労働組合が国際自由労連に加盟するのに寄与するであろう」と述べるとともに、総評が国際自由労連への一括加盟を実現するために臨時大会を秋に開催する予定であると語った[43]。

　講和条約の締結への動きが吉田内閣の政策上の自由度を高めるなか、総評にとって国際自由労連の支援の重要性は増大していった。6月5日、高野はオルデンブロークに書簡を送り、オルデンブロークが4月30日の書簡で示した以下の3つの提案に賛成することを伝えた。第1に、国際自由労連の宣伝活動を強化し、日本の労働組合との連携を強めるために代表を派遣することである。第2に、労働法規の改正を阻止するため、対日講和に関係する諸外国の政府と連絡をとり、基本的人権と労働組合の権利を保障する条項を講和条約のなかに挿入するよう要請することである。第3に、6月7日からジュネーヴで開催される第33回ILO総会の場で、民主的な労働政策をとることが日本のILO加盟の条件であると表明することである[44]。オルデンブロークは、7月2日からの執行委員会で、日本への代表の派遣と講和条約への労働条項の挿入に関する総評の要望を報告し、了承を得た[45]。

　国際自由労連には、総評から7月11日付の「対日講和条約草案に対する声

明」も送付されてきた。この文書は、労働基本権の保障が条文に含まれていないことを強く批判したが、その主たる力点は、「わが総評議会は、すでにして全面講和、永世中立、再軍備反対などの政策をかゝげ、これが実現に努めてきた」が、「今次米英共同の対日講和条約草案は、われら従来の主張と願望とに照らして、甚だ満足を表し得ない」という点に置かれた[46]。平和四原則を支持しない国際自由労連は、労働条項の欠如に的を絞って、総評の支援を行った[47]。すなわち、オルデンブロークは、9月1日、サンフランシスコ講和会議に出席する各国政府に宛てて覚書を送り、「サンフランシスコ会議に提出される条約草案が日本の民主主義を維持することを保障するより明確な規定を含んでいないことを遺憾に思う」と表明した上で、日本政府に対して、民間労働者と官公労働者の両方に労働基本権を付与し、自由にして民主的な労働組合運動を弱体化させないことを約束するよう求めたのである[48]。

労働組合に対する吉田内閣の抑圧策への批判は、国際的に幅広い支持を集めたが、そのうち最も重要なのはイギリス政府と TUC であった。TUC は、オルデンブロークからの書簡を受け取った1ヵ月半後の7月2日、ハーバート・モリソン外相に意見書を送り、労働法規の改正やメーデーでの皇居前広場の使用禁止など労働組合に対する日本政府の抑圧策を中止させるため、イギリス政府が影響力を行使するよう要請した[49]。これを受けて、モリソンは、9月8日のサンフランシスコ講和会議の演説で、「私の同胞の多くの人々は、戦前の日本国における高度の技術及び産業の能率と、低い労働基準、労働組合の低調及び社会反動との異常な結び付きによって妨害を受けました。……この傾向が将来において支配的であるならば重大なことになるでありましょう」と警告した[50]。さらに、モリソンは、調印式の後に吉田首相と会談し、労働問題を最初の話題として取り上げ、「イギリスでは、低賃金・長時間労働や〔市場をめぐる〕競争といった戦前の状況が復活するのではないかという懸念が存在している。日本国民にとっても、日英関係にとっても、こうしたことを起こさないことが極めて重要である」と語った[51]。

イギリスでは、政労使を問わず、戦前日本のソーシャル・ダンピングの記憶が濃厚に存在していた。そして、占領終結後の日本で、労働組合が再び抑圧され、低賃金労働に基づく強力な国際競争力が復活し、その結果、イギリスの産

業が脅かされ、大量の失業者が生じるのではないか、という懸念が高まっていた。9月19日、今度はジョージ・クラットン駐日イギリス外交代表代理が、帰国した吉田首相と会談して、イギリスをはじめ世界各国は日本政府が労使関係や労働基準に関していかなる政策を実施するかということを注視している、と警告して、次のように語った。「戦争、そしてイギリスの臣民と権益に対して日本が与えた損害の記憶は急速にかすんできているが、30年代の日本との競争の結果についての記憶は、ランカシャーやイギリスの造船業ではいまだに鮮明である。この時期に失業の影響を被った人々は、その悲惨な体験を日本の低賃金労働による搾取と日本の不公正な貿易慣行のせいだと考えている」[52]。現代の民主主義にとって労働組合が不可欠の要素であるという認識に加え、こうした経済的な背景が、イギリスの労働組合寄りの対日政策には存在していたのである。

　ところが、吉田内閣は、労働法規の改正に向けた動きを止めなかった。そこで、イギリス政府は、駐日イギリス外交代表のエスラー・デニングの11月27日の提案に従って、2つの方策をとることを決めた[53]。1つは、イギリス議会での質疑応答を用いて、イギリス政府が講和後も日本の労働組合の正当な権利について関心を持っていることを示すという方法であった。これは、すぐさま12月7日に実行された[54]。もう1つは、アメリカと共同行動をとるべく、ダレスと協議を行うという方法であった。1952年1月5日、デニングは、「労働と労働組合に対する日本政府の態度」と題する覚書を来日中のダレスに手交し、この問題の重要性について注意を喚起した。注目すべきは、労働組合を現代の民主主義にとって不可欠な要素であると位置づけるとともに、国際自由労連とILOに具体的に言及して、それらの反応をイギリス政府は無視しえないと強調したことである[55]。イギリスでは、10月26日に労働党のアトリー政権から保守党のチャーチル政権に交代し、外相もモリソンからアンソニー・イーデンに代わっていたが、対日政策に関する限り労働組合寄りの姿勢は変化しなかった。

　しかし、単独行動が回避されたことからも明らかなように、イギリスの影響力行使には大きな限界があった。1952年2月16日、国際自由労連のオルデンブローク書記長は、前年6月の日本のILO復帰に言及しつつ、労働法規改正

への動きを批判する書簡を吉田首相に再度送付した(56)。これを受けて、TUCは、4月1日と5月5日の2度にわたってイーデン外相に書簡を送り、日本政府に対して影響力を行使するよう要請した(57)。この間、吉田内閣は、3月29日の閣議で、破壊活動防止法(破防法)案の国会提出を決定し、これに対抗して総評を中心とする労闘ストが、4月12日の第1波を皮切りに実施されていた。しかし、イーデンは、5月20日のTUCに対する返信で、具体的な措置をとらないと通告した。その1つの理由は、4月28日に講和条約が発効し、日本が主権を回復した以上、内政干渉と受け止められる危険性であり、もう1つの理由は、日本の労働コストを増加させ、日本との貿易競争の圧力を緩和させるための策略にすぎないと日本の世論に受け止められるおそれであった。この段階でのイギリス政府の干渉は逆効果になりかねないと、この書簡は主張したのである。

　だが、イギリス外務省も、吉田内閣の動きを放置しておけばよいとは考えなかった。5月20日のイーデン書簡は、国際自由労連をはじめとする西側の労働組合運動こそが、日本政府に対して効果的に影響力を行使できると指摘した(58)。つまり、国際自由労連を側面から控えめに支援するというのが、イギリス政府の方針であった(59)。もちろん、国際自由労連は、日本政府に対する働きかけを続けていた。2月16日付の書簡の返答を得られなかったオルデンブロークは、5月17日、吉田首相に宛てて3度目の書簡を送り、第33回ILO総会の際に日本政府の代表と国際自由労連の代表が会談することを提案した。日本政府はこれに応じ、6月23日に寺本労働事務次官とオルデンブロークの間で話合いが持たれた。しかし、寺本は30ページにわたる文書を読み上げるなど一方的な態度表明に終始し、歩み寄りがないまま物別れに終わった(60)。国際自由労連の影響力にも、明らかに限界があったのである。だが、こうした国際自由労連の行動は、総評から好意的に受け止められた。高野事務局長は、次項で述べるように、国際自由労連への一括加盟に前向きな態度を示し、自らが執筆した運動方針の試案のなかにそれを盛り込んだ(61)。

　国際自由労連は、以上と並行して、日本への特使の派遣の準備を進めていた。当初、候補者として名前が挙がったのは、アメリカ地方公務員組合書記長のゴードン・チャップマン、元総司令部労働課長のジェームズ・キレンといった

AFLの人物であったが⁽⁶²⁾、最終的に1952年6月4日の地域活動基金委員会で、1947年3月に世界労連の代表団の一員として来日した経験を持つ、CIO傘下のアメリカ合同運輸労組のウィラード・タウンゼント委員長を派遣することが決まった。タウンゼントは、日本に4ヵ月間滞在し、総評の第3回大会に出席することが予定された。タウンゼントの派遣には、破防法の制定に反対して労闘ストを実施していた総評に対する支援に加えて、総評の国際自由労連への一括加盟を促進するという目的があった。さらに、国際自由労連アジア地域組織のダイアン・ムンガット書記長とその書記局の職員に転じていた大倉旭から、タウンゼントの派遣を契機として、恒久的な代表部を日本に設置することが提案されていた⁽⁶³⁾。こうした使命を持って、7月15日、タウンゼントが来日したのである。

総評第3回大会とデヴェラルの来日

　総評の第2回大会の後、武藤議長ら委員長グループと高野事務局長の間の溝は徐々に拡大していたが、1951年末から1952年初めにかけて、そうした情報は頻繁に駐日アメリカ政治顧問部のバルー労働官の下にもたらされていた。武藤の高野に対する批判は、次の2つであった。1つは、高野の急進的な指導であり、その背後にある官公労組の存在である。争議権のない官公労組が、やみくもに民間労組のストライキをもって労働法規改正への反対闘争を行おうとすることに、武藤は強い不満を抱いた。もう1つは、講和・安保両条約をめぐる社会党の分裂以来、高野が左派社会党に一方的に肩入れしていることである。高野が総評のレター・ヘッドや総評事務局長という肩書きを自由に使って左派社会党支持の論陣を張っていることに対して、武藤をはじめ、電産の藤田委員長、海員組合の藤山委員長、私鉄総連の藤田委員長、全鉱の原口委員長らは不満を漏らしていた。そこで、委員長グループは次の総評大会で高野を事務局長のポストから外そうとするのではないか、という見通しが噂された。

　もっとも、高野を失脚させることはそれほど簡単ではない、ということも明らかであった。高野は官公労組を中心とする左派の強固な支持を得ており、高野の支持グループと批判グループの大会での勢力は拮抗していた。また、総評を分裂させないためには、大会前に段取りを整えて面子を潰さないかたちで高

野を退陣させなければならなかった[64]。こうした困難にもかかわらず、バルーは、高野を次の総評大会で排除する動きが強まっており、実現するであろうと予想し、それを親しい関係にあったブラッティに書簡で伝えた[65]。講和条約の発効とともに政治顧問部は大使館に移行したが、その内部にはバルーや通訳の池原ふじを筆頭とするブラッティ人脈が残存し、委員長グループを背後から支えていた。総評の第3回大会は7月22日から開催されたが、その当日、アメリカ大使館は国務省に宛てて電報を送り、労働者同志会を「極左」、民労研を「極右」と位置づけた上で、「当大使館は、中間的な集団で『委員長グループ』として知られる、かなりの規模を持つ最も強力な派閥と親交を深めている」と書いた[66]。

　ところが、総評の第3回大会を前にして、すでに委員長グループは立ち直れないほどの打撃を被っていた。労闘ストの過程で、武藤武雄が失脚したのである。すなわち、破防法案の国会提出が3月29日の閣議で了承された後、総評は31日の労闘との合同会議で、4月12日に第1波、18日に第2波の24時間ストを敢行する方針を決めた。これを危惧した吉武恵市労相は、4月11日に武藤、高野ら労闘の代表を招いて、労働組合の正当な行為を規制しないことを法案に明記するという妥協案を提示した。武藤と高野の見解は分かれた。同日夜、武藤の欠席の下で開かれた総評と労闘の合同戦術会議は、既定の方針を堅持することを決定したが、武藤が委員長を務める炭労の中央闘争委員会は、第1波を18日に延期することを決め、原口の全鉱もこれに倣った。そのため、第1波の規模は、当初の予定よりも大幅に縮小したものとなった。そればかりか、木村篤太郎法務総裁の拒絶により、吉武労相の妥協案が盛り込まれないまま、17日に法案が国会に提出された。そこで、労働運動史上空前の規模となった労闘の第2波には炭労と全鉱も参加したが、4月23日からの炭労の第4回臨時大会で武藤の責任が厳しく問われたのである。

　バルーや池原によると、この炭労の大会には、労働者農民党、左派社会党、産別会議、労働者同志会などの活動家が集まり、武藤の退陣を求めるアジテーションを大々的に展開した。武藤を擁護すると述べて登壇した高野も、統一行動の必要性を力説し、武藤を暗に批判した。こうしたなか、左派の代議員は、前回の大会の決定に違反し、階級的連帯を裏切ったとして、第1波のストライ

キからの脱落を決定した武藤らを強く批判した。その結果、不信任動議が可決され、武藤を中心とする執行部は退陣を余儀なくされた。武藤の失脚によって利益を得たのは、高野であった。炭労の執行部が、左派によって占められたばかりでなく、炭労委員長のポストを失った武藤は、総評議長を辞任せざるをえなくなり、事務局長である高野の主導権が著しく強まったからである。池原は、4月22日、「日本が独立を回復した機会を捉えて、日本政府が反動的な提案を行っているため、武藤、原口、藤田といった穏健な組合指導者は、現在非常に困難な状況に置かれている」とブラッティに書き送った[67]。

ただし、高野は、労働者同志会への依存を深めつつあったとはいえ、労闘を支援する国際自由労連に好意的な態度を示していた。高野は、5月27日、ロバート・マーフィー駐日アメリカ大使と会見し、国際自由労連を通じた自由主義陣営の労働組合との提携に積極的な姿勢を表明した[68]。バルー労働官の下にも、高野の示唆に従い、数人の左派の官公労組の指導者が総評の国際自由労連への一括加盟に賛成に転じた、という情報が寄せられていた[69]。それは、総評の第3回大会に提出される運動方針案の作成にも反映された。すなわち、高野が執筆した運動方針の第1次、第2次試案は、結成以来の総評と国際自由労連の提携関係に触れつつ、「西欧労働者の80%を含む統一舞台に対しアジア労働者の主張を訴え、これを通じて民主的平和勢力を結合させるべき」という観点から、「ICFTU〔国際自由労連〕に対し総評一本加盟の方針を承認する」と明記していた。総評では、第3回大会に向けて、前回の大会で保留となった国際自由労連への一括加盟の機運が高まっていた。

ところが、5月から6月にかけて開催された各単産の大会では、労闘ストを背景として左派の主導権が強化され、国際自由労連への批判が高まった。そして、7月4日に設置された総評大会の議案を作成するための小委員会は、労働者同志会系の委員の主張により、国際自由労連への一括加盟を否定する方針を決定した[70]。この間の経緯について、海員組合の西巻敏雄国際部長は、次のように国際自由労連に報告した。「高野が執筆した今年度の運動方針の第1次試案は、以前報告した通り、我々を十分満足させるものではなかったが、総評の国際自由労連への一括加盟を依然として明確に支持するものであった。さらに、高野は、英米両国の大使館の労働官を頻繁に訪れ、心の底から国際自由労

連への加盟を望んでおり、そのために積極的に努力していると宣伝した。『来る総評大会は大きな望みがある』と報告したのは、この頃のことである。しかし、やがて、高野の影響下にある労働者同志会のメンバーが、一度は高野に説得されたにもかかわらず、左派社会党や労働者農民党の指導者に再考を強く求められ、国際自由労連批判へと再び態度を転換した。そこで、高野は『国際自由労連への加盟』の項目を草案から削除せざるをえなかった」(71)。

総評の第３回大会は、７月22日から３日間の日程で開催された。最大の焦点になったのは、国際自由労連への一括加盟問題であった。全鉱、海員組合、全繊同盟の３単産は、「国際自由労連の経過とそれに対する諸批判を考慮し、加盟については当面各組合の自由な意志を尊重する」と謳う運動方針案に対抗して、国際自由労連への一括加盟を求める共同提案を行った。しかし、この提案は、上記の３単産のほかには都市交通の賛成しか得られず、164対42をもって否決され、原案が決定された。規約上採択に必要な３分の２には達しなかったものの、過半数の賛成を得た前回の大会とは違い、圧倒的な大差で否決されたことは、総評の国際自由労連への一括加盟の可能性が、差し当たり完全に失われたことを意味した(72)。タウンゼントも大会初日に演説を行い、国際自由労連への一括加盟を熱心に訴えたが、全く無力であった。タウンゼントが会場で目撃したのは、国際自由労連とアメリカに対する強い反感であり、「タウンゼント・ゴー・ホーム」「トルーマンの犬タウンゼント」といった張り紙であった(73)。占領終結後に顕著となった反米感情が、アメリカのAFLとCIOを有力な加盟組合とする国際自由労連にも向けられていた。

この第３回大会によって、労働者同志会を中心とする左派の覇権が、総評において確立した。すなわち、高野事務局長が再選されたほか、「平和四原則、両条約反対の立場に立つ労働組合出身候補者を、多数国会に送るために、社会党左派を中心とする諸政党と緊密に連絡し、選挙闘争を闘う」と、左派社会党の一党支持が運動方針で決定された。また、再軍備反対や労働法規改正反対とも関連づけながら低賃金の打破を打ち出す「賃金綱領」が正式に決定され、理論生計費方式（マーケット・バスケット方式）に依拠しつつ、最低手取７万円の実現、戦前の賃金水準の手取２万5000円平均の即時回復、8000円の最低賃金制度の実施といった急進的な要求が掲げられた。これは、基本綱領の「国民経

済力との正しい関連」を重視する方針から決別し、経営者との対決を鮮明にするものであった。さらに、11月25日の評議員会で、旧全労連系の全港湾と全自動車の加盟が承認された。平和四原則に立脚する労働者同志会は第三勢力論的な中立主義者であったが、総評は共産主義者に対して次第に門戸を開放していったのである。

　委員長グループの有力メンバーであった全鉱の原口委員長は、10月27日、ブラッティに宛てて書簡を送り、「当初は、高野、武藤、そして私は完全に一致していたが、次第に高野は我々から離れていった」と振り返った。そして、ブラッティの離日後に生じた事態について、次のように記した。「武藤、私鉄の藤田、そして私が総評の極左的、政治的な性格を変革すべく方策を講じ始めたとき、高野は自らの地位を維持するためにある特定の集団を利用し始めた。それは労働者同志会である。同志会は、最初に結成された際には、それほど悪いものではなかったが、徐々に左傾化し、共産主義的な指導者を含めるようになり、ついには産別会議や総評に批判的な態度をとる中立系の労働組合に属するメンバーを歓迎するようになった」。原口は、「極端にいえば、総評はもう1つの全労連になりつつある」と書いた[74]。反共産主義的な労働組合の中央組織として、ブラッティが多大な援助を与えて結成された総評は、朝鮮戦争の勃発後、高野と労働者同志会のイニシアティヴの下で左傾化し、第3回大会を契機として容共化したのである。

　その一方、総評第3回大会を目前に控えた7月1日、AFLの駐アジア代表としてデヴェラルが来日した。ブラッティをはじめ総司令部労働課から徹底的に嫌悪されたデヴェラルは、占領の終結により、ようやく日本への入国を果たしたのである。デヴェラルの来日に先立つ3月28日、その上司であるラヴストーンは、日本に赴任する直前のマーフィー大使と会談し、吉田内閣の反動的な労働政策に懸念を示すとともに、共産党の労働組合への浸透に対抗する必要性を説き、デヴェラルと緊密に協力するよう求めた。日本の労働組合の多数は、中立主義者と共産党の同調者によって掌握されている、というのが、ラヴストーンの認識であった[75]。重要なのは、AFLが国際自由労連とは別に東京に代表部を設置し、独自の対日活動を行ったことである。AFLと国際自由労連の摩擦は、様々な問題をめぐって顕在化しており、アメリカ国務省も、デヴェラ

ルとタウンゼントの対立を憂慮していた[76]。そして、原口ら委員長グループと緊密な関係を築いたタウンゼントに対して、デヴェラルは総同盟を支持したのである。

(1) 中北『経済復興と戦後政治』277-278 ページ。
(2) 同上、279 ページ。
(3) 同上、292 ページ。
(4) 同上、291-292 ページ、Memorandum for Marquat by Burati, "Labor Leaders to Confer with Mr. Dulles," June 13, 1950, Burati Collection, Box 1, Folder 7, RL; Labor Division Monthly Report for June 1950, ESS(B)-01344, GHQ/SCAP Records.
(5) 『総評』1950 年 8 月 5 日、労働省編『資料労働運動史 昭和 25 年』212-216 ページ。
(6) レッド・パージについては、三宅明正『レッド・パージとは何か』大月書店、1994 年、が優れている。
(7) Memorandum for Marquat by Burati, "Program Against Communists in Japanese Labor," June 27, 1950, ESS(B)-01342, GHQ/SCAP Records; Memorandum by Burati, "Brief of Program against Communists in Japanese Labor," July 1, 1950, ESS(B)-01347, GHQ/SCAP Records. 労働課は、8 月 18 日に地方民事部の司令官と会合を行い、この方針を提示した。その席で、エーミス労働課長は、全ての共産主義者を解雇する必要はなく、一部の活動的なトラブル・メーカーだけ除去すればよい、その際にも人権侵害を理由とするなど、民主的な方法によってなされなければならない、と力説した。ブラッティも、第二組合を結成するより、民主的な投票によって、共産党の組合支配を覆す方が望ましく、それができない場合に限って、第二組合を結成すべきである、と強調した。Memorandum for Record, "Discussion by Mr. Amis at Region C. O.'s Meeting," August 18, 1950, ESS(B)-16621, GHQ/SCAP Records. ただし、共産党の関係者を労働委員に任命しないという措置は実際にとられたようである。占領体制研究会『進駐軍の労働政策 元労政局長賀来才二郎』1954 年 7 月 9 日、35-36 ページ。
(8) Memorandum for Marquat by Burati, "Summary of Memorandum 'Program against Communists in Japanese Labor'," June 28, 1950, ESS(B)-01342, GHQ/SCAP Records.
(9) Memorandum for Marquat by Amis, "Dissolution of Zenroren," September 1, 1950, ESS(E)-13570, GHQ/SCAP Records.
(10) Burati to Sullivan, September 6, 1950, Burati Collection, Box 1, Folder 12,

RL.
(11) 中北『経済復興と戦後政治』292-293 ページ。
(12) Burati to Sullivan, August 14, 1950, Burati Collection, Box 1, Folder 12, RL.
(13) Memo for Record, "Stand of Various Labor Leaders on Peace Treaty," January 16, 1951, ESS(B)-16528, GHQ/SCAP Records.
(14) Memo, "More about Labor's Attitude toward the Peace Treaty," January 21, 1951, ESS(B)-16528, GHQ/SCAP Records; Memorandum for Marquat by Amis, "Labor Leaders Meet Mr. Dulles," February 8, 1951, ESS(B)-16523, GHQ/SCAP Records.
(15) 『総評』1951 年 2 月 5 日、15 日。
(16) 新産別二十年史編纂委員会『新産別の二十年 II』新産別、1970 年、233-247 ページ。
(17) Burati to Oldenbroek, February 27, 1951, ICFTU Archives, Box 3545, IISH.
(18) 『総評』1951 年 3 月 15 日。
(19) Burati to Oldenbroek, March 17, 1951, ICFTU Archives, Box 3545, IISH.
(20) Burati to Sullivan, May 10, 1951, Burati Collection, Box 1, Folder 13, RL.
(21) Burati to Ross, May 10, 1951, Burati Collection, Box 1, Folder 13, RL.
(22) Memorandum for Burati by Marquat, "Alleged Statements at Sohyo Meeting on 21 May 1951," May 24, 1951, Burati Collection, Box 7, Folder 13, RL; Memorandum for Marquat by Burati, "Statements at Sohyo Meeting on 21 May 1951," May 28, 1951, Burati Collection, Box 7, Folder 13, RL; Burati to Ross, June 7, 1951, Burati Collection, Box 7, Folder 13, RL; Burati to Sullivan, June 7, Burati Collection, Box 7, Folder 13, RL;『総評』1951 年 5 月 25 日。
(23) Memo for Record by Ihrig, "Trend of Japanese Government Labor Policy," July 10, 1951, ESS(B)-16520, GHQ/SCAP Records.
(24) Ikehara to Burati, July 22, 1951, Burati Collection, Box 1, Folder 13, RL.
(25) 労働省編『資料労働運動史 昭和 26 年』労務行政研究所、1952 年、247-257 ページ。
(26) Labor Division Monthly Report for June 1951, ESS(C)-02600, GHQ/SCAP Records; Memorandum, "Opposition within Sohyo to Official Position on the "Three Principles"," September 13, 1951, ESS(D)-00296, GHQ/SCAP Records.
(27) 『総評』1951 年 8 月 31 日、『総同盟』1951 年 9 月 1 日。
(28) Memorandum for Ryder by Ihrig, "Communist Countermeasure Committee Meeting of 13 July," July 13, 1951, ESS(B)-16530, GHQ/SCAP Records; Ennis to Marquat, August 15, 1951, ESS(E)-00195, GHQ/SCAP Records; Memorandum by Amis, "Sohyo Over-all Peace Appeal," August 18, 1951, ESS

(E)-00195, GHQ/SCAP Records.
(29) Report, ICFTU Second World Congress, July 4-12, 1951, Littauer Library, Harvard University.
(30) 労働省編『資料労働運動史 昭和27年』労務行政研究所、1953年、1021ページ。
(31) Labor Division Monthly Report for July 1951, ESS(C)-02600, GHQ/SCAP Records.
(32) Okura to Burati, August 24, 1951, Burati Collection, Box 1, Folder 13, RL.
(33) Ikehara to Burati, July 22, 1951, Burati Collection, Box 1, Folder 13, RL. 池原（中脇、有田）ふじについては、占領体制研究会『マック書簡・レッド・パージ・産別解体等 中労委飼手事務局長述』1954年11月19日、21-22ページ、有田ふじ「占領下の労働省で働いた思い出」（労政会編『労政回顧録』労務行政研究所、1988年）。
(34) 中北『経済復興と戦後政治』302-304ページ。
(35) Oldenbroek to Burati, April 16, 1951, ICFTU Archives, Box 3545, IISH.
(36) Oldenbroek to Muto, April 30, 1951, ESS(B)-16645, GHQ/SCAP Records.
(37) "Resolution on Japan," ICFTU Executive Board, November 9-11, 1950, ICFTU Archives, Box 3526, IISH.
(38) Oldenbroek to Yoshida, May 18, 1951, ESS(D)-01649, GHQ/SCAP Records.
(39) Oldenbroek to Affiliated Organisations in Countries which are Members of the Far Eastern Commission, May 18, 1951, ICFTU Archives, Box 3526, IISH.
(40) USPOLAD, Tokyo to Department of State, July 13, 1951, No. 77, RG 469, Entry 421, Box 8, NA.
(41) Teramoto to Oldenbroek, June 22, 1951, RG 469, Entry 421, Box 8, NA.
(42) 『総評』1951年6月8日。
(43) Ikehara to Burati, June 8, 1951, Burati Collection, Box 1, Folder 13, RL.
(44) Takano to Oldenbroek, June 5, 1951, FO 371/92715, PRO.
(45) "Agenda Item 4: General Secretary's Report," ICFTU Executive Board, July 2-3, 1951, ICFTU Archives, Box 8, IISH.
(46) Earle to Oldenbroek, July 26, 1951, ICFTU Archives, Box 3526, IISH;『総評』1951年7月13日。
(47) 講和条約への労働条項の挿入は、国務省極東局の労働顧問で、ブラッティの友人でもあったサリヴァンが、草案を作成する過程で追求したものであった。ヴェルサイユ条約が多くの禁止事項を盛り込んだにもかかわらず、違反行為を阻止できなかったという歴史的経験から、反対論が強く示され、結局実現しなかったが、講和条約草案への労働条項の挿入は、国務省の内部でも多くの支持を得てい

た。また、AFL やアメリカ労働省も、それに賛成であった。Kaukonen to Arnow, "Japanese Peace Treaty," August 10, 1951, RG 174, Entry 44, Box 3, NA.
(48) Memorandum to Governments Participating in the San Francisco Conference on a Peace Treaty for Japan, September 1, 1951, ICFTU Archives, Box 3526, IISH.
(49) Woodcock to Morrison, July 2, 1951, FO 371/92715, PRO.
(50) 『サン・フランシスコ会議議事録』外務省、1951 年、337 ページ。講和会議を傍聴した総評傘下の化学同盟の山花秀雄委員長は、「感銘深い英外相の言葉」という文章を『総評』1951 年 9 月 21 日に寄稿した。
(51) San Francisco to Foreign Office, September 8, 1951, No. 1, LAB 13/568, PRO.
(52) Clutton to Younger, September 19, 1951, No. 316, LAB 13/568, PRO.
(53) Tokyo to Foreign Office, November 27, 1951, No. 1684, FO 371/92716, PRO.
(54) Foreign Office to Tokyo, December 7, 1951, No. 1418, FO 371/92716, PRO.
(55) Denning to Scott, January 5, 1952, FO 371/99536, PRO; USPOLAD, Tokyo to the Department of State, January 26, 1952, No. 1065, 894.062/1-2652, *RDOS, IAJ, 1950-1954*, Reel 28.
(56) Oldenbroek to Yoshida, February 16, 1952, FO 371/99536, PRO.
(57) Woodcock to Eden, April 1, 1952, FO 371/99536, PRO; Woodcock to Eden, May 5, 1952, FO 371/99537, PRO.
(58) Eden to Woodcock, May 20, 1952, FO 371/99537, PRO.
(59) Mason to Diack, June 4, 1952, FO 371/99537, PRO.
(60) "Agenda Item 4: General Secretary's Report," ICFTU Executive Board, June 26-27, 1952, ICFTU Archives, Box 15, IISH; Diack to Calvert, July 11, 1952, FO 371/99537, PRO; Heron to Greenhough, July 17, 1952, LAB 13/569, PRO.
(61) 1952 年 2 月 15 日の総評の評議員会では、「加盟組合協議会(自由労連の)は総評国際部と一緒になった」という報告がなされていた。「第 8 回評議員会議事録」(労働政策研究・研修機構『総評資料』F400-029)。
(62) Report of First Meeting, Interim Regional Activities Fund Committee, October 29, 1951, ICFTU Archives, Box 811, IISH; Oldenbroek to Green, February 20, 1952, ICFTU Archives, Box 3526, IISH.
(63) Second Report of the Regional Fund Committee, June 4-6, 1952, ICFTU Archives, Box 815, IISH; Revised Project on Mission to Japan, ICFTU Regional Fund Committee, June 4-6, 1952, ICFTU Archives, Box 814, IISH.
(64) Ballew to Sullivan, December 5, 1951, *RDOS, IAJ, 1950-1954*, Reel 28;

Ballew to Sullivan, January 21, 1952, *RDOS, IAJ, 1950-1954*, Reel 28.
(65) Ballew to Burati, January 31, 1952, Burati Collection, Box 8, Folder 3, RL; Ikehara to Burati, March 20, 1952, Burati Collection, Box 8, Folder 3, RL.
(66) Tokyo to Secretary of State, July 22, 1952, No. 298, 894.062/7-2252, *RDOS, IAJ, 1950-1954*, Reel 28.
(67) Ikehara to Burati, April 22, 1952, Burati Collection, Box 8, Folder 3, RL; Ikehara to Burati, April 29, Burati Collection, Box 8, Folder 3, RL; Tokyo to the Department of State, May 14, 1952, No. 64, 894.062/5-1452, *RDOS, IAJ, 1950-1954*, Reel 28.
(68) Tokyo to Secretary of State, May 27, 1952, No. 271, 894.062/5-2752, *RDOS, IAJ, 1950-1954*, Reel 28.
(69) Ballew to Sullivan, June 17, 1952, 894.06/6-1752, *RDOS, IAJ, 1950-1954*, Reel 28.
(70) 労働省編『資料労働運動史 昭和27年』1034ページ。
(71) Nishimaki to Oldenbroek, August 17, 1952, ICFTU Archives, Box 3545, IISH.
(72) 『総評』1952年7月11日、25日。
(73) Townsend to Oldenbroek, July 25, 1952, ICFTU Archives, Box 3533, IISH.
(74) Haraguchi to Burati, October 27, 1952, Burati Collection, Box 8, Folder 3, RL.
(75) Memorandum of Conversation, March 28, 1952, 894.062/3-2852, *RDOS, IAJ, 1950-1954*, Reel 28; Lovestone to Pearl, April 14, 1952, *Green Papers*, Reel 17.
(76) Department of State to Tokyo, July 11, 1952, No. 191, 894.062/7-1152, *RDOS, IAJ, 1950-1954*, Reel 28.

第2章

全労の結成と生産性運動の開始

第1節　高野の総評指導と国際自由労連

国際自由労連と民労連の結成

　1952年7月22日からの総評第3回大会で、国際自由労連一括加盟案が大差で否決された後、それを共同提案した全繊同盟、海員組合、全鉱の3単産は、総評との関係について再検討を余儀なくされた。このうち全繊同盟と海員組合は、総評の運営に対して責任が持てないという理由から、総評本部に役員を送らなかったが、なかでも全繊同盟は、7月28日から第7回大会を開催して「民間産業労組の統一に関する件」を採択し、労働戦線の再編に踏み出す決意を示した。この決議は、「民間産業における真に民主的な労働組合」であり、かつ「国際自由労連の綱領、規約、決議に賛同し之を遵守する組合」の結集を図らんという趣旨のものであったが、海員組合、私鉄総連、全鉱といった総評傘下の単産に加えて、造船連、全金同盟、全化同盟、全国食品、日鉱など総同盟傘下の単産も統一の対象として挙げたことは、総評の左傾化と並んで、日本の労働組合運動の左右二極化の傾向を如実に示していた。総同盟は、8月22日からの第7回大会で、この全繊同盟の方針に賛意を示し、積極的に協力することを決めた[1]。

　だが、全繊同盟の構想において結集軸として位置づけられた国際自由労連は、それに批判的であった。アジア地域組織のムンガット書記長は、8月1日、高野総評事務局長の戦術が国際自由労連の加盟組合をその本来の意図よりも右傾化させ、極右の総同盟との提携に向かわせていることに危惧の念を持っている、と本部のクレーン地域活動課長に書き送った[2]。日本滞在中のタウンゼントも、総評が分裂し、それに対抗するナショナル・センターが結成されることは望ま

しくなく、国際自由労連に忠実な労働組合が極右に振れる危険性に注意しなければならない、と考えていた。オルデンブローク書記長も同じ意見であり、左右両派の対立を抑制するために加盟組合協議会を幅広い組織として存続させるべきである、と8月16日にタウンゼントに伝えた。国際自由労連には、全繊同盟、海員組合、全鉱のほか、日教組、国労、炭労、全逓、私鉄総連、日放労、都市交通がいまだに加盟していた。総同盟は未加盟であった。オルデンブロークは、総評の決定が傘下の単産の国際自由労連への加盟を妨げるものではないことに希望を見出していた(3)。

全鉱の原口委員長もまた、全繊同盟による「古色蒼然たる総同盟の堕落したリーダーたちを含むブロックを形成する構想」に反対であった。国際自由労連のアジア地域書記局に勤務する大倉旭に宛てて8月8日に送付した書簡によると、総評が国際自由労連に一括加盟する可能性はほとんど失われたが、そのなかに踏みとどまって現在の傾向に反対すべきであるというのが、原口の意見であった。そして、その試みが失敗に終わり、総評が全労連に事実上転化した場合に初めて、加盟組合協議会を強化し、ナショナル・センターに切り替えるべきである、と原口は考えた(4)。全繊同盟の民間労組を結集するという方針は、総評第3回大会で協力した全鉱の同意すら得られなかったのである。原口は、10月半ばにアメリカ大使館のフランク・ウェアリング参事官と会談したが、総評を健全で統一した組織にすべく努力するのが先決であり、総評を分裂させ、新たな中央組織を結成するのは拙速であると述べた上で、海員組合、全鉱、私鉄総連の3単産が、次の大会まで総評の内部改革に努め、全繊同盟の行き過ぎを抑える一方、官公労組の左派的な政治偏向を正すことで一致していると語った(5)。

全繊同盟の執行部の内部も一枚岩ではなく、総評および総同盟との関係をめぐって十分な合意が存在していなかった。全繊同盟の中枢を掌握する右派のなかでは穏健派に位置する滝田会長は、11月14日にウェアリングと会談し、全繊同盟が現在の総評よりも総同盟の方にイデオロギー的な親近感を持っていることを認めながらも、「民間単産を結集するという我々の試みの目的は、総評を分裂させることではなく、1940年代末の民同派による民主化運動を復活させることにある」と述べた。さらに、滝田は、「全繊にはこの構想を実現させ

るために総同盟に協力を求めることを主張する幹部もいるが、自分はそれに反対している」と付け加えた。ほとんどの労働運動家は総同盟を「会社組合の連合体」だと考えており、それと協力することは職場活動家の誤解を招いてしまうというのが、その理由であった[6]。経営者との癒着体質を持つ総同盟に対する不信感は、かつてその傘下にあった全繊同盟においてすら根強かった。全繊同盟を総評につなぎとめ、総同盟から引き離しておくことは、決して不可能ではなかった。

　タウンゼントは、国際自由労連の特使として7月15日に来日した後、東京に事務所を構え、『自由労連週報』と題する週刊の通信を発行するとともに、広範囲にわたる労働組合指導者との接触に努めた。その活動を支えたのは、アメリカ大使館のバルー労働官、通訳の池原ふじ、全鉱の原口委員長ら、同じCIO出身のブラッティが築いた人脈であった[7]。総評の分裂を回避しつつ、それを国際自由労連に引き寄せることは、彼らの共通の目標であったが、何よりも国際自由労連に対する誤解を解くことが必要だ、とタウンゼントは考えた。国際自由労連が講和・安保両条約に賛成し、再軍備を支持しているという世界労連と共産党のプロパガンダは、左派の労働組合指導者に受け入れられているばかりか、右派にすら広がっていた。国際自由労連は世界支配をもくろむ帝国主義者の手先であり、その方針はソ連や中国などの共産主義諸国に対して第三次世界大戦を引き起こすためのものである、という発言をタウンゼントは繰り返し耳にしていた。彼は、9月25日から開かれた国際自由労連の地域活動基金委員会に中間報告を提出して、対日活動を強化すべく東京に事務所を常設し、日本の労働組合指導者を所長に据えることを提案し、その候補者として原口の名前を挙げた[8]。

　タウンゼントの最終報告書は、12月1日から5日にかけてニューヨークで開催された執行委員会に提出された。その要旨は次のようなものであった。すなわち、総評は急進的な左派の支配下に入り、高野事務局長は共産党の路線に追随しているかのようにみえる。総評の第3回大会が国際自由労連への一括加盟案を否決してから、共産党系の労働組合が総評に加入する意向を示している。これが実現した場合、総評はかつての全労連のようになってしまう。しかし、総評の運命は未だ決まっていない。今なすべきことは、総評を健全な組織にす

るために闘争することであり、総評を脱退して別の中央組織を結成するのは時期尚早であるばかりか、誤りである。会社組合の汚名を背負う総同盟は、総評に対抗する中央組織とはなりえず、全繊同盟が総同盟に接近しすぎることは阻止されなければならない。海員組合、全鉱、私鉄総連といった民間単産は、次の大会まで総評の改善に努める見通しである。それに加えて、国際自由労連に関する誤解を解くために、対日活動を積極的に実施する必要があり、そうするならば大きな変化が期待できる。以上の理由から、東京に恒久的な事務所を設置し、評価の高い日本の労働組合指導者を所長に据えるべきである[9]。

　このタウンゼントの報告書は12月5日に協議され、海員組合国際部長の西巻敏雄執行委員も積極的に賛成して、全会一致で採択された[10]。西巻は、12月9日のアメリカ国務省のサリヴァンらとの会談で、この決定は自らの見解と完全に同じであると語った[11]。しかし、その1ヵ月ほど前の11月12日、海員組合の和田春生組織部長は、駐日大使館のウェアリングとの会談で、全繊同盟が提唱した民間労組結集構想は総評の分裂を企図するものではなく、現在の総評指導部に批判的な総評内外の労働組合を結集するものであると説明しながらも、「こうした試みが失敗に終わった場合、この運動は総評からの脱退、新たな中央組織への結成へと発展するであろう」と語った[12]。つまり、西巻が全鉱に近い立場をとったのに対し、和田は全繊同盟に近い見解を持っていたのである。海員組合は、西巻不在中の11月30日から第11回大会を開催して、「国内労働戦線の統一について」と題する議案を採択し、民主的な労働組合主義と国際自由労連との連繋という結成当時の二大原則に総評を復帰させるべく努力しつつも、総評を脱退する必要が生じた場合には、それを決定する権限を全国評議会に付与することを決めた[13]。

　総評の内部の左右二極化の傾向は、電産と炭労を主軸とする秋期闘争のなかで高まっていた。藤田進総評議長を委員長とする電産は、マーケット・バスケット方式に基づく大幅賃上げを要求して、9月24日に第1次電源ストに突入し、11月6日からの第8次電源ストでは停電ストを実施したが、経営者の強硬姿勢、世論の批判、第二組合の結成などの困難に直面した。炭労も、10月13日に24時間スト、17日に無期限ストに突入し、11月11日からは坑内の安全保持にあたる保安要員の削減という戦術を用いたが、その3日後の14日、

前委員長の武藤武雄率いる常磐地方連合会がストから脱落し、12月20日には常炭連を結成した。17波にわたる電源・停電ストと63日に及ぶ炭労ストが、急進的な戦術にもかかわらず、わずかな経済的成果しかもたらさなかったことを受けて、全繊同盟と海員組合は、日放労、全映演とともに、12月26日、「総評指導方針批判―民主的労働組合の立場に立つて」と題する共同声明、いわゆる四単産批判を発表し、「現実無視の闘争指導」「政治闘争の行動部隊的偏向」「共産党と大同小異の宣伝」を問題点として挙げつつ、総評の基本綱領の路線への復帰を訴えた。

1953年1月7日、全繊同盟、海員組合、日放労、全映演の総評傘下の4単産に、総同盟と常炭連を加えて、民労連を結成することが合意され、1月21日の準備会を経て、2月14日に設立された。民労連は、国労の新生民同などからの個人加盟があったとはいえ、旧来の民労研とは異なり、団体加盟を基本とした。趣意書は、総評の基本綱領の正しさを力説し、「総評が、その偏向を改めて創立の精神にたちかえり、民主的労働組合結集の一大拠点として、名実ともに備えた組織となる」よう求めた。その意味で、総評の内部改革は断念されていなかった。書記長・事務局長にあたる常任幹事に就任した海員組合の和田組織部長も、3月5日のアメリカ大使館のアレン・テーラー副労働官との会談で、民労連は総評に対抗する中央組織を直ちに結成する意図を有していないし、次の大会でも総評を分裂させることはないと述べた。しかし、総同盟や常炭連など総評の外部の労働組合と組織的に結合したことは、新たなナショナル・センターの結成を事実上準備するものであった。和田も、総評の内部で支持者の拡大が行き詰まった場合、総評からの脱退を考えざるをえないと語っていた[14]。

国際自由労連東京事務所の設置

国際自由労連は、1952年12月の執行委員会の後、東京事務所の設置を進めた。最も重要なのは、その責任者の人選であった。候補者は2人に絞られた。1人は、全鉱委員長で国際自由労連アジア地域委員の原口幸隆であり、もう1人は、海員組合国際部長で国際自由労連執行委員の西巻敏雄であった。民労連の結成が進められ、新たな中央組織の形成が囁かれるなか、この人選は、国際

自由労連の対日政策の方向性を決定する意味を有していた。海員組合の西巻は全鉱の原口よりも総評執行部に対して批判的であり、西巻を所長に選んだ場合、東京事務所は左派に対抗するという性格を強く帯びることになる。国際自由労連が総評との関係を改善し、労働組合と幅広い接触を築くためには、原口の方がよいということは、衆目の一致するところであった[15]。前述したように、西巻は、個人的には民労連の結成に批判的な考えを持っており、海員組合の方針との間で板ばさみにあっていた。その西巻からしても、四単産批判に参加せず、外からそれに間接的な支持を与える全鉱の原口の方が、適切な人選のように思われた。西巻は、1953年1月9日、オルデンブロークに宛てて書簡を送り、その旨を述べて原口を推薦した[16]。

原口は、アジア地域組織のムンガット書記長や本部のオルデンブローク書記長に繰り返し手紙を書き、民労連の結成に関する自らの考えを説明した。それは、現在の総評の誤った指導方針を批判する限りにおいて、全繊同盟、海員組合、日放労、全映演の4単産を全面的に支持するが、総同盟をはじめとする総評の外部の極右勢力、会社組合、第二組合に引きずられて総評を分裂させることには断固反対する、というものであった。原口は、国際自由労連も自らの立場を支持していると思うと述べた上で、四単産批判を静観し、発言を求められれば労働戦線統一の必要性を強調するよう求めた[17]。東京事務所長の決定は、2月9日から10日にかけて開催された地域活動基金委員会で、原口や西巻からの報告を踏まえて行われた。その席で、オルデンブロークは、総評の分裂にはタウンゼントも自分も反対であり、その観点から西巻よりも原口の方が好ましいと力説し、原口の就任が最終的に承認された[18]。国際自由労連は、民労連を後押ししているという左派の批判とは反対に、それから距離をとったのである。

国際自由労連の東京事務所は、3月4日にムンガットが来日して準備作業を行った後、4月1日に開設された。重要なのは、それがブラッティ人脈の結集点になったことである。すなわち、所長に就任した原口は、アメリカ大使館に勤務していた池原ふじ、カルカッタのアジア地域書記局の書記を務めていた大倉旭らを呼び寄せた[19]。反共産主義に立脚しながらも戦闘的な労働組合を結集するという総評結成の精神は、基本綱領への復帰を唱えた民労連よりも、全

鉱の原口らに引き継がれたのである。加盟組合協議会の事務局ではなく、ブリュッセルの国際自由労連本部に直属する書記局であった東京事務所は、日本の労働情勢を本部書記局やアジア地域書記局に報告するとともに、国際自由労連の目的や活動に関する情報を日本の労働組合に提供することで、加盟組合はもちろん、総評や未加盟組合とも相互理解を深めていく役割を担った。その主たる活動は出版・宣伝であり、タウンゼント事務所から『自由労連週報』を引き継ぎ、月3回の頻度で1万1000部を発行したほか、パンフレット、リーフレット、ポスター、講演会などの手段を活用した[20]。

　国際自由労連が日本の労働組合の信頼を獲得する最大の方法は、闘争への支援を通じて国際連帯の必要性を認識させることであった。63日ストを実施した炭労に対して1000ポンドの資金援助を行った[21]国際自由労連は、日教組の義務教育学校職員法案反対闘争についても、国際自由教員組合連盟のアーヴィン・ケンズリー委員長を日本に派遣して、積極的に支援した。また、1952年の年末闘争で実施した休暇闘争などを理由として、大和与一委員長ら国労の三役が公共企業体等労働関係法（公労法）に基づき解雇されたが、これに関してもムンガットが国労の要請に応えて労働省と国鉄当局を訪問し、抗議を行った。東京事務所が開設される1週間前の3月24日、原口はオルデンブロークに書簡を送り、日教組が機関紙で国際自由労連の支援を大々的に取り上げ、総評の機関紙がケンズリーに関する記事を掲載するなど、こうした行動がいかに歓迎されているかを説明した上で、闘争を支援し、抑圧的な労働政策への反対意見を表明することが、日本の労働組合の国際自由労連に対する理解を深める大きな機会になると説いた[22]。

　しかし、国際自由労連にとって、情勢はさらに悪化していた。アメリカ大使館は、1952年12月16日の本省宛の電報で、日本の国際自由労連加盟組合について、全繊同盟、海員組合、日放労、全鉱、私鉄総連の5単産64万7000名を国際自由労連に忠実な右派、日教組、国労、全逓、炭労、都市交通の5単産129万名を国際自由労連に批判的な左派と分類していた[23]。これは、おおむね妥当な評価であった。ところが、1953年4月1日にムンガットがオルデンブロークに宛てた書簡は、次のように分析した。全繊同盟、海員組合、日放労、全鉱は、国際自由労連に対して全面的な支持を与えており、脱退する可能性は

全くない。私鉄総連と炭労は、国際自由労連に批判的な組合員が少なくなく、否決されたとはいえ、前回の大会で脱退案が提出された。都市交通は左派であるが、原口と西巻の尽力で昨年加盟したばかりである。日教組、国労、全逓は、国際自由労連に批判的な大きな勢力を抱え、次の大会で脱退案が採択される可能性もある(24)。つまり、東京事務所が設置された頃には、私鉄総連は左派に転じ、全繊同盟、海員組合、日放労は民労連の結成に向かい、国際自由労連の方針に完全に従うのは、全鉱だけになっていた。加盟組合協議会という日本での足場は、空中分解の危機に瀕していた。

しかも、総評は、高野の指導の下、さらに左傾化しつつあった(25)。中立主義を掲げ、東西両陣営に対して第三勢力を結集する立場から、国際自由労連の欧米偏重を批判していた総評は、第3回大会で採択した運動方針にアジア労組会議の開催を盛り込んでいたが、1953年1月6日から15日にかけてビルマ(ミャンマー)のラングーン(ヤンゴン)で開催されたアジア社会党会議に高野事務局長が出席し、この構想を提案するとともに、アジアの社会主義政党の指導者や中国共産党の関係者と接触を持った。そして、2月10日の総評の評議員会は、9月に日本でILOのアジア地域会議が開かれるのを捉えて、アジア労組会議を開催することを決めた。この評議員会では、アイゼンハワー政権の「巻き返し」政策を批判して、朝鮮戦争の即時停戦を呼びかける声明も決定された。この声明を高野から送付されたCIOのウォルター・ルーサー会長は、3月23日に返書を送り、朝鮮戦争を引き起こした北朝鮮とそれを支援すべく介入した中国の責任を無視してはならない、ソ連の膨張主義を考えると中立主義は降伏主義でしかない、などと反論を加えたが(26)、総評の態度を変えることはできなかった。

重要なのは、総評が共産党支配下の中国との関係を深めたことである。中国在留日本人の引揚げ交渉のため1953年1月31日に日本赤十字社を中心とする代表団が中国に向かったが、日教組の平垣美代司書記次長が総評のメッセージを携えてこれに参加したことをきっかけとして、中華全国総工会との交流が始まった。その後、総評傘下の労働組合の幹部が引揚げ船に同乗することを通して、中国との関係は緊密化していった。そして、こうした傾向を決定的なものにしたのが、3月5日のソ連のスターリン首相の死去によって本格化した朝鮮

休戦への動きであった。朝鮮戦争に参戦していた中国との関係改善の可能性が開かれるとともに、朝鮮休戦に伴い減少することが予想されたアメリカからの特需に代えて、中国貿易への期待が高まったからである。総評は、対米従属の消耗的な軍事経済化を批判して、中国貿易を主軸とする拡大再生産的で自立的な平和経済の建設を主張し、中国などの共産主義諸国との関係改善を唱えていたが、その方針を一層強固なものとしたのである。

　このようななか、総評の内部で、東西両陣営のいずれにも与せず中立を保つとする従来の第三勢力論を超えて、中ソ両国などを平和を欲する勢力とみなす平和勢力論が台頭したことは、国際自由労連の加盟組合に深刻な影響を及ぼした。労働者同志会に代表される第三勢力論者は、国際自由労連以上に世界労連に対して批判的であり、労働組合の国際連帯の場として国際自由労連を評価していた。日教組、国労、全逓、炭労といった左派の単産は、そのような考えに立脚して、西欧偏重といった批判を加えつつも、国際自由労連への加盟を続け、友好関係の維持に努めていた。それに対して、平和勢力論者は、国際自由労連からの脱退を訴えた。朝鮮戦争における国連軍の行動を支持し、再軍備や講和・安保両条約に賛成する国際自由労連は、アメリカを筆頭とする戦争勢力に連なる国際労働組織に他ならないという理由からである。共産主義者とその同調者は、従来から国際自由労連に対してこのような態度をとっていたが、総評の主流派を担う民同左派の一部が、それに歩調を合わせるようになったことは無視しえない変化であった[27]。

　国労は、6月12日から5日間の日程で、第12回大会を開催した。その雰囲気は、前年度の大会とは一変していた。かつては猛烈な野次を受けていた共産主義者の演説は静聴され、中華全国総工会を中心とするアジアの労働者との連帯、アメリカなど西側陣営への対抗が強く打ち出された。そうしたなか、共産党に近い立場をとる革同派は、国際自由労連からの脱退を求める緊急動議を提出し、アメリカのAFLとCIOに主導される国際自由労連は欧米偏重主義であるばかりか、講和・安保両条約と再軍備、そして朝鮮戦争での国連の軍事行動を支持しており、国労と方針が異なる以上、即時に脱退すべきである、と訴えた。それに対して、民同左派は、国際自由労連に批判的な立場をとるが、国際的な連携を保つために加盟は続けるべきという従来からの主張を繰り返した。

しかし、民同左派の一部が革同派に合流し、188対156で国際自由労連からの脱退が決まった。東京事務所長の原口は、共産党の同調者が民同左派に対抗する一大勢力として台頭し、民同左派は相対的に中道に位置することになった、とオルデンブロークに報告した(28)。

この国労の決定は、私鉄総連にも波及した。私鉄総連は7月2日から4日にかけて第13回大会を開いたが、国労の場合と同じく国際自由労連からの脱退を求める緊急動議が提出され、賛成211票、反対128票で可決された。それと同時に、国労よりも一歩踏み込んで、国際運輸労連からの脱退を227票の多数をもって決めた。原口によると、この私鉄総連の決定は、国際自由労連に対する理解の欠如に加え、国労の脱退に感情的に影響されたものであったが、国労と私鉄総連の相次ぐ脱退は、反米感情の高まり、世界労連のプロパガンダ、言語的な困難などによって引き起こされたものであった。原口は、国際労働組織とのつながりを完全に断ち切った私鉄総連は、再び国際的な連繋を求めて国際自由労連への加盟を目指すようになるであろうと予想したが、それは全くの希望的観測にすぎなかった(29)。日教組、全逓、炭労など、国労と私鉄総連以外の加盟組合は、この年の大会で国際自由労連の内部にとどまることを決めたが、東京事務所は、さらなる脱退を阻止する有効な手立てを見出すことができなかった。

国際自由労連と国際金属労連

ブリュッセルの国際自由労連本部は、こうした対日政策の危機を打開するための1つの有力な方策として、国際産業別組織の活動に注目した。国際産業別組織に対日活動の積極化を求めることは、執行委員会や地域活動基金委員会の席で、かねてから提案されていたが、国際自由労連は、1953年3月31日と4月1日の両日にわたり、国際金属労連、国際運輸労連、国際官公従業員組合連盟、国際自由教員組合連盟の4つの代表の参集を得て会合を開いた(30)。冒頭で趣旨説明を行ったクレーン地域活動課長が、日本の労働組合運動を安定化させる上で国際産業別組織が大きな役割を果たしうると力説したように、国際自由労連のねらいは、総評内外の単産を国際産業別組織に加盟させることで、日本の労働組合を西側指向に導くことにあった。国際自由労連が各国のナショナ

ル・センターを構成要素としたのに対し、国際産業別組織は各国の産業別組合が加盟する産業別の国際労働組織であったが、国際自由労連の結成以来、両者は緊密な関係を有していた。

　前述したように、世界労連は国際産業別組織を自らの統制下に置こうとし、それを一因として分裂したが、国際産業別組織は国際自由労連の結成に深く関与した。例えば、国際自由労連の書記長に就任したのは、国際運輸労連のオルデンブローク書記長であった。結成大会で決定された国際自由労連の規約は、直接的な構成要素ではない国際産業別組織との関係について、大会での討論に参加する権利を与えるが、表決権は認めないと規定したことを除いて、事後の協議に委ねた。その後、国際産業別組織の代表2名が、国際自由労連の執行委員会への出席を認められ、また、国際自由労連を事務局として、国際産業別組織の間の連絡委員会が設置されることになった。そして、国際自由労連と国際産業別組織の関係の定式化は、1951年7月に開かれた国際自由労連の第2回大会でなされた。両者は同じ国際労働運動の一部であり、国際産業別組織は国際自由労連の一般政策を受け入れ、国際自由労連は国際産業別組織の自主性を承認する、という内容のもので、大会の開催地に由来してミラノ合意と呼ばれた[31]。

　両者の提携の場として最も有力であったのは、西欧と北米に偏重する国際労働組織の弱点ともいえるアジア、アフリカ、ラテンアメリカといった後進地域での組織化であったが、そのなかでも日本は重要な位置づけを与えられた。3月31日から開かれた会合では、アジア地域書記局の大倉旭が用意した文書が参考資料として配布された。その文書によると、国労、海員組合、私鉄総連、都市交通、日本交通公社労組が加盟する国際運輸労連、全逓が加入する国際郵便電信電話労連、全繊同盟が参加する国際繊維被服労連、炭労が所属する国際鉱夫連盟などを除いて、国際産業別組織の活動は日本ではほとんど知られておらず、国際産業別組織が加盟組合を拡大する余地は大きかった。大倉が最も注目したのは、100万人の労働者のうち76万2000人が労働組合に組織化されているにもかかわらず、国際自由労連と国際産業別組織に全く加盟していない、金属産業であった。大倉は、「もし国際金属労連が日本の金属労働者に接近する特別なプログラムを立案したならば、成功する可能性がかなりある」と結論

づけ、鉄鋼労連、機器電機労連(電機労連の前身)、全造船の3単産と最初に接触するよう勧告した(32)。

この国際自由労連との会合で、国際官公従業員組合連盟のマーティン・ボーレ書記長は、この夏に3ヵ月間ないし4ヵ月間、公務員の労働組合の権利などを調査する使節団を日本に派遣する予定であると発言した。国際自由教員組合連盟の代表は、吉田内閣の抑圧的な労働政策に反対する日教組の闘争を支援していると語った。国際運輸労連のオマール・ベクー書記長は、国際産業別組織が協力して事務所を設置して、日本の労働組合と直接連絡をとる必要があると主張した。そして、国際金属労連のコンラッド・イルグ書記長は、前回のILOの産業別委員会の席で、日本の労働組合と接触を持ったが(33)、その後全く連絡がない、と前置きした上で、以下のような理由を示しながら、日本の労働組合と直接的な関係を構築するため、次の執行委員会で代表の派遣を提案したいと述べた。その理由とは、「日本の鉄鋼と金属産業はヨーロッパの競争相手になる可能性があり、近い将来、我々の労働条件に影響を及ぼすであろう。それゆえ、同一の労働基準を確立するために調整を行う必要が大いにある。また、日本の労働者の生活条件を向上させることは、我々が積極的に取り組むべき重要な課題である」というものであった。

以上のように、全ての出席者が国際自由労連の要請に前向きな回答を行ったが、最も歓迎されたのは、国際金属労連の反応であった。クレーンは、アジア地域組織のムンガット書記長に宛てて4月3日に書簡を送り、この会合が大きな成果を挙げたことを報告した。参加した国際産業別組織がそれ以前に比べて対日活動の重要性について自覚するようになったというのが、その理由であったが、とりわけ国際金属労連が積極的な関心を示したことの意義を強調した(34)。この会合の後、国際自由労連のオルデンブローク書記長は、数度にわたってイルグに書簡を送り、5月29日の電機労連の結成に関する情報を伝える一方、CIO駐欧代表のヴィクター・ルーサーと連絡をとった(35)。実兄のウォルター・ルーサーCIO会長率いる全米自動車労組が、国際金属労連の最有力の加盟組合であったからである。日本の労働情勢を憂慮するウォルター・ルーサーは、上述したように、朝鮮戦争の即時停戦を呼びかける総評の声明に批判を加えたばかりであり、国際自由労連の要請に積極的に応じた。

記録に残る限り、国際金属労連がこの問題について最初に協議を行ったのは、その年の7月15日から2日間にわたって開かれた中央委員会であった。趣旨説明にあたったイルグ書記長は、日本の金属労組に国際金属労連の考え方を受け入れさせ、加盟を実現するため、日本に代表を1年間派遣することを提案した。その理由の1つとして挙げられたのは、日本の労働組合が共産党の強い影響下に置かれ、西側陣営に敵対的な態度をとっていることであった。国際自由労連の東京事務所と協力して、日本における共産主義の脅威に対抗しなければならない、とイルグは力説した。また、もう1つの理由として示されたのは、日本の賃金と労働条件を向上させる必要性であった。大量の失業者を抱える日本は、中国など極東諸国に市場を獲得したとしても、低賃金を武器として欧米諸国の強力な競争相手となることが予想される。日本の労働者と連帯するためだけでなく、国際金属労連に結集する欧米諸国の労働者に対する賃下げ圧力を緩和するためにも、日本での組織化は不可欠である、とイルグは強調したのである。

　続いてこの提案を支持する演説を行ったのは、全米自動車労組のチャールズ・レヴィンソン代議員であった。レヴィンソンは、国労が国際自由労連からの脱退と中華全国総工会を含むアジア労組会議の設立を決めたことに言及しながら、国際自由労連の対日活動を支援するため、国際金属労連に援助を与えたいと述べた。それは具体的には、全米自動車労組とその上部団体であるCIOが、国際金属労連の代表を日本に派遣する費用を全額負担するという申し出であった。当時の国際労働運動において、いかにして資金を工面するかは最大の問題の1つであった。アメリカの労働組合が国際労働運動で強い発言力を持ったのは、組織的な規模ばかりでなく、豊富な資金力ゆえであった。もっとも、AFLが駐アジア代表としてデヴェラルを日本に派遣したように、CIOが自らの代表を日本に送り込むことも可能であった。だが、レヴィンソンによると、日本の産業別組合と連絡をとるのに適任なのは国際産業別組織であるという理由から、それは回避された。日本に派遣されるのは、あくまでも国際金属労連の代表でなければならなかった。

　CIOは、その候補者をすでに決めていた。それは、ヴァレリー・ブラッティであった。そして、この提案は満場一致で採択された[36]。総司令部労働課

での勤務経験を持ち、日本語にも精通している CIO 出身のブラッティは、まさに適任者であった。また、協力相手となる国際自由労連の東京事務所は、彼のかつての同志たちによって運営されていた。しかし、マニラでの勤務を終え、アメリカに帰国していたブラッティは、母親の病気ゆえに不本意ながらこの打診を断った。ところが、日本では、ブラッティの再来日の情報が漏洩し、2つの方面から強い反発が巻き起こった。1つは、総評に対抗するナショナル・センターの設立に向かっていた民労連であった。海員組合の西巻国際部長らは、国際自由労連東京事務所に原口所長を訪ね、これに関する情報を求めるとともに、反対運動に乗り出す用意があると示唆した。もう1つは、アイゼンハワー政権の成立後、一層保守化していたアメリカ大使館であり、ブラッティの来日を阻止すべく、政治的な圧力を加えた。原口は、こうした動きに強く抵抗した[37]。

　国際金属労連は、10月19日から拡大諮問委員会を開催した。その席で、ブラッティに代わる候補者の検討が行われたが、適当な人物を得られず、全ての加盟組合に照会することを決めた[38]。重要なのは、オルデンブロークとともに日本を訪問したばかりの西ドイツのアルビン・カール DGB 副会長が、日本の労働組合の反米感情を考慮すれば、現在の状況の下でアメリカ人を派遣するのは賢明ではないと主張した結果、ヨーロッパから代表を選ぶことが合意されたことである。ブラッティは、10月29日、ヴィクター・ルーサーに書簡を送り、日本に行くことがまもなく可能になると伝えたが、逆にその可能性がなくなったことを告げられた[39]。失意のうちに日本を去ったブラッティは、日本に戻る絶好の機会を逸したのである。国際金属労連は、その後、1954年3月1日からの中央委員会で、この問題について再び協議を行った。ヴィクター・ルーサーが、CIO には依然として派遣費用を負担する用意があると発言したものの、ヨーロッパから適切な候補者を見出すことは困難であった[40]。

総評の平和勢力論とアジア労組会議構想

　私鉄総連が国際自由労連からの脱退を決定した直後の1953年7月8日、総評の第4回大会が4日間の日程で開催された。高野事務局長が中心となって執筆された運動方針案は、7月27日の朝鮮休戦に至る動きをはじめとして、世

界平和の可能性が高まりつつあり、MSA（相互安全保障法）援助による再軍備経済の確立をもくろむ日米両国の政府と独占資本に対抗し、世界各国の労働者やアジアの民族独立運動など平和勢力との連帯を促進しなければならない、という趣旨のものであった。中立堅持が謳われたものの、従来の運動方針の基軸であった第三勢力論は放棄され、中ソ両国を高く評価するなど平和勢力論を基調とした。国際労働運動についても、「国際自由労連との間の友好関係をもつ」と表明しつつも、「自由労連にも、世界労連にも加盟していない諸中立労働組合、並びにアジアの最大の労働組合たる中国総工会などとの情報交換をおこなう」と述べ、9月に東京で開かれるILOアジア地域会議を捉えて、アジア労組会議を開催する方針を確認した[41]。

　民労連に参加する全繊同盟、海員組合、全映演、日放労の4単産は、この運動方針案を基本綱領から逸脱するものと批判して、全面的な対案を提出した。最も重要なのは、「日本が独立を完成し、独立の基礎としての経済自立を達成するためには」、「自由民主主義諸国の側に立つ」べきであると主張し、「自由民主主義諸国の平和を愛する進歩的勢力との提携、協力を不断に強化することが、正しい方向である」と説いたことであった。対米従属を深める吉田内閣や反動勢力に対抗する必要性を指摘しながらも、対米関係の重要性を強調し、また、首切りや労働強化など資本家的合理化への反対闘争を掲げつつも、産業の社会化と企業の民主化を通じた日本経済の再建を打ち出した。国際労働運動については、「国際自由労連の活動に全面的な協力を行うものとし、日本の労働組合は同労連に加盟しなければならない」と力説した。アジアの労働組合との連帯は国際自由労連のアジア地域組織を通じて実現すべきであり、総評の方針は国際労働運動からの孤立もしくは世界労連への従属を招来すると批判した[42]。

　労闘ストの過程で炭労委員長と総評議長の座を追われた後、63日ストの最中に炭労から離脱して常炭連を結成し、民労連に参加した武藤武雄に加えて、民労連常任幹事の和田春生もまた、総評第4回大会の1ヵ月ほど前にアメリカ大使館のテーラー副労働官との会談で、総評の分裂が不可避であるとの認識を伝えていた。この対案についても、採択される可能性はないというのが、彼らの見通しであった[43]。結局、分裂の正当性を明らかにするための文書にすぎ

なかった4単産の共同提案は、本会議での採決の結果、若干の修正を施された原案に222対36の大差で敗れた。海員組合が緊急動議として提出しようとした東ドイツの労働者の暴動に対する支援決議案は、議事運営委員会の段階で本会議への上程を阻止された。人事でも、高野事務局長が3選された。このように完全な敗北を喫した民労連は、7月21日に幹事会を開き、新たなナショナル・センターの結成に乗り出すべき段階に達したという認識で一致し、上記の4単産が総評脱退の機関決定を行うよう努力すると申し合わせた。

　ところが、国際自由労連は、なおも総評に対する期待を失わなかった。9月14日から26日までILOアジア地域会議が東京で開かれた後、9月28日から3日間の日程で、国際自由労連の第2回アジア地域会議が同じ東京で開催された。これに出席した本部のオルデンブローク書記長やアジア地域組織のムンガット書記長は、民労連の動きを事実上黙殺する一方で、藤田藤太郎議長、高野実事務局長など総評幹部と会談を重ね、国際自由労連についての誤解を解こうと試みた。そして、9月27日のオルデンブロークと藤田の会談で、次のような合意事項がまとめられた。総評は傘下の国際自由労連加盟組合に脱退を求める権限を持たない。政治問題への関与の度合いについては、日本の労働組合が自ら判断すべきことである。朝鮮戦争が北朝鮮の攻撃によって開始されたという事実を認める。国際自由労連が日本の再軍備と講和・安保両条約に賛成する声明を発表したという事実はない。国際自由労連はアジア諸国の生活水準を向上させる必要性を認めており、国家間の経済的搾取と政治的支配に反対している。ところが、以上の合意事項は公表されず、国際自由労連に対する理解を増進する上で、ほとんど効果を持たなかった[44]。

　総評と国際自由労連の間の溝は、埋まらないばかりか、むしろ拡大した。総評は、ILOアジア地域会議の際にアジア労組会議を開催することを予定していたが、各国の代表の賛意を得られず、実現しなかった。しかし、その後も総評がこの構想を断念しなかったため、11月30日からの国際自由労連執行委員会は、対策を協議した。その席でオルデンブロークは、国際自由労連のアジア地域組織の活動を妨害し、それを解体する可能性を孕むという理由から、「国際自由労連への宣戦布告に等しい」と批判した。アジアの将来は、世界全体と密接な関係がある。アジア労組会議構想は、「アジア人のためのアジア」とい

う戦前の日本のスローガンの焼き直しにすぎない。このように考えるオルデンブロークは、総評傘下の国際自由労連加盟組合がこれに反対するのは義務であり、その力を合わせれば阻止することは可能である、と発言した。国際自由労連執行委員で日教組副委員長の宮之原貞光は、近隣諸国の労働者と連帯する必要性を述べたが、結局、オルデンブロークの発言に基づき、加盟組合協議会に指示を発することが決まった(45)。

宮之原は、帰国後、総評傘下の国際自由労連加盟組合である日教組、全逓、炭労、都市交通、全鉱の代表と協議を行い、執行委員会の決定を伝え、了解を得た。その結果、5月12日の加盟組合協議会で、国際自由労連のアジア地域組織を支持し、それに対抗するアジア労組会議を結成せんとするいかなる試みにも反対するという決議が採択された。さらに、実現不可能な構想を追求すべきではないという観点から、この構想を総評が断念するよう説得することも決められた。宮之原によると、アジア労組会議の開催に関する総評の機関決定に拘束され、総評と国際自由労連の間で板ばさみにあっている5単産ができる最大限のことは、ここまでであった。また、宮之原は、ブリュッセルで開催された執行委員会からの帰途、アジア社会党会議の中心を担うビルマに立ち寄り、国際自由労連の見解を説明し、中華全国総工会が出席する会議を開催しないという回答を得た。1954年5月24日からの国際自由労連執行委員会は、以上の宮之原の報告を了承した(46)。

さらに、国際自由労連の原口東京事務所長は、7月12日からの総評第5回大会を前にして、藤田総評議長に書簡を送り、「余りにも西欧偏重主義である」、「日本の講和、安保両条約を支持している」、「日本の反共防衛軍を支持している」、「朝鮮戦争に対して国連軍の軍事行動を支持し、日本の労働者にその協力を求めている」といった国際自由労連に関する前年度の運動方針の記述に反論を加えた(47)。その結果、総評の第5回大会で採択された運動方針は、国際自由労連に対する批判的な表現を差し控え、「国際自由労連との間によこたわる誤解をとり去つて友好と連繋を一歩強める」と謳った。人事では、高野事務局長が4選される一方、国際自由労連執行委員の宮之原が副議長兼国際部長に選出された。オルデンブロークは、これを関係改善に向けた動きとして歓迎した(48)。しかし、両者の間の溝が簡単に埋まるものではないことも、明らかで

あった。そのことは、宮之原自身がよく認識しており、国際自由労連執行委員と総評国際部長という2つの立場の間で苦境に立たされることが度々あろう、と9月4日にオルデンブロークに書き送った(49)。

実際、国際自由労連と総評の間の摩擦は、世界労連およびその加盟組合との交流をめぐって一層深刻化した。世界労連は、非共産圏の未加盟の労働組合に対して加盟を求めるのではなく、地域会議の開催や招待などを通じて接触を増やし、影響力を高める方針に切り替え、1953年10月10日からの第3回大会で、労働者の統一行動と国際連帯の強化を訴えて、統一戦線の方針を打ち出した。そして、炭労、国労、日教組といった総評傘下の単産の組合員が、この大会に参加したのを皮切りとして、世界労連と総評の交流は質と量の両面で次第に深まり、1954年に入ると、6月26日から開催された世界労連の権利憲章起草委員会に、高野総評事務局長の出身単産である全国金属から佐竹五三九執行委員が出席したほか、世界労連の産業別インターナショナルの諸会議に全自動車などが代表を派遣した［図1］［図2］。最も注目されたのは、世界労連傘下のフランスのCGTとイタリアのCGILからの招待であった。上述の宮之原のオルデンブローク宛の書簡によると、世界労連本部の招待ではない、世界各国の労働者との交流は望ましい、といった理由から、総評はこれに積極的に応じ、神山清喜副議長を団長とする15名の訪仏代表団と相沢重明副議長を団長とする20名の訪伊代表団が9月19日と20日に派遣された。

この仏伊両国への代表団の派遣は、総評が世界労連の加盟組合と初めて公式に接触を持つものであり、国際自由労連に大きな衝撃を与えた。オルデンブロークは、9月14日に宮之原に宛てて電報を打ち、総評の第5回大会で示された国際自由労連に対する友好的な方針に反し、総評と国際自由労連の関係を危うくするものだと指摘して、「非常に憂慮している」と強調した(50)。オルデンブロークは、9月20日にも宮之原に書簡を送り、CGTとCGILがモスクワから資金援助を受けていることは周知の事実であり、ソ連が見返りなしに渡航費用を支払うことなどありえない、と強い言葉を用いて注意を喚起した(51)。その一方で、国際自由労連本部は、傘下のフランスのCGT-FOおよびイタリアのUILと連絡をとり、総評の代表団に関する情報の提供を求めるとともに、会見の申入れがあった場合には、それに積極的に応じて、現地の本当の状況を

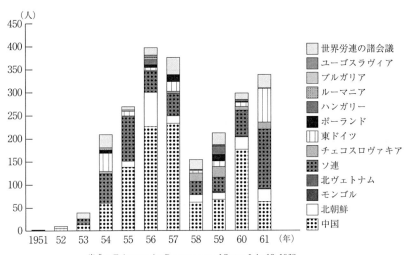

図1 日本の労働組合指導者の共産圏への訪問者数(1951-61年)

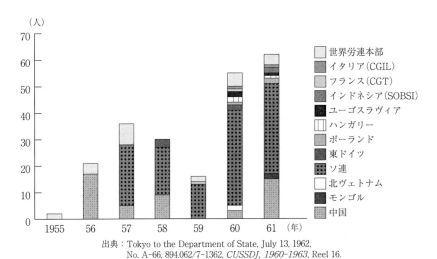

図2 共産党系の労働組合指導者の日本への訪問者数(1955-61年)

伝えるよう要請した⁽⁵²⁾。代表団は、オルデンブロークが警戒した通り、仏伊両国に到着した後に中国に向かい、国慶節式典に出席し、次いでソ連に赴き、革命記念式典に参列した。

　この問題は、11月24日から開かれた国際自由労連の執行委員会で取り上げられた。宮之原は、モスクワと北京への訪問によって世界労連に対する共感が高まることはないと弁明したが、国際自由労連のベクー会長とAFLのブラウン駐欧代表は、世界労連の招待旅行への参加と共産主義諸国への代表団の派遣の危険性を説いた。激しい批判を受けた宮之原は、沈黙するしかなかった⁽⁵³⁾。その1ヵ月ほど前、宮之原はアメリカ大使館のジョージ・モーガン参事官との会談で、次のように語っていた。「日本の労働組合は、占領下でアメリカの労働組合に関して多くのことを学んだが、共産主義諸国の労働組合については、帰国した訪問者から聞いたり、共産党の宣伝文書を読んだりする以外に知ることができなかったので、実際の状況を直接見てみたいと欲している。また、無料の旅行の申し出は魅力的であり、断りにくい。それと同時に、その旅行が西側の労働組合指導者の反発を引き起こすことに気づいていない」⁽⁵⁴⁾。国際自由労連は、世界労連に引き寄せられる総評に対して、有効な手を打てずにいた⁽⁵⁵⁾。

(1)　労働省編『資料労働運動史 昭和27年』962、983-988ページ。
(2)　Mungat to Krane, August 1, 1952, ICFTU Archives, Box 3533, IISH.
(3)　Oldenbroek to Townsend, August 16, 1952, ICFTU Archives, Box 3533, IISH.
(4)　Mungat to Krane, August 9, 1952, ICFTU Archives, Box 3526, IISH; Okura to Krane, August 26, 1952, ICFTU Archives, Box 3526, IISH.
(5)　Tokyo to the Department of State, October 16, 1952, No. 752, 894.06/10-1652, *RDOS, IAJ, 1950-1954*, Reel 28.
(6)　Tokyo to the Department of State, November 14, 1952, No. 957, 894.062/11-1452, *RDOS, IAJ, 1950-1954*, Reel 28.
(7)　Ikehara to Burati, November 2, 1952, Burati Collection, Box 8, Folder 3, RL.
(8)　"Note on Project AS/org/3, Willard Townsend's Mission to Japan," ICFTU Regional Fund Committee, September 25-26, 1952, ICFTU Archives, Box 815, IISH; "Item 7(g) of the Agenda: Third Report of the Regional Fund Committee," ICFTU Executive Board, December 1-5, 1952, ICFTU Archives, Box 817,

IISH.
(9) "Agenda Item 7(1): Report on Japan," ICFTU Executive Board, December 1-5, 1952, ICFTU Archives, Box 18, IISH.
(10) Minutes, ICFTU Executive Board, December 1-5, 1952, ICFTU Archives, Box 21, IISH.
(11) Memorandum of Conversation, December 9, 1952, 894.062/12-952, *RDOS, IAJ, 1950-1954*, Reel 28.
(12) Tokyo to the Department of State, November 12, 1952, No. 931, 894.062/11-1252, *RDOS, IAJ, 1950-1954*, Reel 28.
(13) 労働省編『資料労働運動史 昭和27年』989-990ページ。西巻は、民労連を結成するという決定が、国際自由労連の執行委員会に出席するために東京を離れた後に行われたと語った。Colosimo to Townsend, February 2, 1953, RG 18-2, Box 14, Folder 1, GMMA.
(14) Tokyo to the Department of State, March 5, 1953, No. 1771, 894.062/3-553, *RDOS, IAJ, 1950-1954*, Reel 28.
(15) Ikehara to Okura, December 10, 1952, ICFTU Archives, Box 3526, IISH; Tokyo to the Department of State, December 16, 1952, No. 1121, RG 84, Entry 2828A, Box 7, NA.
(16) Nishimaki to Oldenbroek, January 9, 1953, ICFTU Archives, Box 3543, IISH.
(17) Haraguchi to Mungat, January 20, 1953, ICFTU Archives, Box 3546, IISH; Haraguchi to Oldenbroek, January 29, 1953, ICFTU Archives, Box 3527, IISH; Haraguchi to the ICFTU, February 9, 1953, ICFTU Archives, Box 3527, IISH.
(18) Minutes, ICFTU Regional Fund Committee, February 9-10, 1953, ICFTU Archives, Box 818, IISH.
(19) 彼らは、このことをブラッティに報告している。Okura to Burati, March 14, 1953, Burati Collection, Box 8, Folder 4, RL; Ikehara to Burati, May 19, 1953, Burati Collection, Box 8, Folder 4, RL.
(20) "Agenda Item 9: General Secretary's Report on Activities," ICFTU Executive Board, July 1-2, 1953, ICFTU Archives, Box 22, IISH; Haraguchi to Oldenbroek, July 11, 1953, ICFTU Archives, Box 3231, IISH.
(21) Minutes, ICFTU Executive Board, December 1-5, 1952, ICFTU Archives, Box 21, IISH.
(22) Haraguchi to Oldenbroek, March 24, 1953, ICFTU Archives, Box 3527, IISH; Mungat to Oldenbroek, March 30, 1953, ICFTU Archives, Box 3527, IISH.
(23) Tokyo to the Department of State, December 16, 1952, No. 1121, RG 84,

Entry 2828A, Box 7, NA.
(24) Mungat to Oldenbroek, April 1, 1953, ICFTU Archives, Box 3527, IISH.
(25) 以下、労働省編『資料労働運動史 昭和28年』労務行政研究所、1955年、937-942ページ。
(26) Walter Reuther to Takano, March 23, 1953, Reuther Collection, Box 293, Folder 11, RL.
(27) 労働省編『資料労働運動史 昭和28年』928、937-939ページ。
(28) Haraguchi to Oldenbroek, June 19, 1953, ICFTU Archives, Box 3527, IISH.
(29) Haraguchi to Oldenbroek, July 11, 1953, ICFTU Archives, Box 3546, IISH.
(30) この会議の記録は、"Note on the ITS Discussions on Japan," undated, ICFTU Archives, Box 3527, IISH.
(31) Carew et al., *The International Confederation of Free Trade Unions*, pp. 211-212.
(32) "Note on the ITS and Japan," March 23, 1953, ICFTU Archives, Box 3527, IISH.
(33) 1952年のILOの金属工業労働委員会で国際金属労連のアルフレッド・ダンネンバーグ書記と接触したのは、造船総連書記長で総同盟総主事の古賀専であった。IMF・JC 10周年史編纂委員会編『IMF・JC 10年の歩み』全日本金属産業労働組合協議会、1976年、21ページ。ただし、国際金属労連が日本での組織化に踏み出すきっかけを与えたのは、あくまでも1953年の国際自由労連の働きかけであり、このIMF-JCの正史は、その事実を指摘していない。
(34) Krane to Mungat, April 3, 1953, ICFTU Archives, Box 3231, IISH.
(35) Oldenbroek to Victor Reuther, April 21, 1953, ICFTU Archives, Box 3527, IISH.
(36) Minutes, IMF Central Committee, July 15 and 16, 1953, CIO-WO Collection, Box 72, Folder 3, RL.
(37) Haraguchi to Okura, August 14, 1953, ICFTU Archives, Box 3527, IISH; "Delaney & Minroren," September 27, 1953, Deverall Papers, Box 20, Folder 1, ACUA.
(38) Minutes, IMF Extended Advisory Board, October 19 and 20, 1953, CIO-WO Collection, Box 72, Folder 1, RL.
(39) Burati to Victor Reuther, October 29, 1953, CIO-WO Collection, Box 73, Folder 14, RL; Victor Reuther to Burati, November 6, 1953, CIO-WO Collection, Box 73, Folder 14, RL.
(40) Minutes, IMF Central Committee, March 1-3, 1954, CIO-WO Collection, Box 72, Folder 6, RL.

(41) 労働省編『資料労働運動史 昭和28年』942-947、1105-1140ページ。
(42) 同上、898-911ページ。
(43) Taylor to Sullivan, June 11, 1953, RG 84, Entry 2828A, Box 37, NA.
(44) Haraguchi to Krane, October 9, 1953, ICFTU Archives, Box 3546, IISH; "Report on Mission to Asia and the Far East," ICFTU Regional Fund Committee, November 26-28, 1953, ICFTU Archives, Box 27, IISH.
(45) Minutes, ICFTU Executive Board, November 30 - December 4, 1953, ICFTU Archives, Box 30, IISH.
(46) Minutes, ICFTU Executive Board, May 24-29, 1954, ICFTU Archives, Box 36, IISH; Haraguchi to Oldenbroek, May 12, 1954, ICFTU Archives, Box 3543, IISH.
(47) Haraguchi to Oldenbroek, June 8, 1954, ICFTU Archives, Box 3547, IISH.
(48) Oldenbroek to Miyanohara, August 12, 1954, ICFTU Archives, Box 3547, IISH.
(49) Miyanohara to Oldenbroek, September 4, 1954, ICFTU Archives, Box 3528, IISH.
(50) Oldenbroek to Miyanohara, September 14, 1954, ICFTU Archives, Box 3547, IISH.
(51) Oldenbroek to Miyanohara, September 20, 1954, ICFTU Archives, Box 3547, IISH.
(52) Krane to Unione Italiana del Lavoro, September 23, 1954, ICFTU Archives, Box 3547, IISH.
(53) Minutes, ICFTU Executive Board, November 24-28, 1954, ICFTU Archives, Box 38, IISH.
(54) Tokyo to the Department of State, October 29, 1954, No. 545, 894.062/10-2954, *RDOS, IAJ, 1950-1954*, Reel 29.
(55) こうした総評の動きは、1955年に入り、高野事務局長が北京メーデーに参加するなど、一層強まっていった。『総評』1955年1月21日、3月11日、18日、4月1日、22日、29日、5月27日。

第2節　全労の結成

デヴェラルの対日活動

　総司令部労働課から嫌悪され、3年間以上もインドのボンベイに留め置かれていたリチャード・デヴェラルは、1952年7月1日、念願の来日を果たした。デヴェラルの肩書きはAFLの駐アジア代表であったが、直接的にはその対外活動組織である自由労働組合委員会のジェイ・ラヴストーン事務局長の指示の下にあった。自由労働組合委員会は1949年からCIAの資金援助を秘密裏に受けていた。ラヴストーンは、CIA資金を用いて、デヴェラル以外にも、駐欧代表を務めるパリのアーヴィング・ブラウン、インドネシアからローマに展開したハリー・ゴールドバーグ、デヴェラルのボンベイでの仕事を引き継いだモハン・ダスなど、世界各地に代表部を配置し、フランスのCGT-FOやイタリアのCISLへの資金提供をはじめ、反共産主義的な労働組合運動を援助する一方、大使館ルートでは入手できない現地の情報を収集した。こうして集められた情報は、資金援助の見返りとしてCIAに提供された。デヴェラルは、世界大に広がるラヴストーンのネットワークの一部であった[1]。

　来日したデヴェラルは、そのカトリシズムに基づく強硬な反共産主義を背景として、精力的に活動を行った。1つの柱は、出版・宣伝活動であった。まず、1952年9月から月刊の『労働パシフィック』を発行し、アメリカをはじめとする西側諸国の労働事情、中国やソ連の強制労働の実態などについて報じた。創刊の辞は「AFLの組合員である労働者のお金で発行される」と謳ったが、いうまでもなく、それは必ずしも真実ではなかった。創刊号は2000部印刷され、労働組合を中心に配布された。その後、予算の制約から隔月刊に変更されたものの、発行部数は7000に引き上げられた。このほかに、『人民中国―中共の真相』など共産主義諸国の内幕を暴露するパンフレットが作成され、配られた[2]。また、デヴェラルは、労働課在職中に培ったネットワークを用いて多くの労働組合指導者と会談し、情報収集に努める一方、北海道から九州まで全国各地の調査旅行を行い、ニューヨークのラヴストーンの事務所に毎週大量の報

告書を送り付けた。デヴェラルの文書に机を埋め尽くされたラヴストーンが、要点だけを書き送るよう度々指示せざるをえないほど、デヴェラルは献身的に働いた。

　デヴェラルが支持する労働組合は、もちろん総同盟であった。7月1日に羽田空港に降り立ったデヴェラルは、総同盟の幹部の出迎えを受け、早速、翌日の中央執行委員会に出席した。この席で、松岡駒吉会長は、デヴェラルが日本を離れた後、エーミスとブラッティが高野実ら左派を支持し、総同盟を分裂に導き、その結果、現在の左派による総評支配がもたらされたと訴えた。総司令部の歴代の労働課長でいまだに好感を持っているのはキレンだけだというのが、松岡の述懐であった[3]。強硬な反共産主義者であり、熱心なクリスチャンでもある両者の意見は完全に一致し、キレン課長時代のAFLと総同盟(右派)の協力関係が復活した。デヴェラルは、8月22日からの総同盟第7回大会に出席して演説を行い、国際自由労連への加盟申請を行うよう勧めた[4]。それは総評に対抗するナショナル・センターとして国際的な認知を受けることを意味する。すでに7月11日からの中央委員会で加盟手続きをとることを決めていた総同盟は、その後検討を進め、1953年2月1日に国際自由労連加盟組合協議会に申入れを行った。

　しかし、以上の事実は、デヴェラルが国際自由労連の対日政策を支持していたことを意味しなかった。1950年のアジア視察団に加わりながら、ブラッティの要請を受けたオルデンブローク書記長の決定により、日本への入国を果たせなかったデヴェラルは、国際自由労連に対して極めて批判的であった。駐日イギリス大使館のジェフリー・カルヴァート労働官の情報によると、デヴェラルは、1952年7月22日の日本のある新聞とのインタヴューで、次のように発言した。「AFLはCIOに批判的である。それは、アジアの問題に無関心だからだ。また、国際自由労連にも批判的である。それは、国際自由労連が結成された際に作られた原則に反して、イギリスの指導下に置かれているからだ。こうした理由から、AFLは、日本の労働組合の国際自由労連への加盟を促進するよりも、むしろ日米両国の労働組合の直接的な協力を強化する方策を考えている」[5]。デヴェラルの国際自由労連、そしてTUCやCIOに対する不信感には、根強いものがあった。

国際自由労連が地域活動の重視を1つの柱として結成された後も、デヴェラルの日本への派遣にみられるように、AFL は自由労働組合委員会の国際的ネットワークを維持、拡大し、単独行動を継続した。その意味で、対日政策をめぐる AFL と国際自由労連の対立は、構造的かつ必然的であった。さらに、上記のデヴェラル発言が掲載されたのが総評第3回大会の初日であったことは、両者の対立を先鋭化させた。国際自由労連は、前述したように、総評の一括加盟を実現すべく、CIO のタウンゼントを特使として派遣していた。全鉱、海員組合、全繊同盟の3単産の共同提案による一括加盟案が、デヴェラルの発言ゆえに否決されたとはいえないが、タウンゼントの活動を著しく妨害したことは事実であった。AFL が国際自由労連の加盟組織であり、タウンゼントの派遣が正式の機関決定に基づくものであった以上、それはあってはならない行為であった。タウンゼントの最終報告書が提出された12月1日からの執行委員会で、国際自由労連会長でイギリス TUC 書記長のテューソンが、AFL を暗に非難したのは当然であった[6]。

　デヴェラルは、上述のインタヴュー記事で述べたように、テューソン率いる TUC が国際自由労連を支配していると考えていた。国際自由労連のアジア視察団が TUC とそれに追随する CIO の主導の下で来日して以来、総評を牛耳る左派が反米、親英、親ソになったというのが、デヴェラルの分析であった。共産中国と外交関係を持つイギリスは、アジア政策でソ連と同一の歩調をとっている。イギリスのねらいは、貿易上の競争相手である日本を自らの勢力圏の東南アジアから駆逐して、中国やソ連に向かわせることにあり、それによって TUC は完全雇用を守ろうとしている。このイギリスの方針は、東南アジアを日本の自然な市場とみなすアメリカの対日政策と真っ向から対立する。また、TUC は、イギリスを社会主義と美化する一方、アメリカを資本主義と非難し、アメリカの労働組合を政治に無関心なビジネス・ユニオニズムにすぎないと誹謗している。しかし、デヴェラルからすると、イギリスの社会主義の仮面の裏には、香港やマラヤなどでの植民地主義が隠されているのであった[7]。

　AFL のデヴェラルと CIO のタウンゼントは、左傾化する総評への対策をめぐって鋭く対立した。タウンゼントは、総評の内部改革の可能性が残されていると考え、分裂を好ましくないと主張したが、それに対して総同盟を支持する

デヴェラルは、総評を直ちに分裂させて、共産主義者を排除した新たなナショナル・センターを結成すべきだと説いた。タウンゼントによると、総評の分裂に向けたあまりに露骨なデヴェラルの言動は、分裂を不可避と考える人々の気分すら害するものであり、総同盟を労働組合運動の中心に押し上げようとする行為もまた、総同盟の指導者にさえ迷惑がられていた[8]。他方、共産主義者との妥協などありえないという信念を持つデヴェラルからみると、総評の分裂に反対するタウンゼントは、高野をはじめとする共産党の同調者に籠絡されているように思われた。それは、1947年に世界労連の代表団の一員として訪日したタウンゼント自身の誤りを繰り返すものであり、また、同じCIO出身で高野を総評の指導者に据えたブラッティの轍を踏むものであった。

　タウンゼントのデヴェラル批判には、十分な根拠があった。すなわち、海員組合の和田春生組織部長は、『労働パシフィック』の発行を高く評価しながらも、デヴェラルの無責任な行動が日米両国の労働組合の良好な関係にとって有害であり、支援の手を差し伸べようとしている人々を逆に傷つけている、とアメリカ大使館のウェアリング参事官に苦々しく語った[9]。デヴェラルの率直で大胆な言動は、和田のような知的な労働組合指導者にとって、あまりにも粗雑にみえたのである。これに対して、全繊同盟の滝田実会長のデヴェラル批判は、具体的な方針に向けられた。デヴェラルが国際自由労連に反対する発言をしていると耳にした滝田は、もしそれが本当であれば日本の労働組合に関わる適切な人物とは思えない、とウェアリングに述べた。そして、滝田は、伝えられるようにデヴェラルが総同盟を総評に対抗するナショナル・センターとして育成したいと考えているとすれば、それもまた誤りである、と付け加えた[10]。デヴェラルは、その狂信的な反共産主義ゆえに、敵を増やし、味方を少なくするばかりであった。

　当のデヴェラルは、タウンゼントの背後には駐日アメリカ大使館の存在があると観察していた。重要なのは、アメリカ大使館がCIO、より具体的にはブラッティの強力な影響下に置かれている、とデヴェラルが看取したことである。「東京のアメリカ大使館には、2人の日本人のブラッティの手先と、いうまでもなく少なくとも1人のCIO出身者が働いている。AFL出身の労働官ジョン・バルーは、ブラッティに完全に絡めとられていると噂されている」[11]。こ

のCIO出身者とは、アメリカ広報・文化交流局の労働情報官のトマス・コロシモを、日本人のブラッティの手先とは、通訳の池原ふじらを指していた。デヴェラルは、アメリカ大使館が池原を通訳として付けるなど、タウンゼントに様々な便宜を供与していることに立腹した。アメリカ国内でCIOを組織的に凌駕するAFLのデヴェラルには、そうした配慮は払われなかった[12]。デヴェラルは、1952年8月3日に自由労働組合委員会のウォル会長に送った活動報告のなかで、アメリカ大使館をCIO大使館と罵倒しながら、AFLとCIOの公平な取り扱いと国際自由労連の対日活動への介入の停止とを、国務省に要請するよう求めた[13]。

　デヴェラルのアメリカ大使館に対する攻撃は、池原に集中された。池原の主たる職務は通訳にすぎなかったが、デヴェラルにもたらされた情報によると、大使館の最も重要な政策決定の場に出席しており、総司令部労働課の上司であったブラッティとの連絡役になっている。また、日本の労働事情に疎いタウンゼントの指南役を務め、高野をはじめとする左派の労働組合指導者との関係も密接である[14]。デヴェラルは、池原こそがブラッティによって形成された反AFLネットワークの黒幕だと判断した。確かに池原はブラッティ人脈の有力な一員であったが、その陰の中心人物とみなすのは、赤狩り的パラノイア以外の何物でもなかった。しかし、デヴェラルに全幅の信頼を寄せるラヴストーンは、8月22日にマーフィー駐日大使に宛てて書簡を送り、左派社会主義者で共産党シンパの職員がタウンゼントを誤った方向に導いていると警告し、それを排除してAFLと協力するよう求めた[15]。圧力を受けたマーフィーは、調査委員会を設置して池原を審査にかけたが、もちろん結果は無実であった[16]。その後、池原はアメリカ大使館を辞め、1954年4月1日に設立された国際自由労連東京事務所で働くようになったが、彼女と大使館に対するデヴェラルの攻撃は執拗に続けられた。

アメリカ政府と全労の結成

　デヴェラルの駐日大使館に対する右からの攻撃と歩調を合わせるかのように、アメリカ政府の対日労働政策は保守化しつつあった。その根本的な原因は、1953年1月20日の共和党のアイゼンハワー政権の成立であった。副大統領に、

反共の闘士として知られる上院議員のリチャード・ニクソンが抜擢され、国務長官には、対日講和を担当したジョン・フォスター・ダレスが就任した。アイゼンハワー政権は、朝鮮休戦の実現に努める一方、トルーマン政権の「封じ込め」政策に代えて「巻き返し」政策を打ち出すなど、共産主義陣営との対決姿勢を鮮明にした。軍人として情報活動や心理作戦に精通するドワイト・アイゼンハワー大統領は、冷戦政策においても、そうした手段を重視し、国務長官の実弟のアレン・ダレスをCIA長官に起用するとともに、宣伝・広報活動を統括する国務省の外郭機関として、アメリカ広報・文化交流庁を設置した。そして、この政権交代に伴い、駐日大使はマーフィーから、それまで極東担当国務次官補を務めていたジョン・アリソンに交代し、4月28日に来日した。

　駐日大使館の労働官のポストは、前年の11月にバルーが病気のため帰国して以来、テーラー副労働官が職務を代行するという変則的な状態が続いていたが[17]、駐英アメリカ大使館の初代労働官に任命された経歴を持つサミュエル・バーガーが、アリソンの大使就任に1ヵ月ほど先立って赴任した。大物労働官のバーガーは、決してラヴストーンの追随者ではなかったが、アメリカ教員組合に加入していた経験を有するAFL寄りの人物であり、AFL駐欧代表のブラウンと協力して世界労連の弱体化工作に従事するなど、かねてから自由労働組合委員会と良好な関係にあった[18]。ラヴストーンは、バーガーについて、意見の一致も不一致もあるが、知的で善人で精力的な人物であり、基本的に我々に友好的である、とデヴェラルに伝えていた[19]。そもそも、AFLは労働官の選任に大きな影響力を持っており、CIOのヴィクター・ルーサー国際部長の表現を借りると、重要ポストの「最大の分け前」を得ていた[20]。その意味で、AFLが駐日大使館に対する影響力を高めたのは必然的であった。

　バーガーは、着任から2ヵ月を経て、総評の高野事務局長が重大な脅威であるという結論を得た。5月27日に国務省極東局のサリヴァン労働顧問に送った書簡によると、高野は公には否定しているが、共産主義者と提携しており、中国共産党から資金を受け取っている。日本共産党も総評と左派社会党を攻撃しているが、その批判は決して高野個人には向けられていない。CIOや国際自由労連は、高野を宥和しようとしても成果は期待できず、むしろ攻撃に回るべきである。高野の政治闘争優先、ストライキ偏重の方針に対する批判が次第

に高まりつつある。民労連は、今のところ高野に対する不満を十分に利用することに成功していないが、新たな勢力の結集に向かうべきである。労働戦線の統一を望む声が依然として強いので、民労連は総評の内部にしばらく残留して闘わなければならないが、もし高野が現在の方針をとり続けるならば、民労連は総評に対抗する中央組織の結成に乗り出すであろう。以上のように、「高野をできるだけ早く排除する」ことを目標とするバーガーは、総評の分裂が望ましいと主張した[21]。

　このバーガーの見解は、AFLの自由労働組合委員会の見解とほとんど一致していた。ラヴストーン事務局長は、5月11日と6月9日のデヴェラル宛書簡で、総評について次のように記した。総評執行部は完全に共産党の手に握られており、その主流派はモスクワの出先機関と秘密裏に協力し、組織的のみならず、財政的にもクレムリンに依存している。総評を非党派的な労働組合とみなすのはもはや誤りであり、フランスのCGTやイタリアのCGILと何ら変わりがない。そして、ラヴストーンは、こうした認識に基づき、「できるだけ早くヤギから羊をより分けて、民主主義的かつ反共産主義的な労働組合の中央組織を結成した方がよい」と明確に述べた。もちろん、ラヴストーンは、かねてからこのような認識を有していた。そうした考えが、最近の総評の動向によって確固たるものになった、というのがラヴストーンの弁であった[22]。つまり、1953年2月14日に結成された民労連が総評からの脱退へと向かうなか、AFLとアメリカ大使館は、それを支持することで一致しつつあったのである。

　アイゼンハワー政権は、6月25日の国家安全保障会議で、新たな対日政策文書NSC125/6を決定し、「日本の労働組合への共産主義者の浸透に対抗するために、日本の労働運動のなかの反共分子を励まし、支援する」と謳った[23]。これはやや明確さを欠くとはいえ、バーガーやラヴストーンの認識と同じく、日本の労働組合の内部の共産主義勢力との対決を前面に押し出し、総評に対抗する民労連を支援する趣旨のものであった。民労連は、7月8日から開かれた総評の第4回大会で運動方針案への対案が否決された後、7月21日の幹事会で総評脱退を申し合わせ、執行部の交代があった日放労を除き、海員組合、全映演、全繊同盟の3単産が、相次いで大会で総評からの脱退を決定した。後にNSC125/6の報告書は、「駐日アメリカ大使館は、日本政府と労働指導者に対

して、労働組合の内部の共産主義分子を孤立させ、弱体化させるよう助言を行い、総評からの穏健派の分裂を目立たないかたちで激励してきた」と書いた[24]。アイゼンハワー政権は、高野の総評指導に対して強い危機感を持ち、その分裂を後押ししたのである。

　アメリカ政府の首脳は、総評が分裂した後も、日本の労働情勢に関心を寄せ続けた。例えば、ダレス国務長官は、9月21日からのAFL大会に出席した際、グリーンに代わってAFL会長に就任したミーニーに対して、デヴェラルの報告を聞かせて欲しいと要請し、10月29日、ミーニーとラヴストーンの同席の下、ダレスとデヴェラルの会談が行われた。デヴェラルは、アメリカ主導の再軍備や在日米軍のあり方などを原因として、日本の労働組合の間で反米主義が高まっていると警告する一方、具体的な労働問題について、在日米軍の労使関係が良好でない、日教組が反米主義に基づく教育を先導している、などと指摘し、解決策を講じるよう求めた。デヴェラルは、マーフィー前駐日大使に対する攻撃を注意深く避けつつ、アメリカ大使館のAFLに対する敵対的な態度を痛烈に批判し、そうした仲間割れは共産主義者を利するにすぎないと強調した。ダレスは、デヴェラルの発言に熱心に耳を傾け、その翌日のウォルター・ロバートソン国務次官補との会談で、日本の労働組合への共産党の浸透について注意を喚起した[25]。

　ニクソン副大統領もまた、日本の労働情勢を憂慮していた。11月15日に来日したニクソンは、バーガー労働官を通じて「反共労働運動指導者にあいたい」と日本政府に申し入れ、外務・労働両省の調整の結果、19日、民労連の和田春生常任幹事および総同盟の古賀専総主事と40分間、総評の藤田藤太郎議長および石黒清政治部長と30分間会談した。前者は友好的なものであったが、後者は猜疑心に満ちたものであった[26]。ウォルター・スミス国務次官は、ニクソンの帰国後、新木栄吉駐米大使に対して、次のように語った。「副大統領は日本に関しては総ての点がエンカレジングであるがゞ一つ懸念されるのは労働組合が共産党に浸蝕されているということであり更に日本の工業家はかかる状態に対して充分の関心を払つていないと云う印象を受けた、この点は日本政府として深い考慮を払われるべきだと思うと述べていた。ついては在京米国大使館にはレイバー・アタシエ〔労働官〕も居るので何かお役に立つことが

あればご協力致したく又米国内のユニオン〔労働組合〕においても出来るだけのことをするよう取計らいたい」(27)。

　こうしたなか、駐日アメリカ大使館は、1954年2月4日から7日にかけて、2つの文書をまとめた。まず1つ目の「日本に対する国内的な共産党の脅威の評価」は、在日朝鮮人、左翼学生、労働組合の3つが共産党の有力な基盤となっているが、共産党の目的にとって最も重要なのは労働組合である、と指摘した(28)。これを受けて、もう1つの文書「日本の労働組合運動における共産党の影響力」は、共産主義者の労働組合への浸透とそれに対抗する動きの高まりが、1953年の特徴であったと分析した。マルクス主義の用語を使ったアメリカへの攻撃、平和勢力論の採用、国連を朝鮮戦争の侵略者とする非難、中華全国総工会への接近、経済力を無視した賃上げ要求、国際自由労連に対する批判とアジア労組会議の組織化に向けた努力など、総評は高野の指導下で親共産党的な路線をとっており、第4回大会を機に総評からの脱退を決めた民労連が共産党の組合支配に対抗しているというのが、アメリカ大使館の状況認識であった(29)。この報告書はワシントンに送付され、国務省の危機意識を高める役割を果たした(30)。

　以上にみてきたアメリカ政府の危機感の高まりに応じるかのごとく、総評を脱退した全繊同盟、海員組合、全映演の3単産は、総同盟、常炭連とともに、新たなナショナル・センターの結成を進め、2月5日と6日の2日間にわたって全労会議結成準備総会を開催し、3月下旬を目途として全労を正式に結成することを決めた。準備委員長には全繊同盟の滝田会長が、常任幹事には海員組合の和田組織部長が選出された。しかし、その内情は複雑であった。デヴェラルの観察によると、全繊同盟の滝田会長、海員組合の蔭山組合長、総同盟の古賀総主事の間には深刻な確執が存在し、権力闘争が繰り広げられていた。全繊同盟は、かつての上部団体である総同盟に吸収されることを恐れていた。小規模ながらナショナル・センターである総同盟は、30年以上に及ぶ輝かしい歴史を背景として、その威信を再び確立したいと願っていた。海員組合の蔭山は、MSA援助や再軍備を支持する中央組織として、全労を結成したいと考えていたが、滝田や古賀は、現在の日本の雰囲気を考慮すると、そうした方針はとりえないと語っていた。

興味深いのは、このような対立が、AFL とアメリカ大使館の対立に連動していたことである。デヴェラルは総同盟と友好関係にあり、とりわけ古賀総主事と親しく、毎週のように顔を合わせていた。それに対して、海員組合の蔭山と和田は、バーガー労働官と緊密な関係を築いていた。デヴェラルは、バーガーが蔭山と和田に対してデヴェラルと関わりを持たないよう要求している、という情報を得ていた。他方、デヴェラルと古賀は、バーガーの知的な部分に嫌悪感を抱いていた。全繊同盟の滝田は、当初、デヴェラルとの接触を避けていたが、その後、関係の改善を果たし、中間的な立場にあった(31)。つまり、バーガーは、デヴェラルと同じく、総評に対抗する全労の結成を支援したが、デヴェラルとは異なり、総評の圏外にあった総同盟を支持せず、かつて総評結成の中心を担いながらもそれからの脱退を決めた海員組合に期待を寄せたのである。経営者との癒着など日本の労働組合で最も保守的な体質を持つ総同盟に比べて、産業別の単一組合として強固な組織を誇る海員組合への評価は、総評を掌握する左派の間でもかなり高かった(32)。

　全労は、当初の予定よりも1ヵ月ほど遅れ、4月22日から結成大会を開催した。総評に対抗するナショナル・センターが、こうして結成されたのである。常炭連が日鉱と合同して全炭鉱を結成し、総同盟の傘下に入ったため、正式に加盟したのは、総同盟(43万7700人)、全繊同盟(32万人)、海員組合(8万1000人)、全映演(1900人)の4組織であり、組合員は合計で84万600人であった。人事については、議長に全繊同盟の滝田会長、副議長に総同盟の古賀総主事、書記長に海員組合の和田組織部長が、それぞれ就任した。結成大会には、AFL のデヴェラルが出席したほか、フランスの CGT-FO、イタリアの CISL など、反共産主義的な色彩の濃い労働組合から祝辞が寄せられる一方、憲章で一括加盟を謳ったにもかかわらず、国際自由労連からはメッセージすら送られなかった。このことは、全労の国際的地位の低さを如実に物語っていた。AFL やアメリカ大使館は、全労を育成すべく様々な方策を講じたが(33)、そのうち最も重要なものの1つは、国際自由労連への一括加盟の支援であった。

全労の国際自由労連一括加盟問題

　前述したように、総同盟は、デヴェラルの勧めもあり、1953年2月1日、

国際自由労連に加盟すべく加盟組合協議会に正式の申請を行った。加盟組合協議会の幹事会は、この問題について6月26日までに2度の話合いを持った。その席で、全繊同盟、海員組合などの右派は、総同盟の加盟に賛成したが、多数を占める日教組、炭労、全逓などの左派が、総評に参加していない、産業別整理の妨げになる、といった理由から反対した結果、加盟申請は却下された。その後、ILOと国際自由労連のアジア地域会議に出席するために来日したオルデンブローク書記長の臨席の下、加盟組合協議会は9月24日と26日に再び話合いを行った。総評に対抗する中央組織の結成を総同盟とともに進めていた全繊同盟と海員組合は、国際自由労連に批判的な態度をとる総評の傘下にあることは国際自由労連に加盟する条件とはなりえず、現に海員組合は総評を脱退し、全繊同盟も脱退を決意している、と主張した。しかし、左派の総同盟に対する反発は依然として根強く、その加盟申請は常炭連のそれとともに再び否決された。

　そこで、総同盟は、11月29日、渡欧中の重枝琢己国際部長を通じて、国際自由労連本部に加盟を直接申し入れた[34]。自由にして民主的な幅広い国際労働組織を自認する国際自由労連からすると、加盟申請を拒否することは、ファシストや共産主義者の労働組合でない限り、ありえないことであった。そのことは規約にも明記されていた。オルデンブロークが、来日中、加盟組合協議会の仕事は加盟を妨げることでなく促進することにあると説得したのは、それゆえであった。しかし、日本の労働情勢を考えると、総同盟の加盟は慎重な考慮を要した。総同盟の加盟が認められれば、ごく僅かであれ残されている総評の一括加盟の可能性が潰えてしまうおそれがあった。しかも、総同盟が小規模ながらナショナル・センターであったことは事態を複雑にした。国際自由労連の規約は、ナショナル・センターの加盟を原則とし、それに特権的な地位を与えていたからである。この点については、全繊同盟や海員組合ですら警戒感を隠さなかった。11月30日から開催された国際自由労連の執行委員会は、最終的な結論を先送りした[35]。

　総同盟の加盟問題は、1954年3月1日からの緊急執行委員会でも協議された。日本に駐在するデヴェラルから度重なる要請を受けていたAFL駐欧代表のブラウンは[36]、共産党に掌握されている総評が国際自由労連に一括加盟す

る見込みはなく、総評の内部に留まって共産党に対抗するのは無駄な努力であると力説し、総同盟の加盟を支持する決定を行うよう主張した。オルデンブロークは、これに真っ向から反対して、次のように論じた。日本の労働組合が共産主義者に支配されているというのは過剰な単純化であり、共産党の影響力は限定されている。加盟組合に対して総評に留まるよう助言し、総評の国際自由労連への一括加盟を実現するというのが、タウンゼント報告以来の方針である。総同盟の加盟を認めることは、その道を閉ざすことになる。さらに、オルデンブロークは、デヴェラルが『AFLニュース・リポーター』に国際自由労連の東京事務所が総評左派の道具になっていると書いたことを非難した。TUCのテューソンとCIOのロスも、オルデンブロークの意向に沿って先送りを説き、ブラウンの要求は退けられた[37]。

　ところが、2月5日と6日に全労会議結成準備総会が開かれて以降、問題の焦点は総同盟の加盟問題から全労のそれへと移行した。全労会議準備会の和田常任幹事は、2月15日にオルデンブロークに宛てて書簡を送付し、全労が4月に正式に結成された後、直ちに国際自由労連に一括加盟を申請する予定であり、それにあわせて全繊同盟と海員組合が加盟組合協議会から脱退するつもりであると伝えた。これは左派が多数を占める加盟組合協議会を否認するという意思をあらわすと同時に、全労がナショナル・センターとしての特権を行使するという決意を示すものであった。総同盟について、この書簡は、全労の一括加盟が認められれば、必然的に国際自由労連の加盟組合になるが、それまでの間、その加盟申請が承認されるよう善処して欲しいと記した[38]。2月5日に国際自由労連の代表として来日したマーティン・ボーレ国際官公従業員組合連盟書記長に対して和田が語ったところによると、国際自由労連の後ろ盾は、民主的な労働組合運動の中核としての地位を全労に付与するものであり、組織を拡大する上で不可欠であった[39]。

　ところが、ボーレは、全労に対して極めて批判的であった。ボーレからみると、国際自由労連の唯一の友好的な労働組合として認めて欲しいという全労の要求は自己中心的であり、国際自由労連に対する配慮を欠如したものであった。総評からの脱退にせよ、全労の結成にせよ、国際自由労連はタイミングを含めて事前の相談を全く受けてこなかった。全労は、非常に保守的な指導者を含む

ばかりでなく、組織のあり方をめぐって内部対立を抱え、今後成長する可能性がほとんどない。全労の一括加盟を認めることは、総評の一括加盟の可能性を奪うばかりか、現在加盟している総評傘下の単産の脱退をもたらし、共産主義者を利するにすぎない。それゆえ、総評に対する影響力を高めるという国際自由労連の方針は正しい。事実、総評の内部では反高野派の動きが強まっており、夏に予定される総評大会で高野が退陣する可能性もある[40]。こうした見解を持つボーレの活動は、国際自由労連東京事務所の原口所長によって支えられていた。ボーレの通訳を務めていたのは、デヴェラルがマタ・ハリと罵倒した原口の部下の池原ふじであった[41]。

　国際自由労連本部は、対日政策に関する包括的な文書を2月末にまとめた。この文書が日本の労働組合の課題として強調したのは、その内部の極右・極左との闘争と経営者や反動的な政治勢力への対抗であった。労働基準法の改正や教員に対する政治活動の制限といった吉田内閣の労働政策に反対しつつ、自由と民主主義を擁護し、拡張するためには、労働戦線の統一が不可欠である。労働組合運動についてみると、総評の高野派が左派社会党の極左と結合しているのと同じく、全労の重要な部分も右派社会党の極右と緊密な関係にある。そこで、極左と共産党の同調者を一掃した総評、極右の総同盟の影響力を排除した全労の結集による、自由にして民主的な労働戦線の統一こそが、国際自由労連の目標となる。この目標を実現するためには、全労に対する支持を控えるとともに、全労の指導者に結成大会をしばらくの間、延期するよう説得すべきである[42]。以上の文書を受け取ったボーレは、全労の結成大会の延期は難しいので、加盟申請を遅らせるよう説得してはどうかと提案した以外、その内容に完全に同意した[43]。

　しかしながら、全労が一括加盟の申請を行う意向を示し、全繊同盟と海員組合が加盟組合協議会から脱退する構えをみせている以上、何らかの妥協案が必要であった。国際自由労連本部の腹案は、全繊同盟と海員組合を加盟組合協議会に残留させる一方、協議会に総同盟の加盟を認めさせる、というものであった[44]。そして、ボーレの意向を受けて、国際自由労連執行委員の宮之原日教組副委員長が説得にあたった結果、炭労をはじめとする総評傘下の加盟組合は、総同盟の加盟に同意した[45]。もちろん、ナショナル・センターではなく単産

扱いで、本部に直接ではなく協議会を通じて加盟させるという形式であった。協議会を支配する総評傘下の加盟組合は、総同盟を含めた全労全体よりも組合員数で勝っており、全労の一括加盟を阻止するために、その傘下の労働組合を個別的に協議会に加盟させようとしたのである。全繊同盟と海員組合も総同盟の加盟そのものには賛成であり、加盟組合協議会は4月21日に総同盟の加盟を満場一致で承認した[46]。この決定がなされたのは、全労の結成大会が開かれる前日であった。

　アメリカ大使館のバーガー労働官は、全労の結成大会の直前にボーレと会談し、総評傘下のいくつかの単産を引き寄せる努力は大切だが、国際自由労連の熱心な支持者である全労を犠牲として、それを行うべきではないと批判した。国際自由労連はこれまでの方針を変更して全労に援助を与えるべきであり、さもなければ全労は国際自由労連に対する熱意を失うであろう。ボーレが全労の結成大会に出席することは、国際自由労連との関係をめぐる総評の内部対立を顕在化させる可能性がある。さらに、バーガーは、総評大会の後には、全労の一括加盟を認めるべきだと要求した[47]。しかし、ボーレは、かねてからバーガーについて、AFLのブラウンやデヴェラルほどではないにせよ、基本的に彼らと同じ強硬な反共産主義者であり、全労の結成を支援しているとみていた。それに対して、国際自由労連の方針を理解しているとボーレが評価したのは、イギリス大使館のカルヴァート労働官であった[48]。ボーレは、バーガーの説得を完全に無視し、全労の結成大会に出席しなかったばかりか、メッセージすら送らなかった。

　ところが、ボーレは、全労の行動を抑制することができなかった。加盟組合協議会の内部では、4月21日の総同盟の加盟の承認をめぐって解釈が対立していた。すなわち、全労傘下の全繊同盟と海員組合が総同盟は国際自由労連に直接加盟したという立場をとったのに対し、総評傘下の単産は総同盟が加盟組合協議会を通じて加盟したと主張した。そして、5月11日の加盟組合協議会の幹事会で投票がなされた結果、数で勝る後者の解釈が認められた。敗れた全繊同盟と海員組合は、加盟組合協議会から脱退し、全労を通じて国際自由労連に直接加盟する、と通告した[49]。そして、翌12日、全労は国際自由労連本部に一括加盟を申請した。全労の和田書記長は、同封した書簡のなかで、加盟組

合協議会を脱退した理由について、全労と加盟組合協議会の両方を通じて加盟することができないこと、そもそも加盟組合協議会はナショナル・センターを通じて加盟するまでの暫定的な組織にすぎないこと、加盟組合協議会が国際自由労連への忠誠を欠いた総評傘下の加盟組合によって運営されていることの3点を挙げた。さらに、和田は、全労の結成大会に国際自由労連からメッセージが寄せられなかったことに強い不満を示した[50]。

ボーレは、自分との協議なしになされたこの全労の行動について、国際自由労連をさらに窮地に陥れる利己的なものであると頗る批判的であった。ボーレは、5月4日、国際自由労連の執行委員会に対する中間報告を執筆し、次のような認識を示していた。日本の労働組合における共産党の影響力は、必ずしも強くない。現に、中立主義を掲げる左派社会党は、西側よりも東側に対して批判的な姿勢を示している。総評の内部では、反高野派が台頭するとともに、国際自由労連への理解が深まり、全電通、全駐労、自治労、全日通などが国際自由労連への加盟を検討している。こうしたなかで全労を支持すれば、総評や中立系の労働組合を遠ざけてしまう。全繊同盟と海員組合が事前の相談なしに総同盟と手を結んで全労を結成したのは、軽率な行動であった。しかも、全労が成長する見通しは薄い。国際自由労連は、当面の間、全労の一括加盟を認めるべきではない。ボーレは、全繊同盟と海員組合が加盟組合協議会を脱退し、全労が一括加盟を申請した後も、このような内容を持つ中間報告を変更する必要はないと考えた[51]。

それに対して、AFLとアメリカ政府は、5月24日からの国際自由労連の執行委員会に向けて、全労の一括加盟を実現すべく奔走した。デヴェラルは、AFL駐欧代表のブラウンに書簡を送り、国際自由労連の執行委員会で全労の一括加盟を擁護するよう求めた。全労は、憲章に謳った以上、国際自由労連への一括加盟を実現しなければならない。もし加盟が認められなかった場合、全労はボス支配の偽りの労働組合である、という高野の非難が説得力を増してしまう。このように、デヴェラルは、全労の滝田議長からの要請もあり、強い危機感を抱いていた[52]。他方、国務省極東局のサリヴァン労働顧問は、自国の2つのナショナル・センターが協力して賛成した場合、全労の一括加盟が認められる可能性があると考え、CIOのヴィクター・ルーサー国際部長に働きかけ

第 2 節　全労の結成　133

を行った[53]。だが、この工作は失敗に終わった。ルーサーは、日本の労働組合運動に対する共産党の影響力を排除するためには、総評を孤立させてはならないと考えていた。CIO は、国務省の期待に反して、全労の一括加盟に慎重な態度を堅持したのである[54]。

　国際自由労連の執行委員会は、当初の予定通り 5 月 24 日から開催されたが、全労の加盟問題については予想に反して、ほとんど異論が出されないまま妥協が成立した。すなわち、宮之原執行委員が、総評と全労を和解させる上で加盟組合協議会が重要な役割を果たしうるとの見解を述べ、加盟組合協議会を通じて総同盟を加盟させるよう求めたのに続いて、オルデンブローク書記長は、国際自由労連を支持する労働組合を最大限結束させる可能性を探るため、新たな代表団を日本に派遣することを提案した。ブラウンもこれに積極的に賛同し、ベクー会長とオルデンブローク書記長を含む代表団の派遣が承認された[55]。ブラウンがこの提案を受け入れたのは、AFL に友好的なベクーが加わるからであった。ブラウンの上司であるラヴストーンは、オルデンブロークが書記長を続ける限り、AFL の意見が受け入れられることは難しいと半ば諦めていたが、ベクーならオルデンブロークを抑え込むのではないかと期待した。さらに、国際運輸労連の書記長でもあるベクーは、傘下の海員組合に好意的な態度をとる可能性があった[56]。

　国際自由労連の代表団は、9 月末から 10 月初頭にかけて日本に到着し、10 月 4 日より加盟組合協議会および全労と会談を重ね、意見調整を行った。そして、最終的に 10 月 7 日に覚書がまとめられ、3 者の代表によって調印された。その骨子は、加盟組合協議会と全労に所属する全ての労働組合を国際自由労連に直接的かつ個別的に加盟させ、加盟組合間の調整機関として全会一致制に基づく加盟組合連絡委員会を設置する、というものであった。そして、11 月 24 日からの国際自由労連の執行委員会で、単産扱いとされた総同盟を含む、全労傘下の 5 単産が個別に加盟することが承認された。その結果、10 月 1 日に遡及して、総評傘下の日教組、全逓、全鉱、炭労、都市交通、日放労、計 112 万 6000 名と、全労傘下の総同盟、全繊同盟、海員組合、全映演、日駐労、計 85 万 5000 名が国際自由労連に加盟することになった[57]。オルデンブロークは、協議会と全労の妥協によって日本での組織を維持する一方、全労の一括加盟を

阻止することで総評傘下の単産の新規加盟、さらには総評の一括加盟に望みをつないだのである。

　もっとも、この解決策は全労の敗北を意味しなかった。憲章に謳われた一括加盟が認められなかったとはいえ、総同盟を含めその傘下の全ての単産の加盟が承認された。また、総評系が支配していた加盟組合協議会が解体された。新たに設置された加盟組合連絡委員会は全会一致制で運営され、合意が達成されなかった場合には、多数意見とともに少数意見が本部に送付され、最終決定がなされる決まりであった。さらに、全労に新規に加盟する単産は、国際自由労連本部に加盟を直接申請し、承認を受けることになった。総評傘下の単産の数的優位は続いたが、多数決制の加盟組合協議会で有していたその数の力は打破され、しかも加盟する単産が増加すれば、全労系が総評系に対して逆に優位に立つことが見込まれた。そのため、全労は機関紙で満足の意を表明し[58]、AFLやアメリカ大使館も全労にとって好ましい解決策とみなした[59]。しかし、それを活用することができるかは、全労の組織拡大にかかっていた。そして、全労が抱える最大の問題は、そこに存在していた。

AFLとアメリカ政府の全労支援
　全労はいくつかの深刻な弱点を抱えていた。その1つは、組織のあり方をめぐる内部対立であった。全繊同盟や海員組合などの産業別組合が、総評に対抗する中央組織として全労を発展させたいと考えていたのに対し、小規模ながらナショナル・センターである総同盟は、全労の権限を極力弱めようとした。結成の際には、全労が上部団体であるか否かの争点は棚上げされ、会議体という曖昧な性格規定がなされたが、新規の加盟組合を全労と総同盟のいずれの傘下に収めるかなどをめぐって組織競合がしばしば発生し、全労の成長を妨げた。地方組織や会費などについても、全労に直結する産業別組合と総同盟との間で、重要な見解の相違がみられた。もう1つの問題は、総評に対する組織的な劣勢であった。全労は84万600名をもって発足したと自称したが、1954年6月末の労働省の労働組合基本調査によると、その組合員数は81万6622名であり、これは総評の300万3127名の約4分の1にすぎなかった。分裂主義者という批判、深刻な資金難、人材の不足などから、全労の前途は決して明るくなかっ

第 2 節　全労の結成　135

た。

　フランスやイタリアなどで共産党が支配するナショナル・センターから分裂した反共産主義的な中央組織を支援していた AFL の自由労働組合委員会は、全労に対する援助を検討した。1954 年に入り全労の結成が近づくと、ラヴストーンは、デヴェラルに対して具体的なプランを作成するよう繰り返し指示した(60)。全労の組織的な発展は総同盟にかかっているというのが、デヴェラルの認識であった。総同盟の古賀総主事から、中小企業に存在する 600 万人の未組織労働者と、いずれのナショナル・センターにも属さない 120 万人の中立系の労働組合とに組織を拡大することが可能であるという見通しを示されたデヴェラルは、そのための資金を供給するようラヴストーンに要請した。例えば、1 月 29 日の書簡では、調査・宣伝・教育のスタッフの 6 ヵ月分の給与として、総額 1000 ドルから 3000 ドルを、また、4 月 21 日の書簡では、組織活動家や翻訳・通訳者を全部で 5 名から 10 名雇用するための費用として、年間 1 人当たり 666 ドル (24 万円) を総同盟ないし全労に提供するよう求めた(61)。

　以上の組織拡大のための援助はあまりにも一般的すぎたため、ラヴストーンの許可を得られなかったが、この間、小規模ながら 1 つの支援策が実行に移された。それは、総評の分裂の経緯とその指導部の共産主義的傾向を詳述した海員組合のパンフレットを英語に翻訳し、出版するという企画であった。総評は英語版『総評ニュース』を発行し、海外に送付しているが、右派にはそのような資金がないので、AFL が秘密裏に援助して海員組合の名前で刊行し、配布することをデヴェラルは提案したのである。120 ドルの費用で 1000 部作成するというのが、デヴェラルの当初の計画であった。送付先のリストも、AFL が用意する予定であった(62)。ラヴストーンは、このプランを自由労働組合委員会の決定手続きに乗せ、50 ドルの支出が承認された。これを受けて、デヴェラルは、全労の国際自由労連への一括加盟を促進すべく、英語版パンフレットの製作を急ぎ、4 月末に送付した(63)。この支援策は、金額からいってささやかなものであったが、全労に対する援助のきっかけとなりうるものであった。

　デヴェラルは、6 月 24 日、全労の組織拡大に向けた 4 点にわたる援助プランを作成し、ラヴストーンに送った。第 1 は、1000 ドルから 3000 ドルを総同

盟に寄付し、組織活動家の雇用や宣伝・出版活動などのために使用させることである。具体的には、東京の中小企業労働者の組織化が考えられた。第2に、AFLが2名ないし3名の組織活動家を半年間から1年間日本に送り込み、全労や総同盟に対して実践的な助言を与えながら、末端の組織化にあたることである。建設、ホテル、レストラン、理髪師といった熟練労働者やサーヴィス労働者が、主たる対象として挙げられた。第3に、アメリカ政府の負担で、3人もしくは4人の全労の青年運動家を1ヵ月から5ヵ月の間アメリカに派遣し、組織化のテクニックなどを学ばせることである。第4は、全労が掲げる労使協力を促進するため、生産性チームを政府資金でアメリカに派遣することである(64)。ラヴストーンは、アメリカ政府の資金に依存する最後の2つを除き、第2の提案に対しては消極的な反応を示したが、第1の提案については積極的な姿勢をとり、具体的なプロジェクトを提示するようデヴェラルに指示した(65)。

　AFLの全労に対する資金援助は、近江絹糸争議に際して公然と行われた。全労の結成から約1ヵ月後に発生した近江絹糸争議は、前近代的な労務管理に対する人権争議と呼ばれ、全繊同盟は組織の命運をかけて闘い、世論の広範な支持を集めたが、全繊同盟や全労の財政を逼迫させた。そして、そのことは争議の継続を難しくしたばかりでなく、全労の組織活動を困難にした。そこで、デヴェラルは、友誼組合の窮状を救うため、ラヴストーンに資金援助を強く求めた。資金の工面ができなければ銀行強盗をしてまでもと述べて、デヴェラルは熱心に説得を試みた。ラヴストーンは、資金不足を理由にその求めを2度却下したが、最終的に500ドル（18万円）の資金援助を行うことを決めた。そして、9月4日、全繊同盟の滝田会長の下に資金が届けられた(66)。国際自由労連は、すでに7月8日、50万円の支援カンパを送っていたが、AFLは、国際自由労連を通じた間接的な援助に加えて、直接的に資金を提供したのである。争議は9月16日に組合側の勝利で終結した。

　ところが、この過程で露見したのは、自由労働組合委員会の資金不足であった。AFLが捻出できたのは、わずか500ドルであった。この金額を知った全労の和田書記長は思わず苦笑し、これがAFLの拠出できる最大限なのかと尋ねたほどであった(67)。自由労働組合委員会の活動は、すでに最盛期を過ぎて

第 2 節　全労の結成　　137

いた。パリのブラウン、ローマのゴールドバーグらは、デヴェラル以上の財政削減に直面していた。ラヴストーンは、11月1日の書簡で、全労の組織活動に対する資金援助を行いたいが、それが不可能であることを明確に伝えた[68]。1955年に入っても、デヴェラルは、全労に対する援助を主張し続けた。しかし、ラヴストーンは、その都度その可能性を否定した。1つの理由は、デヴェラルの提案が具体的なプログラムを欠いていたためであった。特定の目的を欠いた組織活動全般に対する資金援助は自助努力を阻害しがちであるというのが、ラヴストーンの経験に裏打ちされた信念であった。しかし、AFLが全労に資金援助を行わなかった最大の理由は、もちろん資金難であった[69]。

　では、アメリカ政府の場合はどうだったのか。駐日大使館の内部で、全労に対する支援を最も熱心に行ったのは、アメリカ広報・文化交流局であった[70]。労働情報官のコロシモは、総評と接触せず全労に肩入れしたが、1954年6月にそのポストを引き継いだAFL傘下のアメリカ地方公務員労組出身のフランク・ウェルシュもまた、前任者と同じくデヴェラルやアジア財団と協力しつつ全労の育成に力を注いだ[71]。ウェルシュの認識では、反米的で容共的な総評指導部と信頼関係を構築することはほとんど不可能であり、広報・文化交流局が緊密に協力できるのは全労だけであった。そして、全労が組織を拡大するには3つの方法がある、とウェルシュは考えた。第1に、中小企業などの未組織労働者を組織化することである。第2に、総評から脱退した労働組合を加盟させることである。第3に、いずれのナショナル・センターにも参加していない中立系の労働組合を加盟させることである。こうした目的のために、広報・文化交流局は、全労の出版・宣伝活動を強化することに努めた。

　広報・文化交流局は、まず国際労働運動に関する様々な情報を全労に供与した。機関紙『全労』は1954年秋のフランスのCGTとイタリアのCGILによる総評の招待が世界労連の資金拠出に基づくものであったと暴露したが、その情報は広報・文化交流局から提供された。広報・文化交流局は、全労そのものだけでなく、それと密接な関係にある出版社にも支援を行った。海員組合の西巻国際部長が責任者を務める国際労働出版、全労系の労働組合指導者と経営者とによって設立された産業民主協会などである。特に後者は、週2回『産業と労働』を650部刊行して企業、政府機関、労働組合に配布するとともに、月2回

パンフレットを作成したが、それらに掲載された広報・文化交流局の情報に基づく記事は、全労の機関紙にしばしば転用された。広報・文化交流局の全労に対する援助は、情報の提供にとどまらなかった。全労は高野総評事務局長らが1955年の北京メーデーに参加したことを批判するパンフレットを2万部印刷し、総評傘下の労働組合を中心に送付したが、それに要した費用は広報・文化交流局の資金によってまかなわれた。つまり、秘密の資金援助が行われたのである。

だが、広報・文化交流局は、多額の資金援助を行う能力を持っていなかった。そこで、ウェルシュは、CIAから秘密資金を得ていたアジア財団の協力を仰ぐことで、その問題を解決しようとした。ウェルシュはアジア財団東京事務所のデルマー・ブラウン所長と会談して全労を支援するよう要請し、全労もアジア財団に対して出版活動への援助を求めた。ブラウンから前向きな回答を引き出したウェルシュは、アジア財団による全労の支援が組織活動に対する資金援助にまで発展することを期待した。出版活動に対する援助の第一陣は、イギリスのTUCの生産性運動に関するパンフレットの翻訳と発行であった。その後、どの程度具体的な援助がなされたのかについては不明であるが、広報・文化交流局の直接の資金援助はもちろん、アジア財団による資金援助も、決して万能でなかったことは確かである。全労がそれを受け取ることへの抵抗感を払拭できなかったためである。資金援助は広報・文化交流局やアジア財団が直接行うよりも、アメリカの労働組合や国際労働組織を経由してなされる方が好ましい、という点で、ウェルシュとブラウンは一致していた[72]。

広報・文化交流局の労働組合に対する工作は、全国の主要都市に設置されたアメリカ文化センターでも実施された。そのモデル・ケースとなったのは、八幡、大牟田、宇部といった重要な工業都市を管轄する福岡である。報告書によると、末端の組合員に向けた最も効果的な手段として用いられたのは映画であったが、1953年10月からの1年間で計156回の上映会が行われ、78組合7万4527名が鑑賞した。映画はイデオロギー闘争の舞台であり、原水禁運動の一環として日教組が製作した映画「ひろしま」や中ソ両国の映画が総評の手によって上映されていた。しかし、それに対抗して反共産主義的な内容の映画を最初から見せたのでは、アメリカの政治的プロパガンダとして反発を受けてしま

う。そこで、イデオロギー的なメッセージを消去した文化的ないし教育的な映画が、まず使用された。もう1つのテクニックは、総評傘下の労働組合と最初から接触するのではなく、友好的な労働組合に対するプログラムを実施し、その成功を顕示することを通じて、周辺の非友好的な労働組合の態度を変えていく、という方法であった。その意味で、親米的な全労の存在は、広報・文化交流局の活動にとって不可欠であった[73]。

映画と並んで重要なのは、音楽であった。この頃、1940年代末に始まった労音とうたごえ運動が全国的な広がりをみせ、ロシアや中国などの曲が好んで歌われ、演奏されていた。これらの大衆文化団体に対する共産党の影響力は顕著であり、活動家の重要なリクルート源となっていた。それは総評を越え、全労にも浸透しつつあった。そこで、全労は経営者の協力も得て、1955年11月21日に全文協を設立した。全文協は、広報・文化交流局に活動を適宜報告するとともに、支援を懇請した。これを受けてウェルシュが全文協に申し出たのは、歌詞がスクリーンに映し出される歌曲のフィルムの提供であった。これがあれば、左翼的なグループが育成しているコーラスの指揮者が不要になるとともに、アメリカにとって好ましい曲を広めることができる。さらに、広報・文化交流局は、本国の広報・文化交流庁に公電を送り、左翼の音楽プロパガンダに対抗するため、ミュージシャンを派遣して全文協の活動に協力するよう、アメリカ音楽家組合に要請することを求めた[74]。

このようにアメリカ政府は各種の援助を全労に供与したが、その最大のものは、対外活動本部とその後継機関の国際協力局によって実施された生産性プログラムであった。

(1) Morgan, *A Covert Life*, Chapter 15.
(2) 『労働パシフィック』1952年9月、Deverall Papers, Box 27, Folder 5, ACUA; Deverall to Lovestone, September 11, 1952, Deverall Papers, Box 24, Folder 1, ACUA; Deverall to Lovestone, August 1, 1953, Deverall Papers, Box 24, Folder 2, ACUA; Deverall to Lovestone, June 30, 1954, Deverall Papers, Box 24, Folder 4, ACUA.
(3) Deverall to Lovestone, "Weekly Report 29th June through 6th July 1952," July 6, 1952, Deverall Papers, Box 26, Folder 3, ACUA.

(4) Deverall to Lovestone, August 22, 1952, Deverall Papers, Box 24, Folder 1, ACUA.
(5) Calvert to Greenhough, December 7, 1953, LAB 13/766, PRO.
(6) Minutes, ICFTU Executive Board, December 1-5, 1952, ICFTU Archives, Box 21, IISH.
(7) Deverall to Meany, July 18, 1952, RG 1-27, Box 54, Folder 35, GMMA; Calvert to Greenhough, October 7, 1952, FO 371/99537, PRO.
(8) Sullivan to Allison, November, 25, 1952, 894.06/11-2552, *RDOS, IAJ, 1950-1954*, Reel 28; Carwell to Hawley, January 21, 1953, *CUSSDJ, 1947-1956*, Reel 27.
(9) Tokyo to the Department of State, November 12, 1952, No. 931, 894.062/11-1252, *RDOS, IAJ, 1950-1954*, Reel 28.
(10) Tokyo to the Department of State, November, 14, 1952, No. 957, 894.062/11-1452, *RDOS, IAJ, 1950-1954*, Reel 28.
(11) Deverall to Green, July 25, 1952, RG 1-27, Box 54, Folder 35, GMMA.
(12) Deverall to Meany, July 28, 1952, RG 1-27, Box 54, Folder 35, GMMA; Deverall to Lovestone, July 31, 1952, Deverall Papers, Box 24, Folder 1, ACUA.
(13) Deverall to Woll, "Weekly Activities Report to 3rd August 1952," August 3, 1952, Deverall Papers, Box 26, Folder 3, ACUA.
(14) Deverall to Lovestone, "Weekly Activities Report up to 20th July 1952," July 20, 1952, Deverall Papers, Box 26, Folder 3, ACUA; Deverall to Lovestone, September 1, 1952, Deverall Papers, Box 24, Folder 1, ACUA.
(15) Lovestone to Murphy, August 22, 1952, RG 84, Entry 2828A, Box 7, NA.
(16) Murphy to Lovestone September 4, 1952, RG 84, Entry 2828A, Box 7, NA; Ballew to Sullivan, October 7, 1952, RG 84, Entry 2828A, Box 7, NA.
(17) 1952年8月ごろ、総司令部の元労働課長のキレンを労働官に起用する構想をマーフィー大使が熱心に推進したが、実現しなかった。その際に問題になった1つは、キレンとデヴェラルの個人的な確執であった。Young to Murphy, August 18, 1952, RG 84, Entry 2828A, Box 7, NA; Rider to Murphy, August 18, 1952, RG 84, Entry 2828A, Box 7, NA; Murphy to Sullivan, August 21, 1952, RG 84, Entry 2828A, Box 7, NA; Murphy to Young, August 27, 1952, RG 84, Entry 2828A, Box 7, NA.
(18) Wilford, "American Labour Diplomacy and Cold War Britain," pp. 50-52.
(19) Lovestone to Deverall, March 2, 1953, Deverall Papers, Box 24, Folder 2, ACUA.
(20) Minutes, CIO International Committee, November 12, 1953, RG 18-2, Box 7,

Folder 24, GMMA.
(21) Berger to Sullivan, May 27, 1953, 894.062/5-2753, *RDOS, IAJ, 1950-1954*, Reel 28.
(22) Lovestone to Deverall, May 11, 1953, Deverall Papers, Box 24, Folder 2, ACUA; Lovestone to Deverall, June 9, 1953, Deverall Papers, Box 24, Folder 2, ACUA.
(23) *FRUS, 1952-1954, Vol. 14*, p. 1450.
(24) "Progress Report on NSC125/2 and 125/6," October 27, 1954, *DUSPJ, 7, Vol. 8*.
(25) Memorandum of Conversation, October 29, 1953, RG 84, Entry 2828A, Box 37, NA; Sullivan to Taylor, October 30, 1953, RG 84, Entry 2828A, Box 37, NA; *FRUS, 1952-1954 Vol. 14*, p. 1549.
(26) 欧米局「ニクソン副大統領の動静に関する件」1953年11月16日(外務省戦後外交記録『米国要人本邦訪問関係 ニクソン副大統領関係』リール A-0141)、Tokyo to the Department of State, December 28, 1953, No. 975, RG 84, Entry 2828A, Box 37, NA.
(27) 「新木大使発岡崎大臣宛電報」1953年12月18日、第1531号(外務省戦後外交記録『米国要人本邦訪問関係 ニクソン副大統領関係』リール A-0141)。
(28) "Estimate of the Internal Communist Threat to Japan," February 7, 1954, *CUSSDJ, 1947-1956*, Reel 27.
(29) "Communist Influence in the Japanese Trade Union Movement," February 4, 1954, *CUSSDJ, 1947-1956*, Reel 27.
(30) *FRUS, 1952-1954, Vol. 14*, pp. 1617-1619.
(31) Deverall to Lovestone, "Monthly Round-up Report 1st-31st January 1954," January 31, 1954, Deverall Papers, Box 26, Folder 5, ACUA.
(32) Tokyo to the Department of State, January 30, 1953, No. 1482, 894.062/1-3053, *RDOS, IAJ, 1950-1954*, Reel 28.
(33) デヴェラルは、自由労働組合委員会の執行委員会への報告書で、「AFLは非共産主義的で民主的な日本の労働組合の中央組織である全労の結成に全面的な援助を与えた」と書いている。Deverall to Lovestone, June 30, 1954, Deverall Papers, Box 24, Folder 4, ACUA.
(34) 労働省編『資料労働運動史 昭和28年度』934-936ページ、『労働』1953年7月1日、10月1日、12月11日。総同盟の正式の加盟申請は、1954年1月12日、国際自由労連東京事務所に提出された。Haraguchi to Oldenbroek, January 13, 1954, ICFTU Archives, Box 3556, IISH.
(35) Ross to Potofsky, December 11, 1953, RG 84, Entry 2828A, Box 7, NA; Old-

enbroek to Bolle, March 24, 1954, ICFTU Archives, Box 3535, IISH; Minutes, ICFTU Executive Board, November 30 – December 4, 1953, ICFTU Archives, Box 30, IISH.

(36) Deverall to Lovestone, November 22, 1953, Deverall Papers Box 26, Folder 5, ACUA; Deverall to Brown, January 31, 1954, Deverall Papers, Box 20, Folder 2, ACUA; Brown to Deverall, February 20, 1954, Deverall Papers, Box 20, Folder 2, ACUA.

(37) Minutes, ICFTU Emergency Committee, March 1-3, 1954, ICFTU Archives, Box 350, IISH.

(38) Wada to Oldenbroek, February 15, 1954, ICFTU Archives, Box 3556, IISH.

(39) Bolle to Oldenbroek, February 14, 1954, ICFTU Archives, Box 3556, IISH.

(40) Bolle to Oldenbroek, February 14, 1954, ICFTU Archives, Box 3556, IISH; Bolle to Oldenbroek, February 24, 1954, ICFTU Archives, Box 3535, IISH; Bolle to Oldenbroek, March 4, 1954, ICFTU Archives, Box 3535, IISH; Tokyo to the Department of State, March 5, 1954, No. 1245, RG 84, Entry 2828A, Box 37, NA.

(41) Haraguchi to Oldenbroek, March 24, 1954, ICFTU Archives, Box 3535, IISH; Deverall to Brown, February 25, 1954, Deverall Papers, Box 20, Folder 2, ACUA.

(42) "Situation of the Japanese Trade Union Movement at the End of February 1954," undated, ICFTU Archives, Box 3535, IISH.

(43) Bolle to Oldenbroek, March 18, 1954, ICFTU Archives, Box 3535, IISH.

(44) Okura to Krane, "Mr. Bolle's Report," undated, ICFTU Archives, Box 3535, IISH.

(45) Bolle to Oldenbroek, April 4, 1954, ICFTU Archives, Box 3535, IISH.

(46) Haraguchi to Oldenbroek, April 21, 1954, ICFTU Archives, Box 3542, IISH.

(47) Berger to Sullivan, April 30, 1954, 894.062/4-3054, *RDOS, IAJ, 1950-1954*, Reel 29.

(48) Bolle to Oldenbroek, March 27, 1954, ICFTU Archives, Box 3535, IISH.

(49) Haraguchi to Oldenbroek, May 12, 1954, ICFTU Archives, Box 3543, IISH.

(50) Wada to Oldenbroek, May 12, 1954, ICFTU Archives, Box 3556, IISH.

(51) Bolle to Oldenbroek, May 12, 1954, ICFTU Archives, Box 3535, IISH; "Agenda Item 13(a): Brief Interim Report on the Trade Union Situation in Japan, Submitted by M. C. Bolle," ICFTU Executive Board, May 24-29, 1954, ICFTU Archives, Box 33, IISH.

(52) Deverall to Brown, May 19, 1954, Deverall Papers, Box 20, Folder 4, ACUA; Deverall to Meany, May 20, 1954, Deverall Papers, Box 20, Folder 4,

ACUA.
(53) Sullivan to Berger, May 25, 1954, RG 84, Entry 2828A, Box 37, NA; Sullivan to Taylor, May 27, 1954, RG 84, Entry 2828A, Box 37, NA.
(54) Victor Reuther to Ross, May 19, 1954, CIO-WO Collection, Box 69, Folder 18, RL.
(55) Minutes, ICFTU Executive Board, May 24-29, 1954, ICFTU Archives, Box 36, IISH.
(56) Lovestone to Deverall, April 1, 1954, Deverall Papers, Box 24, Folder 4, ACUA; Lovestone to Deverall, April 5, 1954, Deverall Papers, Box 24, Folder 4, ACUA; Brown to Deverall, June 11, 1954, Deverall Papers, Box 20, Folder 4, ACUA; Lovestone to Deverall, June 21, 1954, Deverall Papers, Box 24, Folder 4, ACUA. なお、国務省のサリヴァンは、6月末にブリュッセルに赴き、オルデンブロークに対する説得工作を行った。Sullivan to Taylor, July 19, 1954, RG 84, Entry 2828A, Box 38, NA; Sullivan to Robertson, October 12, 1954, 894.062/10-1254, *RDOS, IAJ, 1950-1954*, Reel 29.
(57) "Agenda Item 9: Applications for Affiliation," ICFTU Executive Board, November 24-28, 1954, ICFTU Archives, Box 36, IISH; "Agenda Item 12(e)(2): Report of the ICFTU Delegation to Japan(October 1954)," ICFTU Executive Board, November 24-28, 1954, ICFTU Archives, Box 36, IISH; Minutes, ICFTU Executive Board, November 24-28, 1954, ICFTU Archives, Box 36, IISH.
(58) 『全労』1954年10月15日。
(59) Lovestone to Deverall, October 19, 1954, Deverall Papers, Box 24, Folder 5, ACUA; Deverall to Lovestone, October 25, 1954, Deverall Papers, Box 24, Folder 5, ACUA; Tokyo to Secretary of State, October 8, 1954, No. 854, RG 84, Entry 2828A, Box 38, NA.
(60) Lovestone to Deverall, January 20, 1954, Deverall Papers, Box 24, Folder 3, ACUA; Lovestone to Deverall, March 22, 1954, Deverall Papers, Box 24, Folder 3, ACUA; Lovestone to Deverall, April 5, 1954, Deverall Papers, Box 24, Folder 4, ACUA; Lovestone to Deverall, April 7, 1954, Deverall Papers, Box 24, Folder 4, ACUA; Lovestone to Deverall, April 13, 1954, Deverall Papers, Box 24, Folder 4, ACUA; Lovestone to Deverall, April 20, 1954, Deverall Papers, Box 24, Folder 4, ACUA.
(61) Deverall to Lovestone, "Weekly Activities Report 3rd-10th January 1954," January 10, 1954, Deverall Papers, Box 26, Folder 5, ACUA; Deverall to Lovestone, January 29, 1954, Deverall Papers, Box 24, Folder 3, ACUA; Deverall to Lovestone, April 21, 1954, Deverall Papers, Box 24, Folder 4, ACUA.

(62) Deverall to Lovestone, February 4, 1954, Deverall Papers, Box 24, Folder 3, ACUA; Deverall to Lovestone, March 29, 1954, Deverall Papers, Box 24, Folder 3, ACUA.
(63) Lovestone to Deverall, April 8, 1954, Deverall Papers, Box 24, Folder 4, ACUA; Deverall to Lovestone, April 23, 1954, Deverall Papers, Box 24, Folder 4, ACUA.
(64) Deverall to Lovestone, June 24, 1954, Deverall Papers, Box 24, Folder 4, ACUA; Deverall to Meany, July 1, 1954, Deverall Papers, Box 21, Folder 1, ACUA; Deverall to Lovestone, July 8, 1954, Deverall Papers, Box 24, Folder 4, ACUA.
(65) Lovestone to Deverall, June 29, 1954, Deverall Papers, Box 24, Folder 4, ACUA.
(66) Deverall to Lovestone, August 9, 1954, Deverall Papers, Box 24, Folder 4, ACUA; Lovestone to Deverall, August 13, 1954, Deverall Papers, Box 24, Folder 4, ACUA; Lovestone to Deverall, August 18, 1954, Deverall Papers, Box 24, Folder 4, ACUA; Lovestone to Deverall, August 25, 1954, Deverall Papers, Box 24, Folder 4, ACUA; Lovestone to Deverall, August 31, 1954, Deverall Papers, Box 24, Folder 4, ACUA; Deverall to Takita, September 4, 1954, Deverall Papers, Box 21, Folder 3, ACUA.
(67) Deverall to Lovestone, September 4, 1954, Deverall Papers, Box 24, Folder 5, ACUA.
(68) Lovestone to Deverall, October 29, 1954, Deverall Papers, Box 24, Folder 5, ACUA; Lovestone to Deverall, November 1, 1954, Deverall Papers, Box 24, Folder 5, ACUA.
(69) Lovestone to Deverall, June 29, 1955, Deverall Papers, Box 24, Folder 6, ACUA; Lovestone to Deverall, August 24, 1955, Deverall Papers, Box 24, Folder 6, ACUA.
(70) 1950年代半ばのアメリカ広報・文化交流庁および広報・文化交流局の対日活動については、藤田文子「1950年代アメリカの対日文化政策―概観」(『津田塾大学紀要』第35号、2003年)。
(71) Taylor to Sullivan, January 25, 1955, RG 84, Entry 2828A, Box 37, NA.
(72) USIS, Tokyo to USIA, October 22, 1954, RG 84, Entry 2828A, Box 7, NA; Welsh to Taylor, November 19, 1954, RG 84, Entry 2828A, Box 7, NA; Memorandum of Conversation, June 18, 1955, enclosed with Sullivan to Finn, June 29, 1955, 894.062/6-2955, *RDOS, IAJ, 1955-1959*, Reel 5.
(73) USIS, Tokyo to USIA, December 14, 1954, No. 26, RG 306, Entry 1021, Box

13, NA. 映画「ひろしま」については、『日教組十年史』日本教職員組合、1958年、832-838ページ。
(74) Embassy/USIS, Tokyo, to DOS/USIA, March 27, 1956, No. 858, RG 84, Entry 2828A, Box 58, NA.

第3節　生産性運動の開始

生産性プログラムとは何か

　アメリカは、第二次世界大戦によって疲弊したヨーロッパに対するソ連の進出を阻止するため、1947年6月5日、ジョージ・マーシャル国務長官が欧州復興計画を発表した。アメリカの生産性プログラムは、このマーシャル・プランの一環として、まず西欧諸国で実施された。

　最初に生産性運動が開始されたのは、イギリスであった[1]。1948年7月、労働党政権のスタフォード・クリップス蔵相が、マーシャル・プランの実施を担当していたアメリカの経済協力局のポール・ホフマン長官との会談で、生産性を向上するための支援を要請し、そこでの合意に従い、翌月に英米生産性協議会が設立された。クリップスは、イギリスの経済自立にとって生産性の向上が不可欠と判断すると同時に、より多くの援助をアメリカから獲得するためにも自助努力を示す必要があると考え、これを提案したのである。その運営資金の3分の2は、マーシャル・プランおよびその見返資金によってまかなわれた。英米生産性協議会は、マーシャル・プランの副産物でありながら、イギリスにおけるその最も顕著な活動であったといわれる。

　政府から独立した民間組織として設立された英米生産性協議会は、イギリス側12名、アメリカ側8名、計20名によって構成されたが、いずれの側も経済団体と労働組合の代表を含んでいた。イギリス側についてみると、イギリス産業連盟、イギリス経営者総連盟、TUCから代表が選出され、アメリカ側組織も、ゼネラル・エレクトリックのフィリップ・リードと全米自動車労組のヴィクター・ルーサーが共同議長を務めた。英米生産性協議会の最も重要な活動は、訪米視察団の派遣であり、合計で138チーム、900名を超える経営者、労働者、技術者が、高い生産性を誇るアメリカに学ぶべく大西洋を渡った。そして、訪米視察団の報告書は、イギリス国内で大きな反響を呼び、全部で60万冊以上が販売された。英米生産性協議会は、当初の予定通り1952年6月に活動を終えたが、そのイギリス側組織を継承して、イギリス生産性協議会が設立された。

第 3 節　生産性運動の開始　　147

　これは、英米生産性協議会の訪米視察団の勧告を引き続き実施して、生産性向上のための諸活動を行う、一国単位の恒久的な生産性本部であった。
　イギリスに続いて、それ以外の西欧諸国でも、様々な名称を有する生産性本部が設立された[2]。例えば、西ドイツでは、1920 年代の産業合理化運動の系譜を引くドイツ経済性協議会が、1950 年 11 月にドイツ経済合理化協議会と改称することで、生産性本部としての機能を担った。その理事会は、政府、経済団体、労働組合、学界の代表によって構成され、訪米視察団の派遣などに携わった。また、フランスでは、1950 年 6 月、経済省の下に生産性向上全国委員会が設置されるとともに、生産性運動の実施を担当する民間団体としてフランス生産性向上連盟が創設された。これら 2 つの組織には、経済団体、労働組合、学界、専門家団体の代表が参加し、訪米視察団の派遣などを行った。
　以上のように、西欧諸国の生産性本部は、1940 年代末から 1950 年代初頭にかけて、アメリカの対外援助機関の支援を受けながら、それぞれの政府の協力の下、経済団体や労働組合などによって設立され、訪米視察団の派遣をはじめとする活動を展開したが[3]、1953 年 5 月には、アメリカの経済協力局の後継機関である相互安全保障局の援助を得て、ヨーロッパ生産性本部がパリに設けられた。これは、マーシャル・プランの受入れ機関のヨーロッパ経済協力機構を母体として発足した組織であり、西欧全体の生産性を向上させることを目標とし、各国の生産性本部の間の情報交換や技術交流を図る役割を担った。ここにヨーロッパの生産性運動は、地域的な枠組みを持つに至ったのである[4]。
　こうした経緯からも明らかなように、生産性プログラムは、アメリカの冷戦政策の重要な一部を構成した。それは、アメリカのヘゲモニーの下、危機に瀕していた西欧諸国の資本主義を再建しつつ、共産主義勢力の主たる標的であった労働組合を包摂する上で、大きな役割を果たした。生産性の向上を伴う経済成長により、労働者の賃金と労働条件の向上を可能にし、労使間の分配をめぐるゼロ・サム的な階級対立を解消しようというのが、生産性プログラムのねらいであった。そして、このプログラムの下で、パイの拡大を通じた労使協力に積極的な社会民主主義系もしくはキリスト教民主主義系の労働組合が育成され、それに反対する共産党系の労働組合が抑圧された。第二次世界大戦後、西欧諸国には経済成長を目標とする親米的で安定的な中道支配が成立するが、それこ

そが「生産性の政治」の成果であった[5]。

　生産性プログラムが冷戦を背景としていたことは、それに世界労連が反対し、国際自由労連が賛成したことに明確に示されている。すなわち、世界労連は、1954年12月9日から開催した評議会の一般決議で、労働を強化し、搾取を強め、戦争を準備するものとして、資本主義諸国の生産性運動に反対することを謳った。独占資本の利潤を減少させ、軍事予算を削減するならば、生産性が向上しなくても、物価の上昇なしに賃上げは可能であるというのが、世界労連の見解であった。他方、国際自由労連は、1952年7月1日からの評議員会で、「物価、賃金および生産性に関する声明書」を採択し、物価の引下げ、賃金の引上げ、生活水準の向上などをもたらすものと評価して、生産性運動に協力する態度を明らかにした。もっとも、無条件の賛成ではなく、それには「労働者の賃金および就業上の利益が適切に保護される限り」という条件が付されていた[6]。

　重要なのは、アメリカ政府の生産性プログラムに対して、AFLよりもCIOの方が大きな影響力を持ったことである。例えば、相互安全保障局の後継組織で、生産性プログラムを管轄する対外活動本部には、ハロルド・スタッセン長官の下、労働諮問委員会が設置され、AFLとCIOが委員を送り込み、労働関係の人事に関与した。だが、AFLとCIOが対外活動本部に推薦する人員の数には大きな開きがあり、1954年9月9日付の文書によると、AFLの推薦者は3名が資格審査済、4名が資格審査中にすぎず、それに対して、CIOの推薦者は、資格審査済59名、資格審査保留2名、資格審査中11名と多数に上った[7]。そして、対外活動本部の日本における出先機関であるアメリカ対外活動使節団の初代労働専門官に任命されたカール・ウィンも、CIO傘下のアメリカ国際木材労組の書記長であり、CIOのヴィクター・ルーサー国際部長の推薦にかかるものであった[8]。

　対外活動本部の労働プログラムの目的は、スタッセン長官がいうように、「自由主義陣営の労働者の生活水準を向上させ、その労働組合が共産主義者の支配に陥らないようにし、自由主義陣営の労働組合運動を強化・発展させること」にあった[9]。これは、経済成長を達成して労働者の生活水準を向上させることで、共産主義の浸透を阻止すべきと主張するCIOのアプローチとまさに

同一であった。ルーサー CIO 国際部長は、1955 年 2 月 16 日、アジア政策に関する書簡をダレス国務長官に送り、前年末の CIO の第 16 回大会の決議を引用しつつ、軍事援助や軍事協力に力点を置くのではなく、大規模な経済援助や経済協力を実施し、平和攻勢を積極的に展開することで、共産主義者の侵略を阻止しなければならないと説いた[10]。CIO が日本を含めて生産性プログラムに深く関与したのは、こうした認識に基づいていた。

ただし、生産性プログラムに対する CIO の態度は、単純ではなかった。それは、国際自由労連が生産性運動に賛成する際に付した「労働者の賃金および就業上の利益が適切に保護される限り」という条件に関わっていた。生産性を向上するための労使協力は、それだけでは経営者に利益を与えても、賃金や労働条件の向上にはつながらない。それゆえ、生産性向上の成果を労働者に公正に配分させるために、CIO は団体交渉を重視した。つまり、パイを拡大するための経営者との協力の必要性を認めながらも、パイの配分をめぐる経営者との対立を直視し、交渉力を高めようと考えたのである。「生産性の政治」が階級間の利害対立を低下させても、消滅させられない以上、CIO は生産性運動が経営者を一方的に利することへの警戒を怠らなかった。そして、後に詳述するように、経営者の主導で展開された日本の生産性運動は、CIO の憂慮の的になるのである。

日本における生産性運動の開始

西欧諸国とほぼ同じ時期、日本でも生産性本部の設立に向けた動きがあらわれた[11]。それに積極的な態度を示したのは、アメリカ側よりも日本側であった。最も早い例は、日経連が、機関紙『日経連タイムス』の 1949 年 10 月 27 日号で、英米生産性協議会と類似の機関の設置を提唱したことである[12]。総司令部に対する具体的な働きかけは、経済安定本部によって行われた。1951 年 1 月 20 日と 3 月 24 日、経済安定本部の周東英雄長官は、経済科学局のマーカット局長に宛てて、生産性本部の設立を求める書簡を送った。経済安定本部の係官が前年の夏に訪米し、経済協力局の担当官と接触して得た情報に基づいて、この提言はなされた[13]。また、通産省も、1951 年に産業合理化審議会の建議のかたちで、生産性本部の設置を具申した[14]。

ところが、総司令部は、上述の経済安定本部の要請に対して、消極的な姿勢を示した。生産性の向上によって日本経済を近代化する必要性を認めながらも、そうした政策は技術者の訪米プログラムなどを通してすでに総司令部によって実施されており、アメリカ本国の担当官は日本の実情に精通していないというのが、経済科学局の考えであった。また、経済安定本部の提言が、統計的なアプローチに傾斜しすぎているという不満もあった[15]。経済科学局はこうした様々な理由を挙げたが、結局のところ、アメリカ本国から自立的な占領政策の実施を望んでいたことが根本的な理由であったとみられる。それゆえ、日本での生産性本部の設立は、1952年4月28日の講和条約の発効を待たなければならなかったのである。

日本における生産性運動の出発点となったのは、1953年9月1日にアメリカ国務省から駐日大使館に送付された訓令であった。この訓令のなかで、国務省は、「長期的な経済利益」を日本にもたらすものとして、その1ヵ月前に相互安全保障局の後継機関として発足した対外活動本部の対日活動を強化する可能性を打診し、4項目のうちの1つとして技術援助を挙げた。具体的には、ヨーロッパでの生産性プログラムに倣い、日本からアメリカへの産業別視察団の派遣とアメリカから日本への専門家（および産業別視察団）の派遣という、経営者と労働者の両方を含む日米双方向の技術援助チームの交換を提示した。その費用は、アメリカがドル払分を、日本が円払分を負担する、というものであった[16]。国務省は、この訓令の最後で、対外活動本部に提案する前段階として、駐日大使館に意見を求めると述べた。つまり、この訓令は、対外活動本部との協議を経たものではなく、国務省の独自の判断によるものであった。

では、なぜ国務省は日本に対する技術援助の検討を開始したのか。それには以下の2つの理由が考えられる。まず第1に、日本経済の実情を知る国務省が、ヨーロッパで行われていた生産性運動に関心を寄せたことである。1953年4月24日、国務省の極東局北東アジア課で、「アメリカのヨーロッパに対する技術援助―対日政策との対比」と題する文書が作成された。これは、新木栄吉駐米大使がアリソン極東担当国務次官補に対して、西ドイツの生産性運動を報じる新聞記事を持参して提示したことを契機に取りまとめられたものであり、MSA（相互安全保障法）に基づくアメリカの生産性プログラムについて触れた

第3節　生産性運動の開始　　151

上で、それを日本で実施するよう提案するものであった[17]。この文書が、その4ヵ月あまり後の訓令に直接つながるものであったかは定かでないが、少なくとも当時の国務省の認識を示すものといえるであろう。

　第2に、MSA援助のなかに軍事援助や経済援助と並んで技術援助を含めることによって、MSA交渉を進展させるという目的である。訓令が送られた1ヵ月前の7月15日から東京で始められたMSA交渉は、日本側が経済援助を求める一方、防衛力増強に消極的な態度をとったため、難航していた。例えば、駐日大使館は、8月21日の交渉の終了後に国務省に宛てて送付した報告書で、「交渉の顕著な特徴」として「日本側が協定の経済的な側面を強調するのに積極的なこと」と「日本側が防衛力増強について協議するのに消極的なこと」を挙げた[18]。国務省は、こうした状況を念頭に置いて、この訓令のなかで「相互安全保障計画の経済的側面を強調することは軍事援助協定の国会での批准に役立つ」という見解を示したのである。

　ところで、駐日大使館は、9月1日の訓令に対する返信を29日に送付し、生産性運動を実施するために別組織を設立するのではなく大使館に業務を委ねるよう求めつつ、その趣旨に賛同することを伝えた[19]。ところが、アメリカ大使館の働きかけを受けた日本政府や経済団体は、すぐには興味を示さなかった。しかし、1953年7月27日の朝鮮休戦後、特需の減少を背景として国際収支が悪化するにつれ、物価の引下げによる輸出の振興が急務となり、生産性プログラムへの関心が次第に高まった。吉田内閣も、昭和29年度の「1兆円予算」の編成にみられるように、財界の積極的な支援の下、輸出を振興すべく緊縮政策を実施した。膨大な特需の存在を前提とする積極政策が行き詰まるなか、日本国内でも生産性運動を開始する条件が整っていったのである[20]。

　日本側が生産性運動に踏み出すきっかけとなったのは、1953年12月15日に開かれたアメリカ大使館と同友会の会合であった。同友会からは、代表幹事の山際正道と東海林武雄、常任幹事の郷司浩平らが出席した。この席において、ウェズレー・ハロルドソン商務官は、共産主義の脅威に対抗するためには貧困の解消が不可欠であり、経営者が株主の利益に関心を集中するのではなく、能率の増進によって労働者の生活水準の向上に努めなければならないと力説し、ヨーロッパでの生産性運動に言及した。そして、日本経済の弱点である設備投

資によらない経営の合理化を推進するため、英米生産性協議会に準じる日米合同の委員会を設け、MSA援助のなかの技術援助を与える用意があると表明した[21]。

郷司常任幹事は、この半年前にヨーロッパを訪問し、生産性運動を実際に見聞していた。5月9日に日本を発った郷司は、ウィーンの国際商業会議所総会に出席し、西ドイツで労使関係、とりわけ経営参加を調査した後、イギリスを訪れて英米生産性協議会の資料を持ち帰った。郷司によると、この訪欧を通じて、「ヨーロッパ全体の経済は、生産性ということを、暗黙のうちに1つの共通なスローガンとしており、あらゆる経済的な国際会議を見てもそこではかならず主要な柱の1つとして生産性向上の問題が出ていることを感じた」。そして、1947年に発足した労使協力組織の経済復興会議で中心的な役割を果たし、挫折した経験を持つ郷司は、西欧諸国で「労使協力の線が出ており、一丸となつて生産性向上に努め、また現実にすでに生産性を上げている」ことに強い印象を受けた[22]。

このように生産性運動に関心を寄せていた同友会は、ハロルドソンとの会談の3日後の12月18日の幹事会で、「生産性向上対策に関する件」を議題として取り上げ、具体的な方法を事務局で検討することにした。そして、1月14日の幹事会で、事務局が作成した基本方針を了承し、さらに2月19日の幹事会で、英米生産性協議会に準じる日米生産性増強委員会の設置を骨子とする基本構想に承認を与え、他の経済団体と協力して実現に努めることを決めた。これを受けて、同友会は、経団連、日経連、日商に対して働きかけを行い、3月5日の首脳会議で同意を得た。その後、ハロルドソンとも連絡をとりながら、主要経済四団体の事務局によって準備が進められ[23]、3月17日の懇談会を経て、3月19日に日米生産性増強委員会が正式に発足した。

日米生産性増強委員会は、経済自立の達成に不可欠な生産性の向上のため、アメリカの優れた経営技術を組織的に導入することを目的に据えた。その主たる活動は、アメリカから招聘する専門家を講師とするセミナーの開催と訪米チームの派遣であった。このうち、セミナーには、社長・常務取締役以上を対象にするトップ・マネージメント・セミナーと、経営管理者・技術者・現場工員を対象にする問題別セミナーとがあり、訪米チームには、問題別訪米チームと

業種別訪米チームとがあった。費用は、約8割をアメリカ側がMSA援助から拠出し、残りを日本側の業種団体や企業が受益者負担主義に基づいて支払うものとされた。日米生産性増強委員会は、2年間の活動を目途として、生産性本部に改組することが予定された。

　大きな問題が残されたのは、労働組合の参加であった。日米生産性増強委員会は、英米生産性協議会と同じく労働者側を参加させる必要性を認めていたが、いかなるかたちで参加させるかは今後の検討課題とし、差し当たり経営者側のみで発足した。そのため、日米生産性増強委員会の日本側委員は、全て経営者によって占められた[24]。そして、委員長には、4月8日に開かれた第1回委員会で、東芝の石坂泰三社長が選出された[25]。このように経営者側のみで発足したのは、日経連の中山三郎理事によると、「活動の対象が主として経営機能にあるのと組合側の態勢がなお熟さないから」であった[26]。確かに、総評は、日米生産性増強委員会に対して、「日本の政治経済一切をアメリカの隷属下に置くことを目的」とするものだと強い批判を加えていた[27]。

　経済団体は、労使協力に積極的な姿勢をとりつつも、中山の発言にみられる通り、労働組合を経営上の問題に関与させることに警戒的であった。同友会は、日米生産性増強委員会の発足と同じ時期、緊縮政策の実施に対応して労使協力による賃金抑制を実現すべく、1954年1月22日の第12回全国委員会で、国民経済会議の設立を提唱する緊急動議を採択した[28]。ところが、同友会は、その後、労働者の経営参加に反対するあまり、経営参加に至らない労使協力である国民経済会議にも消極的になり、6月1日の労働政策部会で、それを事実上断念することを決めた[29]。また、日米生産性増強委員会は、労働組合の協力を欠いていたばかりか、日本政府の協力も確保していなかった。

　さらに、日米生産性増強委員会のもう1つの問題は、アメリカ政府、とりわけ対外活動本部の協力を取り付けていなかったことである。駐日大使館は、組織や運営など生産性プログラムに関する専門的な知識を持っていなかったため、国務省に宛てて繰り返し電報を送り、ヨーロッパでの経験を有する専門家を日本に派遣することを対外活動本部に依頼するよう求めた[30]。国務省も、その必要性を認めていた。しかし、日本に自らの大規模な代表部を設置したい対外活動本部と、それに反対する国務省は、数ヵ月前から鋭く対立しており、対外

活動本部は、この問題が解決されない限り、専門家を日本に派遣しないという態度をとった。そして、その旨を記す電報が、5月5日に国務省から駐日大使館に送付された[31]。

　駐日大使館は、セクショナリズムに起因する遅延を憂慮し、その打開を国務省に求めたが、実現しなかった[32]。そこで、日本国内での組織的な整備のみが進められた。すなわち、日米生産性増強委員会は、6月21日の第4回委員会で、名称を日本生産性協議会に変更し、委員制を理事制に改め、あわせて選考委員会、企画調整委員会、財務委員会の3つの小委員会の設置を決めた。名称の変更は、アメリカの関与を印象づけるのは得策ではなく、「日米」よりも「日本」の方が望ましいと考える国務省（および対外活動本部）の意向を受けて行われたものであった[33]。しかし、この改組には限界があり、従来の委員がそのまま理事に横滑りするにとどまった。つまり、日本生産性協議会も、労働者側を欠き、経営者側のみで構成されたのである[34]。

日本生産性本部の設立

　この頃、日本経済は、朝鮮休戦後の特需の減少による国際収支の危機に見舞われていた。吉田内閣は、国際収支を改善するために緊縮政策を実施したが、深刻な不況を引き起こした。そればかりでなく、緊張緩和の進展のなか、朝鮮戦争に続いてインドシナ戦争も休戦に向かい、特需の減少が加速し、日本経済の危機は一層深刻化した。そこで、吉田首相の意向によって訪米した前蔵相の向井忠晴外務省顧問は、6月11日に国務省を訪れ、特需の減少を主たる原因として国際収支が危機的な状況に陥っており、輸出を振興するために緊縮政策を実施しているが、なおも困難が予想されると述べ、アメリカの日本に対する経済的な支援を要請した[35]。

　国際収支の危機と不況に直面していた日本国内では、緊張緩和の進展を受けて中国貿易を求める動きが高まった。日本経済の危機は、日米関係の危機に直結していたのである。しかも、この時期、第五福龍丸事件を原因として、反核・反米感情が高揚するとともに、造船疑獄事件によって、親米的な吉田内閣が動揺していた。ここに至って、アメリカ政府は、日本を自由主義陣営に繋ぎ止めるべく、経済的な支援を本格的に考慮し始めた。アイゼンハワー大統領は、

6月22日の全国編集者協会の演説で、「西太平洋の防衛の要衝は日本である」と語るとともに、「もし生計を立てられるよう何かをしてやらなければ日本は生存できず、その結果、日本は自由主義陣営にとどまることができなくなるであろう」と訴えた(36)。

こうしたなか、ダレス国務長官とスタッセン対外活動本部長官が、6月16日に会談を行った。まず両者は、対外活動本部の駐日代表部の設置をめぐって、それまでと同様の議論をたたかわせた。しかし、国務省は、日本経済の危機的状況ゆえに、もはや消極的な反対論に終始できなかった。そこで、ダレスは、クラレンス・マイヤーを日本に派遣して駐日大使館の協力の下で詳細な調査を行わせ、日本に対する経済的な支援と対外活動本部の駐日代表部の設置に関する報告書を3ヵ月以内に提出させることを提案した。マイヤーは、対外活動本部が駐日代表部の責任者に予定していた人物であり、かつダレスとも旧知の間柄であった(37)。スタッセンも、マイヤーの派遣の提案に賛成し、その勧告に従うことを承諾した(38)。

対外活動本部のマイヤー調査団は、7月8日から28日にかけて来日し、吉田首相をはじめとする日本政府の首脳、石川一郎経団連会長など財界の有力者、滝田全労会長ら労働組合の指導者と会見し(39)、帰国後、報告書を提出した(40)。この報告書は、緊縮政策の維持・強化を日本政府に求め、「日本自身によって適切な措置が講じられるならば、短期的なアメリカの経済援助は不要である」と説き、年間1億ドルの余剰農産物の円貨での売却を「唯一適切な直接援助の形態」として提示するにとどめる一方、「過去2年間よりも積極的な日本に対する経済援助」を行うようアメリカ政府に要請し、GATTへの正式加入、アメリカ軍の域外調達といった従来からの支援策の継続に加え、生産性本部の設置など新たな支援策の実施を要求した。

さらに、この報告書は、余剰農産物援助の実施を条件として、公使の身分を有する団長の下、ヨーロッパの主要国の代表部と同様の地位を持ち、駐日大使館の経済部と統合される、小規模な対外活動本部の代表部を日本に設置するよう勧告した。駐日大使館も、報告書の付属文書で、これに同意した。そして、7月10日に余剰農産物処理法が成立し、8月9日にはスタッセンがダレスと会い、余剰農産物援助を日本に供与する意向を表明した。これによって対外活動

本部の駐日代表部を設置する条件が整い、8月31日にダレスがスタッセンに宛てて書簡を送り、承諾することで、この問題は最終的に決着した⁽⁴¹⁾。それから4ヵ月後の12月23日、対外活動本部の出先機関であるアメリカ対外活動使節団の団長としてマイヤーが再来日した⁽⁴²⁾。

　マイヤー調査団は、国務省と対外活動本部の対立を解決したばかりでなく、生産性プログラムを前進させる役割も果たした。すなわち、調査団の報告書は、生産性本部の設立を援助するようアメリカ政府に要請するとともに、対外活動本部の駐日代表部の設置を勧告する理由の1つとして、生産性プログラムの実施を挙げた。また、駐日大使館も、報告書の付属文書で、日本経済を強化するために生産性の向上が重要であると力説し、できるだけ早く専門家を日本に派遣するよう対外活動本部に求めた。このように見解が一致したマイヤー調査団と駐日大使館は、対外活動本部のジョン・ハーラン産業技術援助課長の来日について合意した。対外活動本部は、8月16日、これを承認する電報を駐日大使館に送付した⁽⁴³⁾。

　これ以降、対外活動本部が日本での生産性プログラムに直接関与することになったが、そのことはアメリカの対日労働政策にとって重要な意味を有した。ヨーロッパでの経験を持つ対外活動本部は、かねてから労働組合および政府の参加を欠いた生産性本部の設立を懸念していたからである⁽⁴⁴⁾。対外活動本部のクリントン・モリソン極東局長代理は、8月24日、訪日直前のハーランに宛てて書簡を送り、日本生産性協議会に労働組合が参加していないことを指摘した上で、訪日中に労働組合の指導者、労働省の担当官、AFLの駐日代表らと会談を行い、生産性プログラムを成功させるためには経済団体のみならず政府と労働組合の積極的な支持が不可欠であると強調するよう要請した⁽⁴⁵⁾。

　対外活動本部の目標は、自由主義陣営の労働者の生活水準を向上させることで、共産主義と闘う自由にして民主的な労働組合運動を強化することにあった。8月13日に作成された「1955会計年度低開発地域向け労働プログラム（改訂版）」は、低賃金や失業などに喘ぐ極東諸国が共産主義者のプロパガンダの格好のターゲットになっていると分析した上で、インドネシア、韓国、フィリピンと並んで、日本にプログラムの力点を置くことを表明した。そして、日本の労働情勢は、アメリカの重大な懸念の的であり、「対外活動本部の使節団が設

置される際には、ライヴァルの共産主義組織に対する民主的な労働組合の闘争を支援するため、労働アドヴァイザー、労働エコノミスト、労働生産性専門家の任命が必要である」と明記した(46)。

　国務省極東局で対日労働政策を担当してきたサリヴァン労働顧問も、ヨーロッパの例から、労働組合の協力が生産性プログラムの成否を決めるという認識を持っていた。そして、総評が反対するとしても、全労および総評傘下のいくつかの単産の協力を期待でき、総評の分裂を惹起するであろうと考え、ハーランが労働組合に働きかけるべきだと主張した(47)。しかし、国務省は、対外活動本部と比べると、労働組合の参加に熱心ではなかった。例えば、チャールズ・ボールドウィン国務次官補副代理は、8月23日に対外活動本部のモリソンに対して、労働組合の参加が望ましいとしても、イギリスのようにはいかないと述べ、アメリカがそれを強要した場合、日本の経営者の反発を招き、生産性プログラムの進展を妨げてしまうと警告した(48)。

　9月1日から13日にかけて東京に滞在したハーランは、通産省などの関係省庁や日本生産性協議会と精力的に会談を行い、日米両国の政府間協定を締結する必要などから、官民協力がなされなければならないと説いた。しかし、ハーランが生産性プログラムを実施する上で最大の障害と考えていたのは、労働組合の不参加であった。そこで、ハーランは、日本生産性協議会などに対して、ヨーロッパでの経験にも言及しながら、労働組合の参加を得て生産性本部を設立するよう強く勧告した。また、それとともに、労働省の担当官のほか、中山伊知郎や稲葉秀三といった労働組合と密接な関係を持つ有識者と意見を交換し、反米的な総評の協力は不可能であるが、全労の参加が見込まれ、中立系の労働組合からの参加も期待できる、という見通しを得た(49)。

　日本生産性協議会は、ハーランの提案に当初消極的な反応を示したが、理事会を開いて検討した結果、それを受け入れることを決めた(50)。そして、9月10日、対外活動本部、日本生産性協議会、通産省、大蔵省、外務省による合同懇談会が開催され、日本生産性本部の設置に関する基本構想がまとめられた。生産性本部を労使中立の三者構成による民間団体として設立する一方、政府との間で連絡会議を設け、政府から補助金を受け入れるが、その使途や人事などについては自主性を保つという構想であった(51)。これを受けて、日本政府は、9

月16日の通産省の省議を経て(52)、24日の閣議で「米国F・O・A〔対外活動本部〕から援助を受けるための協定締結等の措置」「日本生産性本部に対する政府の助成」「日本生産性連絡会議の設置」の3つを決定した(53)。

その後、日本生産性協議会は、12月16日の理事会で、生産性本部に発展的に改組することを決め、1955年2月14日に設立総会が開催され、3月1日に日本生産性本部が正式に発足した。会長には東芝社長の石坂泰三が、専務理事には同友会常任幹事の郷司浩平が就任した。また、同日、生産性運動の最高方針を審議・決定する機関として、日本生産性連絡会議が設置され、議長を務める生産性本部会長の下、各省庁の事務次官からなる政府側委員9名と生産性本部側委員9名によって構成された。そして、生産性本部は、3月9日に第1回理事会を開き、訪米チームの派遣、アメリカ人専門家の招聘、科学的管理法の研究と普及、出版・映画・展示による啓蒙宣伝などを内容とする昭和30年度の事業計画を決定した(54)。

これと並行して、アメリカとの交渉が進められた。小笠原三九郎蔵相が9月23日のロバートソン極東担当国務次官補との会談でこの問題を取り上げたのに続いて(55)、10月18日に訪米した愛知揆一通産相が要請を行い(56)、11月10日に発表された吉田首相の訪米に際しての日米共同声明のなかで生産性プログラムに関する両国の協力が謳われた(57)。しかし、12月10日の第1次鳩山一郎内閣の成立、2月27日の総選挙の実施といった政治情勢の下、外務省は対米関係に慎重な態度をとらざるをえず、協定や費用についての交渉は遅延した(58)。そして、3月19日の第2次鳩山内閣の成立後、ようやく対米交渉が妥結し、4月7日に「生産性向上に関する日米交換公文」、25日に「米国対外活動使節団と日本生産性本部との交換文書」が取り交わされた。

このうち日米間の費用の分担について定めたのは、後者の交換文書であった。具体的にみると、ドル払分をアメリカ側、円払分を日本側が原則として負担することが規定され、特にアメリカ人専門家の日本までの往復旅費についてはアメリカ側、その日本での滞在費については日本側、それとは反対に訪米視察団のアメリカまでの往復旅費については日本側、そのアメリカでの滞在費についてはアメリカ側が支出するものとされた(59)。なお、日本生産性本部の財政は、寄付金や受益者負担金などの日本の民間資金、国庫補助金や余剰農産物見返資

金などの日本政府の資金、アメリカ政府の円貨資金援助の3つによってまかなわれ、設立後10年間の総計では、それぞれ65億9800万円、11億5200万円、1億500万円となった[60]。

労働組合の参加と限界

日本生産性本部は、労使中立の三者構成を前提として設立された。すなわち、設立趣意書で「経営者、労働者及び学識経験者を一体とする財団法人日本生産性本部を設立せん」と謳い、寄付行為の第15条でも「経営者、労働者および生産性の向上に関して学識経験がある者のうちから」役員を選任することを定めた[61]。労働組合の参加は、それを求めていたアメリカに対する公約でもあった。日米交換公文は、「技術上の能率の増進」と「健全な労働運動の奨励」とによって生産性の向上を図り、その成果を物価の引下げ、賃金の引上げ、妥当な利潤の回収の3つに公正に分配することで、生活水準の改善と国際競争力の強化を両立させることを強調し、そのために経営者と労働者の代表を含む生産性本部を設立することを明記した[62]。

ところが、生産性本部は、総評と全労に参加を打診したものの[63]、援助を受けるアメリカの会計年度の都合上、労働組合の正式の参加を得られぬまま、発足せざるをえなかった。総評は、生産性を向上する必要性については否定しなかったが、生産性運動をMSA再軍備の一環であり、労働強化、賃下げ、首切りを生じさせるものとみなし、参加しないことを決め、3月14日の幹事会で正式に決定した[64]。全労は、生産性の向上に賛成したばかりでなく、それをMSA再軍備の一環ともみなさなかったが、やはり労働強化などにつながることを警戒し、総同盟の古賀専総主事、全繊同盟の滝田実会長、海員組合の藤山寿委員長の3名をオブザーヴァーとして参加させるにとどめた。また、総同盟の金正米吉会長と松岡駒吉顧問が、個人の資格で顧問に就任した[65]。

生産性本部は、郷司専務理事によると、経済復興会議に参加した共産党系の産別会議の例を念頭に置いて、「日本経済の生産性を上げることは労働者の利益でもあるという認識に立つた組合でなければ困る」という理由から、総評の参加を不可能であるばかりか、望ましくないと判断していた。総評への打診は実際には形式的なものにすぎず、実質的に参加を求めたのは全労であった。し

かし、全労も、幹部個人はともかく、組織としては生産性運動に警戒する向きが強く、正式の理事を送らなかった。生産性本部は、全労のほかに、いずれのナショナル・センターにも加盟していない中立系の労働組合に働きかけ、さらに総評傘下の単産や単組に協力を求めていく、という方針をとった(66)。発足後の最重要課題は、こうした労働組合の参加を実現していくことであった。

　生産性本部と日本政府の代表からなる生産性連絡会議は、5月20日の第1回会議で「生産性向上運動に関する了解事項」を決定した。この文書は、生産性運動が労働強化や失業の増大などをもたらすという懸念を払拭し、労働組合の参加を促すために作成されたものであり、「経済の自立を達成し、国民の生活水準を高めるためには、産業の生産性を向上させることが喫緊の要務である」と説いた上で、生産性の向上による雇用の増大とそれに伴う失業の防止、労使の協力と協議による生産性の向上、生産性向上の諸成果の経営者・労働者・消費者の3者への公正な分配の3つの原則を示すものであった(67)。この生産性三原則によって、生産性運動は、国際競争力を向上させることに加え、それを通じて労使双方の利益を増進させることを明確化したのである。

　全労傘下の総同盟は、6月23日からの中央委員会で、「生産性向上運動に対する総同盟の態度に関する件」を可決し、8つの原則を共同確認した上で生産性本部に参加することを決定した(68)。また、全労も、7月3日と5日の執行委員会で運動方針案をまとめ、5つの原則を条件として「現在行われつつある生産性向上運動に協力する」と謳い、執行委員会に具体的措置を委ねることを決めた(69)。総同盟の八原則と全労の五原則はいずれも、生産性三原則とほぼ同一の趣旨のものであった。そこで、生産性本部は、7月12日の臨時理事会で検討した結果、「石坂会長談」を発表して、それらを生産性三原則と「精神において合致する」と評価し、労使中立の三者構成を実現するため、総同盟と全労の参加を歓迎すると表明した(70)。

　総同盟は、7月18日、生産性本部に対して、八原則を共同確認した上で参加することを正式に申し入れた。そして、9月16日、両者の間で生産性三原則と総同盟の八原則を生産性運動の根本原則とする旨の確認書が調印され、総同盟は生産性本部に正式に参加した(71)。ここに労使中立の三者構成が実現したのである。ところが、全労は、近江絹糸争議を闘った直後で労働強化などに

つながることを警戒する全繊同盟の主張に従い、7月26日からの第2回大会で運動方針案が修正されたため、生産性本部への参加を見合わせた。とはいえ、全労は、自らの立場を総評の「絶対反対」とは異なる「条件付賛成」と説明するなど、その後も生産性運動に対する協力的な態度を変えず、11月14日には傘下の海員組合が生産性本部に参加した[72]。

　いずれのナショナル・センターにも加盟していない中立系の労働組合の参加は、訪米視察団の編成を通して行われた。すなわち、生産性本部は、4月11日に第1回選考委員会を開催し、発足後初の訪米視察団として鉄鋼チーム11名、それに続く自動車チーム11名の派遣を決定した。富士製鉄の佐山励一取締役を団長とする前者には、かつて総評への加盟に反対して鉄鋼労連を脱退した川崎製鉄労組の北村勝雄委員長が参加した。また、日産自動車の岩越忠恕取締役を団長とする後者には、その翌年に全労に加盟することになる自動車労連（日産自動車労組）の宮家愈委員長をはじめ、トヨタ自動車労組、いすゞ自動車労組など中立系の労働組合の代表5名が含まれていた。その後、鉄鋼チームは5月31日に、自動車チームは7月14日にアメリカに向けて出発し、6週間にわたる視察を行った[73]。

　アメリカ政府、具体的には対外活動本部およびそれが1955年7月1日に改組され発足した国際協力局も、日本の労働組合の生産性運動への参加に重要な役割を果たした。対外活動本部の極東担当労働顧問で、その出先機関のアメリカ対外活動使節団の労働専門官として来日したウィンは、6月13日に生産性本部の石坂会長および郷司専務理事と会談し、自らがアメリカで22年間労働組合の役員を務めていたことを明らかにした上で、生産性プログラムに反対する世界労連に同調する総評とは協力の余地はないが、総同盟をはじめとする全労、総評傘下の単産、中立系の労働組合などに対して参加を働きかけなければならないと説き、「生産性向上運動は、労働者の参加なくしては、とうてい、その目的を成就しえない」と強調し、前向きの回答を得た[74]。

　ウィンは、労働組合に対しても直接働きかけを行い、ワシントンに宛てて送付した7月8日の報告書では、総同盟および全労の幹部と継続的に接触しており、それらが8月1日よりも前に生産性運動に参加する見通しであると書いた。ただし、この見通しは、前述した通り、期待はずれに終わった。また、ウィ

は、総評傘下の鉄鋼労連の西口義人委員長および八幡製鉄労組の田中兼人組合長と会い、生産性プログラムへの理解を得る可能性が見出されたと報告し、さらに中立系の労働組合にも働きかける予定であると伝えた(75)。もちろん、このような労働組合に対する直接的な工作が、決定的な影響力を持ったとはいえないが、アメリカが日本の労働組合の生産性運動への参加を積極的に後押ししたことは、注目すべき事実である(76)。

ところが、アメリカの対日労働政策という視角からみた場合、発足当初の生産性本部は大きな限界を孕んでいた。316万人の組合員を擁する総評は、それに反対する方針を掲げ、67万人の組合員しか持たない全労も、組織的な協力を見合わせ、わずかに全労傘下の総同盟と海員組合が参加するにとどまった。日経連の後藤浩事務局長は、8月10日にアメリカ大使館のエドワード・スカゲン労働官と会談し、「生産性本部が労働組合の協力を得られなかったことによって大きな好機が失われた」と述べ、「日経連のメンバーは日本生産性本部への関心を失っている」と語った(77)。同友会との組織的な対立ゆえに日経連は生産性本部に対して距離をとるようになったという後年の証言もあるが(78)、いずれにせよ労働組合の生産性運動への参加が予想以上に低調であったことは間違いない。

アメリカ国務省も、同様の認識を持っていた。ハーバート・フーヴァー国務次官の訪日に際して用意された9月22日付の文書は、「約600万人の組織労働者を有する日本の労働運動は、アジアで最大かつ最強であり、共産主義勢力の最重要の標的である」と指摘しながらも、「こうした状況に対するアメリカ政府の直接的な影響力は必ずしも大きくない」と認めざるをえなかった。「国務省人物交流計画」の実施に加え、日本の労働組合が生産性プログラムを積極的に支持し、参加するよう努力しているが、「この任務は困難である」。なぜなら、労働強化や失業の増大につながるといった警戒感が広がり、総評が反対を表明しているためである。この文書は、全労が賛成に向かっていると付言したものの、全体として悲観的な評価を下した(79)。

ところが、1950年代後半を通して、生産性運動は、徐々にではあるが、労働組合の支持を獲得していくことになる。

第 3 節 生産性運動の開始 163

(1) 以下、英米生産性協議会については、Anthony Carew, *Labour under the Marshall Plan*, Manchester: Manchester University Press, 1987, Chapter 9-11; Anthony Carew, "The Anglo-American Council on Productivity," *Journal of Contemporary History*, Vol. 26, No. 1, 1991; Jim Tomlinson, "The Failure of the Anglo-American Council on Productivity," *Business History*, Vol. 33, No. 1, 1991; Nick Tiratsoo and Jim Tomlinson, *Industrial Efficiency and State Intervention: Labour 1939-51*, London: Routledge, 1993, Chapter 7; Ian Clark, "Institutional Stability in Management Practice and Industrial Relations: The Influence of the Anglo-American Council for Productivity, 1948-52", *Business History*, Vol. 41, No. 3, 1999; Rhiannon Vickers, "Understanding the Anglo-American Council on Productivity: Labour and the Politics of Productivity," *Labour History Review*, Vol. 66, No. 2, 2001. なお、『生産性運動 30 年史』日本生産性本部、1985 年、44-47 ページ、も参照。

(2) 西ドイツとフランスの生産性運動に関しては、工藤章「西ドイツ生産性向上運動ノート」(東京大学『社会科学研究』第 46 巻第 5 号、1995 年)、原輝史「訪米生産性向上使節団」(『経営史学』第 30 巻第 1 号、1995 年)。

(3) 1955 年の時点でのヨーロッパ各国の生産性本部とその設立年は、イギリス (1948 年)、トルコ (1949 年)、デンマーク (1949 年)、オーストリア (1950 年)、西ドイツ (1950 年)、オランダ (1950 年)、トリエステ (1950 年)、フランス (1950 年)、ベルギー (1951 年)、イタリア (1951 年)、スイス (1951 年)、ギリシア (1953 年)、スウェーデン (1953 年)、アイスランド (不明)、ノルウェー (不明)、ポルトガル (不明) であった (『生産性向上ニューズ』1955 年 4 月 27 日)。

(4) アジア地域においても、日本生産性本部の主導により、1961 年 4 月にアジア生産性機構が東京に設立された。

(5) Maier, *In Search of Stability*, Chapter 3 and 4. ただし、「生産性の政治」は、必ずしも順調に定着したわけではなく、国ごとに大きな差異があった。Carew, *Labour under the Marshall Plan*, Chapter 12.

(6) 労働省編『資料労働運動史 昭和 30 年』労務行政研究所、1957 年、512-513 ページ。

(7) Foreign Operations Administration, Labor Advisory Committee, "Labor Personnel Recruitment Summary," September 9, 1954, CIO-WO Collection, Box 52, Folder 12, RL.

(8) Foreign Operations Administration, Labor Advisory Committee, Subcommittee Meeting, June 15, 1954, CIO-WO Collection, Box 52, Folder 6, RL; Victor Reuther to Springer, June 17, 1954, CIO-WO Collection, Box 52, Folder 7, RL.

(9) Foreign Operations Administration, Labor Advisory Committee, Subcommit-

tee Meeting, May 14, 1954, CIO-WO Collection, Box 52, Folder 6, RL.
(10)　Victor Reuther to Dulles, February 16, 1955, CIO-WO Collection, Box 53, Folder 24, RL.
(11)　日本の生産性運動に関する研究は、少なくない。例えば、佐々木聡『科学的管理法の日本的展開』有斐閣、1998年、第5章、木下順「日本の生産性向上運動・試論―〈訪米〉の意味」(『国学院経済学』第37巻第2号、1989年)、壽永欣三郎「日本企業の経営管理の近代化―アメリカの政府機関の活動を中心に」(中央大学『商学論纂』第36巻第3・4号、1995年)、William M. Tsutsui, *Manufacturing Ideology: Scientific Management in Twentieth-Century Japan*, Princeton: Princeton University Press, 1998.
(12)　『日経連タイムス』1949年10月27日。
(13)　Memorandum for Marquat, "Request for Despatch of U. S. Government Official for Establishment of Productivity Centre in Japan," March 24, 1951, ESS(B)-11390, GHQ/SCAP Records.
(14)　通商産業省通商産業政策史編纂委員会編『通商産業政策史 第6巻』通商産業調査会、1990年、384ページ。
(15)　Check Sheet from ESS/IND to ESS/DPU, February 9, 1951, ESS(B)-11390, GHQ/SCAP Records; Memorandum for Marquat, "Request for Dispatch of U. S. Government Official for Establishment of Productivity Centre in Japan," April 3, 1951, ESS(B)-11390, GHQ/SCAP Records.
(16)　Department of State Instruction to Tokyo, September 1, 1953, No. A-194, 894.00TA/9-153, *RDOS, IAJ, 1950-1954*, Reel 27.
(17)　Hemmendinger to Young, "U. S. Technical Assistance to Japan‐a Contrast with our Approach to Japan," April 24, 1953, *CUSSDJ, 1947-1956*, Reel 26.
(18)　Tokyo to the Department of State, August 21, 1953, No. 361, 794.5MSP/8-2153, *RDOS, IAJ, 1950-1954*, Reel 18.
(19)　Tokyo to Secretary of State, September 29, 1953, No. 813, 894.00TA/9-2953, *RDOS, IAJ, 1950-1954*, Reel 27.
(20)　Tokyo to the Department of State, February 9, 1954, No. 1150, 894.19/2-954, *RDOS, IAJ, 1950-1954*, Reel 35.
(21)　『経済同友』1953年12月25日、『経済同友会十年史』経済同友会、1956年、374-375ページ。
(22)　郷司浩平「生産性向上運動は何を期待しているか」(『労働経済旬報』1955年3月上旬)4ページ。また、中村隆英ほか編『昭和史を創る人びと(3)』毎日新聞社、1971年、38-39ページ、山下静一『戦後経営者の群像』日本経済新聞社、1992年、62-64ページ、も参照。

第 3 節　生産性運動の開始　　165

(23) 『経済同友』1953 年 12 月 25 日、1954 年 2 月 25 日、3 月 25 日、Goshi to Haraldson, March 10, 1954, enclosed with Tokyo to the Department of State, March 26, 1954, No. 1330, 894.19/3-2654, *RDOS, IAJ, 1950-1954*, Reel 35.
(24) 『経済同友』1954 年 3 月 25 日、『日経連タイムス』1954 年 3 月 25 日、『経団連週報』1954 年 3 月 26 日。
(25) 『日経連タイムス』1954 年 4 月 15 日、『経団連週報』1954 年 4 月 16 日。
(26) 中山三郎「日米生産性向上委員会について」(『経営者』1954 年 5 月)36 ページ。
(27) 『総評』1954 年 4 月 30 日。
(28) 『経済同友』1954 年 1 月 25 日。
(29) 『経済同友』1954 年 6 月 25 日、『経済同友会十年史』374 ページ。
(30) Tokyo to the Department of State, February 9, 1954, No. 1150, 894.19/2-954, *RDOS, IAJ, 1950-1954*, Reel 35; Tokyo to the Department of State, March 26, 1954, No. 1330, 894.19/3-2654, *RDOS, IAJ, 1950-1954*, Reel 35; Tokyo to Secretary of State, April 13, 1954, No. 2492, 894.19/4-1354, *RDOS, IAJ, 1950-1954*, Reel 35; Tokyo to Secretary of State, April 30, 1954, No. 2675, 894.19/4-3054, *RDOS, IAJ, 1950-1954*, Reel 35.
(31) McClurkin to Baldwin, April 5, 1954, 794.5MSP/4-554, *RDOS, IAJ, 1950-1954*, Reel 19; Department of State to Tokyo, May 5, 1954, No, 2433, 894.19/4-3054, *RDOS, IAJ, 1950-1954*, Reel 35.
(32) Tokyo to Secretary of State, May 11, 1954, No. 2754, 894.19/5-1154, *RDOS, IAJ, 1950-1954*, Reel 35; Tokyo to Secretary of State, June 3, 1954, No. 2986, 894.19/6-354, *RDOS, IAJ, 1950-1954*, Reel 35.
(33) Tokyo to Secretary of State, June 9, 1954, No. 3058, 894.19/6-954, *RDOS, IAJ, 1950-1954*, Reel 35; Department of State to Tokyo, June 11, 1954, No. 2765, 894.19/6-954, *RDOS, IAJ, 1950-1954*, Reel 35.
(34) 『経団連週報』1954 年 6 月 25 日、日本生産性協議会「第四回委員会報告の件」1954 年 6 月 24 日(東京大学経済学部図書館『石川一郎文書』V28、リール 230)。
(35) 「井口大使発岡崎大臣宛電報」1954 年 6 月 12 日、第 638 号(外務省戦後外交記録『吉田総理欧米訪問関係一件』リール A'0135)、Memorandum of Conversation, June 11, 1954, 894.00/6-1154, *RDOS, IAJ, 1950-1954*, Reel 25.
(36) *Public Papers of the Presidents of the United States: Dwight D. Eisenhower, 1954*, Washington D. C.: U. S. Government Printing Office, 1960, p. 587.
(37) *FRUS, 1952-1954, Vol. 14*, pp. 1661-1662.
(38) Memorandum of Conversation, June 29, 1954, 894.00/6-2954, *RDOS, IAJ,*

1950-1954, Reel 25.

(39) マイヤー調査団と政府および財界との会談録は、Morrison to Baldwin, July 9, 1954, 794.5MSP/7-954, *RDOS, IAJ, 1950-1954*, Reel 19. 全労との会談録は、Taylor to McClurkin, August 9, 1954, 894.062/8-954, *RDOS, IAJ, 1950-1954*, Reel 29.

(40) マイヤー調査団の報告書と付属文書は、Report by FOA Survey Mission to Japan Headed by Clarence E. Meyer, entitled "An Economic Program for Japan," enclosed with Stassen to Dulles, August 5, 1954, 894.00/8-554, *RDOS, IAJ, 1950-1954*, Reel 26.

(41) *FRUS, 1952-1954, Vol. 14*, pp. 1715-1716.

(42) 『朝日新聞』1954年12月24日。

(43) Foreign Operations Administration to Tokyo, August 16, 1954, RG 469, Entry 421, Box 7, NA.

(44) Hemmendinger to Allison, June 15, 1954, 894.00TA/6-1554, *RDOS, IAJ, 1950-1954*, Reel 27.

(45) Morrison to Harlan, August 24, 1954, RG 469, Entry 421, Box 7, NA.

(46) Foreign Operations Administration, Office of Labor Affairs, "Revised FY 1955 Labor Programs for Underdeveloped Areas," August 13, 1954, enclosed with Meskimen to Moyer, RG 469, Entry 421, Box 27, NA.

(47) Sullivan to Young, August 19, 1954, 894.00/8-1954, *RDOS, IAJ, 1950-1954*, Reel 26.

(48) Memorandum of Conversation, August 23, 1954, 794.5MSP/8-2354, *RDOS, IAJ, 1950-1954*, Reel 19.

(49) Tokyo to the Department of State, September 24, 1954, 894.00/9-2454, *RDOS, IAJ, 1950-1954*, Reel 26. なお、ハーランは、機が熟していないという忠告を受け入れて、労働組合の代表との会談を行わなかった。

(50) 官民協力については、すでに合意が成立していた。すなわち、8月19日、生産性本部の設立を独自に検討していた通産省は、日本生産性協議会と会談して、官民協力による生産性運動の推進を申し入れた。協議の結果、生産性本部を民間団体として設立し、政府から補助金を交付されるものの、その使途に関する制約は受けないことなどが確認された。通商産業省通商産業政策史編纂委員会編『通商産業政策史 第6巻』385ページ、郷司「生産性向上運動は何を期待しているか」5ページ、『生産性向上ニュース』1955年4月27日。

(51) 『経済同友』1954年9月25日、郷司浩平「生産性向上の考え方と計画」(『日労研資料』1955年5月11日)5ページ、『生産性向上ニュース』1955年4月27日。

第 3 節　生産性運動の開始　　167

(52)　『朝日新聞』1954 年 9 月 17 日。
(53)　『生産性向上ニュース』1955 年 5 月 27 日。
(54)　『生産性向上ニュース』1955 年 4 月 27 日。
(55)　Memorandum of Conversation, September 23, 1954, 794.13/9-2354, *RDOS, IAJ, 1950-1954*, Reel 15.
(56)　在米日本国大使館「日米会談要旨」1954 年 11 月 17 日(外務省戦後外交記録『日米外交関係雑集　愛知通産大臣訪米(昭和二九年)』リール A'0152)、Visit of Prime Minister Yoshida, Washington, November 8-10, 1954, RG 59, CF 397, Box 61, NA.
(57)　「共同声明」1954 年 11 月 10 日(外務省戦後外交記録『吉田総理欧米訪問関係一件』リール A'0136)。
(58)　Turner to Harlan, February 14, 1955, RG 469, Entry 1264, Box 2, NA.
(59)　『生産性向上ニュース』1955 年 4 月 27 日。
(60)　日本生産性本部編『生産性運動 10 年の歩み』日本生産性本部、1965 年、268 ページ。
(61)　『生産性向上ニュース』1955 年 4 月 27 日。
(62)　Tokyo to the Department of State, May 16, 1955, No. 1362, 794.5MSP/5-1655, *RDOS, IAJ, 1955-1959*, Reel 39.
(63)　『生産性向上ニュース』1955 年 4 月 27 日。
(64)　総評総務部「第 9 回幹事会議事録」1955 年 5 月 15 日(『1954 年度幹事会報告(その 1)』[労働政策研究・研修機構『総評資料』F403-008])53-56 ページ、総評「生産性増強運動にたいする基本的態度」(『総評調査時報』1955 年 3 月)。
(65)　『労働』1955 年 2 月 11 日、3 月 11 日、大野信三ほか(座談会)「生産性向上とは」(『全労』1955 年 4 月 15 日、25 日、5 月 5 日)。
(66)　郷司浩平「生産性向上の考え方と計画」(『日労研資料』1955 年 5 月 11 日) 5-6 ページ。
(67)　『生産性向上ニュース』1955 年 5 月 27 日。
(68)　『労働』1955 年 7 月 1 日。
(69)　『全労』1955 年 7 月 5 日、15 日。
(70)　『生産性向上ニュース』1955 年 7 月 25 日。
(71)　『労働』1955 年 7 月 21 日、9 月 21 日、『生産性向上ニュース』1955 年 7 月 25 日、9 月 25 日。
(72)　『全労』1955 年 8 月 5 日、9 月 25 日、11 月 25 日、『生産性向上ニュース』1955 年 11 月 25 日。
(73)　『生産性向上ニュース』1955 年 4 月 27 日、6 月 10 日、7 月 25 日。
(74)　Winn to Meskimen, June 22, 1955, RG 469, Entry 1265, Box 1, NA;『生産性

向上ニュース』1955年6月25日。
(75) Winn to Stander, July 8, 1955, RG 469, Entry 1265, Box 1, NA.
(76) そのほか、アメリカ対外活動使節団は、労働組合の生産性運動への参加を促進するため、アメリカの1955会計年度が終わる1955年6月末までに、アメリカ側が全額負担して労働組合の代表12名からなる労働生産性チームを訪米させることを決め、対外活動本部の了承を得た。しかし、全労の第2回大会が控えていたため、日本生産性本部が消極的な態度をとり、次の会計年度に持ち越された。Tokyo to Foreign Operations Administration, May 7, 1955, RG 469, Entry 421, Box 28, NA; Foreign Operations Administration to Tokyo, May 11, 1955, RG 469, Entry 421, Box 28, NA; Tokyo to Foreign Operations Administration, May 19, 1955, RG 469, Entry 421, Box 28, NA.
(77) Tokyo to the Department of State, September 23, 1955, No. 286, 894.062/8-2355, *RDOS, IAJ, 1955-1959*, Reel 5.
(78) 山下『戦後経営者の群像』67ページ。
(79) Far East Inspection Trip of Under Secretary Herbert Hoover, 1955, Tokyo, CF 534, *DUSPJ, 6, Vol. 8*, p. 216.

第4節　太田・岩井ラインの登場

国務省の訪米プログラム

　対外活動本部およびその後継機関として1955年7月1日に発足した国際協力局の生産性プログラムによって、毎年かなりの数の労働組合指導者がアメリカを視察することになったが、それは労働組合向けの訪米プログラムの最初のものではなかった。すでにみたように、ガリオア援助に基づく訪米労働視察団が、1949年末から数次にわたって派遣された。これは占領下でのプログラムであったため、講和条約の発効後、アメリカ国務省は日米両国の友好関係を促進すべく、1953会計年度から新たに指導者交流プログラムを開始し、日本の各界の代表に3ヵ月間のアメリカ視察の機会を与え、その一環として労働界の代表を派遣した。1953年度についてみると、50名のうち12名を労働組合指導者が占め、1953年12月1日から翌年3月7日まで渡米し、アメリカ各地を視察して帰国した。5名を駐日大使館の労働官、7名を日本各地の領事館が選抜したが、このなかには、私鉄総連書記長の安恒良一、全鉱調査部長の石橋巖、海員組合漁船部長の高橋熊次郎、総同盟執行委員の杉本通雄らが含まれていた〔表4〕。

　そのねらいは、日本の労働組合指導者の親米化であった。つまり、親米的な見解を持っている者についてはそれを強めさせ、アメリカに批判的な者に関してはそれを改めさせることが、その目的であった。そして、左派の優位と反米主義の広がりとを考慮して、以下の選考基準が設定された。第1に、極端な左派と共産党の同調者を排除する。第2に、過剰な親米的人物もしくは会社寄りの労働組合指導者という評判のある者は推薦しない。こうした人々が帰国後いかにアメリカを褒め称えても、逆効果にすぎないからである。第3に、左派の場合には、アメリカについての見解を変えることができる柔軟な思考の持ち主を選ぶ。第4に、すでにある程度の名声を労働界で有している人物が望ましい[1]。このような目的と選考基準から分かるのは、国務省の訪米プログラムが、国際協力局の生産性プログラムとは異なり、総評を主たる対象としていたこと

表4 指導者交流プログラムによる日本の労働組合指導者の訪米(1953-61年)

自	至	名前	肩書き
1953年12月1日	1954年3月7日	安恒良一	私鉄総連書記長
1953年12月1日	1954年3月7日	石橋巌	全鉱調査部長
1953年12月1日	1954年3月7日	高橋熊次郎	海員組合漁船部長
1953年12月1日	1954年3月7日	杉本通雄	総同盟執行委員
1953年12月1日	1954年3月7日	筒井時雄	電産中国地本委員長
1953年12月1日	1954年3月7日	井上幸満	炭労日鉄二瀬労組
1953年12月1日	1954年3月7日	川上登貴松	国労札幌地本執行委員
1953年12月1日	1954年3月7日	高橋正	全繊同盟東洋紡労組赤穂支部
1953年12月1日	1954年3月7日	河野為一	鉄鋼労連八幡製鉄労組副組合長
1953年12月1日	1954年3月7日	近藤信一	愛知県評事務局長
1953年12月1日	1954年3月7日	遠藤健次郎	北海道地評(道炭労)
1953年12月1日	1954年3月7日	原敬二	国労仙台地本
1954年12月		新家宗明	総同盟執行委員
1954年12月		瓜生清	全繊同盟執行委員
1954年12月		片山武夫	東電労組委員長
1954年12月		南波佐間豊	海員組合汽船部長
1955年1月		岩井章	国労企画部長
1955年1月		岩村甚助	全通副委員長
1955年1月		杉山源作	全電通組織部長
1955年1月		黒川与次郎	機労委員長
1955年1月		杢本満次郎	全日通委員長
1955年1月		是枝忠次	合化労連組織部長
1955年9月6日	1955年12月18日	五十嵐佑輔	総同盟執行委員
1955年9月6日	1955年12月18日	久保田常久	全繊同盟執行委員
1955年9月6日	1955年12月18日	林武彦	私鉄総連西鉄労組執行委員長
1955年9月6日	1955年12月18日	西川繁一	関西電労委員長
1955年9月6日	1955年12月18日	嘉村由道	全炭鉱執行委員
1955年9月6日	1955年12月18日	北山敬一	全高教副委員長
1955年9月6日	1955年12月18日	水津肇	日産自動車労組副委員長
1956年1月		林常子	国労甲府支部婦人部長
1956年1月		山崎京子	全電通東京中電支部婦人部長
1956年2月		西口義人	鉄鋼労連委員長
1956年2月		佐藤新次郎	全専売書記長
1956年9月		藤原よし子	全繊同盟鐘紡労組婦人部長
1956年9月		福永綾子	埼玉高教組婦人部長
1956年10月		小島捨吉	自治労大阪府職委員長
1956年10月		黒田忠	総同盟神奈川金属書記長

1956 年 11 月		堀井利勝	私鉄総連委員長
1957 年 1 月		中村福満	全鉱組織部長
1957 年 1 月		斎藤勇	全繊同盟書記長
1957 年 2 月		池田友次	全蚕労連書記次長
1957 年 2 月		大塚正和	総同盟全金同盟執行委員
1957 年 8 月		秋元重蔵	京阪神電鉄労組前委員長
1957 年 8 月		上西正雄	総同盟大阪府連執行委員
1957 年 8 月		岩瀬フミ子	全蚕労連情宣部長
1957 年 12 月		落合英一	新産別書記長
1957 年 12 月		井藤春男	自動車労連東海支部長
1957 年 12 月		久世法夫	全炭鉱会計長
1958 年 5 月	1958 年 7 月	草川昭三	全造船名古屋造船分会委員長
1958 年 8 月	1958 年 10 月	森田静子	合化労連藤沢薬品労組中央委員
1958 年 8 月	1958 年 10 月	竹内八重子	鉄鋼労連日本鋼管本社労組執行委員
1958 年 9 月	1958 年 11 月	福間知之	電機労連松下電器労組委員長
1958 年 9 月	1958 年 11 月	亀田候治	全生保中央執行委員
1959 年 3 月	1959 年 5 月	藤倉勇	機労大阪地本委員長
1959 年 4 月	1959 年 6 月	久郷重男	京阪神電鉄労組委員長
1959 年 5 月	1959 年 7 月	小田切政次郎	国労青森委員長
1959 年 12 月		石原弘之	全鉱古河労連委員長
1959 年 12 月		重枝琢己	総同盟全炭鉱委員長
1960 年 4 月		快発沿幸	国労札幌地本委員長
1960 年 4 月		田下昇	住友電線労組委員長
1960 年 4 月		伊藤一夫	トヨタ自動車労組副委員長
1960 年 4 月		吉岡一男	京王帝都労組委員長
1960 年 5 月		入江正治	合化労連副委員長
1960 年 5 月		宮武豊	住友化学労組委員長
1960 年 5 月		菊次直	東洋高圧労組書記長
1960 年 5 月		佐藤宏夫	鐘淵化学労組委員長
1960 年 5 月		石原弘之	古河労連委員長
1961 年 1 月		高木茂雄	電労連中部電力本社支部委員長
1961 年 1 月		久保豊貴二	全鉱住友労連委員長
1961 年 2 月		大谷徹太郎	新産別調査部長
1961 年 3 月		綿引伊好	全労総務部長
1961 年 3 月		西ヶ谷久利	自動車労連執行委員
1961 年 3 月		戸谷翠	自動車労連執行委員
1961 年 4 月		辻本滋敬	新国鉄大阪地方労組書記長
1961 年 5 月		吉田忠三郎	国労中央執行委員長

出典：労働省編『資料労働運動史』労務行政研究所、各年版。

である。強硬な反共産主義を掲げる AFL が国務省に、戦闘的な CIO が国際協力局に影響力を持っていたが、両者の対日政策の間にはねじれが存在していたといえよう。

　国務省の訪米プログラムが総評を重視したことは、大きな問題を発生させた。1953 会計年度の視察団には、愛知県評の近藤信一事務局長が参加したが、AFL 駐アジア代表のデヴェラルによると、近藤は共産主義に好意的な反米主義者であった。デヴェラルは、人選を行ったバーガー労働官とテーラー副労働官を、総評の改革が可能だという幻想を持っていると非難した[2]。それ以上の深刻な問題に発展したのは、1954 会計年度の代表として、日教組の平垣美代司書記長が選ばれたことであった。デヴェラルは、1954 年 6 月 3 日、AFL のミーニー会長に書簡を送り、これを強く批判した。共産党の浸透が著しい日教組は反米的であり、中国寄りである。平垣は、昨年訪中して中華全国総工会と交流を持ち、『社会タイムス』の 1954 年 1 月 31 日号では、デヴェラルを反動的な労働ボスであると攻撃し、中国を擁護した。全労の指導者は、アメリカ政府が全労を見放そうとしている証拠として、平垣の訪米に衝撃を受けている[3]。このようにミーニーに書き送ったデヴェラルは、平垣の派遣を中止すべきだと上司のラヴストーンに訴えた[4]。

　この頃までに、デヴェラルと駐日大使館の労働官との関係は、修復できないほどまでに悪化していた。平垣問題についても、テーラー副労働官がデヴェラルに対して直接会って協議することを申し入れたが、拒絶されていた。両者の関係が悪化したのは、デヴェラルのエキセントリックな性格に加えて、デヴェラルが『労働パシフィック』などの出版物を買い取って、日本各地のアメリカ文化センターに置いて欲しいと要求したにもかかわらず、バーガー労働官らがそれを拒絶したこと、デヴェラルが池原ふじに対する攻撃を執拗に続け、それにバーガーらが批判的な態度をとったことなどが原因であった。デヴェラルは、駐日大使館の労働官が共産党シンパの前大使館女性職員の影響力によって全労の結成に反対したと『ワーク』誌に寄稿したり、国際自由労連のボーレが全労を無視して総評に協力した原因がバーガーの助言にあると攻撃したりした。テーラーによると、これらは完全な誤解であった。事実、バーガーやテーラーは、ボーレに対して全労を支持するよう繰り返し説得していた[5]。

第4節　太田・岩井ラインの登場　　173

　しかし、ミーニーがデヴェラルの報告に基づいて国務省に抗議を行った結果[6]、駐日大使館は平垣を派遣することについての説明を余儀なくされた。そこでまず強調されたのは、左派の労働組合指導者を派遣することの重要性であった。日本の労働組合運動が左派の中立主義者に支配されている以上、プログラムの趣旨に鑑みると、彼らを訪米させ、アメリカ政府の政策や目標に関する誤解を払拭する必要がある。反米的で共産主義者の影響を受けている労働組合と関わるリスクはあるが、右派のみを訪米させるのは得策でない。1953会計年度のプログラムでは、12名中6名が左派であったが、成功裏に終わった。参加者は訪米中に駐日アメリカ大使館に沢山の手紙を送り、帰国後も労働組合の機関紙誌や一般の新聞・雑誌に数多くの文章を書いたが、それらをみると、とりわけ左派の労働組合指導者に好ましい影響を与えたことが分かる。例えば、その1人は、共産党の反米プロパガンダが虚偽であることを自らの目で見ることができ、それに効果的に対抗することが可能になったと語った。

　以上を前提として、駐日大使館は、1954会計年度の選考手続きを明らかにした。前年度とは異なり、12名全てが大使館によって選ばれたが、その内訳は総評7、全労4、全労寄りの大学教授1である。総評の組合員数が275万人、全労のそれが75万人で、3対1ないし4対1の勢力比であることを考えると、妥当な割合である。総評の内部からの選抜で重視したのは、日教組、国労、炭労という総評傘下の3つの最も巨大で強力な単産であり、これに全電通、自治労、合化労連が加えられた。そして、それぞれの労働組合の委員長を直接訪問して、推薦を依頼した。その際、柔軟な思考の持ち主をという要請に加え、ヴィザの取得ができないので、過去もしくは現在に共産党に関わった記録のある人物を除くよう明確に伝えた。こうして選ばれた代表は全て、平和勢力論の高野派に対抗する第三勢力論的な中立主義者であり、アメリカに対して批判的ではあるが反共産主義的な人物である。駐日大使館は、とりわけ国労企画部長の岩井章と日教組書記長の平垣美代司を訪米させることの意義を強調した[7]。

　ところが、駐日大使館は、AFLからの批判を受けて検討を重ねた結果、平垣の訪米に対して消極的になった。駐日大使館のなかで労働官の意見は斥けられたのである。7月23日の国務省宛の電報によると、平垣の訪米を中止することは、アメリカの狭量さの証拠とみなされ、共産主義者ばかりか、左派から

も批判を招くことになるが、それでもやむをえないというのが、駐日大使館の判断であった。7月12日から開催された総評の第5回大会で、平和勢力論者の高野実に対抗して、第三勢力論者の太田薫合化労連委員長が事務局長選挙に立候補し、140対107で敗れたが、平垣は高野の再選に積極的に協力した。平垣は共産党員ではなく機会主義者にすぎないが、反米主義者であり、高野の支持者である。これが平垣の訪米を取り消す主たる理由であった。それに加えて重視されたのは、AFLの反対である。訪米プログラムの実施には、アメリカの労働組合の協力が不可欠であった。駐日大使館は、日教組ではなく平垣個人に対する反対であることを明確化するため、日教組のもう1人の候補者である槙枝元文組織部長の訪米を実現すべきだと具申した[8]。

これに対して国務省はすぐさま返電を送り、平垣の訪米中止が日教組の内部で共産党の影響力を増大させ、総評全体の反米主義を高めることに懸念を示した[9]。国務省のなかでも、極東局のサリヴァン労働顧問は、テーラー副労働官と連絡をとりつつ、平垣の訪米を実現しようと努力した。日教組は非常に重要な労働組合であり、それが共産党の支配下に陥ることは何としてでも避けなければならない、というのが理由であった[10]。まず、サリヴァンは、前駐日大使のマーフィー国務副次官に対して、ミーニーと会談して説得するよう依頼した。しかし、ミーニーからこの件について最初に要請を受けた人物であるマーフィーは、説得困難という理由からその依頼を断った。それでもサリヴァンは諦めず、ロバート・マクラーキン北東アジア課長代理とともに、ロバートソン極東担当国務次官補を動かそうとした。だが、ロバートソンは、多忙のため関心を示さなかった。サリヴァンは、10月27日、ミーニーが態度を変えない以上、平垣の訪米は断念せざるをえない、とテーラーに書き送った[11]。

こうして平垣の訪米は中止されたが、この問題は全労を支持する勢力のなかにも総評への対応をめぐって鋭い対立が存在していたことを明らかにした。国際自由労連のように全労を犠牲にして総評に働きかけるべきではないが、それでも労働組合運動の多数派である総評を無視するのは誤りである、というのがテーラー副労働官の考えであった。それゆえ、テーラーは、広報・文化交流局のウェルシュ労働情報官が総評と接触せず、全労とだけ関係を持っていることにも、批判的であった[12]。しかし、そのような態度は、強硬な反共産主義者

であるデヴェラルからすると、国際自由労連の方針と何ら変わりがなかった。事実、テーラーは、国際自由労連のベクー会長およびオルデンブローク書記長と平垣問題について協議し、失敗に終わったとはいえ、見解の一致するベクーにミーニー宛の書簡の送付を依頼することで、AFL の態度を変えようと試みた[13]。結果的にみるならば、平垣が当初の説明とは異なり共産党に近い高野派であったことが、デヴェラルの批判に説得力を与え、AFL に勝利をもたらした。

AFL の労働官に対する影響力には、もちろん限界があった。そのことは、平垣の訪米をめぐって、バーガーやテーラーがデヴェラルの意見に従わなかった事実に示されている。政府の一員である労働官は、労働組合とは別の独自の判断に従って行動したのである。そのこと自体については、自由労働組合委員会の事務局長として労働官人事に隠然たる影響力を持っていたラヴストーンも、自由主義国家である以上、仕方がないと考えていた[14]。しかし、それが限界を超えて AFL の方針と強い摩擦を生じると、ラヴストーンは影響力を行使して、労働官を排除しようとした。バーガー労働官は 1954 年 6 月に転任させられ、テーラー副労働官は翌年 4 月に日本を去った。労働官の任命は労働省の労働組合諮問委員会の推薦によって行われたが、その席で AFL はバーガーの後任にエドワード・スカゲンの名前を挙げた[15]。そして、AFL 傘下のアメリカ国際機械工組合出身のスカゲン労働官が、1955 年 6 月に来日した。

太田・岩井ラインの登場

AFL と労働官が総評への対応をめぐって対立した背景には、反高野派の台頭という事情があった。前述したように、1953 年 7 月の総評第 4 回大会は、高野事務局長の主導の下、第三勢力論を放棄して、平和勢力論を基調とする運動方針を決定した。それに反発して副議長への就任を辞退した第三勢力論者の太田合化労連委員長は、1954 年 7 月の総評第 5 回大会で事務局長選挙に立候補した。高野は、第 2 回大会で事務局長に就任して以来、初めて公然たる挑戦を受けたのである。しかも、高野が勝利を収めたとはいえ、投票結果は 140 対 107、白票 12 と僅差であった。そして、この過程で、左派の中心を担ってきた労働者同志会が分裂し、太田派が平垣ら高野派をそこから排除した。第三勢力

論的な中立主義の堅持、賃上げを中心とする経済闘争の重視、全労や新産別との共同闘争の推進などが、新たな労働者同志会の基本方針であった。高野の政治偏重主義を批判する太田は、産業別統一闘争による賃上げを目指して、1955年初めに春闘を立ち上げるなど、高野に対抗する姿勢を鮮明にしていった。

興味深いのは、国際自由労連東京事務所長の原口全鉱委員長が、容共的な高野派への対抗上、太田派に接近したことである。こうした動きは、1954年4月に結成された全労の国際自由労連への一括加盟を阻止すべく、総評傘下の加盟組合が協力したことによっても促進された。また、太田も、国際自由労連との関係強化を図った。総評の第5回大会を前にして、太田は、国際自由労連の特使のボーレに会談を申し込み、その席で次のように語った。反高野派は、全労と共闘し、友好関係を築く用意がある。最終的には、海員組合と全繊同盟を総評に復帰させたい。世界労連と関係を持つことは論外であり、運動方針のなかに国際自由労連との提携を謳わなければならないと考えている[16]。事実、この大会で決定された運動方針は、国際自由労連との「友好」と「連繋」を打ち出した。原口は、5分の2の票が太田に投じられたという事実に言及し、高野がこの1年間で信任を大幅に失ったことを示すとともに、多くの単産が総評の極左的な傾向を是正する方向に向かっていることをあらわしている、とオルデンブローク書記長に報告した[17]。

国際自由労連が新たな労働者同志会のなかで期待を寄せたのは、その加盟組合である全逓の宝樹文彦書記長であった。宝樹は、1953年9月に東京で開かれた国際自由労連の第2回アジア地域会議で、再軍備や講和条約などの問題に関する国際自由労連の無理解が国労や私鉄総連の脱退を引き起こしたと批判し、アジア地域組織のムンガット書記長と激しい応酬を繰り広げ[18]、『官公労働』の1954年2月号でも、国際自由労連について「アメリカのAFL、CIOというような強力な組合に多くの影響をうけている」などと書き[19]、原口から「労働者を国際自由労連に繋ぎ止めようと努力している」が、「真の意味での国際自由労連の支持者ではない」と否定的な評価を受けていた[20]。しかし、日本の公務員の政治的権利と労働基本権の擁護に熱心な国際自由労連を高く評価していた宝樹は[21]、原口の働きかけもあり、その後、国際自由労連に対する態度を次第に改めていった。とりわけ、1954年8月にフランスのCGTとイタリ

第 4 節　太田・岩井ラインの登場　177

アの CGIL が総評に招待状を送ったことを受けて、宝樹が世界労連への対抗策を講じるようムンガットに提案したことは、国際自由労連を大いに勇気づけた(22)。

　国際自由労連のクレーン地域活動課長は、1955 年 3 月 25 日にムンガットに宛てて次のような内容の書簡を送った。高野を失脚させる動きは、前年よりも活発化しているようにみえる。もちろん、それが実現したとしても、総評が国際自由労連への一括加盟を決定するとは考えられない。だが、昨年度の運動方針よりもさらに前進をみせることは期待できる。例えば、次の総評大会が傘下の単産に対して国際自由労連の加盟組合連絡委員会に参加するよう勧告する決議を採択することは可能かもしれない。ただし、国際自由労連が反高野派を支援するとしても、それを公然と行うのは適切でない。むしろ、加盟組合連絡委員会が高野に対する公開質問状を発表し、高野の真の姿を暴き出すことが有効であろう。それとともに、鍵を握る指導者と秘密裏に協力していく必要がある。原口の名声は高まりつつあり、宝樹も大変有能である。しかし、宮之原に対しては、大きな疑念を抱いている。このようにクレーンは指摘して、反高野派の動きに希望を見出すとともに、原口と並んで宝樹に期待を寄せた(23)。

　他方、国際自由労連の対日活動に協力的な CIO は、国務省のプログラムで 1955 年 1 月に渡米した岩井章国労企画部長に対する働きかけを行った。平垣問題により視察団の構成は大幅に変更されたが、反高野派である岩井の派遣は当初の予定通り実施され、総評傘下の単産から参加した 5 名の指導者は、全て反高野派で固められた。CIO は、岩井が将来の総評の事務局長候補であり、前回の大会で太田に代わって立候補したならば当選した可能性が高かったという情報を、国務省のサリヴァンから得ていた(24)。岩井と会談を重ねたヴィクター・ルーサー CIO 国際部長は、次回の総評大会で高野が退陣する可能性が高いという岩井の発言を、国際自由労連のオルデンブローク書記長に伝えた(25)。オルデンブロークは、岩井が極めて重要な人物であるとの判断を示し、できるだけ多くの接触を持つよう要請した。日本人は夕食の席で真面目な議論をする習慣がないので、非公式の落ち着いた環境で話をした方がよい、アメリカの労働者の日常生活を見る機会を与えてはどうかなど、オルデンブロークの助言は細部にわたった(26)。

中立主義者の岩井は、国際自由労連の支持者ではなかった。岩井は、日教組など総評傘下の単産が国際自由労連からさらに脱退する可能性が高いと述べ、その理由として、国際自由労連の宣伝活動の不足に加え、日本では国際自由労連への加盟がアメリカの政策への支持を意味するという認識が強いと指摘した。ヴィクター・ルーサーらは、その誤解を解くべく、国際自由労連が日本の労働組合の支配ではなく、それとの協力を望んでいることを説明した。この頃、アメリカの水爆実験による第五福龍丸事件が、反米感情を高めただけでなく、西側陣営への批判を生じさせ、国際自由労連の対日政策に影を投げかけていた。急性放射線症で死亡した久保山愛吉無線長を悼む声明を発表したCIOは、元総司令部労働課のブラッティまで動員し、原子力の平和利用の推進と国連を通じた軍縮の実現という自らの方針を岩井に理解させようと努めた。さらに、CIOは、ウォルター・ルーサー会長の出身単産である全米自動車労組の第15回大会に視察団を招待し、わざわざ日程を変更して岩井に演説の機会を与えた[27]。

アメリカ国務省も、在米中の岩井の親米化に努めていたが、駐日大使館は、前年度の訪米プログラムの参加者の安恒良一私鉄総連書記長から、総評の第6回大会で岩井を事務局長に擁立することが決まったという秘密情報を得た。アリソン駐日大使は、3月23日に国務省に電報を送付し、総評の事務局長に就任する可能性がある岩井を親米化すべく最大限の努力を払うこと、そのためにAFLのミーニー会長やCIOのルーサー会長などアメリカの労働組合指導者との会見の機会を設けること、それを通じて生産性プログラムが反労働者的であるという誤解を解くことなどを要請した[28]。駐日大使館には3月25日、国労の柴谷要委員長からも、労働者同志会が岩井の事務局長への擁立を秘密裏に決定したという情報が入った。岩井の上司である柴谷は、岩井の訪米が中ソ両国を中心とする共産主義勢力との対抗上、極めて有益であると謝意を示すとともに、岩井が事務局長選挙に立候補したならば70％の得票を集めて勝利するであろうと断言した[29]。アメリカ政府の岩井に対する工作は、必然的に強められた。

4月5日に視察団がニクソン副大統領と会談したのは、こうした状況の下であった。この席で、かねてから日本の労働情勢を憂慮していたニクソンは、共

産主義に対する最も有効な予防手段の1つとして、自由にして民主的な労働組合運動が重要であると強調した。沈着冷静な性格の岩井は、副大統領の前でも怯まなかった。岩井が取り上げたのは、ニクソンが1953年11月19日の日米協会における演説のなかで平和憲法を制定したのは誤りだったと述べた一節であり、副大統領の率直さを評価しつつも、日本の再軍備には同意できないと批判した。ニクソンは、全世界的な軍縮が達成されるまで個別の国家は独自の防衛力を保持するほかないと断りつつも、再軍備を擁護したのは防衛の目的だけであり、岩井の非武装の主張は理解できると返答した[30]。アイゼンハワー政権は、その4日後の4月9日、新たな対日政策文書NSC5516/1を最終的に決定し、「穏健な労働組合運動の発展を促進せよ」、「穏健な考えを持つ組合幹部の信頼と理解を勝ち取るために彼らとの接触の道を開き、それを拡大するよう努めよ」などと謳ったが[31]、それが実践されたのである。

　帰国後、岩井は事務局長選挙への出馬を承諾し、国労や全逓をはじめとする主要な官公労組や、合化労連、私鉄総連、全鉱などの支持を得た。国労の柴谷委員長は、6月18日に広報・文化交流局のウェルシュ労働情報官と会談し、いまだ秘密であったその情報を伝えた。その際、柴谷は、副委員長ポストの提供と国労の総評脱退という硬軟両方のカードを用いて、高野の立候補を阻止しようと試みていると述べるとともに、総評の反高野派と全労の間の距離は小さく、高野が退陣すれば労働戦線の統一を実現できると語った。柴谷によると、岩井は、高野派からの親米的という批判を避けるため、帰国後に執筆した論考でアメリカの良い面と悪い面の両方を指摘しているが、国労の若手活動家の研究会では、日本をアメリカの植民地とみなす高野派と共産党の主張は誤りであり、事実によってアメリカを判断しなければならないと力説した。それに対して、高野は北京メーデーへの出席とそこでのアジア・アフリカ労組会議の提唱によって、評判を落としつつある[32]。以上の発言を通じて、柴谷は、岩井に対するアメリカ政府の支持を取り付けようとしたのである。

　総評の第6回大会は、7月26日から開催された。労働戦線統一の推進、集団指導体制の確立、経済闘争の重視の3つを掲げて立候補した岩井は、事務局長選挙の第1回投票で128票を獲得し、高野の122票を凌いだ。白票が8票出たため、いずれも過半数に達せず、決選投票が行われることになったが、その

直前に勝利の見通しを失った高野が立候補を取り下げ、岩井の事務局長への就任が決まった(33)。議長には私鉄総連の藤田藤太郎委員長が再選され、副議長には合化労連の太田委員長が復帰した。太田は、1958年7月の第10回大会で総評議長に就任することになるが、この大会を機に実質的に太田・岩井ラインが登場することになったといえよう。興味深いことに、事務局長選挙の直前、岩井の選挙対策責任者の柴谷が、アメリカ大使館と接触し、岩井に投票するよう八幡製鉄労組に影響力を行使して欲しいと極秘に要請した(34)。13票を持つ鉄鋼労連は高野支持であり、そのうち3票を有する八幡製鉄労組の造反は僅差を考えると非常に重要であった。実際、八幡製鉄労組は第1回投票で棄権に回った。柴谷の対米工作のねらいの1つは、この点にあったのである(35)。

　アメリカ政府は、岩井の当選を好意的に受け止めた。国務省極東局のサリヴァン労働顧問は、「親共産党的で反米的な高野実の敗北」と意味づけた。岩井は左派社会主義者でアメリカの対日政策に批判的であるが、明確な反共産主義者であり、「これは明らかに好ましい展開である」。岩井が訪米中に直接得たアメリカについての知識は、これからの仕事のなかで生かされていくであろう(36)。駐日大使館の認識も同様であった。岩井の勝利は総評の右旋回と受けとめられている。岩井はアメリカに友好的で、アメリカ人と会談するのを嫌がらない。それゆえ、アメリカは、総評と良好な関係を築く機会を得るであろう(37)。また、国際自由労連も岩井の勝利を歓迎し、東京事務所の大倉旭が「全ての側面で岩井は高野よりも好ましい」と書き、クレーン地域活動課長もそれに満足の意を表明した(38)。さらに、岩井の当選を国際自由労連が反高野派に総評の内部で共産党と闘うよう求めた成果だとみなしたのは、CIOであった。CIOは、AFLのデヴェラルが総評の分裂と全労の結成を推進したことは高野を1年間延命させたにすぎなかったと非難した(39)。

　それに対して、従来から中立主義をソ連に味方するものだと批判していたAFLは、高野と岩井の間に有意な差異を見出さなかった(40)。デヴェラルの分析によると、高野は半数の票を獲得し、いまだ総評執行部に影響力を残している。弱冠33歳の岩井は経験不足であり、高野がイデオロギー上の指導的な地位を維持するであろう。岩井の当選によって、中国との関係をはじめ方針転換が何ら起きないばかりか、むしろ左傾化する可能性が高い。アメリカ大使館の

スカゲン労働官らは、訪米経験を持つ岩井を友好的であると考え、総評に好ましい方向での大きな変化が起きると予想しているが、それは全くの誤りである(41)。こうしたデヴェラルの認識は、全労にも共有されていた。全労の機関紙に掲載されたある論考は、「大会の流れと方針は、岩井への幻想を許さない。言って見れば、吉田(高野)に対する鳩山(岩井)にすぎない」と指摘し、全労の存在意義を強調した(42)。だが、それから2ヵ月後の10月13日、右派社会党を支持する全労の反対にもかかわらず、社会党が左派の優位の下で再統一した。

岩井に対する期待と幻滅

　総評の第6回大会から間もない8月12日、スカゲン労働官および広報・文化交流局のウェルシュ労働情報官は、事務局長に就任したばかりの岩井と会談した。祝福の言葉を伝えられた岩井は、満足の意を示したという。この席で岩井が心を砕いたのは、いかにしてアメリカ大使館に自らの立場を理解させるかであった。岩井は、中立主義者が共産主義者と異なることを強調した。アメリカ人は共産主義に関してヒステリックであり、アメリカに追随しない人物を共産党寄りと分類してしまうが、そうした態度は改められなければならない、と率直に苦言を呈した。岩井は、総評の運営についても、しばらくの間、辛抱強く見守って欲しいと要請した。事務局長を退いた高野の処遇について妥協が必要になるばかりでなく、自らが事務局長に就任する以前の決定事項が存在するので、それまでの方針をある程度継続しなければならない。岩井は、全労を含めた労働戦線の統一を追求すると語る一方、継続を余儀なくされる方針の例として、砂川闘争として知られる米軍立川飛行場の滑走路拡張への反対運動を挙げた(43)。

　総評は日本各地の軍事基地反対闘争の中心を担ったが、それに対してAFLは批判的な見解を示した。ミーニー会長は、砂川闘争への支援を求める総評の書簡について、中ソ両国のプロパガンダの一部をなすものであり、共産主義者の帝国主義的利益を擁護するものであると断定した(44)。しかし、日本における基地問題の深刻さと反米感情の根強さを知るデヴェラルは、ミーニーとは異なる考えを持っていた。日本との間に相互不可侵と防衛に関する条約を締結した上で、全ての駐留米軍を撤退させることが必要であり、そのための計画を立

案するようアメリカ政府に要請すべきだというのが、デヴェラルの主張であった。もちろんそれは総評の影響力を削ぐためであったが、滑走路拡張問題が全労の内部ですら反米感情を醸成していたことが、反対闘争を共産主義者の策動として片付けることを不可能にし、デヴェラルを米軍基地批判に向かわせた(45)。AFLの内部でも異論があった砂川闘争へのミーニーの批判は必ずしも国際的な支持を集めず、この点から岩井に対するアメリカの期待が損なわれることはなかった。

しかも、11月1日のデヴェラルの離日は、日本の労働組合運動に対するAFLの影響力を大幅に後退させ、総評に対抗する全労に打撃を与えた(46)。AFLが日本からの撤退を余儀なくされた原因は、第1に慢性的な資金不足であった。国際自由労連に関する業務を担当していたパリを除くと、ローマと東京の2ヵ所がAFLの在外代表部として残されていたが、自由労働組合委員会の内部では、ウォル会長とダビンスキー副会長を中心に、前年末からそれらの閉鎖論が高まっていた。ミーニーとラヴストーンは強く反対したが、資金不足の下では有効な反論をなしえなかった(47)。第2は、国際自由労連が1955年5月20日からの第4回大会で組織部長の設置を決定したことである。それは、資金面その他で国際自由労連の地域活動を強化する一方、それを統括する組織部長のポストを新設し、書記長ではなく執行委員会に直接責任を持たせる、というものであった。AFLは、敵対するオルデンブローク書記長の権限を削ぐためにこの提案を支持したが、その代償として独自の地域活動の縮小を受け入れたのである(48)。

そして、第3の原因は、AFLとCIOの合同であった。両者の間の様々な対立点は、すでに多くが失われていた。職能別か、産業別かという組織原則は、AFLが職能別の枠を超えて産業別の組織化に踏み込んだことで、曖昧なものとなっていた。CIOの内部の共産主義者は、1940年代後半に追放されていた。AFLとCIOがともに国際自由労連に参加したことで、両者の対外政策は対立を孕みつつも調整が可能になった。さらに、タフト・ハートレー法に代表される抑圧立法は、労働戦線の統一を要請した。こうしたなか、1953年に入りAFLのミーニー会長とCIOのウォルター・ルーサー会長の主導によって合同に向けた協議が開始され、1955年12月5日にAFL-CIOが結成された。ミー

第4節　太田・岩井ラインの登場　　183

ニーが会長に就任したことからも明らかなように、組合員数で勝るAFLがその主導権を握ったが、対外政策についてみると、国際自由労連を通じた地域活動を主張するCIOがAFLに対して在外代表部の閉鎖を要求し、ラヴストーン率いる自由労働組合委員会はやがて廃止されることになった[49]。

　AFLの日本からの撤退は、国際自由労連の対日活動を強化したが、それは岩井にとって追い風となった。岩井が労働戦線の統一を掲げて事務局長選挙に勝利する直前、オルデンブロークは、ブリュッセルを訪れた滝田全労議長に対して、総評結成の際のような自由にして民主的な労働組合の統一を実現するため、総評からの合同の申入れを拒絶すべきでないと説得した。滝田は、全労が総評に復帰した場合、反高野派はその批判をむしろ弱めてしまうであろうと反論しつつも、太田らと個人的に良好な関係を維持していると付け加えざるをえなかった[50]。岩井の事務局長就任後、総評は、9月8日の幹事会で労働基準法改正に反対する共同闘争に乗り出すことを決め、全労に繰り返し申し入れた。総評の両派の政策上の差異を認めない全労は、それを拒否した。しかし、こうした全労の硬直的な姿勢は、国際自由労連では批判的に受け止められた。12月12日からの執行委員会で、総評と統一できない理由について説明した海員組合の西巻国際部長に対して、ヴィクター・ルーサーは岩井の立場を強化する必要性を力説した[51]。

　アメリカ大使館も、岩井に対する期待を持続させていた。岩井は、11月25日に広報・文化交流局の労働情報官のオフィスを訪ね、高野が結核の再発のためもはや政治的脅威でなくなったと伝えるとともに、高野派の反対にもかかわらず、総評が軍事基地反対闘争の中心的立場から退いたと述べた。5日後の11月30日にもスカゲンおよびウェルシュと会談した岩井は、これまでは控えめに権力を行使せざるをえなかったと弁明した上で、これからは自らの方針を前面に押し出していくつもりであると語った。この一連の発言をスカゲンは、共産主義者の圧力に晒されていた岩井が権力固めの時期を終え、高野派との本格的な闘争に乗り出すべく、アメリカ大使館に助言と支援を求めているのではないかとみた[52]。岩井は、1956年2月24日にも、スカゲン、ウェルシュの両名と会談し、ダレス国務長官の来日に際して予定されているデモが反米主義的なものではなく、参加人員も限られることになろうと述べ、アメリカ大使館の理

解を求めた(53)。スカゲンは、この段階でも、総評が徐々に右傾化しつつあると観察していた(54)。

ところが、岩井事務局長の下で、総評と世界労連の加盟組合との国際交流は活発化していた。重要なのは、護憲連合代表団の一員として訪中した藤田総評議長が、1955年11月27日に中華全国総工会との間で、日中両国の労働組合の交流の促進などを謳う申合せに調印したことである。岩井は、その3日後のアメリカ大使館との会談で、藤田を馬鹿呼ばわりしたが(55)、産業別組合の間の交流の重視を盛り込む上記の申合せを受けて、1956年に入ると単産を中心とする代表団の訪中が増大した。そして、一方向ではなく相互交流を実現するため、共産主義諸国の労働組合の代表を日本に招請しようという動きも高まった。この労働組合の東西交流の進展は、1955年7月のジュネーヴ四巨頭会談に象徴される緊張緩和の進展を背景とするものであり、日本一国にとどまらない世界的な現象であった。それゆえ、国際自由労連は、同年12月12日からの執行委員会で集中的に協議し、共産主義諸国の労働組合との交流に反対するとともに、結束を固めて対抗しようとしたが、必ずしも実効性を保てなかった(56)。

そうしたなかで総評が試みたアジア・アフリカ労組会議の開催は、国際自由労連に対して直接的な脅威を与えた。岩井を事務局長に選出した総評の第6回大会は、アジア・アフリカの労働組合の連帯を盛り込む運動方針を決定していたが、総評はその具体化を図るべく、1956年4月10日にこの地域の主要国の労働組合に宛てて、10月を目途にアジア・アフリカ労組懇談会を開催するという趣旨の照会状を送付した。国際自由労連は、総評主流派の労働者同志会について、中華全国総工会など共産党系の労働組合を含むことに消極的だとみていた。だが、岩井らは中立主義者である以上、国際自由労連系に加えてであれば、世界労連系にも照会状を送ることに反対しなかった。国際自由労連は、7月2日からの執行委員会でこの問題に関する協議を行い、総評が主唱するアジア・アフリカ労組懇談会に出席しないよう、全ての加盟組合に求めることを決めた(57)。結局、国際自由労連傘下の労働組合が拒否ないし黙殺したことなどから、アジア・アフリカ労組懇談会は開催されないまま立ち消えとなった。

国際自由労連と世界労連の対立の止揚を目指すこの総評の構想は、1955年4

月のバンドン会議の開催など、反植民地主義と反帝国主義を基調とするアジア・アフリカの連帯の高まりを背景としていた。それゆえ、国際自由労連は、ムンガットに代わってアジア地域組織の書記長に就任したG・マパラやヴィクター・ルーサーが執行委員会で主張したように、それに反対するだけでなく、積極的な対抗策をとることを迫られ、1957年7月5日からの国際自由労連第5回大会に参加した代表をもって、アジア・アフリカ労組会議を開いた。国際自由労連は、それと同時に、水面下で岩井に対する工作を試みた。すなわち、イギリス政府は、日本の労働組合指導者を毎年3名から4名程度自国に招待するプログラムを継続していたが、その人選に関与していたTUCから相談を受けた国際自由労連は、1956年度の視察団のメンバーとして岩井の名前を挙げるとともに、ブリュッセルもしくはロンドンで接触する計画を立てたのである。しかし、岩井が突如として訪英を取り消したため、この計画は実現しなかった[58]。

以上のように、岩井に対する疑念は徐々に高まりつつあったが、その一方で国際自由労連に希望を抱かせたのは、総評の第7回大会に向けて、労働者同志会が東京事務所長の原口全鉱委員長を藤田に代わる総評議長に擁立したことであった。原口は、自らの擁立を国際自由労連に対する総評主流派の友好的な姿勢のあらわれであり、今後その傾向が強まっていくであろう、とオルデンブローク書記長に報告した[59]。アメリカ政府にとっても、原口の総評議長就任は好ましい事態であった。イギリス大使館のカルヴァート労働官にもたらされた情報によると、アメリカ大使館員が原口と接触し、議長当選後、高野派と戦うための資金が必要になろうと述べて、それを提供する用意があると申し出た。原口は秘密の資金援助を断固として断ったが、総評の内部で最も西側寄りの人物である原口への期待が、アメリカ大使館のなかで高まっていたことが分かる[60]。8月25日から開催された総評の第7回大会で、太田・岩井派の支持を受けた原口は、高野派が推す全駐労の市川誠委員長を169対130で破り、総評議長に選出された。

だが、この総評大会は、原口の意に著しく反する運動方針を採択した。例えば、1954年以来盛り込まれてきた国際自由労連との友好と連繋の強化を謳う一節が削除される一方、中華全国総工会を含むアジア・アフリカ労組懇談会の

開催が確認された。また、「共産党の支配する共闘には参加しない」という箇所も削られた。さらに、生産性運動に反対する姿勢も原案に比べて強められた。こうした修正は高野派の要求によってなされたが、運動方針を討議した小委員会が本会議に上程する最終案を固めた後、原口は議長への立候補をとりやめることすら考え、太田や岩井の妥協的な態度に強く抗議するとともに、「騙された」という言葉まで口にした。大会の終了後、原口がオルデンブロークに送った報告書は、総評が自由にして民主的な労働組合主義から一層離れつつあると指摘した。アメリカ大使館によると、太田・岩井派のなかで西側の労働組合との関係強化を主張したのは、全逓の宝樹書記長だけであり、原口は全く無力であった。アリソン大使は、総評の内部の共産主義者の影響力が深刻な大きさにまで達したと国務省に報告した[61]。

　このようにアメリカ大使館が岩井を事実上見限ったのに対して、国際自由労連はなおも総評の改革による共産党を排除した労働戦線統一への希望を捨てなかった。それは、総評議長に就任した原口の後任の東京事務所長の人事でも示された。原口が推したのは自らの下で東京事務所の運営を担ってきた大倉旭であり、総評傘下の加盟組合の支持を得た。それに対して、全労の和田書記長は、占領期からの経緯に触れながら大倉の任命に強硬に反対し、より中立的な人物を選ぶよう要求した。国際自由労連の対日政策に決定的な影響を与えるこの人事は難航を極め、所長空席のまま大倉が所長代理を務める変則的な事態が続いた。しかし、オルデンブローク書記長の考えはすでに固まっていた。原口に大倉を薦めたのは、実はオルデンブロークであった[62]。最終的に、1957年2月19日に来日した本部のチャールズ・ミラード組織部長とアジア地域組織のマパラ書記長による調整を経て、大倉が所長に任命された。このことは、国際自由労連の対日政策が以後も総評結成の際のブラッティ人脈を通して行われることを意味した[63]。

国際金属労連の対日活動の開始

　国際自由労連の対日政策は、国際産業別組織を媒介として、間接的にも実施されていた。岩井が総評の事務局長に選出された1955年、2つの国際産業別組織の対日活動が進展をみせた。1つは、国際運輸労連による東京事務所の設

置である。国際自由労連会長のベクーが書記長を務める国際運輸労連は、4月4日から4日間の日程で、7ヵ国39名の代議員の参加の下、アジア運輸労働者会議を開催した。この会議が国際運輸労連のアジア地域組織の創設を目指してアジア地域事務所を設置する決議を採択したことを受けて、6月15日から開かれた評議会は東京事務所の開設を正式に決定した。総評と全労のそれぞれの傘下の国労と海員組合が対立したため、初代所長にはボンベイの国際運輸労連情報局の責任者のジョヴィアノ・ソーレスが任命され、10月16日に来日した。かくして設置された東京事務所の主たる目的は、アジア運輸労働者の情報交換および交流の活発化であったが、国際運輸労連は、共産主義勢力に対抗すべく、相互に対立する日本の加盟組合を結束させ、脱退した私鉄総連の再加入を実現することを目指した[64]。

もう1つは、最大の国際産業別組織の国際金属労連が、日本での組織化に向けて、代表の派遣を最終的に決定したことである。前述したように、国際自由労連からの要請を受けた国際金属労連は、1953年7月の中央委員会で、共産主義勢力の脅威と日本の低賃金労働の両方に対処すべく、その方針を決定していた。しかし、人選の難航、すなわち候補者として最初に挙げられたブラッティの派遣が日本の反米感情を考慮して断念された後、ヨーロッパから適切な人物を得られなかったため、この問題は先送りされていた。推進役であったCIOのヴィクター・ルーサー国際部長は、1955年5月17日からの中央委員会で、全米自動車労組が費用の一部を負担することを再度表明するとともに、日本語能力と滞日経験を持つヨーロッパの労働組合指導者を4ヵ月間から6ヵ月間派遣して、日本の金属労組の現状の調査、人的関係の構築、そして可能であれば加盟の実現を図るべきだと主張した。そして、日本に代表を派遣するため、代表の選考と派遣費用の算定を行うことが改めて合意された。

重要なのは、国際金属労連が日本の金属産業の労働組合を再編成し、その統一体を結成することを目指したことである[65]。鉄鋼、電機、自動車、造船、金属といった部門別に分裂していただけでなく、ナショナル・センターへの所属をめぐり総評、全労、新産別、中立とイデオロギー的に分裂していた労働組合をまとめ上げ、産別会議などの共産主義勢力を排除した単一の金属労働戦線を作り上げることが、国際金属労連の目標であった。この中央委員会で提案に

あたったアドルフ・グラデル書記長は、加盟を望む労働組合と軽率に関係を結ぶことの危険性を力説した。組織的に脆弱である、もしくは政治的に問題がある労働組合の加盟を一旦認めると、それよりも重要な他の労働組合を締め出してしまうおそれがある。それゆえ、代表を事前に派遣して、日本の複雑な労働情勢を慎重に調査した上で、イギリスのように加盟組合協議会を結成することが不可欠である。こうした大産別結集は、金属産業の労働組合の組織力を強化し、日本の労働者の賃金や労働条件を引き上げ、不公正な貿易競争を阻止するためにも必要だと考えられた[66]。

　この中央委員会の後、2人の候補者が浮上した。その1人は、国際自由労連のオルデンブローク書記長を通じて、グラデル書記長が接触したマーティン・ボーレであった。国際自由労連の特使として1954年に長期にわたり滞日したボーレは、日本の労働組合指導者によく知られているという利点があった。また、もう1人の候補者は、ヴィクター・ルーサーが見出したCIO傘下のアメリカ国際木材労組のジョー・ミヤザワであった。日系カナダ人のミヤザワは、日本を訪問した経験を持つ若さ溢れる人物であったが、何よりも日本語を流暢に操るという長所があった[67]。そして、最終的に決め手になったのは、派遣費用であった。全米自動車労組が2500ドルの拠出を行い、さらに全米鉄鋼労組やドイツ金属労組などが資金提供を申し入れていたが、それでも財政上の余裕はなかった。1955年10月16日の執行委員会でミヤザワが選ばれたのは、その日本語能力に加え、給与や通訳などの差からボーレの2万ドルに対して1万5000ドルで済むためであった[68]。

　1956年1月に6ヵ月間の日程で来日したミヤザワは、国際自由労連と国際運輸労連の東京事務所、日本の労働組合指導者としては全逓の宝樹文彦書記長と私鉄総連の堀井利勝副委員長の協力を得て活動を開始した。ミヤザワがまず注目したのは、金属産業の6つの労働組合からなる金属共闘会議であった。この組織を強化できるのではないかと期待したミヤザワは、毎月の会合に出席した。しかし、それは綱領や規約を欠いた極めて緩やかな組織にすぎなかったばかりか、総評傘下の鉄鋼労連、全国金属、中立の全造船、電機労連、産別会議傘下の全金属などによって構成されていた。全労傘下の労働組合が加わらず、共産党系の全金属が参加している以上、国際金属労連の加盟組合協議会に発展

第4節　太田・岩井ラインの登場　　189

させることは不可能であった。そもそも、国際金属労連の日本での知名度は、皆無に等しかった。そこで、ミヤザワは、その歴史、規約、加盟組織一覧を掲載した日本語のブックレットを2000部作成し、配布することから始めなければならなかった。ミヤザワの日本での活動は、難航を極めた。

　それでも、いくつかの労働組合は、国際金属労連に対して好意的な姿勢を示した。その1つは、総同盟傘下の労働組合、具体的には全金同盟と造船総連であった。しかし、これらの加盟を認めることは、対抗関係にある総評系や中立系の労働組合の反発を招いてしまう。そこで、ミヤザワは、全金同盟の天池清次主事らに対して、加盟申請を見合わせるよう要請した。もう1つは、日本の金属産業の最大の労働組合である鉄鋼労連の3分の1の組合員を占める八幡製鉄労組であった。その田中兼人組合長と宮田義二書記長は、ミヤザワが会談した誰よりも国際労働運動に理解を持っていた。しかし、八幡製鉄労組の主導により下から鉄鋼労連を国際金属労連に向かわせるという戦略は、短期間で達成されるものではなかった。そこで、5月8日にミヤザワが作成した報告書は、共産党系を除く全ての金属労組の統一体を作り上げ、国際金属労連に加盟させることを将来の目標に据え、それに向けて小規模な日本事務所を設置し、国際労働運動への関心を高めるために月刊もしくは月2回刊のニュースレターないし雑誌を発行することを勧告した[69]。

　このミヤザワの報告書は、5月21日の執行委員会とその翌日からの中央委員会で検討された。グラデル書記長は、6月末でアメリカに帰国する予定のミヤザワの活動を継続すべく、アルフレッド・ダンネンバーグ書記を派遣して東京に恒久的な事務所を設置する準備を行うことを提案し、了承を得た[70]。ミヤザワの勧告が受け入れられたのである[71]。日本での活動を終えたダンネンバーグは、10月12日の執行委員会に報告書を提出し、日本人を所長とする日本事務所を設置し、日本の金属労組と直接的な接触を保ちつつ、日本語の出版物を通じて国際金属労連に対する理解を求めていくことを提案した。これにあわせて、グラデルが、鉄鋼労連のストライキを支援し、賃上げ要求を貫徹させるため、1万5000スイス・フランの資金援助を行うことを提案した。国際連帯を示すと同時に日本の国際競争力を削ぐのが、その目的であった。執行委員会はこれら2つの提案を採択した[72]。その後、国際金属労連は、国際自由労

連と国際運輸労連の東京事務所の協力を得て、1957年4月1日に日本事務所を開設し、ノースウェスト航空に勤務していた瀬戸一郎を所長に任命した。

9月16日からの国際金属労連の中央委員会は、対日活動について議論を行った。そのなかで、ダンネンバーグ書記は、日本の金属戦線を統一し、しかも西側指向にするには、長い時間を要すると述べた上で、そのために日本事務所を設置したのだと説明した。それとともに、ダンネンバーグが強調したのは、包括的な国際労働組織である国際自由労連よりも、国際金属労連をはじめとする国際産業別組織こそが、日本の労働組合との関係を強化できるという点であった。それは、国際自由労連が「一般的で政治的な問題に主たる力点を置く」のに対して、国際産業別組織は「実際的で地に足の着いた労働組合活動を行いうる」からであった。続いて演壇に立った全米自動車労組のヴィクター・ルーサー国際部長も、「日本の労働組合との関係において、経済もしくは労働組合をめぐる問題よりも政治問題を重視するという、国際自由労連と同じ落とし穴にはまらなければ、国際金属労連は、国際自由労連が失敗した日本という場所で、おそらく成功を収めることができると思う」と発言した[73]。

(1) Tokyo to the Department of State, June 28, 1954, No. 1721, 894.062/6-2854, *RDOS, IAJ, 1950-1954*, Reel 29.
(2) Deverall to Lovestone, December 31, 1953, Deverall Papers, Box 24, Folder 3, ACUA; Deverall to Delaney, January 14, 1954, Deverall Papers, Box 20, Folder 2, ACUA; Deverall to Delaney, January 25, 1954, Deverall Papers, Box 20, Folder 2, ACUA; Deverall to Lovestone, January 31, 1954, Deverall Papers, Box 24, Folder 3, ACUA.
(3) Deverall to Meany, June 3, 1954, Deverall Papers, Box 20, Folder 4, ACUA.
(4) Deverall to Lovestone, June 29, 1954, Deverall Papers, Box 24, Folder 4, ACUA.
(5) Berger to Lovestone, June 4, 1953, RG 18-3, Box 10, Folder 11, GMMA; Berger to Sullivan, January 12, 1954, RG 84, Entry 2828A, Box 37, NA; Taylor to Sullivan, July 22, 1954, 894.06/7-2254, *RDOS, IAJ, 1950-1954*, Reel 28.
(6) Meany to Murphy, June 18, 1954, enclosed with Robertson to Murphy, August 25, 1954, 894.062/7-2354, *RDOS, IAJ, 1950-1954*, Reel 29; Dulles to Tokyo, June 22, 1954, No. 2840, 894.062/6-2254, *RDOS, IAJ, 1950-1954*, Reel 29.
(7) Tokyo to Secretary of State, June 25, 1954, No. 3232, 894.062/6-2554, *RDOS,*

IAJ, 1950-1954, Reel 29; Tokyo to the Department of State, June 28, 1954, No. 1721, 894.062/6-2854, *RDOS, IAJ, 1950-1954*, Reel 29.
(8) Tokyo to Secretary of State, July 23, 1954, No. 189, 894.062/7-2354, *RDOS, IAJ, 1950-1954*, Reel 29.
(9) Dulles to Tokyo, July 23, 1954, No. 288, 894.062/7-2354, *RDOS, IAJ, 1950-1954*, Reel 29.
(10) Sullivan to Taylor, August 19, 1954, RG 84, Entry 2828A, Box 38, NA.
(11) Robertson to Murphy, August 25, 1954, 894.062/7-2354, *RDOS, IAJ, 1950-1954*, Reel 29; Sullivan to Taylor, September 29, 1954, RG 84, Entry 2828A, Box 7, NA; Sullivan to Taylor, October 27, 1954, RG 84, Entry 2828A, Box 38, NA.
(12) Taylor to Sullivan, January 25, 1955, RG 84, Entry 2828A, Box 37, NA.
(13) Taylor to Berger, October 20, 1954, Berger Papers, Box 1, Folder 18, GU; Oldenbroek to Taylor, December 23, 1954, ICFTU Archives, Box 3528, IISH.
(14) Lovestone to Deverall, January 22, 1954, Deverall Papers, Box 24, Folder 3, ACUA; Lovestone to Deverall, April 13, 1954, Deverall Papers, Box 24, Folder 4, ACUA.
(15) Lovestone to Deverall, June 2, 1954, Deverall Papers, Box 24, Folder 4, ACUA; Delaney to Deverall, September 7, 1954, Deverall Papers, Box 21, Folder 3, ACUA.
(16) Bolle to Oldenbroek, June 6, 1954, ICFTU Archives, Box 3535, IISH.
(17) Haraguchi to Oldenbroek, July 23, 1954, ICFTU Archives, Box 3547, IISH.
(18) 労働省編『資料労働運動史 昭和28年』1021-1022ページ。
(19) 宝樹文彦「国際自由労連の執行委員会」(『官公労働』1954年2月)。
(20) Haraguchi to Mungat, February 18, 1954, ICFTU Archives, Box 3528, IISH; 原口幸隆「国際自由労連に対する誤解の2、3について」(『官公労働』1954年4月)。
(21) Bolle to Oldenbroek, February 21, 1954, ICFTU Archives, Box 3535, IISH.
(22) Haraguchi to Mungat, September 7, 1954, ICFTU Archives, Box 3528, IISH.
(23) Krane to Mungat, March 25, 1955, ICFTU Archives, Box 3529, IISH.
(24) Sullivan to Benedict, January 25, 1955, RG 18-2, Box 14, Folder 3, GMMA.
(25) Victor Reuther to Oldenbroek, February 22, 1955, CIO-WO Collection, Box 69, Folder 22, RL.
(26) Oldenbroek to Victor Reuther, March 8, 1955, CIO-WO Collection, Box 69, Folder 22, RL.
(27) *News from CIO*, September 27, 1954, CIO-WO Collection, Box 67, Folder 16,

RL; Victor Reuther to Oldenbroek, February 22, 1955, CIO-WO Collection, Box 69, Folder 22, RL; "Agenda Notes," February 22, 1954, CIO-WO Collection, Box 56, Folder 17, RL; Burati to Victor Reuther, February 24, 1955, CIO-WO Collection, Box 67, Folder 19, RL; Goodman to Victor Reuther, April 22, 1955, CIO-WO Collection, Box 67, Folder 19, RL;『総評』1954 年 10 月 1 日。

(28) Tokyo to Secretary of State, March 23, 1955, No. 2352, 794.00/3-2355, *RDOS, IAJ, 1955-1959*, Reel 25.

(29) USIS, Tokyo to the Department of State, April 1, 1955, No. 71, RG 84, Entry 2828A, Box 38, NA.

(30) McClurkin to Sebald, April 8, 1955, *CUSSDJ, 1947-1956*, Reel 33.

(31) *FRUS, 1955-1957, Vol. 23*, pp. 52-62.

(32) Memorandum of Conversation, June 18, 1955, enclosed with Sullivan to Finn, June 29, 1955, 894.062/6-2955, *RDOS, IAJ, 1955-1959*, Reel 5.

(33) 敗れた高野はさらに左傾化し、翌 1956 年に共産党の秘密党員となった。高島喜久男『戦後労働運動私史 第 2 巻』第三書館、1993 年、18-19 ページ。

(34) Tokyo to the Department of State, August 2, 1955, No. 103, 894.062/8-255, *RDOS, IAJ, 1955-1959*, Reel 5. この文書によると、アメリカ大使館は、第 1 回投票の結果が大会会場で発表される 15 分ほど前に、その結果についての情報を得ていた。アメリカの日本の労働組合に対する隠れた影響力を垣間見させる事実である。

(35) 福岡のアメリカ文化センターと八幡製鉄労組の田中兼人組合長の緊密な関係については、Fukuoka to the Department of State, March 3, 1955, No. 117, *RDOS, IAJ, 1955-1959*, Reel 5.

(36) Sullivan to Robertson, August 1, 1955, 894.062/8-155, *RDOS, IAJ, 1955-1959*, Reel 5.

(37) Tokyo to the Department of State, August 2, 1955, No. 103, 894.062/8-255, *RDOS, IAJ, 1955-1959*, Reel 5.

(38) Okura to Oldenbroek, August 10, 1955, ICFTU Archives, Box 3547, IISH; Krane to Haraguchi, August 3, 1955, ICFTU Archives, Box 3547, IISH.

(39) Benedict to Victor Reuther, September 23, 1955, CIO-WO Collection, Box 67, Folder 20, RL.

(40) 『労働パシフィック』1952 年 12 月、Deverall Papers, Box 27, Folder 5, ACUA; Deverall to Lovestone, "Report from 25th June – 28th July 1955," July 28, 1955, Deverall Papers, Box 27, Folder 3, ACUA.

(41) Deverall to Lovestone, August 5, 1955, Deverall Papers, Box 24, Folder 6, ACUA; Deverall to Lovestone, August 15, 1955, Deverall Papers, Box 24, Folder

6, ACUA; Deverall to Lovestone, August 18, 1955, Deverall Papers, Box 27, Folder 4, ACUA.
(42)　Deverall to Lovestone, August 21, 1955, Deverall Papers, Box 24, Folder 6, ACUA; 堅山利忠「総評第六回大会傍聴記」(『全労』1955年8月5日)。
(43)　Tokyo to the Department of State, August 23, 1955, No. 163, 894.062/8-2355, *RDOS, IAJ, 1955-1959*, Reel 5.
(44)　Fujita to Meany, September 9, 1955, RG 1-27, Box 55, Folder 1, GMMA; Meany to Oldenbroek, November 3, 1955, RG 1-27, Box 55, Folder 1, GMMA.
(45)　Deverall to Lovestone, "Summary Report 1st – 28th February 1955: Japan," March 8, 1955, Deverall Papers, Box 27, Folder 3, ACUA; Deverall to Meany, September 20, 1955, Deverall Papers, Box 27, Folder 4, ACUA.
(46)　Deverall to Lovestone, August 25, 1955, Deverall Papers, Box 24, Folder 6, ACUA; Deverall to Lovestone, September 8, 1955, Deverall Papers, Box 24, Folder 6, ACUA; Deverall to Lovestone, September 20, 1955, Deverall Papers, Box 24, Folder 6, ACUA; Deverall to Lovestone, October 4, 1955, Deverall Papers, Box 24, Folder 6, ACUA.
(47)　Lovestone to Deverall, November 1, 1954, Deverall Papers, Box 24, Folder 5, ACUA; Lovestone to Deverall, November 29, 1954, Deverall Papers, Box 24, Folder 5, ACUA.
(48)　Carew et al., *The International Confederation of Free Trade Unions*, pp. 243-244; Lovestone to Deverall, August 31, 1955, Deverall Papers, Box 24, Folder 6, ACUA; Lovestone to Deverall, October 3, 1955, Deverall Papers, Box 24, Folder 6, ACUA.
(49)　Morgan, *A Covert Life*, pp. 285-289; Lovestone to Deverall, April 11, 1955, Deverall Papers, Box 24, Folder 5, ACUA; Lovestone to Deverall, August 31, 1955, Deverall Papers, Box 24, Folder 6, ACUA.
(50)　Oldenbroek to Mungat, July 12, 1955, ICFTU Archives, Box 3529, IISH.
(51)　Minutes, ICFTU Executive Board, December 12-16, 1955, ICFTU Archives, Box 47, IISH.
(52)　Tokyo to the Department of State, December 13, 1955, No. 498, RG 84, Entry 2828A, Box 38, NA.
(53)　Tokyo to the Department of State, March 2, 1956, No. 788, 894.062/3-256, *RDOS, IAJ, 1955-1959*, Reel 5.
(54)　Tokyo to the Department of State, February 3, 1956, No. 675, 894.062/2-356, *RDOS, IAJ, 1955-1959*, Reel 5.
(55)　Tokyo to the Department of State, December 13, 1955, No. 498, RG 84,

Entry 2828A, Box 38, NA.
(56) Minutes, ICFTU Executive Board, December 12-16, 1955, ICFTU Archives, Box 47, IISH; "Agenda Item 14: Relations of Free Trade Union Organisations with Dictatorship Countries," ICFTU Executive Board, December 12-16, 1955, ICFTU Archives, Box 50, IISH; "Agenda Item 18: General Secretary's Report on Activities," ICFTU Executive Board, July 2-7, 1956, ICFTU Archives, Box 58, IISH.
(57) "Agenda Item 6(a): Semi-Annual Report Submitted by ARO (1st October 1955 to 31st March 1956)," ICFTU Executive Board, July 2-7, 1956, ICFTU Archives, Box 54, IISH; Minutes, ICFTU Executive Board, July 2-7, 1956, ICFTU Archives, Box 60, IISH.
(58) Krane to Bowers, March 29, 1956, ICFTU Archives, Box 3529, IISH; Krane to Haraguchi, August 22, 1956, ICFTU Archives, Box 3529, IISH; Okura to Krane, August 27, 1956, ICFTU Archives, Box 3529, IISH.
(59) Haraguchi to Oldenbroek, August 10, 1956, ICFTU Archives, Box 3547, IISH.
(60) Calvert to Greenhough, September 13, 1956, LAB 13/1044, PRO.
(61) Tokyo to Secretary of State, August 29, 1956, No. 504, 894.062/8-2956, *RDOS, IAJ, 1955-1959*, Reel 5; Haraguchi to Oldenbroek, September 3, 1956, ICFTU Archives, Box 3547, IISH; Okura to Krane, September 21, 1956, ICFTU Archives, Box 3547, IISH.
(62) Haraguchi to Oldenbroek, September 3, 1956, ICFTU Archives, Box 3547, IISH; Wada to Oldenbroek, November 26, 1956, ICFTU Archives, Box 3557, IISH.
(63) 全労の国際自由労連東京事務所に対する批判については、「国際自由労連」(『全労』1961年4月)を参照。
(64) 労働省編『資料労働運動史 昭和30年』835-840ページ。
(65) この間、国際金属労連と接触していたのは、総同盟傘下の全金同盟であった。まず、1954年6月2日からの第37回 ILO 総会に出席した天池清次主事が、国際金属労連本部に立ち寄り意見交換を行った。それに基づき、同年10月25日からの ILO の金属工業労働委員会に出席した井堀繁雄副会長が、11月10日にチューリヒで開かれた国際金属労連第17回大会にオブザーヴァーとして参加し、演説した。そして、全金同盟は、1955年3月15日からの中央委員会で「国際金属労連加入の件」を採択し、加盟促進の原則を決めた。ただし、国際金属労連本部は、井堀に対しても、他の日本の金属労組とともに加盟組合協議会を設置するよう求めた。全金同盟史編纂委員会編『全金同盟史』全金同盟、1973年、

501-507 ページ。
(66) Minutes, IMF Central Committee, May 17-18, 1955, IMF Collection, Box 3, IISH; "Secretariat's Remarks on Item 3 of the Agenda, Recruiting and Affiliations," IMF Central Committee, May 17-18, 1955, CIO-WO Collection, Box 72, Folder 12, RL.
(67) Victor Reuther to Graedel, August 25, 1955, CIO-WO Collection, Box 71, Folder 21, RL; Graedel to Victor Reuther, August 30, 1955, CIO-WO Collection, Box 71, Folder 21, RL; Victor Reuther to Graedel, September 9, 1955, CIO-WO Collection, Box 71, Folder 21, RL; Graedel to Victor Reuther, September 23, 1955, CIO-WO Collection, Box 71, Folder 21, RL.
(68) Minutes, IMF Executive Committee, October 16, 1955, IMF Collection, Box 13, IISH; "Memorandum on the Sending of an IMF Representative to Japan," undated, CIO-WO Collection, Box 71, Box 21, RL.
(69) "Report on Japanese Metal Unions," IMF Central Committee, May 22-23, 1956, UAW-IAD Collection, Box 113, Folder 2, RL; Miyazawa to Graedel, May 8, 1956, enclosed with Miyazawa to Victor Reuther, December 12, 1956, UAW-IAD Collection, Box 106, Folder 11, RL.
(70) Minutes, IMF Executive Committee, May 21, 1956, IMF Collection, Box 13, IISH; Minutes, IMF Central Committee, May 22-23, 1956, IMF Collection, Box 3, IISH.
(71) 全金同盟は、1956年5月16日からの第6回大会で、国際金属労連への加盟を正式に決定した(全金同盟史編纂委員会編『全金同盟史』1027ページ)。しかし、これは保留とされた。
(72) Minutes, IMF Executive Committee, October 12, 1956, IMF Collection, Box 13, IISH; "Short Survey of the Japanese Trade Union Movement," IMF Executive Committee, October 12, 1956, UAW-IAD Collection, Box 112, Folder 18, RL.
(73) Minutes, IMF Central Committee, September 16 and 20, 1957, IMF Collection, Box 3, IISH.

第3章
生産性プログラムから国際公正労働基準へ

第1節　安保・三池闘争へ

岸内閣の対総評強硬策

　1957年の春闘は、生産性運動の打破、全国一律8000円の最低賃金制度の法制化などを目標に掲げ、官民一体の態勢で実力行使を集中する「高原闘争」戦術によって実施された。炭労と並ぶ拠点に位置づけられた国労は、政府の警告を無視して3月11日と12日に職場大会や順法闘争を行い、ダイヤに大きな乱れを生じさせたが、2月25日に首相に就任していた岸信介が3月16日に社会党委員長の鈴木茂三郎と会談を行い、仲裁裁定の尊重と実力行使に対する慎重な処分を確認した結果、山場を越えたかにみえた。ところが、国労は、最低賃金制度の実現を求める3月26日の統一行動に実力行使をもって参加し、大きな混乱を引き起こした。岸内閣は、5月8日、三公社五現業当局に対して実力行使の処分を指示し、翌日、各当局から労働組合に通告が行われた。国労に対する処分は、小柳勇委員長ら19名の解雇を含む峻厳なものであった。そこで、国労は処分の撤回を要求して実力行使を行ったが、これに対しても国鉄当局は処分を断行し、さらに公労法に基づき、被解雇者を三役に再選した国労との団体交渉を拒否した。

　岸の実弟である佐藤栄作は、5月13日、駐日アメリカ大使のダグラス・マッカーサー2世と会談し、岸内閣の労働政策について説明した。マッカーサーは、アリソンに代わり、2月15日に大使として着任したばかりであった。佐藤が語った主たる内容は、自民党が労働法制に関する全面的な新プログラムを立案中であり、そのなかに総評の権力乱用を抑制するための方策に加えて、労働者にアピールするような進歩的な要素を含ませる、というものであった。進

歩的な政策として考えられたのは、最低賃金法の制定であった。その負担は現在の日本経済にとって重荷かもしれないが、政治的には大変効果がある、というのが佐藤の説明であった[1]。岸内閣の労働政策を担当していたのは、6月の内閣改造で官房長官から労相に転じた石田博英であった。石田は、健全な労使関係の確立を目標に据え、違法行為を用いる闘争には厳罰をもって臨む一方、仲裁裁定の完全実施にみられるように、労働法規の順守を通じた労使紛争の平和的解決に努めた[2]。それは、総評との対決と全労の育成を企図するものであった[3]。

　アメリカ大使館は、このような岸内閣の対総評強硬策を支持した。佐藤との会談に先立つ5月1日、マッカーサーは岸首相と会談し、チェックオフ（組合費の給与からの天引き）が総評の政治力の源泉になっていることに言及した。政府がチェックオフによって官公労組に資金を提供し、その政治活動に悩まされているとすれば、非常に逆説的であると述べて、それへの対策を暗に求めた。このマッカーサーの発言に対して岸は、総評の脅威を十分に認識しており、その弱体化が政府の主要な目標の1つであると語った。ただし、総評は極めて強力であり、十分かつ入念な準備が必要である。最近自民党の内部に総評対策に関する特別委員会が設置され、次の通常国会では総評を弱体化するための法案を提出する予定であり、そのなかでチェックオフも扱われるであろう[4]。すでに太田・岩井ラインに対する期待を失っていたアメリカ大使館は、総評が共産党の強い影響下に置かれているとみていた。それへの対決を打ち出す親米的な岸内閣の登場は、アメリカ大使館にとって好ましい事態であった。

　岸内閣の方針は、その後も変わらなかった。9月18日、来日したクリスチャン・ハーター国務次官に対して、岸は次のように語った。官公労組主体の総評は、共産党に支配され、政治目的のために闘争を展開している。労働組合は経済的な目的に活動を限定すべきであり、春闘での解雇処分をはじめ、政府はその政治闘争に対して断固たる措置をとっている。それは徐々に総評を弱体化しつつある。労働法規の改正も検討中であるが、総評への対抗策は既存の法制度の枠内で行うことを考えており、官公労組のチェックオフを停止する決意を固めている[5]。この岸発言がなされた5日後の23日、ダレス国務長官は、藤山愛一郎外相に対して、日本政府が労働問題に熱心に取り組もうとしているの

を歓迎していると語った。日本の労働情勢は危険な状況にあり、共産主義者が労働組合に潜入し、乗っ取ろうとしている。日本の労働組合運動が共産党に支配されないことは重要である。ダレスは、健全な労働組合運動の必要性を説きながらも、総評に対する強硬策を続行するよう、あからさまに要請したのである[6]。

　岸内閣がアメリカ政府の支持を受けたのに対して、総評は国際自由労連の支援を得ようと試みた。AUCCTUの招待によってソ連を訪問した国労出身の岩井事務局長は、プラハの世界労連本部に立ち寄った後、9月24日にブリュッセルの国際自由労連本部に赴き、オルデンブローク書記長と会談した。この席で岩井が話題にしたのは、岸内閣の国労に対する態度と最低賃金制度の法制化の2つの問題であったが、より強調されたのは前者であった。オルデンブロークは、これについてILOに提訴する用意があると語った。国際自由労連は脱退した国労のために骨を折る義務はない。しかし、国労は国際運輸労連への加盟を続けている。緊密な関係にある国際運輸労連からの要請があれば、国際自由労連はそれに応じてもよい、というのがオルデンブロークの立場であった。オルデンブロークは、支援を欲するのであれば、国際自由労連への加盟を考えるべきであると付け加えるのを忘れなかったが、日本政府による労働組合運動の弾圧を見過ごすことはできず、岩井の支援要請に前向きな姿勢を示したのである[7]。

　こうしたオルデンブロークの反応を受けて、国労およびそれと同じ状況に置かれていた中立系の機労などは、国際運輸労連と国際自由労連に調査団を派遣するよう要請し、国際運輸労連のレイ・クーツ地域部長とTUCのヴィクター・フェザー副書記長を代表とする共同調査団が訪日することになった。11月15日、国際運輸労連のベクー書記長と国際自由労連のオルデンブローク書記長は共同声明を発表し、「日本に強力にして自由なる労働組合運動が存在することは、日本のみならず全アジアの自由とデモクラシーを作り上げる上に絶大なる重要性をもつ」と述べ、岸内閣の強硬策によって苦境に陥っていた国労を支援すべく調査団を派遣することを表明した。調査団は、11月19日から日本での活動を開始し、28日に新聞発表を行い、離日した。その内容は、結社の自由と団結権の保護に関するILO第87号条約を批准し、公共企業体の労働

者にストライキ権を付与すること、労働者を一方的に拘束する不完全な仲裁制度を見直すこと、国鉄の被解雇者を早期に復職させることなどを日本政府に求めるものであった[8]。

　アメリカ大使館は、この調査団の活動をアメリカの対日政策を妨げるものだと強く批判した。日本政府が実施している共産党対策はアメリカの国益と合致しており、岸内閣の労働政策が総評の内部の共産主義勢力をむしろ強化しているとする調査団の見解は誤りであるというのが、マッカーサー大使の認識であった。国際的には中立主義をとり、アジア・アフリカの労働組合の提携を試み、世界労連と活発に交流し、国内的には岸内閣を独占資本の手先とみなして、その打倒を企てている総評の内部改革の可能性について、マッカーサーは否定的であった。また、新潟をはじめ国労からの脱退者による第二組合を支援していた全労の行動を、調査団が混乱を助長するものとみなしたのに対し、アメリカ大使館は全労こそが国際自由労連に忠実な唯一の日本の労働組合であると評価した[9]。そこで、スカゲン労働官らは、総評ではなく全労に援助を与えるよう、調査団に対して圧力を加えた[10]。マッカーサーは、調査団の新聞発表に関しても、総評の立場を強化し、全労に打撃を与えるものであると批判した[11]。

　1958年1月20日に調査団が国際運輸労連と国際自由労連に提出した報告書は、三公社五現業の労働者のストライキ権の回復、被解雇者の役員就任を含め結社の自由を保障するためのILO第87号条約の批准、産業平和を促進するための公平かつ効果的な仲裁手続きの導入、国鉄の被解雇者の復職などの課題を取り上げ、日本の労働組合運動に援助を与えるよう要請し、3月17日からの国際自由労連の執行小委員会で了承された[12]。これについても、アメリカ大使館は、困惑させるものであると国務省に報告した。この電報のなかで、マッカーサーは、調査団の代表のフェザーTUC副書記長が来日中、日本製品のボイコットに訴える可能性を示唆しつつ、総評に対する支援を表明したことに言及し、イギリスの労働界の一部が日本の国際競争力を削ごうとしていると警戒感を顕わにした。そして、国際自由労連の圧力にもかかわらず、石田労相がこれまでの労働政策を継続する決意を示したことを高く評価した[13]。アメリカ政府と国際自由労連は、岸内閣の対総評強硬策をめぐって鋭く対立したのである。

AFL-CIO の内部でミーニー会長率いる AFL 系も、国際自由労連の対日政策に批判的な態度をとった。離日後、ブリュッセルの国際自由労連本部に副書記長の特別補佐として勤務していたデヴェラルは、調査団が全労を犠牲にして総評を支援したことを非難した。こうした方針を国際自由労連がとっているのは、イギリスの影響力によるものであるというのが、デヴェラルの認識であった。イギリスは、英連邦の市場から日本を排除するため中国に接近させようとし、左翼的で中国寄りの総評を支持している。他方、全労傘下の有力単産である海員組合と全繊同盟は、イギリスの産業と競合関係にある[14]。デヴェラルの観察によると、イギリスは、8つの英連邦諸国、29の植民地・委任統治領・信託統治領を含めると、国際自由労連の約3分の1の組合員数を占め、労働官をはじめとする外交ネットワークでそれらを結合していた。ブリュッセルの国際自由労連本部の職員をみても、イギリス人は80名中25名で31％を占め、地元のベルギー人の26名に迫り、しかも最下層に位置するベルギー人と比べて有力なポストに就き、社交を通じて結束していた[15]。
　確かに、イギリス政府は、アメリカ政府の対日政策に批判的であった。駐日大使館のカルヴァート労働官は、次のような見解を本国に送付した。岸内閣は、官公労組を攻撃することで、総評、ひいては社会党を弱体化しようとしている。だが、その結果、民主主義の基盤が脆弱な日本では、右翼勢力の台頭をまねき、最終的には共産党が利益を得るであろう。そればかりでなく、労働組合の規制力が弱まると、日本の国際競争力が高まってしまう。民主的で強力な労働組合運動を育成し、経営者や保守政治家が望む戦前のような労働者の抑圧と搾取への回帰を阻止しなければならない。その意味で、総評に辛抱強く付き合おうという国際自由労連の方針は正しい。アメリカ大使館は、総評を政治的脅威とみなすあまり、そのカウンターウェイトとしての価値を見過ごしている。共産主義との戦いにどれだけ有用かというのがアメリカの判断基準であり、そうした観点から全労を支援し、総評の解体を試みているが、むしろ逆効果を引き起こしている。カルヴァートのアメリカ批判は痛烈であった[16]。
　しかし、カルヴァート自身が認めたように、日本政府の労働政策に最も影響力を持っていたのはアメリカ政府であり、イギリス政府はアメリカ政府への働きかけを通じてしか影響力を行使できなかった。そこで、駐米イギリス大使館

のA・M・モーガン労働担当参事官が、CIO 出身のクレーン国際自由労連組織部次長の示唆に従い、まず 1958 年 5 月 20 日にアメリカ労働省と協議した。イギリス政府が期待した通り、レオ・ワーツ国際労働担当労働次官補代理は、駐日アメリカ大使館の労働官が総評に対決する方針をとっていることを誤りだと認めた。そうした反総評・親全労政策は、ラヴストーンに端を発しているが、労働省に関する限り現在のところ固定した政策はないというのが、ワーツの発言であった(17)。モーガンは、その 8 日後の 28 日、CIO 系の全米自動車労組のヴィクター・ルーサー国際部長と会談した。ルーサーは、兄のウォルター・ルーサー AFL-CIO 副会長が日本の労働情勢を憂慮していると伝えるとともに、AFL-CIO が総評寄りの方針に転換すれば、国務省もそれに従うであろうと語った(18)。

　その後、モーガンは、国務省政治課のダン・グロート労働顧問と協議を行う一方、元 CIO 国際部長で AFL-CIO 国際部長に就任したばかりのマイケル・ロス、AFL 自由労働組合委員会事務局長から AFL-CIO の副国際部長に転じたラヴストーンらと会談した。ラヴストーンが激しい口調で総評批判を展開したのは当然であったが、ロスもまた、それほど強硬ではなかったにせよ、アジア・アフリカ労組会議の構想や世界労連との交流などの例を示して、総評に対する不信感を示した。岩井事務局長らの方針は総評の内部の共産主義者を助長する結果となっている、国際自由労連はイギリス政府の対日政策に追随しているにすぎない、というのがロスの見解であった(19)。ラヴストーンの強硬な反共産主義は、CIO 系に対する AFL 系の優位に加え、総評の反米主義的な中立主義を背景として、AFL-CIO の対日政策の基調をなし、当面変更される見通しがなかったのである。岸内閣の対総評強硬策を支持するアメリカ政府の方針は、イギリス政府の働きかけにもかかわらず、その後も継続した。

　こうしたアメリカ政府の支持を背景として、岸内閣は 1958 年の春闘においても、総評に対して厳しい姿勢で臨んだ。最大の焦点となったのは、全逓であった。全逓はこの春闘で激しい闘争を展開し、3 月 20 日には 2 時間の時間内職場大会を東京中央郵便局などで実施した。これに対して、郵政省は、野上元委員長、宝樹文彦副委員長、大出俊書記長ら 7 名の解雇をはじめ、停職 297 名、減給 200 名、戒告 404 名、訓告 2 万 1568 名に及ぶ、厳しい処分を行った。さ

らに、70名が警察によって逮捕され、そのうちの一部が郵便法違反教唆の容疑で起訴された。全逓は、被解雇三役を守る一方で、9月25日にILOへの提訴に踏み切り、ILO第87号条約批准闘争を本格化させた。しかし、岸内閣は、石田労相を中心として、全逓との団体交渉を拒否する強硬な態度をとり、そのため翌年の年末まで紛糾が続いた[20]。なお、蔵相に就任していた佐藤栄作が、アメリカ大使館に対して、共産党や総評の脅威を説いた上で、秘密裏に自民党への資金援助を求めたのは、同じ年の7月25日のことであった[21]。

ミラード提案と労働戦線統一問題

この時期、国際自由労連の対日政策を主導していたのは、1956年7月の執行委員会で組織部長に任命されたチャールズ・ミラードであった。1955年5月の第4回大会で設置が決まった組織部長の人選は、難航を重ねた。AFL会長のミーニーは、その駐欧代表のブラウンを推し、ベクー会長に働きかけたが、オルデンブローク書記長とTUCのテューソン書記長の反対を受けた。それに対して、TUCとCIOが候補者として擁立したのは、カナダ労働会議の副議長でCIO系の全米鉄鋼労組のカナダ全国支部長のミラードであった。ミーニーは、カナダ人のミラードをTUCの手先として忌避したが、CIOとの合同を受けて妥協を余儀なくされた。この国際自由労連の組織部長の選任は、自由労働組合委員会の存続と密接に関係しており、ミラードの組織部長への就任を認めるとともに、自由労働組合委員会を12ヵ月後に廃止することで、最終的に合意が成立した。ラヴストーンはAFL-CIOに雇用され、国際部長の下で副部長として仕事を行うことになった。これは、CIO系を代表するウォルター・ルーサーの勝利とみなされた[22]。

ミラードは、アジア、アフリカ、ラテンアメリカの訪問の一環として、1957年2月19日に来日した。アメリカ大使館のスカゲン労働官らと会談したミラードは、アメリカ政府とAFL系の反共産主義的なアプローチを批判し、労働者の生活水準の向上を支援するポジティヴ・アプローチをとらなければならないと述べ、AFL-CIOの内部でCIO系の発言力が増大することへの期待を表明した。日本の労働組合運動についても、ミラードは総評傘下の国際自由労連加盟組合に好意を示す一方、全労を批判的に評価した。全労が総評左派を攻撃し

ながらも、日教組を排除すること以外に何ら有効な手立てを持ち合わせていない、という理由からであった。こうしたオルデンブロークと近似したミラードの発言は、アメリカ大使館を失望させた[23]。ミラードは、23日の離日の際の記者会見でも、世界労連について、一国の政府によって支配されていると指摘しながら、その存在そのものには反対しないと語り、アジア・アフリカ労組会議に関しても、否定的な見解を示しつつ、加盟組合の自主性に委ねると表明した[24]。

　アジア諸国を歴訪したオルデンブローク書記長は、11月4日からの執行委員会で、自由にして民主的な労働組合運動の強化と統一の必要性を説き、インドとともに日本に代表団を派遣することを求める報告書を提出した[25]。ミラードは、この報告書の趣旨に従い、国際運輸労連と国際自由労連の共同調査団の来日から半年あまり後の1958年6月10日、再び日本を訪れた。16日にはアジア地域組織のムンガット前書記長が合流した。ミラードが6月11日の国際自由労連の加盟組合との会談で語った通り、この代表団の目的は、日本政府にILO第87号条約の批准を働きかけること、最低賃金制度の導入に向けた日本の労働組合の取組みを支援すること、日本の労働組合の統一を促進することの3つであった。岸内閣が国労や全逓などに対する強硬策をとり続けるなか、最も重視されたのは、最後の労働戦線の統一であった。「政府の抑圧に対抗する唯一の効果的な手段は、労働組合運動がより大きな統一を実現することである」とミラードは語り、「それなしには国際自由労連の支援策は有効性を持ちえない」と付け加えた。

　ミラードは、その後も労働組合指導者との会談を精力的に行い、労働戦線統一の必要性を強調した。総評の太田副議長と岩井事務局長は、それに積極的な態度を示し、これまでも全労に統一を提案してきたことを説明した。なかでも全鉱、全逓、炭労、都市交通、日放労といった国際自由労連の加盟組合は、強い支持を表明した。その唯一の例外は、高野派の平垣書記長が率いる日教組であったが、総評の常任幹事会は、平垣が提出したミラード提案に反対する決議案を否決した。他方、総評に対して組織的な劣位にある全労およびその傘下の労働組合は、共産党や世界労連と手を結ぶ総評との統一はありえないという、日教組とは全く逆の理由から反対した。しかし、電機労連や機労をはじめ中立

第1節　安保・三池闘争へ　　205

系の労働組合が賛成したこともあり、ミラードは大多数が労働戦線の統一を支持していると判断した。そして、「日本の労働組合運動の最大の危険は、全体主義勢力からではなく、その分裂から生じる」と指摘して、労働戦線の統一を模索するよう求める新聞発表を行い、30日に日本を発った[26]。

　国際自由労連の地域活動の責任者であるミラードの提案は、その忠実な加盟組合たることを国際的な正統性の根拠としている全労を窮地に陥らせた[27]。全労は、ミラードの離日を待たず6月27日、オルデンブローク書記長に宛てて書簡を送り、ミラードの活動が適切であったか深い疑問を抱いていると表明しつつ、次のように記した。全労は民主的な労働組合主義を原則として国際自由労連に連なり、総評はマルクス主義に立脚して世界労連に追随している。こうした基本方針に関する一致が達成されない以上、労働戦線の統一はありえない。ミラードは日本の労働情勢の現実を無視して、無原則な統一を実現しようとしているが、それは世界労連が推進する統一戦線方式と同一である[28]。ミラード提案は、上記のような反対意見を示した全労ばかりでなく、アメリカ大使館や日本政府にとっても、明らかに好ましいものではなかった。石田博英に代わって労相に就任した倉石忠雄は、ミラードの日本での活動を不当な内政干渉であると断定するとともに、総評を支持することを通じて世界労連を間接的に利していると批判した[29]。

　ミラードは、7月3日からの国際自由労連の執行委員会で報告を行い、労働戦線統一に向けた取組みを行うための組織を自発的に結成し、2年間から3年間活動するよう日本の労働組合指導者に勧めたと述べた上で、次の3つの提案を行った。第1に、長期的な統一プログラムを進めるために設立される日本の労働組合の自発的な組織に対して、国際自由労連の書記局ができる限りの技術的・実務的な援助を与えること、第2に、この日本でのプログラムに協力する全ての労働組合指導者に助言を与える特別の代表を派遣すること、第3に、そのために特別に必要な資金の支出を国際連帯基金委員会が前向きに検討することであった。これに対して、執行委員として出席していた海員組合の西巻国際部長は、労働戦線統一の必要性を原則として認めつつも、全労の立場を擁護すべく、ミラードの提案に激しい批判を加えた。全労と総評の対立は、国際自由労連と世界労連の対立であり、世界労連が統一戦線の結成を目指してプロパガ

ンダを行っている状況で、国際自由労連が労働戦線の統一を提案することは誤りである、と西巻は語った。

　重要なのは、このような西巻の意見を AFL-CIO 会長のミーニーが強く支持したことである。ミラード提案への賛成は執行委員会の多数を占めたが、最大の加盟組合の指導者の執拗な反対を無視することができず、議論は6時間に及んだ。ミーニーは、共産主義者の常套手段である統一戦線の危険性を力説し、労働戦線の統一は民主的な労働組合に限られるべきだと主張した。オルデンブロークとミラードは、日本には共産党が支配する労働組合はほとんど存在せず、少数派の全労は労働戦線統一の母体にはなりえないなどと反論したが、ミーニーは引き下がらなかった。最終的に、アルネ・イエイヤー会長、オルデンブローク書記長、ミラード、ミーニーの4名からなる小委員会で妥協が図られ、日本の国際自由労連加盟組合の多数が設置される組織に参加した場合という条件が、第1の提案に付け加えられた(30)。ミラードの提案は大筋で了承されたとはいえ、全労傘下の単産と日教組を合わせると加盟組合の過半数を占めている以上、この修正によって大きな足かせがはめられた。

　ところが、労働戦線の統一という目標は、日本の労働界で多大な規範的影響力を持っていた。また、1958年2月28日に発足した ILO 条約批准促進連絡会議に続いて、10月16日に結成された警職法反対国民会議でも、総評、全労、新産別、中立労連の労働四団体の共闘が実現した。つまり、岸内閣の抑圧的な政策が、労働組合の共闘を促進し、労働戦線統一の機運を高めていたのである。そこで、総評を脱退して結成されたがゆえに分裂主義者という非難を受けていた全労は、ミラード提案に反対するだけでなく、積極的な対応を迫られ、10月29日からの第5回大会で、組織上の信義、階級闘争至上主義の清算、自由な労働運動の推進、共産党との絶縁の4つの原則をもって、労働戦線の統一を推進することを決め、12月24日、総評、新産別、中立労連に話合いを呼びかけた。なお、中立労連は、1956年9月8日、いずれのナショナル・センターにも所属していない電機労連、機労、全造船などが中心となって結成された緩やかな連絡組織で、その性格上、労働戦線の統一に積極的な態度をとった。

　もちろん、総評はこの全労の提案に積極的に応じた。12月24日の総評の主要単産書記長会議は、賃上げ、最低賃金制度、時間短縮といった具体的な問題

について共闘を行い、統一する上での障害を取り除いていくことを確認し、賃上げのための共同闘争の実施、組織不可侵協定の締結による第二組合工作の停止など、統一に向けての6つの条件を決定した。新産別と中立労連も、全労の提案に賛成し、話合いに参加することを決めた。そして、1959年1月24日、総評、全労、新産別、中立労連、その他の中立系の労働組合の参加を得て、第1回統一懇談会が開催された。国際自由労連は、その前日、日本の労働組合に宛てて公開書簡を送り、ILO第87号条約の批准に向けて前進し、警職法改正案の廃案を勝ち取るという、前年度の共同闘争の成果に言及した上で、民主的な労働戦線の統一の早期実現を求めた[31]。2月18日、第1回統一懇談会で設置が決まった世話人会の第1回会合が開かれ、統一に向けた協議が開始された。ミラード提案は、全労の結成以降で初めて本格的な労働戦線統一への動きを生み出したのである。

　だが、全労は、決して本気ではなかった。滝田議長は、すでに12月末にアメリカ大使館に対して、話合いが予備的なものにすぎないことを伝えていた[32]。この問題についての全労の責任者であった増原操組織部長も、1月9日のスカゲン労働官との会談で、労働戦線統一の見通しがないことを伝えた。増原によると、それにもかかわらず、全労が話合いを提唱したのは、労働戦線の統一がなぜ不可能なのかを明らかにするためであった。総評が階級闘争と革命的労働組合運動を支持しているのに対して、全労が国際自由労連に体現される労働組合主義と議会主義を奉じていることを協議の過程を通じて浮かび上がらせるというのが、第1のねらいであった。第2の目的は、総評からの共同闘争の呼びかけへの対処であった。アメリカ大使館は、それ以外にも、労働戦線統一の話合いを主導することで、国際自由労連における立場を強化するねらいがあるとみていた。結局のところ、全労にとって労働戦線統一の提唱は、窮地から脱するための一時的な手段にすぎなかった。スカゲンは、このような状況に全労を追い込んだミラードに憤りを感じていた[33]。

　統一懇談会の世話人会は、その後、2月23日、3月2日、3月12日、6月10日、7月14日と開催されたが、統一の具体的な条件に関する協議に入る前に、総評と全労が組織不可侵協定をめぐって対立し、連絡幹事会による意見調整にもかかわらず、暗礁に乗り上げた。総評が全労による第二組合の結成を批

判し、組織不可侵協定の締結を統一の話合いの前提条件としたのに対し、全労は第二組合が総評の過激な闘争方針への不満から結成されていると指摘し、不可侵協定の必要性を認めなかったのである。しかし、全労の和田書記長は、すでに3月17日のアメリカ大使館との会見で、全労と総評の基本方針の違いと労働戦線統一が不可能な理由を国際的に知らしめるという当初の目的を達成した以上、いかにして有利に話合いを終わらせるかについて考えていると語っていた[34]。このような方針を密かに有していた全労は、8月10日の第7回世話人会の後、18日に常任執行委員会を開いて話合いの打切りを決め[35]、20日の連絡幹事会で通告した。そして、最終的に9月21日の連絡幹事会で、打切りが確認された。

　統一懇談会が成果なく解散した背景には、1960年の日米安全保障条約の改定に向けて総評と全労の亀裂が深まっていたという事情もあった。統一懇談会が設置された2ヵ月後の1959年3月28日、総評の主導で安保改定阻止国民会議が結成されたが、警職法反対国民会議とは異なり、社会党の反対にもかかわらず、全労が除かれ、共産党がオブザーヴァーとして参加した。6月16日には、総評の太田議長と岩井事務局長が岐阜県下呂町で記者会見を行い、社会党に階級政党としての性格を明確化するよう求める一方、共産党と問題別ではなく原則として共闘することを表明した。国際自由労連が厚い信頼を寄せる全逓の宝樹副委員長は[36]、この下呂談話を強く批判したが、安保改定をめぐり絶対阻止を唱える総評と条件闘争を主張する全労が対立するなか、流れを変えることはできなかった。そして、この総評と全労の対立の激化を一因として、社会党は9月12日から開催された第16回大会で分裂し、全労を組織基盤とする西尾派と河上派の一部が脱党して、1960年1月24日に民社党を結成した。社会党の分裂は、総評と全労の対立をさらに激化させた。

　だが、オルデンブロークとミラードは、労働戦線統一への期待を捨てず、1959年11月30日からの国際自由労連の執行委員会で、話合いの再開を促すために代表団をできるだけ早く派遣することを提案した。全労傘下の海員組合の西巻国際部長は、総評が共産党と共闘したため労働戦線統一が不可能になったと主張し、この提案に強く反対した。AFL-CIOのミーニー会長も、これに同調した。しかし、オルデンブロークとミラードは、日本政府と経営者の対労

働攻勢に言及しつつ労働戦線統一の必要性を説き、「できるだけ早く」という字句を「有望な状況であれば」に置き換えることで了承をとりつけた。また、オルデンブロークは、全労の第二組合工作についても批判を加え、給与の割増支給などで政府・当局と結託し、国際自由労連の加盟組合である全逓を破壊しようとしている全特定と全郵労は、黄色組合（御用組合）にほかならないと断定した。そして、執行委員会は、西巻の反対を押し切り、宝樹率いる全逓に対して、ILO への提訴を含むあらゆる援助を与えることを決定した[37]。

日教組の国際自由労連からの脱退

　ミラードが労働戦線の統一を提唱したのは、日本の労働組合の力を強め、生活水準の向上と労働基本権の擁護を勝ち取ることの重要性を認識していたからであった。単なる反共産主義ではなく、こうしたポジティヴ・アプローチこそが共産主義の脅威に有効に対処できるというのが、ミラードの考えであった。そして、労働者の幅広い連帯・結集を重視することは、共産主義者に対する寛容な姿勢につながっていた。ミラードが、1957 年 2 月に訪日した際、世界労連には妨害活動をする場合にのみ反対すると述べ、アジア・アフリカ労組会議についても加盟組合の自主性に委ねると語ったのは、そのあらわれであった[38]。もちろん、国際自由労連は、世界労連との交流にも、その傘下の労働組合を含むアジア・アフリカ労組会議の開催にも批判的であった。だが、それにただ反対すればよいという態度を、ミラードはとらなかったのである。強硬な反共産主義者であったラヴストーンが、AFL-CIO 会長のミーニーに宛てて書簡を送り、ミラードの日本での発言をとんでもないものだと批判したのは、当然であった[39]。

　ラヴストーンがいかに声高に叫んだとしても、日本の労働組合に共産党系労働組合との国際交流を停止させることは困難であり、1957 年に入って総評と世界労連の関係は一段と緊密化した。8 月 30 日、岩井事務局長は初めて共産圏に赴き、ソ連を訪問した後、プラハの世界労連本部を訪れ、サイヤン書記長と会談した。岩井はその帰途にブリュッセルの国際自由労連本部に立ち寄ったが、それは 2 つの国際労働組織と関係を持つという中立主義ゆえであった。10 月には、東ドイツのライプチヒで開催された世界労連の第 4 回大会に、総評の

北川義行国際部長ら23名の代表団が参加した。名誉議長の席を与えられた北川は、大会の決定事項の実践を誓うと挨拶を行った。そのほか多くの単産が共産主義諸国に使節団を派遣したが、従来招待旅行に反対していた全労からも3月から4月にかけて共産圏への渡航が行われ、全繊同盟が往復旅費の自己負担という条件で代表団を中国に派遣し、また、海員組合の高橋漁船部長を団長とする漁業視察団がソ連を訪問した。他方、世界労連傘下の労働組合からも、多数の来日があった[40]。

　アジア・アフリカ労組会議についても、動きがみられた。1957年8月3日から開かれた総評の第9回大会は、前年に照会状まで送りながら失敗に終わっていたアジア・アフリカ労組会議の開催を実現する方針を再確認した。これを受けて、8月末に訪ソした岩井事務局長が帰路にエジプトとインドを歴訪し、アラブ労連およびインド全国労働組合会議と協議した。その後も総評は機会を選んで話合いを持ったが、12月26日から31日にかけてカイロで行われたアジア・アフリカ諸国民連帯会議では、日本代表団の一員として出席した日教組の吉村博行共闘部長が、各国の労働組合の代表と意見を交換し、1958年1月5日にアラブ労連のフアシ・カメル書記長とアジア・アフリカ労組会議の開催を訴える共同声明を発表した。以上の成果を踏まえて、総評はアジア・アフリカ労組会議の実現に向け主要な労働組合の代表を東京に招いて準備会合を行うことを決め、4月25日、インド全国労働組合会議、インドネシア労働組合中央評議会、中華全国総工会、ビルマ労働組合会議、アラブ労連、セイロン労働者会議の6組織に招待状を送付した[41]。

　しかし、状況は極めて複雑であり、水面下では様々な駆け引きが展開されていた。国際自由労連の最も忠実な支持者であった原口議長によると、総評の内部には東西両陣営との関係をめぐって微妙なバランスが存在しており、幹部があからさまに西側寄りの姿勢をとることを不可能にしていた。それゆえ、原口は、岩井とともに総評を共産圏から引き離すための圧力を密かにゆっくりと加えている、と1957年12月20日に語った[42]。また、原口は、1958年4月23日にスカゲン労働官と会談し、アジア・アフリカ労組会議の準備会合について触れ、ほぼ確実に失敗に終わるように計画されていると述べた。その開催を求める高野派など共産党の同調者に、それが不可能であることを示すのが原口と

岩井のねらいであり、会合への不参加を事前に確認したインド全国労働組合会議に宛てて招待状を送ったのはそのためである、と原口は説明した。世界労連は、国際自由労連傘下のインド全国労働組合会議に対抗する共産党系の全インド労働組合会議の招請を総評に求めたが、原口と岩井はこれを断っていたのである(43)。

　それゆえ、国際自由労連も冷静な対応をとることができた。1958年3月17日から開かれた執行小委員会で、オルデンブローク書記長は、国際自由労連の加盟組合が総評からの招待を断る限り、アジア・アフリカ労組会議が開催されることはないと語った。そして、事態の推移を注意深く見守り、情報の共有に努めるという方針が採択された。国際自由労連と世界労連を横断する労働組合の結集を目指す総評の構想は、国際自由労連にとって容認できなかったが、ことさら総評を刺激することは避け、加盟組合に指示を与えることで対処したのである(44)。7月3日からの執行委員会では、AFL-CIOのミーニー会長の提案により、総評が進める世界労連との交流とアジア・アフリカ労組会議の構想への対応が協議されたが、オルデンブロークは、中立国のオーストリアやフィンランドの加盟組合が共産圏に代表団を派遣している以上、世界労連との交流を容認せざるをえないし、アジア・アフリカ労組会議についても、インド全国労働組合会議が参加しない限り、成功する見込みはないと述べ、強硬な措置をとることを拒否した(45)。

　国際自由労連が予想した通り、アジア・アフリカ労組会議を開催するという総評の試みは失敗に終わった。インド全国労働組合会議が反対したからである。そればかりか、中華全国総工会も、5月2日の長崎国旗事件を契機として日中両国間の交流が停止したことを理由に、参加できないとの回答を寄せた。そのため、総評は、6月16日の常任幹事会で、準備会合の延期を決めた。8月30日から開かれた国際自由労連の第4回アジア地域会議では、総評の大木五郎常任幹事がアジア・アフリカ労組会議の趣旨を説明したが、否定的な反応しか得られなかった。そもそも、アジアとアフリカの労働組合の全てを結集しようという総評の構想は、大きな困難を抱えていた。国際的には、国際自由労連と世界労連が激しく対抗していた。多くの国の内部でも労働戦線は分裂しており、一方の組織だけ招請した場合には他方を刺激してしまい、両方を招待した場合

には同席を拒否される、という状況にあった。アジアとアフリカの労働組合運動には、深い亀裂が走っていたのである。日本国内で労働戦線を統一できない総評が、アジア・アフリカ労組会議を開催できるはずもなかった(46)。

　しかし、総評の方針は、その後も変わらなかった。世界労連との国際交流にせよ、アジア・アフリカ労組会議の開催にせよ、中核となるのは中華全国総工会との関係であった。そこで、総評は、兼田富太郎副議長を団長とする訪中代表団を9月27日に派遣して、総工会とアジア・アフリカ労組会議について協議を行った。そして、10月3日に共同声明を発表し、アメリカ帝国主義を日中両国人民の共通の敵と位置づけ、アメリカとそれに追随する岸内閣と闘うことを謳った。総評と総工会の関係は、従来の友好・協力から共闘へと引き上げられたのである。さらに、総評は、12月11日にアジアとアフリカの労働組合に向けて、各国ごとにアジア・アフリカ労組会議の準備委員会を発足させるよう促した上で、1959年1月27日に岩井事務局長を訪中させた。岩井は、日中貿易の途絶により原材料難に悩んでいた中小企業を救済するため漆と甘栗の輸入再開への途をつける一方、アジア・アフリカ労組会議の開催に向けて話合いを行った。こうした総評の動きは、安保改定反対運動と連動していた(47)。

　国際自由労連は、総評の方針を変えられなかったばかりでなく、日教組の脱退という事態を招いた。その発端は、アジア・アフリカ諸国民会議に出席した日教組の吉村共闘部長がアラブ労連のカメル書記長と発表した、アジア・アフリカ労組会議に関する共同声明であった。国際自由労連のオルデンブローク書記長は、加盟組合である日教組に対して、世界労連と緊密な関係にあるアラブ労連とそのような行動をとったことに抗議した。日教組は、この抗議に強く反発した。国際自由労連は反共産主義にとらわれ、民族独立と反植民地主義を目指すアジア・アフリカの労働者の国際連帯に無理解であるという批判が、日教組の内部で高まり、1958年6月6日からの第17回大会で、「国際自由労連本部に対し抗議するの件」が満場一致で採択された。国際自由労連に対する反発は、折からの勤評闘争に対する支援が不十分であるという不満と相俟って昂進した。そして、10月14日からの第19回臨時大会で、国際自由労連からの脱退決議案が、賛成283、反対109、保留87で採択された。あわせて国際自由教員組合連盟からの脱退も決められた(48)。

これより前の7月27日の第17回再開大会で、国際自由労連の執行委員を務めた経験を持つ太田・岩井派の宮之原貞光が、高野派の平垣美代司を261対226で破り、日教組の書記長に選出されていた。日教組に対する共産党の影響力は弱まっていたのである。そこで、アジア地域組織のマパラ書記長は、11月24日からの執行委員会で、国際自由労連を支持する宮之原派が優位に立つ状況の下、平垣派の巧みな戦術によって脱退決議案が偶然採択されたと説明した[49]。同じ説明は、東京事務所の大倉所長経由で、宮之原からミラードに示されていた[50]。そして、1959年6月29日からの執行委員会で、ミラードの提案に従い、西巻執行委員の反対を押し切り、正式の脱退手続きをとる前に、日教組に再考の機会を与えることが決まった[51]。しかし、結局、11月26日に脱退届が提出され、日教組の復帰の可能性は消滅した[52]。重要なのは、日教組が脱退した結果、国際自由労連の加盟組合の人的構成において、全労系が総評系を凌駕したことである[53]。このことは、国際自由労連の対日政策に対して徐々に大きな影響を及ぼした。

安保・三池闘争

　石炭から石油へのエネルギー革命に伴う炭鉱合理化政策の下、1959年、石炭各社は大規模な人員整理に踏み切り、総評の中心的な民間単産の炭労は、企業整備反対闘争を展開した。三井鉱山は、1月19日に6000名の希望退職者の募集を含む第1次合理化案を発表したが、応募者が予定を下回ったため、8月28日に第2次合理化案を三鉱連に提示した。会社側は、組合側の反対にもかかわらず、希望退職者の募集を強行したばかりか、中労委の斡旋案を拒否した上で、12月11日には、応募者が目標に達しなかった三池炭鉱について、組合活動家約300名を含む1297名の指名解雇を実施した。三鉱連傘下の三池労組は、1953年の企業整備反対闘争の勝利を背景に、職場秩序の掌握を目指して急進的な職場闘争を展開し、総評最強の単組という名声を得ていた。そこで、日経連や岸内閣などの後押しを受けた三井鉱山は、人員整理に加えて職場秩序の再建を目標に据え、多数の組合活動家を含む指名解雇を断行したのである。1960年に入ると、1月に会社側はロックアウト、組合側は無期限ストに踏み切った。

この三池争議は、三井鉱山を石炭業界と財界が、三池労組を炭労と総評が支援し、「総資本」対「総労働」の対決と呼ばれたが、次第に組合側は劣勢に追い込まれた。第1に、内部対立の発生である。全労につながる三池労組内の批判勢力は、ストの中止と交渉の再開を主張して3月15日に三池労組刷新同盟を発足させ、除名処分を受けると、3月17日に第二組合として三池新労を結成した。第一組合の背後に向坂逸郎を中心とする社会党系のマルクス主義者のグループがあったのに対し、第二組合の発生には三田村四郎や鍋山貞親ら転向右翼と結ぶ会社側の分裂工作が作用していた。これに続いて、職員によって構成される三井鉱山社員労働組合連合会の炭労からの脱退、三鉱連の他山の三池労組に対する批判の高まりなど、組合側の内部対立が激化した。第2に、闘争資金の枯渇が追い討ちをかけた。総評や炭労によるカンパが大規模に実施されたが、それでも長期ストをまかなうには到底十分ではなく、海外の支援を仰がざるをえなかった。そして、資金援助を含む国際労働運動の支援は、三池争議に国際的な性格を付与した。

　国際自由労連は、加盟組合である炭労の企業整備反対闘争を支援すべく、すでに1959年に30万円の資金援助を実施していたが[54]、三池争議が長期化した1960年2月末、炭労は国際自由労連に対して1億円の貸出を要請した。3月29日に開かれた国際自由労連の国際連帯基金緊急小委員会は、国際産業別組織の1つである国際鉱夫連盟に対して助言を求めた。自らも炭労から支援要請を受けていた国際鉱夫連盟は、三池争議の現地調査のため、アジア連絡員のカンチ・メータを日本に派遣する一方、5月3日からの執行委員会で、炭労に対する資金援助の実施を決め、国際自由労連とその加盟組合に協力を求めることにした。メータの報告書も、炭労への支援を唱えるものであり、総評からも岩井事務局長名で、物心両面での援助を求める書簡が、オルデンブローク書記長に届いた[55]。そこで、国際自由労連は、6月13日からの国際連帯基金委員会で、合計1万4000ドル（504万円）を炭労に送金する決定を行い、さらに日本政府に対する抗議と国際鉱夫連盟との共同調査団の派遣を執行委員会に勧告した[56]。

　アメリカ政府は、国際自由労連と国際鉱夫連盟が三池の第一組合を支援することに反対であった。総評の最も左翼的な単産の傘下にある最も共産党の浸透

を受けた単組に対して支持を表明することは、自由にして民主的な労働組合運動の強化を目指すアメリカ政府、国際自由労連、そしてアメリカの労働組合の対日政策に反する、というのが駐日大使館の見解であった[57]。それは完全に全労の主張に合致していた。全労は、6月22日に国際自由労連の各執行委員に宛てて、国際連帯基金委員会の決定を批判する文書を送付した。その文書が述べるところによると、三池争議は経済闘争ではなく、世界労連など共産主義勢力の方針に基づく政治闘争である。第二組合の結成でしか労働組合の民主化が実現しないのは不幸であるが、自由にして民主的な労働組合主義に基づき組合員の真の利益を擁護する目的で三池新労は結成された。それゆえ、国際自由労連は三池新労を支援すべきである。もし炭労が加盟組合である以上、それが無理だというならば、国際自由労連は三池争議について沈黙を守るべきである[58]。

国際自由労連の状況認識は、全労とは全く逆であった。1959年10月の社会党の分裂以降、総評と全労の組織争奪が激化し、全労による第二組合工作が活発化している。日本政府と経営者は、これを積極的に利用している。その焦点となっているのが、石炭産業であり、三池炭鉱である。三池闘争は、そもそも経済的なものであった。しかし、高圧的な経営者が組合活動家を含む指名解雇に踏み切り、第二組合が結成されたため、全国的、国際的な性格を帯びるようになった。6月27日からの国際自由労連の執行委員会では、こうした認識に基づいて、日本への調査団の早期派遣とともに、日本の加盟組合に建設的な行動をとるよう要請することが提案された。全労傘下の海員組合の国際部長でもある西巻執行委員は、この席で、第一組合に資金援助を与えることに反対し、送金を当面凍結するよう求めた。しかし、オルデンブローク書記長は、会社側と手を結んで第二組合工作を進める全労を暗に批判するとともに、総評における共産党の影響力は低下傾向にあると指摘し、原案に対する了承を得た[59]。

炭労は、国際自由労連の加盟組合でありながら、世界労連およびその傘下の労働組合からも資金援助を受けていた。それは最終的に、世界労連344万3679円、中華全国総工会1453万5867円、ソ連石炭労組358万2000円など、総額で2192万3276円に上り、国際自由労連およびその系列の労働組合の総計895万9400円の2倍以上になった[60]。全労の6月22日の書簡も、この点を指

摘していたが、それに最も関心を寄せたのは、アメリカ政府であった。総評の岩井事務局長は、7月28日、スカゲンの後任のルイス・シルヴァーバーグ労働官に対して、世界労連の1万ドル、ソ連AUCCTUの1万ドルを含め、海外の労働組合から約2000万円の資金援助を受けたことを認めた。それは総評が捻出した8億円に比べると僅かだというのが岩井の説明であったが[61]、アメリカ大使館はこの言葉を信じず、共産主義陣営からの援助は公表された金額よりも多いとみていた[62]。他方、国際自由労連は、その事実を知りながら、総評の世界労連への傾斜を阻止すべく、炭労に資金援助を行ったのである。

　安保闘争に対する態度も、国際自由労連とアメリカ政府では対照的であった。駐日アメリカ大使館は、労働省の山崎五郎労働組合課長からの情報もあり、中国やソ連など共産主義諸国の秘密資金援助が安保闘争に使われているとみていた[63]。岩井事務局長ら総評主流派は、東西両陣営からの中立を掲げながらも共産主義陣営に傾き、反米中立という極左的な方針をとっており、共産党との違いは基本的に戦術的なものにすぎない、というのがマッカーサー大使の見解であった[64]。安保改定阻止国民会議を通じて総評が共産党と共闘していることは、その明白な証拠とみなされた。それに対して、共産党の総評への影響力は減少しつつあると考えていた国際自由労連は、ミラード組織部長が語ったように、労働組合運動とは無関係という理由から、安保闘争を静観する態度を崩さなかった[65]。もっとも、国際自由労連の内部でも加盟組合のAFL-CIO、正確にはそのAFL系は異なる認識を持ち、ラヴストーンが総評は共産党に支配されているがゆえに新安保条約に反対しているのだと指摘した[66]。

　こうしたなか、国際自由労連の対日政策を揺るがしかねない事態が発生した。オルデンブローク書記長の退任である。それを推進したのは、AFL-CIOの主導権を握るAFL系であった。かねてからオルデンブロークの共産主義対策に不満を持っていたミーニーAFL-CIO会長は、国際自由労連への拠出金を手段に圧力を強めた。だが、これだけではオルデンブロークを排除できなかった。結局、それが可能になったのは、脱植民地化するアフリカでの消極的な地域活動、秘密主義的で官僚的な組織運営などへの不満を背景として、CIO系のウォルター・ルーサーAFL-CIO副会長やスウェーデンLO会長のイエイヤー国際自由労連会長らが、オルデンブロークに対する支持を撤回したためであった。

そして、1960年6月27日からの執行委員会で、前国際自由労連会長で国際運輸労連書記長のベクーの書記長への就任が決まった。これに伴い、ミラード組織部長とクレーン組織部次長も退任した。しかし、ミーニーの期待に反して、ベクーはヨーロッパの労働組合やCIO系に支持基盤を求め、多くの点でオルデンブロークの方針を踏襲した(67)。

　国際自由労連は、イエイヤー会長、ベクー書記長ら最高幹部からなるアジア親善使節団を派遣し、1960年10月23日から27日にかけて来日した。これは、6月27日の執行委員会の決定に基づくものであった。到着後、使節団は、国際自由労連の加盟組合を集めて会合を開いた。この席で、総評系と全労系の発言は鋭く対立した。まず国際自由労連の対日政策に、全労の滝田議長が批判的な発言を行ったのに対し、全逓の宝樹委員長をはじめとする総評の指導者は、労働基本権の回復などへの支援に感謝の意を述べ、国際自由労連の威信が高まりつつあり、国際労働組織に加盟する重要性についての認識が深まっていると語った。全労系は、総評が中国と緊密な関係にあることを非難したが、総評系は、中国貿易の必要性への理解を求めた上で、それは国際自由労連との関係強化の妨げにならないと力説した。ベクー書記長ら使節団は、オルデンブロークと同様に、反動勢力に対抗するには強力で統一した労働組合運動が不可欠だと指摘し、これまでの対日政策を継続することを表明した。

　そこで、その後の2度にわたる使節団と全労の会談は、険悪なものとなった。全労の主張は明快であった。全労が経済闘争を重視しているのに対して、総評は政治闘争を主眼としており、協力の余地はない。第二組合の発生は、総評傘下の労働組合の非民主的な運営と誤った指導を原因として、組合員が自発的に第一組合から脱退することで起きているのであり、全労は相談に乗っているが分裂工作は行っていない。総評の大多数は国際自由労連を利用しているにすぎず、例えば炭労は機関紙で国際自由労連よりも世界労連について大きく報道している。三池闘争での国際自由労連の資金援助は誤りであった。国際自由労連は、全労と総評のいずれかを選択しなければならず、現行の単産個別加盟方式を改め、全労の一括加盟を認めるべきである。こうした全労の頑なな態度に対して、使節団は批判を加え、次のように語った。総評全体は共産主義的ではなく、全労と総評の協力と統一は可能である。総評の内部の国際自由労連を支持

する勢力を見捨てることはできないし、総評の改革の可能性に期待をつないでいる。

　他方、使節団と総評の2度の会談は、友好的になされた。総評は、全労との対抗上、国際自由労連の支持の取り付けに努めた。全逓の宝樹委員長は、三池闘争での炭労に対する支援に感謝する一方、安保闘争への理解を求め、総評の内部の共産主義勢力は少数派にすぎず、その影響力は明らかに低下していると語った。そして、労働戦線統一への希望を述べた上で、第二組合工作を行う全労の一括加盟を認めないで欲しいと要請した。また、日教組の宮之原書記長は、国際自由労連からの脱退に遺憾の意を示し、近い将来に再加盟したいと述べ、岩井総評事務局長も、総評傘下の多くの労働組合は反共産主義であり、国際自由労連に加盟する単産の増加が期待できると語った。これに対して、使節団は、オルデンブロークの退陣が国際自由労連の対日政策を変えることはないと述べ、全労との共闘を通じて労働戦線統一を実現するよう求めた。そして、全労の一括加盟については発言する権限を持たないと断りつつも、あと10年は待てないと表明することで、総評の一括加盟を促した[68]。

　こうした使節団の動向に対して、AFL-CIO のラヴストーン副国際部長は、極めて批判的であった[69]。そして、使節団の報告書が検討された11月28日からの国際自由労連の執行委員会では、海員組合の西巻国際部長がそれに攻撃を加えた。総評が国際自由労連を完全に支持し、全労が批判的な姿勢をとっているかのように読めるが、真実は全く逆だという批判であった。それに対して、ベクー書記長は、三池闘争の際の総評と全労の国際自由労連に対する態度などに言及し、報告書の記述は妥当であると主張した[70]。このように、総評を重視する国際自由労連の対日政策が不変であることが、使節団の訪日によって確認された。ただし、それは将来にわたって保証されるものではなかった。使節団の派遣に先立って作成された文書によると、総評の内部の民主的な勢力の強化を断念し、全労に支持を集中すべきという圧力が高まっていた[71]。あと10年は待てないと総評に伝えたのは、それゆえであった。そして、こうした圧力の背景には、日教組の脱退と全労の組織拡大による変化があった[72]。

　(1) Tokyo to Secretary of State, May 15, 1957, No. 2624, 894.06/5-1557, *RDOS,*

第 1 節　安保・三池闘争へ　　219

IAJ, 1955-1959, Reel 5.
(2)　戦後労働行政秘史編纂委員会編『歴代労相と戦後労働行政秘史』労働問題研究会議、1985 年、181-183 ページ。
(3)　Memorandum of Conversation, August 28, 1958, enclosed with Tokyo to the Department of State, September 11, 1958, No. 319, 894.06/9-1158, *RDOS, IAJ, 1955-1959*, Reel 5.
(4)　Tokyo to Secretary of State, May 1, 1957, No. 2458, RG 84, Entry 2828A, Box 58, NA.
(5)　*FRUS, 1955-57, Vol. 23*, p. 480.
(6)　Ibid., p. 492.
(7)　Oldenbroek to Haraguchi, September 30, 1957, ICFTU Archives, Box 3547, IISH.
(8)　労働省編『資料労働運動史　昭和 32 年』労務行政研究所、1958 年、930-938 ページ、「国際運輸労連・国際自由労連共同調査団報告書」(『月刊自由労連』1958 年 2 月)。
(9)　Tokyo to Secretary of State, November 21, 1957, No. 1400, 894.062/11-2157, *RDOS, IAJ, 1955-1959*, Reel 6.
(10)　Calvert to Blumer, December 9, 1957, FO 371/127591, PRO.
(11)　Tokyo to Secretary of State, November 30, 1957, No. 1472, 894.062/11-3057, *RDOS, IAJ, 1955-1959*, Reel 6.
(12)　Minutes, ICFTU Sub-committee, March 17-18, 1958, ICFTU Archives, Box 365, IISH; "Agenda Item 9: Report of the ITF-ICFTU Mission to Japan," ICFTU Sub-committee, March 17-18, 1958, ICFTU Archives, Box 365, IISH. すでに前年 6 月 5 日からの第 40 回 ILO 総会で総評の原口議長は ILO 第 87 号条約の批准促進を求める決議案を提出していたが、その実現には ILO で圧倒的な影響力を持つ国際自由労連の支援が不可欠であった。この決定は、1965 年に至る総評の ILO 第 87 号条約批准闘争に対する国際自由労連と国際産業別組織の支援の開始を告げるものであった。
(13)　Tokyo to Secretary of State, January 30, 1958, No. 1966, 894.062/1-3058, *RDOS, IAJ, 1955-1959*, Reel 6.
(14)　Deverall to Meany, February 23, 1958, Deverall Papers, Box 29, Folder 11, ACUA; Deverall to Meany, February 25, 1958, Deverall Papers, Box 29, Folder 11; Deverall to Meany, May 15, 1958, Deverall Papers, Box 29, Folder 13, ACUA.
(15)　Deverall to Meany, February 23, 1958, Deverall Papers, Box 29, Folder 11, ACUA; Deverall to Meany, July 2, 1958, Deverall Papers, Box 30, Folder 1,

ACUA.
(16) Lascelles to Lloyd, October 14, 1957, FO 371/127591, PRO; Calvert to Blumer, December 17, 1957, FO 371/127591, PRO.
(17) Marsh to Blumer, March 22, 1958, FO 371/133651, PRO; Morgan to de la Mare, May 20, 1958, FO 371/133651, PRO.
(18) Morgan to Wilson, May 28, 1958, FO 371/133651, PRO.
(19) Morgan to Wilson, June 13, 1958, LAB 13/1329, PRO; Marsh to Wallis, October 3, 1958, FO 371/133649, PRO; Morgan to Calvert, October 6, 1958, FO 371/133649, PRO.
(20) 労働省編『資料労働運動史 昭和33年』労務行政研究所、1959年、213-226、658-662ページ。
(21) MacArthur to Parsons, July 29, 1958, 794.00/7-2958, *DUSPJ, 5, Vol. 3*.
(22) Anthony Carew, "Charles Millard, A Canadian in the International Labour Movement: A Case Study of the ICFTU 1955-61," *Labour/Le Travail*, 37, Spring 1996, pp. 125-129.
(23) US Information Service, Tokyo to US Information Agency, March 8, 1957, No. 131, RG 84, Entry 2828A, Box 58, NA.
(24) 労働省編『資料労働運動史 昭和32年』928-929ページ。
(25) "Agenda Item 12: Report on Activities(Relations and Administration)," ICFTU Executive Board, November 4-8, 1957, ICFTU Archives, Box 74, IISH.
(26) Okura to Millard, July 8, 1958, ICFTU Archives, Box 3538, IISH; "Draft Report on Mission to Japan, 10 to 30 June 1958," enclosed with Mungat to Millard, August 21, 1958, ICFTU Archives, Box 3538, IISH.
(27) 労働省の外郭団体が発行する『週刊労働』によると、ミラードは来日中、「労働戦線統一のため総評、全労、中立三者の共闘委員会をさしあたり二ヵ年間設置してはどうか」と提案し、6月28日の記者会見では、「統一機関に参加する人達はこれに賛意を表する人達だけでやるより仕方がない」と語り、「全労を除外しても統一を援助する」という趣旨の発言を行った。『週刊労働』1958年6月27日、7月4日。
(28) Wada to Oldenbroek, June 27, 1958, ICFTU Archives, Box 3557, IISH;「オルデンブローク宛和田書簡」1958年6月28日(労働政策研究・研修機構『全労資料』366)。
(29) Tokyo to the Department of State, July 15, 1958, No. 61, RG 84, Entry 2828A, Box 58, NA.
(30) Minutes, ICFTU Executive Board, July 3-5, 1958, ICFTU Archives, Box 81, IISH.

第 1 節　安保・三池闘争へ　　221

(31)　Geijer and Oldenbroek to All Trade Unions in Japan, January 23, 1959, ICFTU Archives, Box 3529, IISH.
(32)　Tokyo to Secretary of State, December 31, 1958, No. G-407, RG 84, Entry 2828A, Box 58, NA.
(33)　Tokyo to Secretary of State, January 19, 1959, No. G-427, *RDOS, IAJ, 1955-1959*, Reel 6; Memorandum of Conversation, January 9, 1959, enclosed with Tokyo to the Department of State, March 17, 1959, No. 1034, 894.062/3-1759, *RDOS, IAJ, 1955-1959*, Reel 6.
(34)　Memorandum of Conversation, March 17, 1959, enclosed with Tokyo to the Department of State, March 17, 1959, No. 1034, 894.062/3-1759, *RDOS, IAJ, 1955-1959*, Reel 6.
(35)　「全労第 31 回常任執行委員会議事録」(労働政策研究・研修機構『全労資料』471)、『全労新聞』1959 年 8 月 25 日。
(36)　Krane to Oldenbroek, February 24, 1958, ICFTU Archives, Box 3538, IISH.
(37)　Minutes, ICFTU Executive Board, November 30 – December 2, December 6 and 10, ICFTU Archives, Box 97, IISH; "Agenda Item 9(b): Asia and Australasia," ICFTU Archives, Box 97, IISH.
(38)　C・H・ミラード「積極的方針で前進せよ」(『月刊自由労連』1957 年 4・5 月)も参照。
(39)　Lovestone to Meany, April 5, 1957, RG 1-27, Box 56, Folder 19, GMMA.
(40)　労働省編『資料労働運動史 昭和 32 年』911、943-944、962-970 ページ。
(41)　労働省編『資料労働運動史 昭和 32 年』971-972 ページ、労働省編『資料労働運動史 昭和 33 年』985-986 ページ、吉村博行「AA 労働者の統一をめざして」(『世界労働資料』第 26 号、1958 年 2 月[日本労働政策・研修機構『総評資料』F1712-023])。
(42)　Tokyo to the Department of State, February 5, 1958, No. 870, 894.062/2-558, *RDOS, IAJ, 1955-1959*, Reel 6.
(43)　Memorandum of Conversation, April 23, 1958, enclosed with Tokyo to the Department of State, May 8, 1958, No. 1343, 894.062/5-858, *RDOS, IAJ, 1955-1959*, Reel 6.
(44)　Minutes, ICFTU Sub-committee, March 17-18, 1958, ICFTU Archives, Box 365, IISH.
(45)　"Agenda Item 22: Proposals from Affiliated Organisations," ICFTU Executive Board, July 3-5, 1958, ICFTU Archives, Box 81, IISH; "Item 25 on the Agenda, The Trade Union Situation in Japan," ICFTU Executive Board, July 3-5, 1958, ICFTU Archives, Box 3530, IISH.

(46) 労働省編『資料労働運動史 昭和33年』986-987ページ。
(47) 労働省編『資料労働運動史 昭和33年』972-973、987-989ページ、労働省編『資料労働運動史 昭和34年』労務行政研究所、1961年、1044-1047、1064-1065ページ。
(48) 労働省編『資料労働運動史 昭和33年』934-939ページ。
(49) Minutes, ICFTU Executive Board, November 24-28, 1958, ICFTU Archives, Box 87, IISH.
(50) Okura to Millard, November 28, 1958, ICFTU Archives, Box 3232, IISH.
(51) Minutes, ICFTU Executive Board, June 29 – July 3, 1959, ICFTU Archives, Box 92, IISH; "Agenda Item 8(d)(2): Report on Activities-Asia and Australia," ICFTU Executive Board, June 29 – July 4, 1959, ICFTU Archives, Box 89, IISH.
(52) "Agenda Item 9(b): Asia and Australasia," ICFTU Executive Board, November 30 – December 2, 1959, ICFTU Archives, Box 95, IISH.
(53) Deverall to Meany, October 20, 1958, Deverall Papers, Box 30, Folder 2, ACUA.
(54) "Agenda Item 9(b): Asia and Australasia," ICFTU Executive Board, November 30 – December 2, 1959, ICFTU Archives, Box 95.
(55) Iwai to Oldenbroek, May 31, 1960, TUC Papers, MSS. 292/952/10, MRC.
(56) Minutes, ICFTU International Solidarity Fund Committee, June 13 and 14, 1960, ICFTU Archives, Box 861, IISH; "Agenda Item 9(b)(2): Japan," ICFTU Executive Board, June 27-July 2, 1960, ICFTU Archives, Box 99, IISH.
(57) Tokyo to Secretary of State, No. 3734, May 18, 1960, *DUSPJ, 3, Vol. 7.*
(58) Wada to Roberts, June 22, 1960, TUC Papers, MSS. 292/952/10, MRC.
(59) Minutes, ICFTU Executive Board, June 27 – July 1, 1960, ICFTU Archives, Box 103, IISH; "Agenda Item 9(b)(2): Japan," ICFTU Executive Board, June 27 – July 2, 1960, ICFTU Archives, Box 99, IISH.
(60) 労働省編『資料労働運動史 昭和35年』労務行政研究所、1962年、420ページ。
(61) Tokyo to the Department of State, August 17, 1960, No. 193, 894.062/8-1760, *DUSPJ, 3, Vol. 8.*
(62) Tokyo to Secretary of State, January 25, 1961, No. G-864, 894.062/1-2561, *CUSSDJ, 1960-1963*, Reel 15.
(63) Tokyo to the Department of State, June 1, 1960, No. 1433, 894.062/6-160, *DUSPJ, 3, Vol. 7.* 岩井は、8月17日のシルヴァーバーグとの会談で、安保闘争に対する共産圏からの資金援助について否定した。Tokyo to the Department of State, August 17, 1960, No. 193, 894.062/8-1760, *DUSPJ, 3, Vol. 8.*

(64) Tokyo to Secretary of State, September 7, 1960, No. 786, 894.062/9-760, *DUSPJ, 3, Vol. 8.*
(65) Marsh to Marshall, August 31, 1960, FO 371/150653, PRO.
(66) Herter to Tokyo, August 5, 1960, No. A-52, 894.062/8-560, *DUSPJ, 3, Vol. 8.*
(67) Carew, "Conflict within the ICFTU: Anti-Communism and Anti-Colonialism in the 1950s," pp. 174-177. オルデンブロークの性格やミーニーとの対立など、この間の経緯については、ステファン・ニジンスキー（PTTI 東京事務所訳）『国際労働組合運動に生きて──ニジンスキー回想記』日本評論社、1992年、98-105ページ、が参考になる。
(68) "Agenda Item 9(b)(1): Asia," ICFTU Executive Board, November 28‐December 2, 1960, ICFTU Archives, Box 103, IISH; "ICFTU Goodwill Mission to Asia, Continuation of Preliminary Report, Japan," undated, ICFTU Archives, Box 3143, IISH.
(69) Lovestone to Meany, October 31, 1960, RG 18-3, Box 49, Folder 14, GMMA.
(70) Minutes, ICFTU Executive Board, November 28‐December 2, 1960, ICFTU Archives, Box 104, IISH.
(71) "ICFTU/ITS Mission to Japan," October 7, 1960, Krane Collection, Box 15, Folder 10, RL.
(72) 1954年6月に全労が結成された時点の国際自由労連の加盟組合は、総評が6単産96万人、全労が2単産38万人であったが、1960年6月には、総評が日教組の脱退の結果5単産48万人に減少し、全労が組織拡大により6単産88万人に増大していた。"The Changing Situation of the ICFTU-Affiliated Unions in Japan," undated, TUC Papers, MSS. 292/952/10, MRC.

第2節　生産性運動と全労の発展

生産性運動への労働組合の参加

　1955年3月1日に正式に設立された日本生産性本部は、アメリカ政府の援助の下、活発に事業を展開した。最も重要なのは、海外視察団であった。初年度に15チーム、174名、翌1956年度には27チーム、307名が派遣され、1961年度までの総計で、393チーム、3987名がアメリカとヨーロッパを訪問した。もちろん、圧倒的多数はアメリカ向けであった。それらはトップ・マネージメント視察団、産業別視察団、専門別視察団と様々な編成によって派遣されたが、いずれも帰国後、報告会や報告書を通して、生産管理、労務管理、マーケティングなど、生産性を向上させるための知識や技術を紹介するとともに、その背後にあるアメリカ的な考え方の重要性を力説した。また、海外からの専門家の招聘、各種セミナーの開催、国内視察団の派遣、生産性に関する調査・研究などが実施された。出版・宣伝活動も積極的に行われ、半月刊の『生産性向上ニュース』と旬刊の『生産性シリーズ』の発行が生産性本部の設立後直ちに始められたほか、展示会や映画による視聴覚活動も展開された[1]。

　生産性運動が抱える最大の問題の1つは、労働組合の協力が十分に得られなかったことであった。前述したように、生産性本部は、生産性の向上による雇用の増大とそれに伴う失業の防止、労使の協力と協議による生産性の向上、生産性向上の諸成果の経営者・労働者・消費者への公正な分配の生産性三原則を決定して、労働組合の参加を促した。しかし、最大のナショナル・センターである総評は、高野事務局長の指導の下、MSA再軍備の一環であり、労働強化、賃下げ、首切りをもたらすものであるとして、生産性運動に反対する方針を決めた。総評は、経済闘争の重視を掲げる岩井事務局長の就任後、アメリカの軍事戦略との関連づけを弱めたが、それでも独占資本による労働者の搾取のための手段であるという認識から、生産性運動に反対する方針を崩さなかった。他方、全労は、生産性運動をMSA再軍備の一環とはみなさず、その必要性を原則として認めたが、経営者の反労働者的な姿勢を警戒する全繊同盟の意向に従

い、労働強化などへの懸念から、生産性本部への参加を見送った。

　結局、参加した労働組合は、全労傘下の総同盟と海員組合の2つにとどまった。生産性本部は、1956年4月9日に理事会を開催し、総同盟の金正米吉会長を副会長に、海員組合の蔭山寿組合長と総同盟の古賀専総主事を理事に据えた。しかし、経団連会長に就任する石坂泰三の後任の会長にラジオ東京社長の足立正が就任し、専務理事には同友会の前常任幹事の郷司浩平が留任するなど、最重要ポストはいずれも経営者側で固められた。副会長も金正だけでなく、富士製鉄の永野重雄社長、一橋大学の中山伊知郎教授と3名であり、労働者側は3分の1を占めたにすぎなかった。理事についてみても、労働者側はわずか19名中2名であった。生産性本部は、労使中立の三者構成をかろうじて実現したが、それは不完全なものにすぎなかったのである。こうした経営者側の圧倒的な優位は、労働組合の参加をますます困難にした[2]。そして、このことは生産性本部の活動に支障を与えたばかりでなく、労使協力の実現を生産性プログラムの前提条件としていたアメリカにも深刻な問題を突きつけた。

　駐日アメリカ大使館で生産性プログラムを担当したのは、国際協力局の出先機関のアメリカ対外活動使節団であった。その初代労働専門官のウィンの後任として1956年2月19日に来日したエイナー・エドワーズは、当初、労働組合の参加に楽観的な見通しを抱いていた。日本の労働組合指導者は、総評傘下のそれを含めて、生産性運動が日本経済を救う唯一の方法であると考え、内需を拡大するためにも、国際競争力を強化するためにも不可欠であると認識している。直ちに参加しないのは、警戒感と懐疑心から様子見の姿勢をとっているにすぎない。そして、総同盟と海員組合の加盟を受けて、多くの労働組合指導者が近い将来の参加を公言している。これまで強硬な反対論を唱えていた人々も、アメリカ主導の再軍備の手段である、経営者による労働者の搾取の方法である、といった批判を差し控えるようになっている。それと同時に、経営者、官僚、生産性本部のスタッフも、労働組合の協力と参加なしには生産性運動は成功しない、ということを徐々に認識しつつある[3]。

　これに対して、より長く日本に滞在しているスカゲン労働官は、生産性プログラムの前途に悲観的な見解を持っていた。その理由としてスカゲンが指摘したのは、家父長主義的な労使関係が根強く存在していることであった。好況が

続く限り、生産性運動は発展するであろうが、ひとたび不況が訪れれば、生産性運動は深刻な事態に陥るであろう。スカゲンは、全繊同盟や総評と同じく、反労働者的な経営者が不況下で、労働強化、賃下げ、首切りの手段として生産性運動を用いることを懸念したのである。そこで、どのようにすれば生産性運動を家父長主義的な労使関係と折り合わせることができるのかを考える必要がある。この困難な課題が解決されなければ、生産性運動は日本の労働者のアメリカに対する反感と誤解を強める結果になってしまう、というのがスカゲンの認識であった[4]。エドワーズも、来日から10ヵ月もすると、封建的な労使関係の存在ゆえに経営者側と労働者側を同じ席に着かせることは実現不可能な試みのように思われる、という見方を持つに至った。ただし、彼は、訪米視察団の派遣と自分の説得とによって事態は改善しつつあり、希望を失っていないと付け加えた[5]。

　生産性本部は、家父長主義的あるいは封建的といわれる労使関係を打破しようと企図していた。例えば、『生産性向上ニューズ』を継承して発刊された『生産性新聞』は、1956年7月16日の創刊号で、郷司専務理事の「われら繁栄への唯一の道」と題する論考を掲載し、次のように指摘した。「私は利潤を追及することだけに終始する企業家精神は、もはや現代の日本では経済倫理の立場からも、日本経済の将来を考えた実際上の問題からも時代遅れの誤つた考え方だと確信している。日本が困難な条件の下に、経済の発展に努力する究極の目標は、国民全体の生活水準を高めることにある。またわが国経済の発展は日本国民全体、とくに労働者の人たちの積極的な協力なくしてはとうてい実現できない」[6]。これはエドワーズの考えと完全に合致していた。アメリカ対外活動使節団と日本生産性本部は、トップ・レヴェルの会合を毎月行い、スタッフ・レヴェルではさらに頻繁に接触していた[7]。

　実際にも生産性本部は、労働組合の懸念を解消するために、生産性三原則の具体化に努めた。例えば、第1の原則の雇用問題については、1956年6月19日、有沢広巳東京大学名誉教授を委員長とする雇用委員会が最初の会合を開いた。その1年後にまとめられた報告書「日本の経済構造と雇用問題」は、雇用問題の解決に向けて二重構造の解消を目標に掲げ、最低賃金制度の実施を梃子として中小企業の後進性と停滞性を打破し、近代化を促進することを謳った。

最低賃金制度の導入は、経営者ではなく、総評を含めた労働組合の要求に沿うものであった。また、第2の原則の労使協議に関しては、総同盟傘下の全金同盟の申入れに応じて、1956年11月11日に中山伊知郎一橋大学教授を委員長とする「生産性協議会に関する特別委員会」が設けられた。そして、1957年6月4日に発表された報告書「生産性に関する労使協議制の方向」を受けて、労使協議制の研究および普及を目的とする労使協議制常任委員会が11月19日に設置された。労使協議制の普及は、その発端からも明らかなように、全労の意向に従うものであった[8]。

こうしたなか、労働組合の生産性本部に対する姿勢は、徐々に変化していった。1957年12月11日、郷司専務理事は、対外活動使節団のベンジャミン・ティボドー団長に次のような報告を行った。まず、全労傘下の総同盟、海員組合、日駐労、全映演、自動車労連は、生産性運動に熱心に協力している。懸案の全繊同盟も、今年度の大会で生産性本部の活動を積極的に支持する運動方針を採択し、来年度の大会で参加を正式に決定する見込みである。中立系のなかでは、電労連が事務局長を本部に役員として送っている。総評は、生産性運動に反対する態度を公式にはとっているが、その傘下の民間単産の多数はそれに批判的である。例えば、化学同盟は、生産性本部の運動を支持する決議を大会で採択した。そのほかの民間単産でも、絶対反対という態度は見られなくなり、条件闘争に移行しつつある。官公労組でも、全電通は条件付で賛成している[9]。この書簡に対して、ティボドーは満足の意を示すとともに、労働組合の全面的な協力なしに生産性の向上は実現しないと強調した[10]。

確かに、エドワーズ労働専門官も、総評の多くの指導者に生産性本部に参加するよう働きかけ、生産性運動の必要性を認める発言を個人的には聞いていた。しかし、同時に、反対姿勢を公式には崩そうとしないことに、強い苛立ちを覚えていた[11]。郷司の報告は、その意味で、あまりに楽観的であった。総評の反対は、緩和しつつあったとはいえ、依然として強固であり、傘下の労働組合を拘束していた。例えば、エドワーズは、1958年1月から3月にかけて訪米した労働視察団の総評の2名のメンバー、私鉄総連傘下の日の丸交通労組の河村石太郎書記長と、全鉱に加盟する同和鉱業労組の鷲谷政之助委員長から、次のような発言を聞いた。訪米前には全く期待していなかったが、行ってみると

アメリカの素晴らしさに強く印象づけられた。是非、総評からの派遣者を増やして欲しい。しかし、エドワーズは、総評の指導者に対して訪米を勧めているが、生産性運動に反対する方針をとっているため、その一環として実施されている訪米視察団に参加してもらえない、と答えざるをえなかった[12]。

それでも、労働組合の生産性運動への参加は、総評を含めて次第に高まっていった。総同盟、海員組合、自動車労連、全映演、全繊同盟など全労傘下の労働組合は、1958年秋に全国を10の地方に分けて生産性討論集会を開催した上で、11月14日から東京で中央討論集会を開き、労使協議制、雇用、生産性向上成果配分、中小企業の4つの問題に関する協議を行い、決議文を採択した。総同盟と海員組合以外にも、全繊同盟をはじめ全労から多数の単産が参加したことに加え、総参加者250万人のうち150万人を総評と中立系が占めたことが注目を集めた。この第1回全国労組生産性中央討論集会の結果、1959年3月に経営者側と労働者側からなる労使関係懇談会が、同じく4月には生産性運動を担う労働組合の中央組織として全国労働組合生産性企画実践委員会が設立された。さらに、第2回全国労組生産性中央討論集会が、1959年秋の全国8地区と4県での地方集会の成果の上に、1960年1月21日から2日間の日程で開催された。この総参加者350万人の内訳は、全労50％、総評30％、中立20％と推定された[13]。

生産性運動への総評からのなし崩し的な参加の増加は、高度成長の下の合理化あるいは技術革新の著しい進展によって、生産性運動への反対を唱えるだけでは対応できなくなり、生産性の向上に伴う弊害に具体的に取り組むことを余儀なくされた結果であった。現に、総評傘下の労働組合の運動方針でも、生産性運動を抽象的に論じて反対するのではなく、機械化などへの対策を具体的に取り上げる傾向がみられた[14]。これに伴い、訪米視察団の構成も、アメリカの1959会計年度を境に顕著に変化した。すなわち、1956年度に25名中2名、1957年度に79名中5名、1958年度に128名中6名であった総評からの参加者は、1959年度に140名中24名と増え、1960年度に165名中30名、1961年度には138名中38名と増加した[15][表5]。また、全労傘下の単産の生産性本部への参加も進展した。全労への一括加盟を進めていた電労連が1959年から理事を送るようになり、全繊同盟と自動車労連も、1960年に生産性本部に正式

表5　生産性プログラムによる日本の労働組合指導者の訪米者数(1955-61年)

	総評	全労	中立労連	新産別	その他	計
1955	6	5	6	0	0	17
1956	5	36	14	0	0	55
1957	20	51	15	1	0	87
1958	19	97	30	0	1	147
1959	42	60	40	1	6	149
1960	49	78	36	3	5	171
1961	34	148	27	4	17	230
計	175	475	168	9	29	856

出典：労働省編『資料労働運動史 昭和43年』労務行政研究所、1971年、777ページ。

に参加した。全労は一致して生産性運動を支持するに至ったのである。

　アメリカは、こうした傾向に注目した。対外活動使節団は、1959年末から1960年初にかけて日本の労働情勢に関する数通の報告書を国際協力局に送付したが、そのなかで全繊同盟の全国労働組合生産性企画実践委員会への役員の派遣に加え、訪米視察団への参加の増大、生産性討論集会への出席、生産性本部の地方組織への関与などを挙げて、総評傘下の労働組合の生産性運動に対する協力が進展していると強調した。しかし、深刻な問題が残されていることも確かであった。それは総評が依然として生産性運動に反対し、反合理化闘争を展開していたことである。それを原因として訪米視察団への総評からの参加者も期待したほどには増えていない、というのが対外活動使節団の認識であった[16]。実際、訪米視察団の圧倒的多数は、全労によって占められていた。つまり、生産性運動は、次第に総評に浸透していったとはいえ、それには大きな限界が存在したのである。そして、それゆえアメリカ政府の生産性プログラムは、総評に対抗する全労を支援するという性格を持ち続けたのである。

生産性運動と全労の発展

　生産性運動が全労の発展に与えた影響について、全労の和田春生書記長は、次のように回想している。「民主的な労働運動が総評を克服したことの一つの大きな理由は、この生産性向上運動にあったと思う。それは間違いない事実で

すよ。そうすると、全労に入りなさいとか、同盟会議に入りなさいと言わなくても、だんだん昔の労使協調型ではなく、労使が共同の立場において協議会をつくって経営参加をしていく、労使協議制を発展させ、成果は公平の配分をするという形が、ちょうど日本の戦後の経済発展期と重なったんです。したがって、うまくいくという効果があったわけです。経営者側も新しい世代の考えを持っている人たちは、労使がその立場を認めながら協力していくことはいいことだ、同時に経済発展期で、企業の業績もよくなっていくから、積極的に配分をしていこうという考えがマッチして、だんだん左翼労働運動は陰をひそめていった」[17]。この発言は、生産性運動が、階級対立を重視する総評に打撃を与え、労使協力を主張する全労の発展を後押しした事実を示している。

　前述したように、労使の協力と協議による生産性の向上を三原則の１つに掲げた生産性本部は、労使協議制の普及を積極的に推進した。総同盟傘下の全金同盟の要求に応じて発足した「生産性協議会に関する特別委員会」は、1957年６月に報告書「生産性に関する労使協議制の方向」を発表し、労使協議制を職場から企業まで段階に応じて設置することを提案する一方、地域別・産業別にまで発展させていくことを求めた。1958年11月14日から開催された第１回全国労組生産性中央討論集会でも、労使協議制の協約化と並んで、地域別・産業別に労使協議機関を設置する準備を行うよう、経営者に対して要請する決議を採択するとともに、全国的な組織の創設を展望した。生産性運動は、企業を超える労使協力の実現を目指したのである。そして、限定されてはいたが、産業別・地域別の労使協議機関が設立された。1957年12月に発足した東京地区金属産業生産性労使会議、関東地区化学産業生産性労使会議、1960年２月に設置された東京都印刷出版産業生産性労使会議が、その例である[18]。

　しかし、総評およびその傘下の単産が生産性運動に反対するなか、労使協力の拡大を目指す生産性本部は、ナショナル・センターや単産よりも下のレヴェルの単組への働きかけを強めた。郷司専務理事は、1957年12月11日、対外活動使節団のティボドー団長に報告書を送り、私鉄総連に加盟する名古屋鉄道労組、小田急電鉄労組、京浜急行電鉄労組などが生産性運動を支持していると指摘するとともに、合化労連からの塩野義製薬労組の脱退と鉄鋼労連からの東都製鋼労組の脱退とを生産性運動の成果として示した。私鉄総連、合化労連、

鉄鋼労連は、いずれも総評傘下の単産であった。そして、郷司は、各労組の脱退声明書には、生産性運動に反対する総評への批判が明確に謳われていると述べ、生産性運動が企業・事業所レヴェルの労使協力を促進し、総評の弱体化をもたらしていることを肯定的に評価した[19]。このように、生産性運動は、総評が結成以来の目標としてきた産業別組織の強化を挫折させ、労働組合の企業主義化を促進する役割を果たしたといえよう。

　その最も典型的な例は、八幡製鉄を中心とする鉄鋼産業にみられた。すなわち、鉄鋼労連は、1957年10月から11月にかけて、総評の秋期闘争の一環として、賃金と退職金の引上げを求め、11波にわたる統一ストライキを実施したが、敗北に終わった。国際競争力の強化を目的に生産性運動と第2次合理化投資を強力に推し進めていた大手鉄鋼企業は、労働コストを抑制すべく強硬な姿勢を貫いたのである。企業別組合の連合体ではなく、単一の産業別組織への発展を目指す組合側に対し、経営側は産業別賃金水準の形成を嫌い、企業別組合の存在に利益を見出していた。労働組合指導者や一般の組合員の間でも、企業意識は根強く、鉄鋼産業の象徴である高炉の操業停止、いわゆるバンキング戦術を採用できなかった。その後、鉄鋼労連は、1959年2月から4月にかけて、富士製鉄労組と日本鋼管労組を中心に長期闘争を実施し、巻き返しを図ったが、再び敗北を喫した。この1957年と1959年の争議を契機として、日本の基幹産業の鉄鋼産業で、労働者側に対する経営者側の主導権が確立することになった[20]。

　この争議の後、鉄鋼労連では生産性運動に批判的な左派に代わって、それに協力的な右派が台頭し、企業主義的な性格が強まった。八幡製鉄労組では、生産性九州地方労働組合協議会に参加するなど[21]、右派がやや優勢であったとはいえ、1950年代には左右両派が拮抗していた。しかし、1960年代に入ると右派が執行部を完全に握り、経営者が推進する合理化や技術革新に協力し、その成果配分を通じて賃金や労働条件の向上を目指す路線が定着した。それまで左派が主導権を掌握していた富士製鉄労組や日本鋼管労組においても、1959年の争議の後、右派が伸張した。そして、鉄鋼労連本部でも、八幡製鉄労組の盟友会の指導者の宮田義二が書記長、次いで委員長に就任するなど、右派の覇権が確立し、左派が一掃された[22]。右派の掲げる「労働組合主義」は、

決して産業別組織の強化を否定するものではなかったが、労働者側に対して優位に立つ経営者側は、企業別組合の存在を好み、それとの関係で右派を支援したのであり、右派の台頭は、現実には労働組合の企業主義化を促進した。

　合理化や技術革新を背景とする労働組合の企業主義化は、鉄鋼労連の場合には、執行部の交代を通して進んだが、総評およびその傘下の単産からの単組の脱退、もしくは組合員の離脱による第二組合の発生という、組織分裂を伴うことも少なくなかった。そして、全労は、総評との対抗上、こうした動きに援助を与えた。全労の増原組織部長は、1960年10月24日、アメリカ大使館のシルヴァーバーグ労働官と会談を行い、北海道炭鉱汽船所有の炭鉱で第二組合が結成されつつあり、全労が支援する予定であると述べた。増原によると、全労はこの1年間、鉄道、化学、紙パルプ、電力の4つの産業に重点を置き、分裂工作を進めてきた。例えば、太田総評議長の出身企業の宇部窒素では、2600名中1800名が合化労連傘下の第一組合を脱退して第二組合を結成し、全労に加盟する予定であり、合化労連全体では、60％の組合員が総評から離れる見通しである。また、私鉄総連からは、かなりの数の単組がすでに脱退し、小田急電鉄労組もその後を追う形勢にあり、1年後には3万人を組織する新たな産業別組織が結成される見込みである。紙パルプ産業でも、同様の動きが見られる。

　増原は、このシルヴァーバーグとの会談で、全労の組織活動の中心は総評の組合員の切崩しに向けられており、中立系の労働組合や未組織労働者の組織化は二次的なものにすぎないと語った。増原の説明では、総評の組合員を組織化の主たる目標に位置づける方針は決して新しくないが、それを実施することが近年容易になってきている。その理由は、生産性運動への反対を引き継ぐ反合理化という総評の方針が、三池争議にみられるように、非常に大きな犠牲を伴うものであり、それに対する失望が一般の組合員に広がっていることにある。そして、貿易自由化がこの傾向に拍車をかけ、労働者を全労に向かわせている。にもかかわらず、総評執行部は、労働者がほとんど理解できない政治的な目的に夢中になっており、経済的な利益を獲得することに関心を持っていない。このこともまた、総評に対する幻滅を増幅している。そして、こうした背景から総評を脱退した労働者は、自らと近い考えを持つ全労が支援の手を差し伸べた

場合、それを受け入れるのだ、と増原は述べた[23]。

確かに、それ以前にも、1952年の電産争議と1953年の日産争議の過程で、経営者の支援を受けた第二組合が発生し、総評傘下の有力単産であった電産と全自動車が崩壊した。そして、協調的な企業別組合を基盤とする産業別組織として電労連と自動車労連が結成され、全労に加盟した。その意味で、総評の切崩しによる全労の企業主義的発展は、決して新しい現象ではなかった。重要なのは、増原の発言が示しているように、生産性運動によって合理化や技術革新をめぐる総評と全労の方針の対立が明確化したことで、それが促進されたことである。1950年代半ばからの高度成長や貿易自由化の進展といった情勢のなか、各企業の経営者は、合理化や技術革新に反対する総評との対決に踏み切り、労使協議制を導入しつつ生産性向上の成果を労働者に分配することで、その企業内化を図った。労使協力による生産性の向上を説く全労は、経営者と提携することで組織を拡大した。こうした意味で、生産性運動は、総評に打撃を与え、全労の発展を後押しした。

生産性運動は、総評との対決と全労の育成という点で、岸内閣の労働政策と軌を一にしていた。生産性本部副会長の永野重雄富士製鉄社長は、1957年5月20日のスカゲン労働官との会談で、官公労働者の法律違反の行動を制限する立法を行うため、自民党の国会議員と頻繁に協議を重ねており、その一環としてチェックオフの禁止を要請していると述べた。直接的には公共部門を対象とする立法であるが、民間産業にも有益であろう、というのが永野の考えであった[24]。こうした経営者の要求を背景とした岸内閣による官公労組への攻撃は、各企業の場合と同じく、全労の組織拡大の好機となった。全労と緊密な関係を持つ全特定と全郵労が、給与の割増支給などで政府・当局と提携し、総評傘下の全逓の切崩しを図り、国際自由労連から批判を受けたことは前述したが、労働省の山崎五郎労働組合課長によると、全労に近い新生民同が国労からの脱退を決めた背後には、彼自身の働きかけがあった[25]。そして、マッカーサー大使が率いるアメリカ大使館は、このような動きを支えたのである。

アメリカ対日労働政策の見直しへ

ところが、アメリカ大使館の内部では、1958年半ば頃から、総評に対する

強硬策を見直すべきとの意見が出されていた。主唱者は、そうした強硬策を主導していると思われていたスカゲン労働官であった。スカゲンは、1958年4月8日、国務省極東局のヘンリー・ソコロヴ労働顧問に書簡を送り、やや控えめに次のように書いた。日本政府は、労働問題に関する限り古臭く遅れた政策をとっており、労働組合を経営者と政府の下に完全に従属させようとしている。もしこうした政策を取り続けるならば、総評の弱体化がもたらされるか、さもなければその脅威が著しく高まるか、いずれかであろう。個人的な見解ではあるが、駐日大使館は、総評が共産党に支配されていると過度に考えすぎてきた。それは、過去の総評の態度からの推測にすぎず、論理的な根拠を欠いている。例えば、総評議長の太田薫は、最も危険な人物の1人であるが、反共産主義者として一般に認められている。太田は、共産主義者のような発言を行うが、労働組合運動については現実的で常識的な方針をとっている[26]。

このようなスカゲンの見解に驚いたのは、アメリカ大使館に強い反感を抱いていたイギリス大使館のカルヴァート労働官であった。9月5日に会談したカルヴァートは、スカゲンの口から、自分は総評の破壊を目指す全労の擁護者ではないし、総評は反共産主義的であり世界労連に傾いていない、という発言を聞いた。アメリカ大使館の労働担当者であるスカゲン労働官、広報・文化交流局のウェルシュ労働情報官、対外活動使節団のエドワーズ労働専門官の3人は一体となって活動しているわけではなく、それぞれの報告を受けたマッカーサー大使が独自に判断を下している。総評に対抗し、全労を支持しているというアメリカ大使館についての外部の認識は誤っている。スカゲンは、その前日に行われたバーガス・ワトソン二等書記官との会話で、こうした認識を生み出している責任が、反総評で親全労のエドワーズの姿勢にあると非難していた。カルヴァートは、スカゲンの変節をにわかには信じられず、これまでの印象を払拭しなければならない何らかの理由があるに違いないと勘ぐった[27]。

もちろん、スカゲンは本気であった。1958年12月17日、「日本における労働条件と情勢」と題する文書が、スカゲンを中心としてまとめられた。56ページにわたるこの文書は、総評の分析から始められた。米軍基地反対闘争、原水爆禁止運動、アジア・アフリカ労組会議構想、共産主義諸国との交流など、総評の方針は共産党に近いようにみえる。しかし、アメリカの情報機関の極秘

情報によると、常任幹事など総評の中枢に位置する85名のうち、共産党員は6名、その同調者は10名にすぎない。傘下の主要単産も同様であり、共産党の影響を受けてはいるが、それに支配されているとはいえない。他方、全労は、組織構造の脆弱性ゆえに、発展が阻まれている。長い歴史を持つ総同盟は、他の全労の加盟組合が自らの傘下に入ることを望み、わずかな加盟費しか支払わないなど、全労の活動に協力的でない。また、総同盟の家父長主義的なボス支配を嫌う多くの労働組合は、全労への直接加盟を望んでいるが、該当する産業別組合が総同盟の傘下にある場合には、それが認められていない。

　この文書は、続いて岸内閣の分析を行った。日本政府は、官公労組のストライキの処罰、労働法規の改正の検討、第二組合工作への支援など、総評の弱体化を積極的に進める一方、あからさまに全労を支持している。日本政府の労働組合に対する強硬策を制約しているのは、海外市場を拡大する必要性であり、強力な労働組合運動を持つ国々からボイコットを受ける可能性である。そこで、ショーウィンドーの装飾として使える労働組合を欲している。だが、自民党の内部には労働組合運動の圧殺を望む強力な勢力が存在しており、日本政府は国際労働組織の非難を覚悟で総評を攻撃する決意を固めている。使用者団体の日経連は、審議会などを通して、政府の動きに影響を与えている。日本の経営者は、戦前の労使関係を復活させたいと希望しており、労働組合が全国レヴェルの交渉力を持つのを阻止する一方、賃金、技術革新、配置転換などについて協議を行い、労働者の不満のはけ口となる企業レヴェルの労働組合だけを容認しようと考えている。労働組合運動の左傾化は、こうした状況の下で発生している。

　この文書によると、アメリカの対日労働政策は、大きな問題を孕んでいる。まず、その方向性である。アメリカ政府は、強力で民主的な労働組合運動を支援している。しかし、駐日大使館の基本方針は、自民党政権を支持することがアメリカの国益に合致するというものである。この間には矛盾が存在する。また、駐日大使館の労働政策も、足並みが揃っていない。労働官は、総評を含めた幅広い接触を心がけ、1953年に開始された国務省の訪米プログラムの渡航者は、累計で全労18名、総評15名、中立9名となっている。だが、広報・文化交流局の労働情報官は、全労を支援し、総評の分裂を間接的に促進している。

対外活動使節団の労働専門官が担当する生産性プログラムは、多くの労働組合指導者をアメリカに派遣しているが、これまでの総計で全労 178 名（うち総同盟 121 名）、総評 10 名、中立 41 名と偏りをみせている。イギリス政府や国際自由労連は、アメリカ政府が日本政府と経営者に協力し、全労と総同盟を支援していると批判しているが、それは大筋で当たっている。

　この文書が最も問題視したのは、生産性プログラムの偏りであった。そして、その原因として、総評の生産性運動への反対よりも、日本生産性本部の性格が強調された。生産性本部は経営者の支配の下に置かれ、その理事会における労働組合の代表の比重は低い。また、生産性本部は日本政府と結びついており、官僚出身の労働部長は総評と接触できないでいる(28)。労働視察団の人選の手続きも問題であった。対外活動使節団の労働専門官は、経験不足と補助スタッフの欠如から、人選を主導することができない。そのため、生産性本部の理事を務める総同盟の古賀総主事が実質的に人選にあたっているが、対立関係にある総評と接触できないがゆえに、総同盟を中心に全労から選んでいる。しかし、総評が最大のナショナル・センターであり、全労の急速な成長が望めない以上、こうした状況は改善されなければならない、というのが、この文書の主張であった。そして、生産性本部が関与しないプログラムを開始するなど、全労のみならず総評の右派との友好関係を増進することが提案された(29)。

　以上の文書は、本国に送付される電報の草稿であり、その後どのような扱いを受けたかについては不明である。しかし、スカゲンの見解は、少なくとも書簡などを通じて国務省に伝えられ、一定の影響を及ぼした。国務省極東局のソコロヴ労働顧問は、1959 年 1 月 26 日、駐米イギリス大使館のアーサー・デ・ラ・メアに対して、国務省が全労を支持し、総評に対抗しているという認識があるようだが、これは誤解であると語った。スカゲン労働官をはじめアメリカ大使館は、総評と全労の両方と協力しようと努力している。国際協力局による労働組合指導者の訪米プログラムが全労に偏っているのは事実だが、それは総評が参加を拒否しているためである。こうしたソコロヴの発言に加え、日本から帰国したばかりのリチャード・スナイダー極東局日本課長も、総評の内部で穏健派が影響力を増大させることを期待していると述べた(30)。スカゲンのようなアメリカの対日労働政策への大胆な批判はみられないが、国務省でも総評

第2節　生産性運動と全労の発展　　237

に対する強硬策を緩和する必要性が認識され始めたのである。

　アメリカ政府の内部で、政策転換に積極的な姿勢を示したのは、労働省であった。労働省は、1959年半ばに「アメリカの対日労働政策に関する提案」と題する文書を作成し、国務省に手交した。その主張の第1は、日本政府の対総評強硬策への支持を撤回し、より穏健な労働政策をとるよう岸内閣に促すことであった。強硬策はその意図とは反対に総評の結束と急進化を招いている、と労働省は考えた。また、第2は、日本の労働組合運動を現実主義的で穏健なものにするため、西欧の社会主義勢力と交流させることであった。そして、第3の主張は、総評の指導者および活動家の訪米を増大させることであった。生産性プログラムによる訪米は、全労傘下の労働組合に偏っており、無料の招待旅行とはいえ、総評が積極的に参加する見通しは乏しい。全労を無視することはできないが、それぞれの規模に比例した人数の招待を行うべきである、と労働省は力説した。この労働省の文書は、内容において、前述した1958年半ばの駐米イギリス大使館からの働きかけに沿うものであった。

　ところが、この労働省の文書に対して、国務省は批判的な態度を示した。第1の日本政府に対する強硬策の緩和の勧告は、内政干渉と受けとめられるおそれがあり、賢明な方法とは考えられない。また、日本の労働組合運動が急進化しているため、日本政府は強硬策をとっているのであり、その逆ではない。そもそも、対日労働政策は、対日政策の全体に関わっており、それだけを切り離して論じられない。第2の西欧の社会主義勢力との交流については、基本的に同意するが、これまでの経験からすると効果があまり期待できない。むしろアメリカの労働組合指導者との接触の方が有効であろう。第3の総評の訪米の増進については、2つの問題がある。1つは、これまで一定の成果を挙げてきた生産性プログラムに打撃を与えるおそれであり、もう1つは、全労との友好関係を損なう危険性である。以上の理由から、国務省は、労働省の提案を妥当でないと結論づけた[31]。対日政策に責任を持つ国務省にとって、従来の方針を変更することは決して容易ではなかった。

　しかし、対日労働政策を再検討する必要性は、その後も高まっていった。1960年に入ると、日本の労働省からも、総評の訪米の機会を増大すべきという意見が寄せられた。それは、国務省が必要性を認めていたアメリカの労働組

合との交流であった。すなわち、労働事務次官の中西実は、1960年1月12日、アメリカ国際機械工組合のエリック・ピーターソン前書記長を交えて行われたシルヴァーバーグ労働官との会談で、次のように語った。アメリカは日本の労働組合との接触でソ連に遅れをとっている。これに対策を講じなければならない。総評の指導者もアメリカの労働組合と緊密な関係を構築したいと考えており、アメリカの労働組合から直接招待が行われるのであれば、総評を含め多くの労働組合指導者が訪米に応じるであろう。確かに、総評の本部や地方組織の書記には共産党員が存在し、イデオロギー上の影響を与えている。だが、厳密な意味で共産党が支配する労働組合は日本にはなく、総評執行部にも共産党員はいない[32]。このように中西事務次官は述べて、総評を穏健化すべく訪米プログラムを活用するよう求めた。

　総評の太田議長は、2月26日、シルヴァーバーグに対して、これを裏付けるかのような発言を行った。中国をはじめ東側陣営への訪問が活発なのは、無料の招待旅行であるという理由が大きい。共産主義諸国の労働組合は、その国の政府の一部となっているため、平和運動を除くと、それから学ぶべきことは全くない。労働組合運動については、やはりアメリカや西ヨーロッパから学ばなければならない。総評の指導者は、海外の労働組合運動に関する知識を欲しており、アメリカの労働組合と交流を持ちたいと希望している。だが、生産性プログラムによる訪米は、それに反対する方針を堅持している以上困難であり、アメリカの労働組合が訪米資金を提供することも難しいであろう。生産性プログラムではない、国務省などの政府機関や民間の財団による交流プログラムであれば、総評も積極的に協力したい。日本の労働組合指導者が訪米するだけでなく、アメリカの労働組合指導者が来日することも望まれる。それにより、各々が抱える問題とそれへの対応について、相互理解を深めたい。

　実際、鉄鋼労連が全米鉄鋼労組を招待したのをはじめ、総評と西側の労働組合との交流は活発化しつつあった。アメリカ大使館は、総評の動機を以下の3点から解釈した。第1は、1959年10月の社会党の分裂である。民社党およびそれを支える全労との競合上、共産党との関係をはじめ、急進的な方針の抑制を求める動きが総評の内部で強まっていた。第2は、急速に進展する技術革新などへの対応である。経営者による合理化計画、賃金制度の抜本的改革、貿易

自由化の進展といった変化は、組合員の犠牲を防ぐ手段と生産性向上の成果を獲得する方策の両方を見出すよう、労働組合に迫っている。大衆運動の組織化には長けていても、こうした状況に対処する知識と経験を欠く総評は、アメリカなど海外の労働組合から学ぼうとしている、という解釈である。第3は、東側との交流と均衡をとり、中立主義を貫くという理由である。西側の労働組合の間では、総評は共産主義陣営に近いという評価が根強かった[33]。いまだ不確かではあったが、安保闘争の背後で、総評は変化を遂げつつあった。

生産性プログラムの停止と滝田訪米

これとまさに同じ頃、対日労働政策の転換を迫る重要な決定が、アメリカ政府の内部で行われた。1960年1月、国際協力局は、上部機関である国務省のダグラス・ディロン国務次官の了承の下、1961会計年度の末日をもって、日本に対する生産性プログラムを停止するとの決定を行った。そして、この決定は、その後に行われた議会での公聴会で、有力議員の支持を受けた。1955年に始まる高度成長によって、もはや日本は後進国とはいえなくなっていた。それにもかかわらず、日本を対外援助プログラムの対象にし続けた場合、プログラム全体について議会の承認を得られなくなるおそれがある。ひいては現在の良好な日米関係を損ないかねない[34]。朝鮮休戦後の日本経済の危機を背景として1955年に開始された生産性プログラムは、その使命を終えたと判断されたのである。アメリカでも、ヨーロッパでも、技術や設備の面でキャッチ・アップを遂げた日本からの視察団の受け入れを敬遠する傾向が強まっていた。生産性プログラムは、運営上も難しくなりつつあったのである。

生産性プログラムの停止は、その一部を構成する訪米視察団の中止を意味した。1953会計年度から実施された国務省の指導者交流プログラムも、毎年10名前後の日本の労働組合指導者をアメリカに送り出していたが、生産性プログラムは、それを遥かに凌駕する規模を誇っていた。それゆえ、この国際協力局の決定は、訪米を1つの重要な手段とする対日労働政策を揺るがすものであった。駐米大使館は、3月23日に国務省に公電を送り、労働組合を対象とする交流プログラムを、国際協力局から国務省の教育文化局に移管した上で継続するよう提案した。総評傘下の共産党に支配された労働組合が勢力を増すおそれ

がある、というのがその理由であった(35)。そして、駐日大使館は、広報・文化交流局と対外活動使節団を中心に検討を進めた結果、総評からの参加者を増加させるため、日本生産性本部を新規の労働組合の訪米プログラムに関与させない方針を固めた(36)。総評がアメリカの労働組合との交流に積極的な姿勢を示したことも、こうした動きを後押しした(37)。

しかし、3月23日の駐日大使館の提案には、いくつかの問題があった。1つは、国務省の教育文化局に労働組合を専門とするスタッフがいないことであった。国際協力局の労働課は、これを理由として強く反対した。また、フランスとイタリアで、国務省への移管後、わずか1年しか継続されなかったという、失敗に終わった前例も指摘された。しかし、こうした反対論は最終的には斥けられ、1961年7月1日からの移管が決まった(38)。もう1つの問題は、全労やそれを背後から支えるAFL-CIOとの関係であった。対外活動使節団によると、新プログラムの重点は、もはや生産性の向上ではなく、自由にして民主的な労働組合の育成であり、総評の穏健化であるが、総評からの訪米視察団の参加者の増加は、プログラムの実施に不可欠なAFL-CIOの支持と協力を損なうおそれがある。また、総評と全労の対立が、問題を発生させる可能性もある。そこで、全労と組織的に競合する総評傘下の単産からの派遣を避け、総評の最高指導者を除くとともに、総評からの参加者を全体の3分の1に限定する方針が立てられた(39)。

このように、全労やAFL-CIOの反発を懸念する駐日大使館は、3月23日の提案から徐々に後退して行った。そして、11月15日に国務省に送られた文書では、一転して日本生産性本部を活用することが主張された。その理由として挙げられたのは、以下の3つであった。第1に、実施中の1960年度、そして準備中の1961年度の生産性プログラムによる訪米者数の推移をみると、総評は生産性本部に徐々に協力的になってきているという理由である。第2に、生産性本部やその全国労働組合生産性企画実践委員会が培ってきたスタッフや施設は、国務省教育文化局のプログラムに寄与するという理由である。そして、第3に、生産性本部との関係を突然打ち切った場合、その威信と信用が失われてしまうという理由であった。駐日大使館は、経済から政治へという目的の転換、国際協力局から国務省教育文化局へという実施機関の変更の2点を除いて、

できるだけ従来の生産性プログラムと同一の運用を行いたいと考えるようになっていた(40)。マッカーサー大使の下で、対日労働政策の転換は最小限に食い止められようとしていた。

　事実、アメリカ大使館は、総評に対する強硬な姿勢を崩していなかった。労働官を辞して1960年4月に帰国したスカゲンは、アメリカ国際機械工組合の機関紙の1960年7月7日号に、総評を含む日本の労働組合は反共産主義的であり、安保闘争も反米ではなく、その軍事戦略に反対しているにすぎない、という趣旨の論文を掲載した(41)。1960年12月13日に駐日大使館から国務省に送付された報告書は、このスカゲンの論文を批判して、総評の対外政策は中立主義ではなく、共産主義陣営寄りであると指摘した。総評の組合員の大多数は共産主義者ではないが、共産党員とその同調者はあらゆる総評の加盟組合で見出される。重要なのは、その傘下の単産の執行部が、共産主義に親近感を抱き、共産党と共闘していることである。共産党の活動家は、総評およびその加盟組合の書記局の主要ポストに浸透している。総評は、共産主義者と結託して安保闘争の中心を担い、世界労連から精神的・資金的な援助を受けた。駐米大使館は、反共産主義者のラヴストーンAFL-CIO国際出版部長と、こうした認識において一致していた(42)。

　その直後の12月15日、アメリカ大使館に、それを裏付ける情報がもたらされた。総評の太田議長が、モスクワ、プラハ、パリ、ローマなどを訪問するという情報であった。これより前、総評の岩井事務局長は、1960年9月20日から中ソ両国などを訪れ、中国の周恩来首相らと会談を行い、安保闘争と三池闘争に対する支援について謝意を伝えたが、それに続く総評の最高幹部の共産圏への訪問であった。これは世界労連やソ連AUCCTUが費用を負担する招待旅行であったばかりか、太田にとって初めての外遊であり、ニキータ・フルシチョフ首相との会見の希望がソ連に伝えられていた。アメリカ大使館は、太田に対して厳しい評価を下した。太田は、東西両陣営の間での中立を唱えているが、極左的な方針をとっており、日米安保条約に反対している。安保闘争の際には、共産党に非常に近い主張をしていた。1961年にアメリカを訪問したいという意向が太田から寄せられているが、それはソ連との均衡を図り、中立主義を顕示するためにすぎない(43)。12月28日、太田はモスクワに向けて出発した。

マッカーサー大使は、総評に対抗する全労を支援すべく、12月24日、国際協力局に電報を発し、全労の滝田議長が訪米に関心を示していることを伝え、その渡航費用の支出について了承を求めるとともに、アメリカの政府および労働組合の首脳との会談を設定するよう要請した。総評の穏健な指導者と個人的に親しい滝田にそのような機会を与えたならば、全労のみならず総評の一部に好ましい影響を及ぼすであろうし、全労の名声を高めることにもなる、というのが主たる理由であった[44]。滝田は、12月27日、太田が来るソ連訪問中にフルシチョフとの会談を予定するなど、総評が共産主義陣営を訪問する際に受ける待遇を引き合いに出して、アメリカ政府の要人との会見を設定するよう重ねて求めた。あわせて、AFL-CIOと全労の結びつきを強めるため、そのトップ・リーダーとの会談も希望した。マッカーサーは、1961年1月3日、今度は国務省に電報を送り、自由にして民主的な労働組合の威信を日本で高めるために、この滝田の要請を前向きに検討するよう勧告した[45]。

滝田訪米に強い意気込みをみせるマッカーサーは、1月11日、25日、26日、2月14日と繰り返し国務省に電報を送付し、要請を行った。共産党に近い極左分子が深く侵入している労働組合は、日本政治において最も危機的な領域の1つであるが、そこで左派と闘争している唯一の労働組合は、全労である。総評の指導者は、中国やソ連を訪問する際、毛沢東、周恩来、フルシチョフらと会見するなど、丁重なもてなしを受けている。そこで、総評と対抗しうる威信を全労に与えなければならない。そのためには、大統領、副大統領、国務長官をはじめとする政府首脳、そしてAFL-CIOの最高指導者との会談が大変有益である。1月20日に就任したばかりのジョン・F・ケネディ大統領が多忙を極めているのは承知しているが、15分間あるいは10分間でも滝田がケネディと会見したならば、日本の労働組合運動に巨大な影響を及ぼし、全労に強力な援助を与えることができる[46]。このように、マッカーサー大使は、海外の労働組合指導者の大統領との会見という前代未聞の要請まで行い、全労を支えようとした。

国務省は、このマッカーサー大使の要請に積極的に応えた。2月9日にマッカーサーのベルギー大使への転出が決まるなど、ケネディ政権によって外交官人事が進められていたが、未だ新たな対日政策が打ち出される状況にはなかっ

た。それゆえ、これまでの対日労働政策の延長線上に提案された滝田訪米は、国務省で大きな異論もなく決定された。これを受けて、ディーン・ラスク国務長官は、2月17日、ケネディ大統領に覚書を送り、親米的な全労と共産党寄りの総評とを対比しつつ、日米関係の緊密化に加え、日本で自由な労働組合運動の成長を促すために、滝田と会見するよう要請した(47)。そして、調整の結果、3月3日にケネディと滝田の会談が行われることが決まった。そのほか、ラスク国務長官、アーサー・ゴールドバーグ労働長官との会見が設定され、労働組合との交流についても、2月22日からマイアミで開かれるAFL-CIOの執行委員会にあわせて同地に赴き、ミーニー会長をはじめAFL-CIOの首脳と意見を交換する日程が組まれた(48)。マッカーサーは、これに満足の意を示した(49)。

　2月20日に渡米した滝田は、3月3日のケネディ大統領をはじめ、アメリカ政府の首脳との会談を通して、日米両国の労働組合の交流を促進する必要性を強調し、安保闘争や共産主義勢力の浸透に言及しながら、官僚、政治家、経営者といった権力の中枢だけでなく、労働組合、教育者、学生などとの幅広い接触が、良好な日米関係を築く上で不可欠だと述べた。そして、3月1日のラスク国務長官との会見では、財政上の理由から日本生産性本部を見捨てないよう求めた。それが廃止されるようなことがあれば、共産党に有利に働くだけである、というのが滝田の意見であった(50)。これは、生産性プログラムから大きな利益を受けてきた全労の議長として、当然の発言であった。また、AFL-CIOのミーニー会長との間では、3月3日、「世界の自由と民主主義を強化し、共産主義勢力の浸透と破壊活動を挫くために、国際自由労連および国際産業別組織と協力する決意を再確認する」、「日米両国民の相互理解を増進するため、労働組合の交流を促進する二国間のプログラムを開始する」などと謳う、共同声明が調印された(51)。

　滝田は3月11日に帰国したが、駐日大使館は、この滝田訪米を非常に大きな成功であったと評価した。滝田の訪米は、日本政府やマスコミをはじめ、全労にも、総評にも、強い印象を与え、これによって、総評の指導者のフルシチョフや毛沢東との会見がかすんでしまった。とりわけ、その山場であったケネディとの会談は、全ての新聞が一面で大々的に取り上げ、他のメディアでも広

く報じられた。滝田は、ケネディ大統領と実質的な会談を行った初めての日本人となっただけでなく、アメリカの大統領と実質的な会見を行った初めての外国の労働組合指導者となった。その結果、滝田の名声と全労の威信は急激に高まり、1960年11月の総選挙での敗北によって沈滞していた全労と民社党の士気が高揚した。AFL-CIOの首脳と会談し、共同声明を発表したのも、大変有益であった。マッカーサー大使は、このように指摘して、最初に期待した以上の成果が得られたと、滝田訪米を意義づけた[52]。滝田・ケネディ会談は、アメリカ政府による全労に対する支援の頂点をなしたのである。

ところが、滝田の訪米は、大きな問題を残した。それは、1955年に始まる日本製の綿製品をめぐる貿易摩擦である。全繊同盟の会長でもある滝田は、この訪米を通じて、繊維摩擦を緩和すべく話合いを続けた。しかし、深刻な失業問題に直面していたアメリカ合同衣料労組のジェイコブ・ポトフスキー委員長は、強硬な態度を示した。その上部団体であるAFL-CIOの指導者も、問題の解決に向けて前向きに取り組みたいという希望を述べたが、加盟組合への配慮からこの問題に関しては批判的な姿勢をとった。ケネディとの会談でも、滝田は、アメリカ合同衣料労組によるボイコットの動きを非難し、日米関係に深刻なダメージを与えると述べ、貿易自由化の必要性を説いたが、ケネディは、ボイコットを誤った方法だと批判しつつも、アメリカの労働者の窮状への理解を求めた。ゴールドバーグ労働長官との会談で明らかになったように、ケネディ政権は失業問題を憂慮し、最重要の内政問題の1つに位置づけていた[53]。生産性プログラムを停止に導いた日本の経済成長は、アメリカの対日労働政策を転換させつつあった。

(1) 日本生産性本部『生産性運動10年の歩み』37-237ページ、『生産性運動30年史』176-227ページ。
(2) 『生産性視察団帰国後の活動 No.1』日本生産性本部、1956年7月、RG 469, Entry 1266, Box 7, NA, に掲載された、自動車視察団の参加者の発言を参照。
(3) Edwards to Meskimen, March 7, 1956, RG 469, Entry 1263, Box 3, NA.
(4) Skagen to Steinbach, June 11, 1956, RG 469, Entry 1264, Box 5, NA.
(5) Edwards to Brown, December 18, 1956, RG 469, Entry 1264, Box 8, NA.
(6) 『生産性新聞』1956年7月16日。

(7) "The United States Operations Mission to Japan (Background Information, 1955-1959)," June 5, 1959, RG 469, Entry 421, Box 59, NA.
(8) 日本生産性本部『生産性運動 10 年の歩み』155-158、187-189 ページ、『生産性運動 30 年史』190-191、303-308 ページ。
(9) Goshi to Thibodeaux, December 11, 1957, RG 469, Entry 1263, Box 3, NA.
(10) Thibodeaux to Goshi, December 16, 1957, RG 469, Entry 1263, Box 3, NA.
(11) Edwards to Meskimen, January 30, 1957, RG 469, Entry 1265, Box 2, NA.
(12) Edwards to Thibodeaux, "Meeting with Members of 12th All-Labor Team," March 5, 1958, RG 469, Entry 1263, Box 3, NA.
(13) 日本生産性本部『生産性運動 10 年の歩み』170-173 ページ、『生産性運動 30 年史』284-294 ページ。
(14) 労働省編『資料労働運動史 昭和 34 年』580-581 ページ。
(15) Tokyo to International Cooperation Administration, May 19, 1961, RG 469, Entry 421, Box 65, NA. アメリカ対外活動使節団が作成したこの文書と日本の労働省が公表した表5とでは、集計方法の違いからか数値が異なっている。
(16) Tokyo to International Cooperation Administration, October 29, 1959, RG 469, Entry 421, Box 56, NA; Tokyo to International Cooperation Administration, November 13, 1959, RG 469, Entry 421, Box 56, NA; Tokyo to International Cooperation Administration, January 20, 1960, RG 469, Entry 421, Box 65, NA.
(17) 和田春生「生産性運動」(師岡武男・仲衛監修『証言構成戦後労働運動史』SBB 出版会、1991 年) 169 ページ。
(18) 日本生産性本部『生産性運動 10 年の歩み』175 ページ、『生産性運動 30 年史』284-286、304-311 ページ。
(19) Goshi to Thibodeaux, December 11, 1957, RG 469, Entry 1263, Box 3, NA.
(20) 松崎義「鉄鋼争議(1957・59 年)」(労働争議史研究会編『日本の労働争議 1945〜80 年』東京大学出版会、1991 年)。
(21) 『日本生産性新聞』1956 年 7 月 30 日。
(22) 鈴木玲「戦後日本の鉄鋼産業における協調的企業別労働組合の成立」(『レヴァイアサン』冬臨時増刊、1998 年)。
(23) Memorandum of Conversation, October 24, 1960, RG 84, Entry 2828A, Box 80, NA.
(24) Tokyo to the Department of State, May 24, 1957, No. 1273, 894.06/5-2457, *RDOS, IAJ, 1955-1959*, Reel 5.
(25) Tokyo to the Department of State, September 9, 1960, No. 279, RG 174, Entry 50, Box 20, NA.
(26) Skagen to Sokolove, April 8, 1958, 894.06/4-858, *RDOS, IAJ, 1955-1959*,

Reel 5.
(27) Calvert to Wallis, September 26, 1958, FO 371/133649, PRO. エドワーズと全労の親密な関係は事実であった。例えば、1961年5月18日、全労は帰国するエドワーズのために送別晩餐会を開き、記念品まで手渡した。「全労十五回常任執行委員会議事要録」(労働政策研究・研修機構『全労資料』781)。
(28) 生産性本部は1958年に労働部を設置したが、初代の労働部長は労働省出身の高山侃であった。この当時の労働部については、「松尾昭二郎氏インタヴュー」(C・O・E・オーラル・政策研究プロジェクト『生産性運動オーラル・ヒストリー《労働部編》第1巻』政策研究大学院大学、2003年)。
(29) Draft Joint Embassy Despatch, "Labor Conditions and Situation in Japan," December 17, 1958, RG 84, Entry 2828A, Box 58, NA.
(30) de la Mare to Dalton, January 29, 1959, FO 371/141528, PRO.
(31) Bane to Sokolove, June 3, 1959, 894.06/6-359, *RDOS, IAJ, 1955-1959*, Reel 5; Lodge to Parsons, September 29, 1959, enclosed with Sokolove to Parsons, February 17, 1960, 894.06/2-1760, *DUSPJ, 3, Vol. 7.*
(32) Tokyo to the Department of State, January 19, 1960, No. 847, 894.062/1-1960, *DUSPJ, 3, Vol. 7.*
(33) Tokyo to the Department of State, April 5, 1960, No. 1198, 894.062/4-560, *DUSPJ, 3, Vol. 7.*
(34) Action Memorandum for the Administrator by Fowler, December 14, 1961, RG 469, Entry 421, Box 65, NA; Memorandum of Meeting, April 3, 1961, enclosed with Trezise to Sheppard, April 6, 1961, RG 469, Entry 421, Box 67, NA.
(35) Action Memorandum for the Director by Sheppard, "Continuation of Japanese Labor Exchange Program," undated, RG 469, Entry 421, Box 65, NA.
(36) Tokyo to International Cooperation Administration, May 18, 1960, RG 174, Entry 50, Box 20, NA.
(37) Tokyo to the Department of State, April 5, 1960, No. 1198, 894.062/4-560, *DUSPJ, 3, Vol. 7.*
(38) Action Memorandum for the Director by Sheppard, "Continuation of Japanese Labor Exchange Program," undated, RG 469, Entry 421, Box 65, NA.
(39) Tokyo to International Cooperation Administration, November 7, 1960, RG 469, Entry 421, Box 65, NA.
(40) Tokyo to the Department of State, November 15, 1960, No. 550, RG 174, Entry 50, Box 20, NA.
(41) Department of State to Tokyo, July 11, 1960, No. A-12, 894.062/7-1160,

DUSPJ, 3, Vol. 7.
(42) Tokyo to the Department of State, December 13, 1960, No. 671, 894.062/12-1360, *DUSPJ, 3, Vol. 8.*
(43) Tokyo to Secretary of State, December 15, 1960, No. G-677, 894.062/12-1560, *DUSPJ, 3, Vol. 8.*
(44) Tokyo to International Cooperation Administration, December 24, 1960, RG 174, Entry 50, Box 20, NA.
(45) Tokyo to Secretary of State, January 3, 1961, No. G-764, 894.062/1-361, *CUSSDJ, 1960-1963*, Reel 15.
(46) Tokyo to Secretary of State, January 11, 1961, No. 1960, 894.062/1-1161, *CUSSDJ, 1960-1963*, Reel 15; Tokyo to Secretary of State, January 25, 1961, No. 2099, 894.062/1-2561, *CUSSDJ, 1960-1963*, Reel 15; Tokyo to Secretary of State, January 26, 1961, No. G-873, 894.062/1-2661, *CUSSDJ, 1960-1963*, Reel 15; Tokyo to Secretary of State, February 14, 1961, No. 2306, 894.062/2-1461, *CUSSDJ, 1960-1963*, Reel 15.
(47) Memorandum for the President by Rusk, "Visit to the United States of Mr. Minoru Takita, President of the Japan Trade Union Congress," February 17, 1961, NSF, Box 123, JFKL.
(48) Rusk to Tokyo, February 27, 1961, No. 1501, 894.062/2-2761, *CUSSDJ, 1960-1963*, Reel 15; Rusk to Tokyo, February 28, 1961, No. 1516, 894.062/2-2861, *CUSSDJ, 1960-1963*, Reel 15.
(49) Tokyo to Secretary of State, March 2, 1961, No. 2465, 894.062/3-261, *CUSSDJ, 1960-1963*, Reel 15.
(50) Memorandum of Conversation, February 21, 1961, 894.062/2-2161, *CUSSDJ, 1960-1963*, Reel 15; Memorandum of Conversation, March 1, 1961, 894.062/3-161, *CUSSDJ, 1960-1963*, Reel 15; Memorandum of Conversation, March 3, 1961, NSF, Box 123, JFKL.
(51) *News form the AFL-CIO*, March 3, 1961, RG 18-1, Box 28, Folder 9, GMMA.
(52) Tokyo to Secretary of State, March 7, 1961, No. 2524, 894.062/3-761, *CUSSDJ, 1960-1963*, Reel 15; Memorandum for the Record, "Visit to the United States under the Auspices and Direction of International Cooperation Administration," March 15, 1961, 894.06/3-1561, *CUSSDJ, 1960-1963*, Reel 15; Tokyo to the Department of State, April 10, 1961, No. 1140, 894.062/4-1061, *CUSSDJ, 1960-1963*, Reel 16.
(53) Memorandum of Conversation, March 3, 1961, NSF, Box 123, JFKL; Tokyo to the Department of State, April 10, 1961, No. 1140, 894.062/4-1061, *CUSSDJ,*

1960-1963, Reel 16.

第3節　貿易摩擦と国際公正労働基準

アメリカ対日労働政策とチープ・レーバー問題

　東アジア冷戦を戦うアメリカは、安保条約によって日本を西側の軍事戦略に組み込む一方、ブレトン・ウッズ体制と呼ばれる自由主義陣営の国際経済秩序に日本を編入することに努めた。総評や社会党などの革新勢力が中立主義を唱えたのは、平和憲法の理念に立脚し、東西両陣営の間の戦争に巻き込まれるのを回避するという安全保障上の理由とともに、アメリカをはじめとする西側諸国との貿易に加えて、東側諸国、とりわけ中国との貿易が不可欠であるという経済上の理由に基づいていた。西側の国際経済秩序の下で日本が経済成長を遂げたならば、中国貿易を求める圧力は減退し、中立主義の説得力は失われる。だが、これには１つの重大な問題が存在していた。アメリカを含め自由主義陣営の内部で、商標の盗用など戦前の日本の不公正貿易の記憶が根強く残り、なかでも低賃金・長時間労働によって日本製品の国際競争力が不当に高められているというソーシャル・ダンピング批判が、くすぶり続けたことである。その意味でも、日本の労働問題は、アメリカの冷戦戦略の根幹に関わっていた。

　貿易自由化にとって賃金と労働条件の格差は大きな障害であったが、古くから存在するこの問題の解決を図ろうとしたのが、1948年3月24日に調印された国際貿易機関憲章、いわゆるハヴァナ憲章の公正労働基準条項であった。その第7条第1項は次のように謳った。「加盟国は、全ての国が生産性に関連する公正な労働基準の達成・維持、したがってまた、生産性が許容するような賃金及び労働条件の改善に共通の利害関係を持つことを認める。加盟国は、特に輸出向け生産における不公正な労働条件は貿易に困難を生じさせることを認め、したがって、各加盟国はその領土内におけるそのような条件を排除するための適当かつ実行可能なあらゆる行動をとる」。ハヴァナ憲章は、あまりに理想主義的であったがゆえに、調印した各国のほとんどで批准を得られず、発効しなかったが、この草案の審議と並行して行われた関税交渉を基礎にGATTが成立した。そして、GATTはハヴァナ憲章の一般原則を行政上の権限の最大限

度まで順守することを規定し、その限りで公正労働基準条項は有効性を持つことになった[1]。

　国際貿易における公正労働基準を最も重視していた国は、アメリカであった。それはアメリカが自由主義陣営の盟主としてブレトン・ウッズ体制の下で貿易自由化を推進する立場にありながら、相対的に高い生活水準を享受していたという事情があった。西欧諸国や日本の経済復興に伴い安価な工業製品の輸入が増加し、それによって打撃を受けた産業の経営者や労働者から対策を講じるよう求められたアメリカ政府は、保護主義的な政策を採用できないがゆえに、これらの国々の賃金や労働条件を向上させ、労働コストを上昇させるという方針をとったのである。そうしたアメリカ政府の姿勢は、1953年にハヴァナ憲章の公正労働基準条項をGATT協定に挿入するよう非公式に提案したことに端的に示されていた。その際、アメリカ政府は、第7条第1項の最後の「各加盟国はその領土内におけるそのような条件を排除するための適当かつ実行可能なあらゆる行動をとる」という箇所を削除し、若干の内容上の緩和を図った。しかし、不公正という言葉の定義をめぐって意見の一致をみず、結局失敗に終わった[2]。

　アメリカ政府の内部で国際公正労働基準を強く支持していた労働省は、日本に対してもこのアプローチを用いようとした。講和条約が発効する直前の1952年3月6日に来日したロバート・クリーシー労働次官補は、リッジウェイ最高司令官との会談で、国際公正労働基準の実現に向け、日本の労働情勢を研究する日米合同の委員会を設立することを提案した。労働省は、日本が低賃金労働によってアメリカ市場でダンピングを行うのではないかと懸念していた。日本からの輸入に対するアメリカ国内の不安を払拭するためにも、そのような研究は有益だと考えられた。クリーシーは、リッジウェイが前向きの姿勢をみせたことから、国務省にこれを提案した。しかし、国務省極東局のケネス・ヤング北東アジア課長は、委員会の研究対象が労働問題に限定された場合、日本政府が疑念を抱き、憤慨する可能性すらあると考えた[3]。日本にとって国際公正労働基準は、低賃金を口実として輸出を抑制するものに他ならなかったのである。そして、アリソン極東担当国務次官補が消極的な考えを示したこともあり[4]、この構想は立ち消えになった。

第 3 節　貿易摩擦と国際公正労働基準　251

　1953 年 7 月 27 日の朝鮮戦争の休戦後、特需の減少に見舞われた日本では、前述したように国際収支の危機が発生し、中国貿易を求める声が高まった。「援助でなく貿易を」というスローガンを掲げるアイゼンハワー政権は、生産性プログラムを実施することで日本の国際競争力を高める一方、日本のGATT への正式加入を実現し、西側諸国の市場への参入を容易にしようと考えた。そのためには、日本の不当な国際競争力に関するアメリカ国内の懸念を払拭し、互恵通商協定法の延長を議会で可決させなければならなかった。アイゼンハワー大統領は、1954 年 4 月 16 日、貿易協定委員会に書簡を送り、「主要な輸出国で標準以下の賃金によって作られている製品については関税を引き下げないというのが、合衆国の一般的なルールである」と述べた。これは、チープ・レーバーという批判が日本の個々の産業の賃金に関する誤った知識によるものであることを、貿易協定委員会に認識させるためのものであった[5]。そして、7 月 1 日、互恵通商協定法延長法が成立し、日本との関税交渉に応じることが可能になった。

　もちろん、アイゼンハワー政権は、日本に対するソーシャル・ダンピング批判が全くの誤解だとは考えていなかった。アメリカ労働省は、その約 1 年前の1953 年 2 月 3 日、日本の GATT 加入に関連して、「国際貿易上の競争に関わる日本の労働条件」と題する文書を作成した。この文書は、労働コストと労働生産性、労働者 1 人当たりの労働コスト、労働者の購買力、賃金以外の労働基準、不公正な労働慣行のそれぞれの項目について、国際比較を交えて詳細な検討を加えた上で、次のような結論を導き出した。低賃金国では通常生産性が低くなるが、日本では低い賃金と高い生産性の組み合わせがみられ、それが主たる原因となって、繊維をはじめとする製品の高い国際競争力が生み出されている。ドルに対する円の安さが国際競争力を強めているが、日本の賃金は購買力を加味したとしても低い。それは少なくとも表面的には不公正といいうるものである。占領政策、とりわけ労働基準法の制定によって、不公正な労働慣行は除去されたが、主権の回復の結果、それについても変更が加えられることが可能になっている[6]。

　GATT への正式加入の前提となる関税交渉は、1955 年 2 月 21 日からジュネーヴで開始されたが、経済危機に直面していた日本政府は、チープ・レーバ

一に関するアメリカ政府の懸念を解くことを迫られた。日本側の代表は、5月18日、「輸出産業を含む日本の産業で賃金の基準と慣行が公正な水準に保たれることは、日本政府の最重要の関心事である」という声明を行った。そして、この声明は、交渉の妥結後、萩原徹代表によって公表されることが合意された。さらに重要なことに、次の日本側の秘密の声明が議事録のなかに残された。「輸出産業を含む日本の産業で賃金の基準と慣行を公正な水準に保つため、日本政府は最低賃金制度を含む様々な手段を検討している」[7]。アメリカ側は多くの関税譲許(関税の引下げないし据置き)を日本側に与えることで関税交渉を成功に導き、日本側はこうした協力を得る見返りとしてアメリカ側に最低賃金制度の導入を半ば公約したのである。そして、9月10日に「GATTへの日本国の加入条件に関する議定書」が発効し、日本のGATTへの正式加入が実現した。

ところが、それは直ちに大きな問題を引き起こした。関税譲許を一因として、日本からアメリカへの綿製品の輸出が急激に増加し、アメリカ南部の繊維業界が、1955年11月から「ワン・ダラー・ブラウス」を槍玉に挙げた輸入制限運動を開始する事態に発展したのである。この動きには、繊維産業の労働組合も合流していた。アイゼンハワー政権は、輸入品の数量制限を回避すべく、日本政府に輸出の自主規制措置を求める一方、労働省を中心として、関税交渉で合意された最低賃金制度への関心を強めた[8]。繊維を中心とする輸出産業に最低賃金制度が導入されれば、労働コストの上昇によって日本の対米輸出を抑制でき、アメリカ国内の保護主義的な圧力を緩和できる。そこで、アメリカ労働省は、国務省に対して日本政府と協議を始めるよう要請した[9]。しかし、岸内閣の下で最低賃金法の制定が進められている以上、内政干渉と受けとめられかねない行動は回避すべきという、1957年4月8日の駐日大使館の意見に従い、アメリカ政府は事態の推移を注意深く見守ることにした[10]。最低賃金法は、最終的に1959年4月7日に成立した。

このようにアイゼンハワー政権は、日本のチープ・レーバーに対するアメリカ国内の懸念を背景に、最低賃金制度の導入を後押しする役割を果たし、それを実現させるという成果を挙げた。しかし、アイゼンハワー政権のこの問題に対する取組みは、総じて慎重であった。労働省は日本政府との協議を希望した

が、内政干渉という反発をおそれる国務省が消極的な態度をとり続けた。そればかりか、アイゼンハワー政権の対日労働政策の重点は、賃金や労働条件の引上げよりも、生産性の向上に置かれた。生産性三原則にみられるように、その成果は経営者・労働者・消費者に公正に分配されることになっていたが、低い賃金と高い生産性の組み合わせという労働省が指摘した問題の解決は目指されなかったのである。逆に、GATTへの正式加入と生産性プログラムの実施とを背景として、日本の商品はアメリカ市場に急激に流入した。1957年1月16日の日米綿製品協定に基づく自主規制措置によって、繊維摩擦はひとまず沈静化したが、抜本的な解決は先送りされ、さらに貿易摩擦は他の産業にも拡大していった。

AFL-CIOと国際公正労働基準

1955年12月5日に結成されたAFL-CIOは、それから2ヵ月後の1956年2月7日の執行委員会で、国際貿易に関する次のような声明書を発表した。AFL-CIOは、通商の拡大と貿易障壁の縮減を支持する。それは、諸国家間の相互依存の現実から不可欠であるばかりでなく、共産主義勢力の拡大を防ぐためにも必要だからである。現にAFLとCIOは、1930年代から互恵通商協定法に賛成してきた。しかし、関税の引下げには、1つの重要な条件が満たされなければならない。それは、アメリカの産業に深刻な損害を与えないという条件である。そのためには、そうした危険が生じた場合のセーフガード条項（緊急救済条項）が設けられるとともに、諸外国の賃金と労働条件の改善が図られなければならない。当該国の標準以下の賃金と労働条件の下で製造された輸入品については、関税譲許を与えるべきでないし、AFL-CIOは、自由主義諸国のナショナル・センターが労働者の生活水準を向上できるよう、ILOや国際自由労連と協力していくつもりである。この声明書は、賃金と労働条件の改善を伴うような貿易の拡大が必要であると結論づけた[11]。

いうまでもなく、このAFL-CIOの声明書が念頭に置いていた国の1つは、日本であった。日本の安価な繊維製品はアメリカ市場を席巻し、労働者に失業の脅威を与えていた。それへの具体的な対策を検討することは、AFL-CIOにとって急務であった。その先導役となったのは、前CIO会長のウォルター・

ルーサー率いる全米自動車労組であった。ミーニーが会長に就任するなどAFL系が主導権を握ったAFL-CIOの内部には、ルーサーを会長とする産業別組合部門が設置され、そこにCIO系の労働組合が結集していた。全米自動車労組は、産業別組合部門の中核として、日本のチープ・レーバーへの対策を練ったのである。そして、全米自動車労組のヴィクター・ルーサー国際部長が1956年12月20日に国務省極東局のサリヴァン労働顧問に語ったように、アメリカの労働組合指導者は、ドル貿易を含む大規模な国際貿易が日本にとって不可欠であることを認めていた。それゆえ、上記の声明書と同様に、関税の引上げなどの保護主義によってではなく、貿易の自由化と両立しうる建設的な解決策を模索した[12]。

1957年2月14日、日本問題を協議する産業別組合部門の会合が開かれた。全米自動車労組のベンジャミン・セリグマン国際部書記が用意した20ページにわたる文書では、懸案の繊維産業のほか、鉄鋼、造船、自動車、光学、機械の各産業が検討された[13]。この席で、ヴィクター・ルーサーが提案したのは、賃金と労働条件を向上できるよう日本の労働組合を支援することであり、具体的には次の2つの方策であった。第1は、アメリカの労働組合が、同一の産業に属する日本の労働組合の代表2名を無料で2週間招待し、見学旅行を行った上で、チープ・レーバーへの対策を協議するというものである。そして、共同声明を発表し、日本の経営者にこの対策への協力を要求する一方、日米両国政府に貿易自由化の推進を求めることが予定された。第2は、アメリカの労働組合、国際自由労連、国際産業別組織が共同で10万ドルを出資して、国際自由労連の労働教育機関を日本に設け、日本の国際自由労連加盟組合の組織化を援助するというものである[14]。以上の提案は、この日の会合で基本的に了承された[15]。

興味深いのは、この会合が、CIO系を中心としつつも、AFL系にも広がりをみせたことである。旧CIOから、アメリカ合同衣料労組、アメリカ繊維労組、全米自動車労組、全米鉄鋼労組、アメリカ造船労組が参加したのに加え、旧AFLから、アメリカ国際婦人服労組とアメリカ国際機械工組合が出席した。これを契機として、アメリカ国際婦人服労組は産業別組合部門への加盟を決定した。この問題についての全米自動車労組のイニシアティヴは、AFL-CIOの

内部で幅広い支持を集めたのである。そして、AFL-CIO 国際部からも出席を得たように、ヴィクター・ルーサーの提案は、産業別組合部門が単独で行うのではなく、AFL-CIO 全体に行動を促すことをねらいとしていた。そして、AFL-CIO も単独行動をとるのではなく、国際自由労連や国際産業別組織を通して、方針の実現を図ることが考えられた。国際自由労連のニューヨーク事務所のウィリアム・ケムズリー所長は、本部のクレーン組織部次長に対して、ルーサー兄弟がこの問題を通じて AFL-CIO と国際自由労連の協力を深めようとしていると報告した[16]。

　こうした全米自動車労組を中心とする動きは、この段階では結局、具体化されなかったが、AFL-CIO の国際貿易に対する関心は、その後も減退しなかった。AFL-CIO は、1957 年 12 月 5 日から開かれた第 2 回大会で、1958 年 6 月末で期限切れとなる互恵通商協定法の 5 年以上の延長を求める決議を採択し、そのなかで、貿易の拡大とアメリカの労働者および産業の利益の擁護という 2 つの目標を実現するために、国際公正労働基準の原則を確立するよう要請した。ここで提案されたのは 2 つの方法であった。1 つは、生産性の水準と見合う国際公正労働基準を輸出産業に導入するよう、輸出国に対して要求することである。もう 1 つは、GATT と ILO にこの原則を受け入れさせることである。こうした努力は、貿易制限の口実になってはならず、むしろ公正な貿易競争を促進する手段にならなければならないというのが、この決議の強調したことであった。さらに、セーフガード条項の維持、輸入の急増によって被害を受けた労働者・企業・地域に対する支援措置なども盛り込まれた[17]。

　これを受けて、1959 年 2 月 24 日の AFL-CIO の執行委員会は、「国際貿易における公正労働基準」と題する声明を決定した。この声明は、国際公正労働基準に関する経緯を振り返った上で、1953 年の提案とほぼ同一の公正労働基準条項を GATT 協定に挿入すること、賃金と労働条件の水準を 1960 年に開始される多角的貿易交渉での関税譲許の条件とすること、国際貿易における公正労働基準を ILO の主要課題に据えることの 3 つについて、アメリカ政府に要請を行った。難問として残されていた国際公正労働基準の概念に関しては、当該国の経済発展の段階やその産業の生産性が賃金の支払能力に制約を加えることを認め、賃金水準を国際的に均一にすることは望ましくもなければ、可能で

もないと指摘し、生産性や技術水準を十分に反映した賃金と労働条件を求めると表明した。そして、国際公正労働基準は、不公正な国際競争に晒されないという意味で、アメリカの労使に利益を与えるばかりか、対米輸出国にとっても、高い賃金と労働条件が国内の購買力を増大させ、生産性を高め、経済成長をもたらすと主張した[18]。

　こうして AFL-CIO は国際公正労働基準を方針として掲げることになったが、これは元来、ウォルター・ルーサーの前任者であるフィリップ・マレー CIO 会長が、1943 年に国際公正労働基準法として提示した考えであった。すなわち、アメリカには公正労働基準法が存在し、州間の商取引向けに製造する商品について、1 時間 1 ドルといった最低賃金を定め、不当に低い賃金と労働条件を競争手段として用いることを禁止していた。マレーの国際公正労働基準法の提唱は、このアメリカの最低賃金制度の発想を国際貿易に適用しようとするものであった。それは必ずしも詳細な内容を伴っていなかったが、多くの労働組合指導者に受容され、全米自動車労組は 1949 年からこの方針を公式に掲げた。つまり、国際公正労働基準は、全米自動車労組をはじめ CIO 系の労働組合によって歴史的に重視されてきた考えであった。そして、貿易摩擦の激化を背景として、1957 年 12 月の第 2 回大会で AFL-CIO に正式に採用された後、1959 年 2 月の執行委員会で具体的な方針として固められたのである[19]。

　ところが、日本との貿易摩擦は、ますます深刻化していた。8 月 27 日にマッカーサー駐日大使が藤山愛一郎外相に語ったところによると、1959 年上半期の日本の対米輸出は、前年の同時期に比べて 51% も増加した。それに対して、アメリカの対日輸出は、2.5% 減少した。その結果、第二次世界大戦後初めて、アメリカは日本に対して貿易赤字を計上した。そこで、議会をはじめアメリカでは大きな懸念が広がっている。マッカーサーは、このように指摘した上で、アメリカの労働組合の動向に注意を促した。リベラルな貿易政策を伝統的に支持してきた AFL-CIO は、関税による保護、低価格製品に対する輸入割当制の導入など、政策転換を真剣に考慮し始めたと報じられている。もし労働組合が従来の姿勢を変更したならば、個別産業の保護主義の要求を勢いづかせてしまう。事態は極めて深刻である[20]。確かに、アメリカでは、日本からの輸入の急増が、雇用不安を生み出し、保護主義への誘惑を生み出していた。

AFL-CIO は、それを断ち切るためにも、国際公正労働基準の実現に努めたのである。

　日米両国間の貿易摩擦は、繊維産業を超えて、金属産業に拡大していた。ラジオ受信機を中心とする電子機器の日本の対米輸出は、1959 年には前年の約 3.5 倍に増加し、繊維の 1 億 1170 万ドルに次ぐ 7560 万ドルに達した。そして、鉄鋼の 7440 万ドルが、それに続いていた[21]。こうしたなか、ウェスティングハウスやゼネラル・エレクトリックなどを会員企業とするアメリカ電子工業会は、バイ・アメリカン運動を開始し、1959 年 11 月 5 日、AFL-CIO 傘下のアメリカ国際電機労組に参加するよう申し入れた。ウォルター・ルーサー会長の下で CIO 書記長を務めたジェームズ・ケアリー率いるアメリカ国際電機労組は、これを明確に拒否した。バイ・アメリカン運動は、他国のアメリカに対する関税引上げを誘発し、ひいては国際貿易を縮小させてしまう。それはあらゆる国に不利益をもたらすだけでなく、アメリカの電子機器の輸出額が輸入額の 4 倍から 5 倍に達していることを考えると、賢明な方法ではない。アメリカ国際電機労組が提示した解決策は、やはり国際公正労働基準であった[22]。

　AFL-CIO のアメリカ政府に対する働きかけは、1959 年 2 月 24 日の執行委員会の声明を契機として強められた。ミーニー会長は、ハーター国務長官に書簡を送り、国際公正労働基準の実現に向けて主導権を発揮するよう求めた。それを受けて、ディロン国務次官は、1959 年 10 月に東京で開かれた GATT 総会で、低賃金国からの大規模な輸入の突然の増加によって生じる市場攪乱との関連で、国際公正労働基準について検討することを提案し、作業委員会が設置された。AFL-CIO は、その後も国務・労働両省を中心として政府との接触に努め、GATT に国際公正労働基準に関する苦情処理機関を設置するよう説得した。これにより、輸出国に対して、自主規制措置や輸出税の導入などの短期的な対策に加え、賃金や労働条件の改善という長期的な対策を受け入れさせることが期待された[23]。他方、全米自動車労組をはじめとするアメリカの国際金属労連加盟組合は、国務・労働両省のエコノミストと会合を持ち、輸出産業の賃金や労働条件の向上に関する年次報告の提出を GATT の締約国に義務づけるという方針で一致した[24]。

国際自由労連と国際公正労働基準

　AFL-CIO およびその傘下の労働組合は、1959年2月の執行委員会の後、アメリカ政府に対して働きかけを行う一方、国際自由労連や国際金属労連をはじめとする国際産業別組織に、国際公正労働基準の概念を導入しようと試みた。その端緒となったのが、1959年3月18日から2日間の日程で開催された国際自由労連の世界経済会議であった。29の労働組合、国際自由労連のアジアおよびヨーロッパ地域組織、12の国際産業別組織などの代表が参加したこの会議は、討議の結果、「世界の経済問題に関する声明書」を採択した。その19番目の項目は、「世界貿易の自由化とそれによる国際経済活動の拡大に対するGATTの貢献を認めるが、GATTをより満足できる国際経済政策の機関にするために不断の注意が払われなければならないと思われる」と述べた上で、GATT協定の拡充を求め、「全ての加盟国に対して、自国の完全雇用を維持し、完全雇用のための国際的な政策に協力する積極的な義務を課すこと」などに加え、「国際貿易機関憲章に含まれている線に沿って公正労働基準に関する条項を盛り込むこと」を要請した。

　これを受けて、6月29日から開かれた国際自由労連の執行委員会は、世界経済会議の声明書を実行に移すべく、GATTなどの国際機関と緊密な関係を築くよう書記長に要請するとともに、国際公正労働基準の定義について加盟組合と国際産業別組織に意見を求めた[25]。最も積極的に反応したのは、全米自動車労組の主導の下、この問題に関する検討を進めていた国際金属労連であったが、アメリカと同じく国際競争力の低下に悩まされていたイギリスのTUCも、前向きな姿勢を示した。TUCは、労働時間、年金、雇用保障、労働条件一般、生産性の水準など賃金以外の要素を組み込んだ国際公正労働基準の明確な定義を得られるとは考えていなかったが、曖昧な概念であっても有用だと判断していた。可能な限り一般的な定義を行い、柔軟性を持たせる一方で、保護主義のためではなく、生活水準の向上のための概念であることが強調されなければならない、というのがTUCの主張であった。実は、TUCも1954年にハヴァナ憲章とほぼ同一の公正労働基準条項をGATT協定に挿入するようイギリス政府に働きかけていた[26]。

　国際自由労連本部の書記局が11月30日からの執行委員会に提出した文書は、

第3節　貿易摩擦と国際公正労働基準　　259

低開発国の工業化は不可避であり、その初期段階の賃金と労働条件が工業国より低いのは当然であると断りながら、低価格製品の輸入によって雇用や生活水準を脅かされた国の労働組合が、それを搾取の結果ではないかと疑うのは理解できると指摘した。団結権や団体交渉権の保障も重要だが、それだけではある国の労働基準が公正だとは判定できない。世界経済会議がGATT協定に公正労働基準条項を盛り込むよう求めたのは、それゆえであるというのが、この文書の説明であった。そして、以上の見解に立脚して、保護主義をとるのではなく、高い水準の有効需要の維持、不況地域に対する救済策、失業者への補償、職業紹介の実施などの措置を講じるよう、工業国の政府に要請する一方、低開発国では、労働者の生活水準の引上げがなされなければならず、それとの関係でGATT協定への公正労働基準条項の挿入を求める世界経済会議の決定を改めて確認する、という趣旨の決議案がこの執行委員会に提案された[27]。

　その協議の席で、国際公正労働基準を積極的に擁護したのは、ウォルター・ルーサーであった。ルーサーは、アメリカの労働者が、同じ技術を使いながら巨大な賃金格差のある他国の労働者との間で深刻な問題を抱えていると訴えた。全米自動車労組は、関税障壁などの保護主義でも、賃金の下落をもたらす自由放任の競争でもなく、国際公正労働基準というアプローチをとりたいと考えている。この考えは、高賃金の国に輸出をしたいと考えている企業に対して、制裁金を課されるか、自分が支払う賃金をある程度引き上げるか、いずれかの選択を迫るものである。そして、通常、後者の賃上げという道が選ばれるであろう。このルーサーの見解について、TUCのアルフレッド・ロバーツは、生計費を考慮に入れるべきだと注文を付けつつも、積極的に同意した。国際競争力の相対的な低下に直面していた英米両国の労働組合の中央組織であるTUCとAFL-CIOは、この問題について、基本的に一致した見解を有していたのである。そして、書記局が用意した決議案は、若干の字句修正を受けただけで採択された[28]。

　1960年6月4日、国際自由労連の22の加盟組合と3つの国際産業別組織の代表を集めて、「国際公正労働基準に関する会議」が開催された。この目的は、国際公正労働基準の定義とその実施手続きの2つを検討することであった。書記局によって準備された文書は、まず定義について、国際金属労連が提示した

3つの基準を紹介した。第1は、ある輸出企業の労働コストがその国の同一産業内で極端に低い場合、第2は、ある輸出産業の労働コストがその国のなかで極端に低い場合、第3は、生産性の水準を考慮に入れたとしても、ある輸出品の労働コストが輸入国のそれと比べて極端に低い場合である。ハヴァナ憲章の規定に沿う第3の基準は、第1と第2のような同一国内での比較ではないため、社会保障などを含めた実質賃金を検討しなければならず、適用が難しいとされた。実施手続きについては、GATT が不公正な労働基準によって生じる損害の苦情を処理し、実質的な労働基準の調査を行う場合には ILO の協力を仰ぎ、調査報告がなされた後には、是正措置が講じられるのに必要な猶予期間が設定される、といった方法が望ましいとされた。

　これを受けて行われた討論では、2つの重要な意見が提出された。1つは、賃金は GATT のような政府間の国際機関を通じてではなく、労働組合運動によって改善されるべきという主張であり、スウェーデンの LO などから示された。もう1つは、国際公正労働基準の定義は一般的かつ柔軟であるべきで、厳格な基準を設けるべきではないという意見であり、TUC をはじめとする参加者から述べられた。AFL-CIO は、定義の難しさゆえに後者については賛成したが、前者については同意しなかった。労働組合運動による賃上げが正しい方法ではあるが、それでも GATT などに期待しなければならないのは、事務局の文書が指摘するように、発展途上国では労働組合の交渉力が弱く、大幅な賃上げが困難であるばかりか、経済成長の妨げになることをおそれて、労働組合自身がある水準以上の賃上げに消極的だからであった。この2つの意見以外にも、国際公正労働基準が輸入制限に利用される懸念が示された。AFL-CIO は、国際公正労働基準について、貿易の拡大と労働者の生活水準の引上げの手段だと説明した[29]。

　6月27日から開かれた執行委員会では、専門家によって構成される特別委員会の設置が決められた[30]。そして、「国際貿易における公正労働基準に関する委員会」は、1961年6月17日に協議を行った結果、次の方針を採用することを執行委員会に提案した。第1に、GATT と定期的に連絡をとり、国際自由労連の意向を伝えることを求めた。なかでも、市場攪乱に関する苦情処理機関を GATT に設置し、経営者や労働者が国際公正労働基準に基づいて申立

第3節　貿易摩擦と国際公正労働基準　261

を行えるようにすること、公正労働基準条項をGATT協定に挿入することなどが強調された。第2に、労働組合運動、とりわけ途上国のそれが、賃金と労働条件の向上に果たす役割を力説した。GATTなどを通じた国際公正労働基準の実現は、それに代替するものではなく、補完するものにすぎないと位置づけられた。第3に、国際公正労働基準の重要性を認めつつも、より広い観点から国際貿易に関する問題を捉える必要性が示された。そして、国際自由労連に国際貿易問題委員会を設立し、途上国の輸出拡大やそれに伴う工業国での市場攪乱などを幅広く検討することが提案された[31]。

　この提案は、10月30日からの執行委員会で検討された。その席には、それに対する2つの修正案が提出された。1つは、イギリスのTUCからであり、GATT協定の改正をより明確に求めるべきという意見であった[32]。これについては、上記の委員会の内部でも異論はなく、執行委員会でも認められた。もう1つの修正案は、日本からの安価な綿製品の輸入に悩まされていたアメリカ繊維労組のソロモン・バーキンから提出された。バーキンは、上記の委員会の協議の席で、後発国からの低価格製品の輸入に対してセーフガードを発動する権限を工業国に与えるべきだと主張し、圧倒的な反対を受けていた。貿易の自由化を原則とするAFL-CIOも、こうした保護主義的な意見に反対であった。そして、輸出国と輸入国に対して貿易を制限する協定の締結を認めることなどを骨子とするバーキンの修正案は、執行委員会でも却下された[33]。こうして、「国際貿易における公正労働基準に関する委員会」の提案が採択されたことで、国際公正労働基準に関する国際自由労連の取組みは、1つの区切りを迎えた。

　以上の過程から分かるのは、国際自由労連においては、国際公正労働基準の受容が比較的順調に進んだことである。AFL-CIOと並ぶ影響力を有するTUCが積極的な姿勢をとったことも重要であったが、検討を進めるにつれ、この概念の明確化が困難であることが分かり、AFL-CIOもそれを認めたことが大きく作用した。最大の対立点となったのは、GATTのような政府間の国際機関を用いることの是非であった。しかし、これについても、労働組合運動による賃金と労働条件の引上げを主とし、政府間の国際機関の役割を従とすることで、最終的に合意に達した。国際自由労連では、国際公正労働基準を推進する勢力も、それに懸念を示す勢力も、いずれも妥協的だったのである。それは、国際

自由労連が、多くの産業を横断する包括的な国際労働組織という性格を持っていたためであった。だが、アメリカ繊維労組の少数意見からもうかがわれるように、国際産業別組織での対立はより先鋭であった。事実、国際金属労連では、激しい内部対立を伴いながら、国際公正労働基準の概念が導入されたのである。

国際公正労働基準と国際金属労連の対日活動

　国際金属労連が国際公正労働基準を最初に取り上げたのは、国際自由労連の世界経済会議と同日の1959年3月18日に開かれた執行委員会であった。提案したのは、フォルクスワーゲンなど安価なヨーロッパ車の輸入の増加に直面していた全米自動車労組のヴィクター・ルーサー国際部長であった。ルーサーは、失業の増大と経済の後退とを背景として、アメリカで保護主義的な傾向が強まっていると警告し、AFL-CIOの執行委員会が数週間前に国際公正労働基準に関する決議を行ったことを紹介した。ルーサーによると、その趣旨は、賃金と労働条件が低い国の労働者を保護しつつ、貿易障壁を低くしていくことであり、生産性の向上に見合った生活水準の向上を獲得できるよう、全ての輸出国の労働組合運動を支援することであった。そして、ヨーロッパでは多くの社会給付が支給されているので、名目賃金ではなく、実質賃金を調査しなければならないと付け加えた。この執行委員会は、ルーサーの提案に従い、次回の中央委員会で書記局が用意する報告書に基づいて協議を行うことを決めた[34]。

　10月19日から開催された中央委員会には、書記局の報告書とともに、全米自動車労組が作成した文書が提出された[35]。その説明にあたったナット・ウェインバーグは、アメリカと西欧諸国の生産性はほとんど変わらないのに、賃金ではイギリスが3分の1、西ドイツが4分の1という大きな格差があるため、アメリカの自動車産業の経営者が、低賃金の西欧諸国に工場を建設して、アメリカの労働者に賃下げの圧力を加えていると訴えた。その解決策の1つである保護主義は、国際分業を阻害し、世界的な生活水準の低下を招くばかりでなく、自由主義陣営の政治的・経済的な弱体化をもたらしてしまう。国内で賃金と労働条件を引き上げるために未組織労働者の組織化に加えて最低賃金制度を活用しているように、国際的にも途上国の労働組合運動に対する支援とともに立法的な措置による国際公正労働基準の実現が必要である。その定義は難しく、生

第3節　貿易摩擦と国際公正労働基準　263

産性や実質賃金を正確に捉えるのは不可能だが、はなはだしく問題のあるケースを把握するのは十分に可能であろう。実施に際しては、GATTとILOを利用することを考えている。

　このような全米自動車労組の主張に対して、イギリスの中央委員は好意的な反応を示したが、ドイツ金属労組のオットー・ブレナー会長が痛烈な批判を展開した。GATTやILOを用いるというが、それらは現在のところブルジョア政府によって掌握されている。また、国際競争力を決定する価格は、生産性だけでなく、原材料やエネルギーなどそれ以外のコストによっても左右される。しかも、生産性の測定は困難である。さらに、ブレナーは、先進国と途上国の間の格差を縮小する必要性を強調し、1つの産業ではなく1つの国の経済全体のなかで雇用を維持することが肝要であると指摘した。この一連の発言は、明らかに輸出国の労働組合の立場からなされたものであり、ベルギーやイタリアの中央委員からも同様の意見が示された。ヴィクター・ルーサーは反論を試みたが、最終的にグラデル書記長の意向に従い、対立する両者を含めた決議案の起草委員会が設けられるとともに、次回の執行委員会に議論を引き継ぐことになった[36]。こうして作成された中央委員会の決議は、当然、折衷的なものとなった。

　ヴィクター・ルーサーが欠席した1960年6月3日からの執行委員会では、労働組合活動の重要性を説く西欧諸国の労働組合の意見が支配的であった[37]。そこで、11月11日から開かれた中央委員会に提出された書記局の文書は、国際公正労働基準に対する次の4つの批判に言及した。第1に、GATTのような政府間の国際機関を用いることは、賃上げには効果的かもしれないが、労働組合運動の発展を阻害してしまう。第2に、賃金は生産コストの一部にすぎず、低賃金が高い国際競争力をもたらすとは一概にいえない。第3に、高賃金が国際競争力を損なうという経営者の主張に対抗して、労働組合は賃上げが合理化を促進し、国際競争力を高めるという「動態的賃金政策」を掲げなければならないが、低賃金が高い国際競争力をもたらすという前提に立つ国際公正労働基準の概念はこれと矛盾する。第4に、賃金と労働条件の国際比較の難しさである。以上の理由から、この文書は、強力な労働組合運動によってのみ、国際的に公正な労働条件は実現できると結論づけ、後発国の労働組合運動を積極的に

支援する必要性を力説した[38]。

　これに対して、11月11からの中央委員会に出席したヴィクター・ルーサーは、巻き返しを図った。すなわち、ルーサーは、後発国の労働組合運動の強化はこれまでも行ってきたものだと批判し、アメリカでの保護主義の台頭に言及しながら、GATT協定を改正して苦情処理機関を設置する必要性を説いた。また、アメリカ国際機械工組合のルドルフ・フォープルも、ルーサーの意見は全米自動車労組だけでなく、AFL-CIOの方針を代表していると述べた。さらに、全米鉄鋼労組のマイヤー・バーンスタイン国際部長は、前年の116日間にわたるストライキで、経営者が諸外国の低賃金を引き合いに出して賃金の抑制を図ったと語った。ドイツ金属労組のブレナーなどが原案を支持したが、ルーサーをはじめとするアメリカの出席者は一歩も引かなかった。そこで、この会議の冒頭で政府間の国際機関に訴える前に労働組合運動を最大限強化しなければならないと説いたグラデル書記長も、国際公正労働基準を求めるAFL-CIOやTUCの意向を汲んで、次回の執行委員会までに新たな文書を作成することを約束した[39]。

　その後、国際金属労連本部の書記局は、アメリカの加盟組合の意見を聴取しながら、文書の作成を進め、成案を得た。それは、後発国の労働組合運動を積極的に支援して生活水準を向上させることと並んで、国際公正労働基準、完全雇用、経済成長などをGATT協定のなかに盛り込むことを謳った。そして、GATTに国際公正労働基準に関する苦情処理機関を設置し、不公正な競争に直面した企業や労働組合が政府を通じて申し立てられるようにすること、GATTに加えてILOの支援を受けながら関係国の間で話合いを行い、自主規制措置や輸出税の導入などの短期的な対応もしくは賃金や労働条件の改善という長期的な対応について合意を形成すること、それらに失敗した場合にはGATT総会の勧告によって処理すること、話合いは社会的・経済的な要因も考慮に入れてプラグマティックに行うことなどが明記された。さらに、GATTの締約国に対して、関税譲許を受けた産業や市場攪乱問題を抱える産業について、賃金と労働条件の向上に関する年次報告の提出を義務づけることも打ち出した[40]。

　アメリカの加盟組合の意向を全面的に受け入れて作成されたこの文書は、

1961年3月16日からの執行委員会で了承を受けた。そして、1961年5月9日からローマで開催される第19回大会の決議案が、これを基礎に作成されることになった[41]。書記局が作成した決議案は、GATT協定への公正労働基準条項の挿入と苦情処理機関の設置を盛り込んでいたが[42]、この大会と並行して開かれた中央委員会で、ヴィクター・ルーサーが苦情申立ての要件が明示されておらず、単なるリップ・サーヴィスだと受けとめられるおそれがあると注文をつけたため、さらに修正が加えられることになった[43]。その結果、ある輸出企業の時間当たりの労働コストがその国の同一産業の平均よりもかなり低いこと、ある輸出企業の時間と単位当たりの労働コストが苦情を申し立てている国の同一産業よりも不当に低いことの2つの苦情申立ての要件が追加された[44]。全米自動車労組の主張は、最終的にほぼ完全に受け入れられたのである。そして、国際金属労連の第19回大会は、「国際公正労働基準に関する決議」を満場一致で採択した[45]。

　以上のように、国際金属労連での議論は、輸入国と輸出国を代表するアメリカと西ドイツの対立を軸に展開した。だが、そこでは1つの未加盟国の存在が常に意識されていた。それは日本である。1959年10月の中央委員会では、「アメリカの賃金がヨーロッパの3倍であるならば、ヨーロッパの賃金は日本の3倍である」という発言が行われた[46]。そして、1960年11月の中央委員会で、全米自動車労組出身のレヴィンソン国際金属労連書記次長が次のように語った。「日本は、悪名高い利益を得ながら、労働組合運動が有効性をあまり持たない、はっきりとしたケースである。日本は途上国ではなく、十分に工業化された国であるが、明らかに搾取的な経済産業政策を実施しており、利益率を高めるために労働コストを可能な限り低く維持している。インドならまだしも、日本については、投資のための資本蓄積の機会を国民経済に与えるという理由から低い賃金水準を正当化することは、間違いなくできない」[47]。国際公正労働基準を必要とする原因を作り出していたのは、強力な労働組合運動を擁する西ドイツよりも、それを欠いている日本であった。

　国際金属労連の会合でヴィクター・ルーサーを支持する発言を繰り返し行ったアメリカ国際電機労組のケアリー会長も、1959年11月25日の書簡で、高度に工業化され、非常に高い国際競争力を持ちながら、極めて低い賃金しか与

えられていない日本は、不公正な競争の「最も劇的な例」であると指摘した。しかし、日本の労働組合運動は分裂しており、賃金水準の実質的向上、労働時間の短縮、社会給付の改善などを実現することができないでいる。だが、ケアリーは、直ちにGATTに訴えればよいと考えていたわけではなかった。「日本の労働組合自身が一層効果的な組織を作り上げ、経済成長の成果のより適切な配分を獲得することが、最も好ましい道筋である」[48]。安価な輸入品の激増を背景とする保護主義の台頭に危機感を抱くルーサーやケアリーは、国際公正労働基準の導入を推進し、政府間の国際機関の利用を主張したが、それでも後発国の労働組合運動の強化による生活水準の向上こそが、本筋の解決手段であると考えていた。国際金属労連は、その点で一致していたのである。

　前述したように、それ以前から国際金属労連は、日本が低賃金を武器に欧米諸国の競争相手として浮上し、欧米の労働者の生活水準に大きな影響を与えることを予想し、全米自動車労組の主導の下、日本での組織化に乗り出していた。そして、日本の労働者の賃金と労働条件を向上させるため、共産主義勢力を除いた金属産業の労働組合を結集する協議会を作り上げ、その加盟を実現するという方針を立て、1957年4月1日に日本事務所を設置した。こうした方針は、日本の経済的脅威が現実化するなかで再確認された。国際公正労働基準が最初に検討された1959年3月18日の執行委員会では、全労傘下の自動車労連からの加盟の打診が協議されたが、総同盟傘下の全金同盟と造船総連の場合と同じくそれを認めず、できるだけ多くの日本の金属労組と接触することが決まった[49]。それが成功を収めるか否かは依然として明らかでなかった。しかし、瀬戸一郎を所長とする日本事務所は、総評傘下の鉄鋼労連と総評に近い中立労連傘下の電機労連を主たる対象として、以下にみるように粘り強く関係を構築して行った[50]。

　国際金属労連は、加盟組合の活動や金属産業の諸問題を取り上げる『国際金属労連ニュース』を発行するなど、日本事務所を通じて宣伝・出版活動に努める一方、1957年9月17日からの第18回大会に電機労連の寺村一義副委員長と全金同盟の新家宗明副会長を招待したのを皮切りとして[51]、日本の金属労働組合指導者を様々な会合に招いて交流を図った[52]。また、国際金属労連は、日本の鉄鋼産業の生産性が1951年を100とすると1957年には240に上昇して

いるのに、名目賃金は160、実質賃金は130までしか引き上げられていないという情報に基づいて[53]、鉄鋼労連の賃上げ闘争を支援すべく、1958年2月3日からの執行委員会で、1万スイス・フラン(84万円)の資金援助を決め[54]、翌月に日本事務所を通じて手渡した[55]。国際連帯の重要性を認識した鉄鋼労連は、1959年の全米鉄鋼労組の長期ストに際してカンパを募り、12月に100万円を送金した。この100万円は、全米鉄鋼労組の提案に従い、鉄鋼労連の指導者の訪米資金に使われることになり、それを用いて1960年11月4日に鉄鋼労連の竹本武男書記長と八幡製鉄労組の宮田早苗副組合長が渡米した[56]。

　全米鉄鋼労組の116日ストは、1957年、1959年と大規模な統一闘争を組みながら敗北を喫した鉄鋼労連に重要な示唆を与えた。鉄鋼労連は、バンキングを長期にわたって実施した全米鉄鋼労組の技術と戦術に学ぼうと、国際金属労連日本事務所を介して代表の派遣を要請した。これを受けて、バーンスタイン国際部長が1960年3月に来日したのに続いて、第31(シカゴ)地区のジョセフ・ジェルマノ議長とレスター・ソーントン副議長が、5月16日から6月6日にかけて八幡をはじめ日本各地を回った。彼らは、日本の鉄鋼企業と労働組合の癒着に驚き、バンキングの安全な実施が会社側の責任であり、組合側の義務ではないと力説した。また、鉄鋼労連が傘下の労働組合に対して十分な統制力を持たず、威信・資金・人員のいずれの点でも劣っていることを指摘し、その強化が不可欠だと訴えた。さらに、国際金属労連と国際自由労連に加盟するよう勧めた。つまり、企業意識の払拭、産業別組織の強化、国際連帯の推進によって、鉄鋼労連の戦闘性を高めようとしたのである[57]。

　このように、日本の組織化に向けた国際金属労連の活動は、日米両国の貿易摩擦の激化を1つの背景として強められたが、鉄鋼労連と全米鉄鋼労組の関係にみられるように、それは全労に比べて急進的な総評の方針と親和的であった。総評の太田議長は、1960年3月23日、イギリス大使館のカルヴァート労働官に対して、TUCとAFL-CIOもしくはDGBがそれぞれ調査部門のスタッフを1名日本に派遣して、賃金と労働条件の調査を行って欲しいと述べた。それは、これらが総評と同じく資本主義国の労働組合であり、日本政府や経営者もその調査結果を無視できないからであった[58]。つまり、太田は、欧米の労働組合の圧力を用いて、労働者の生活水準の向上を図ろうと考えたのである。4月26

日にも、太田はカルヴァートと会談を行い、経営者と闘って高い賃金と労働条件を勝ち取るためには、企業のパターナリズムを払拭し、真の意味での労働組合主義を定着させなければならないと語り、1ヵ月前の発言に言及した[59]。こうしたなか、国際金属労連の対日活動は、1961年に入って大きく前進するのである。

(1) 花見忠編『貿易と国際公正労働基準』日本労働研究機構、1997年、23-24ページ。国際公正労働基準については、同書のほかに、Steve Charnovitz, "The Influence of International Labour Standards on the World Trading Regime: A Historical Overview," *International Labour Review*, Vol. 126, No. 5, September-October, 1987; 萬濃正士「『貿易と労働基準』問題の歴史的経緯」(『海外労働情報月報』1994年6月、7月、9月、11月、1995年4月)、山田陽一「『社会条項』と国際労働運動」(『労働経済旬報』1994年11月下旬)。

(2) 花見編『貿易と国際公正労働基準』26-27ページ、AFL-CIO Executive Council, "Fair Labor Standards in International Trade," February 24, 1959, *AFL-CIO-ECSR*, p. 423.

(3) Memorandum for Ridgway by Marquat, "Subsequent Conference with Assistant Secretary of Labor Greasey and Group," March 12, 1952, ESS(E)-13567, GHQ/SCAP Records; Young to Allison, July 1, 1952, 894.06/7-152, *RDOS, IAJ, 1950-1954*, Reel 28.

(4) Allison to Young, July 7, 1952, 894.06/7-752, *RDOS, IAJ, 1950-1954*, Reel 28.

(5) Parsons to Horsey, March 14, 1957, RG 84, Entry 2828A, Box 58, NA.

(6) "Japanese Labor Conditions in Relation to Competition in International Trade," February 3, 1953, enclosed with Shurcliff to Zempel, March 16, 1953, RG 174, Entry 44, Box 3, NA.

(7) Ockey to Horsey, April 25, 1957, RG 84, Entry 2828A, Box 58, NA.

(8) Braine to Calvert, October 13, 1955, LAB 13/1107, PRO.

(9) Herter to Tokyo, March 14, 1957, No. 1389, RG 84, Entry 2828A, Box 58, NA; Parsons to Horsey, March 14, 1957, RG 84, Entry 2828A, Box 58, NA.

(10) Tokyo to Secretary of State, April 8, 1957, No. 2234, RG 84, Entry 2828A, Box 58, NA.

(11) AFL-CIO Executive Council, "International Trade," February 7, 1956, *AFL-CIO-ECSR*, pp. 70-72.

(12) Memorandum of Conversation, December 20, 1956, 894.062/12-2056, *RDOS*,

第3節　貿易摩擦と国際公正労働基準　　269

IAJ, 1955-1959, Reel 6.
(13) "Background Paper: The Japanese Economy and the Export-Import Situation," by Seligman, February 14, 1957, UAW-IAD Collection, Box 107, Folder 4, RL.
(14) Memorandum of Conversation, December 20, 1956, 894.062/12-2056, *RDOS, IAJ, 1955-1959*, Reel 6.
(15) Seligman to Weinberg, February 18, 1957, UAW-IAD Collection, Box 106, Folder 12, RL.
(16) Kemsley to Krane, February 20, 1957, ICFTU Archives, Box 3529, IISH; Kemsley to Krane, February 21, 1957, UAW-IAD Collection, Box 106, Folder 12, RL.
(17) AFL-CIO Convention, "International Trade," December 1957, AFL-CIO Convention and Executive Council International Resolutions, December 1955 - August 1966, GMMA.
(18) AFL-CIO Executive Council, "Fair Labor Standards in International Trade," February 24, 1959, *AFL-CIO-ECSR*, pp. 423-425.
(19) UAW, "Proposal for International Fair Labor Standards," IMF Central Committee, October 19-23, 1959, UAW-IAD Collection, Box 113, Folder 17, RL.
(20) *FRUS, 1958-1960, Vol. 18*, pp. 215-216.
(21) United States Department of Commerce, Business and Defense Services Administration, "Japanese Electronic Exports to U. S. Grow," April 7, 1960, IUE Records, Box 99, Folder 1, RU.
(22) Lasser to Secrest, November 6, 1959, IUE Records, Box 99, Folder 1, RU.
(23) "Memorandum on International Fair Labor Standards and Market Disruption Problem," by Ruttenberg and Seidman, undated, UAW-IAD Collection, Box 112, Folder 16, RL.
(24) Weinberg to Walter Reuther, February 3, 1960, Reuther Collection, Box 170, Folder 9, RL.
(25) "Agenda Item 12: Measures for the Expansion of International Trade," ICFTU Executive Board, November 30 - December 2, 1959, ICFTU Archives, Box 96, IISH.
(26) Minutes, TUC Economic Committee, November 11, 1959, TUC Papers, MSS. 292/560.1/18, MRC.
(27) "Agenda Item 12: Measures for the Expansion of International Trade," ICFTU Executive Board, November 30 - December 2, 1959, ICFTU Archives, Box 96, IISH.

270　第3章　生産性プログラムから国際公正労働基準へ

(28)　Minutes, ICFTU Executive Board, November 30 - December 2, 1959, ICFTU Archives, Box 97, IISH.
(29)　"Agenda Item 13: Report of the Conference on International Fair Labour Standards," ICFTU Executive Board, June 27 - July 2, 1960, ICFTU Archives, Box 99, IISH.
(30)　Minutes, ICFTU Executive Board, June 27 - July 1, 1960, ICFTU Archives, Box 103, IISH.
(31)　"Agenda Item 8(e): Fair Labour Standards in International Trade," ICFTU Executive Board, October 30-November 2, 1961, ICFTU Archives, Box 105, IISH.
(32)　Minutes, TUC Economic Committee, August 9, 1961, TUC Papers, MSS. 292B/560.1/2, MRC.
(33)　Minutes, ICFTU Executive Board, October 30 - November 2, 1961, ICFTU Archives, Box 106, IISH.
(34)　Minutes, IMF Executive Committee, March 18, 1959, IMF Collection, Box 14, IISH.
(35)　UAW, "Proposal for International Fair Labor Standards," October 19-23, 1959, UAW-IAD Collection, Box 113, Folder 17, RL.
(36)　Minutes, IMF Central Committee, October 19-23, 1959, IMF Collection, Box 4, IISH.
(37)　Minutes, IMF Executive Committee, June 3-4, 1960, IMF Collection, Box 14, IISH.
(38)　"Item 5 of Agenda: Problem of Fair Labour Standards," IMF Central Committee, November 11 and 12, 1960, UAW-IAD Collection, Box 114, Folder 4, RL.
(39)　Minutes, IMF Central Committee, November 11 and 12, 1960, UAW-IAD Collection, Box 114, Folder 4, RL.
(40)　"The IMF's Attitude to the Problem of Fair Labour Standards," IMF Executive Committee, March 16 and 17, 1961, UAW-IAD Collection, Box 115, Folder 18, RL.
(41)　Minutes, IMF Executive Committee, March 16 and 17, 1961, IMF Collection, Box 15, IISH.
(42)　"Draft Resolution on International Fair Labour Standards," IMF Congress, May 9-12, 1961, Reuther Collection, Box 446, Folder 2, RL.
(43)　Minutes, IMF Central Committee, May 8-12, 1961, IMF Collection, Box 5, IISH.

第 3 節　貿易摩擦と国際公正労働基準　　271

(44)　"Resolution on International Fair Labour Standards," IMF Congress, May 9-12, 1961, UAW-IAD Collection, Box 112, Folder 13, RL.
(45)　*IMF News in Brief*, No. 10, 1961, IUE Records, Box 73, Folder 2, RU;『国際金属労連ニュース』1961 年 5・6 月。
(46)　Minutes, IMF Central Committee, October 19-23, 1959, IMF Collection, Box 4, IISH.
(47)　Minutes, IMF Central Committee, November 11 and 12, 1960, UAW-IAD Collection, Box 114, Folder 4, RL.
(48)　Carey to Martin, November 25, 1959, IUE Records, Box 89, Folder 33, RU.
(49)　Minutes, IMF Executive Committee, March 18, 1959, IMF Collection, Box 14, IISH.
(50)　"Item 3(b) of Agenda: Japan," IMF Central Committee, October 19-23, 1959, UAW-IAD Collection, Box 113, Folder 17, RL.
(51)　Minutes, IMF Congress, September 17-20, 1957, UAW-IAD Collection, Box 112, Folder 6, RL.
(52)　1958 年 7 月 8 日からの機械部会に電機労連の堅山利文と全金金の松浦正男、1960 年 3 月 24 日からの造船部会に造船総連の浜口栄と全造船の西方慎一郎、11 月 28 日からの自動車部会に自動車労連の宮家愈と塩路一郎が参加した。
Minutes, IMF Engineering Conference, July 8 and 9, 1958, UAW-IAD Collection, Box 118, Folder 7, RL; Minutes, IMF Conference of the Shipyard Workers, March 24-26, 1960, UAW-IAD Collection, Box 119, Folder 4, RL; Summary of Proceedings, IMF Automotive Conference, November 28-30, 1960, UAW-IAD Collection, Box 118, Folder 5, RL.
(53)　*IMF News in Brief*, No. 15, November 20, 1957, IUE Records, Box 72, Folder 31, RU.
(54)　Minutes, IMF Executive Committee, February 3 and 4, 1958, UAW-IAD Collection, Box 115, Folder 5, RL.
(55)　『国際金属労連ニュース』第 7 号、1958 年 5 月、26 ページ。
(56)　Memorandum of Conversation, November 3, 1960, 894.062/11-360, *DUSPJ*, 3, *Vol. 8*.
(57)　"USWA Steelworks Mission to Japan, May 16 - June 6, 1960," by Germano and Thornton, RG 18-1, Box 28, Folder 11, GMMA;『国際金属労連ニュース』1960 年 8 月。
(58)　Calvert to Wallis, March 23, 1960, FO 371/150652, PRO.
(59)　Calvert to Wallis, April 26, 1960, FO 371/150652, PRO.

第4章

IMF-JC と同盟の結成

第1節　ケネディ・ライシャワー路線

ケネディ・ライシャワー路線の登場
　1961年1月20日、民主党のケネディが、共和党のアイゼンハワーに代わるアメリカ大統領に就任した。国務長官にラスクを起用したケネディ政権は、駐日大使の人選を急いだ。白羽の矢が立ったのは、ハーヴァード大学のエドウィン・ライシャワー教授であった。宣教師の子として東京に生まれ、日本で育ったライシャワーは、オハイオ州のオーバリン大学を卒業した後、ハーヴァード大学の大学院に進学し、日本研究の道に入った。第二次世界大戦中には陸軍で暗号解読に携わり、終戦後には国務省で対日政策の立案に関わった。日本語を巧みに操り、日本に関する豊富な知識を有し、学者でありながら政策にも明るいライシャワーは、安保紛争後の新たな日米関係を構築する上で格好の人物と目された。だが、共産中国の承認論をはじめ、進歩的な学者として知られるライシャワーの起用には、日米両国の保守勢力から強い警戒感が示された。しかし、連邦捜査局の保安審査と上院外交委員会での聴聞会を無事通過し、ライシャワーは晴れて4月19日に駐日大使として来日した[1]。
　ライシャワーの対日認識は、その半年前の『フォーリン・アフェアーズ』1960年10月号に掲載された論文「損なわれた日本との対話」に端的にあらわされていた。これは、安保紛争が終息した直後に日本を訪れ、それに基づいて執筆された論文であった。ライシャワーは、安保改定そのものについては、肯定的な見解を持っており、この論文で検討したのは、良好な日米関係をもたらすはずの安保改定が、なぜアイゼンハワー大統領の訪日中止にみられるように、日米関係の動揺を生じさせたのか、という問題であった。ライシャワーの結論

は、アメリカ政府と日本の野党勢力との間の認識の相違、根本的には両者の間のコミュニケーションの不足によって、安保紛争が発生したというものであった。つまり、駐日大使館が安保闘争を共産主義者の策略とみなし、「驚くべき情勢判断の誤り」を犯したのは、保守的な政治家や財界人とだけ接触を行い、平和と民主主義を擁護する野党勢力との交流を持たなかったからだと指摘して、岸内閣を一方的に支持したマッカーサー大使を鋭く批判したのである。

　ライシャワーは、安保改定に賛成したことからも分かるように、反共産主義的な考えを持っていたばかりか、中立主義にも批判的であった。この論文でも、日本の中立主義化は、東アジアのアメリカの軍事戦略に打撃を与え、共産主義勢力の侵略を誘発すると指摘した。しかし、重要なのは、ライシャワーが安保改定に反対した勢力を２つに区別する必要性を説いたことであった。その１つは共産党であり、もう１つは社会党(および民社党)である。共産党の４倍から５倍の規模を持つ穏健な野党勢力は、平和と民主主義を信奉し、軍国主義の復活の阻止を焦眉の課題と考え、非武装と中立によって米ソ両国の軍事的対立の圏外に立ちたいと欲しているにすぎない。安保闘争の高揚は、強行採決に踏み切った岸に対する批判に基づくものであり、共産党以外に反米感情は見られなかった。ライシャワーは、社会党を中心とする野党勢力が、エリート主義的で暴力主義的な傾向を持ち、共産党と提携しているなど、多くの弱点や危険性を持っていると指摘しつつも、それとの対話と相互理解の可能性、そして必要性を説いたのである[2]。

　研究者としてマルクス主義史学を排し、近代化論を唱えるライシャワーは、アジアに位置しながら欧米と同じ民主的な近代化に成功した模範例として、日本を位置づけた。日米両国は民主主義をはじめとする基本的理念を共有しており、その間に存在する誤解は相手に対する知識の不足に起因するにすぎない。こう考えるライシャワーは、大使に就任すると、急速な近代化によりアメリカに追いつきつつある日本の自尊心を満足させるキャッチ・フレーズとして、「イコール・パートナーシップ」という表現を用いた。1961年６月20日から22日にかけて開催された池田・ケネディ会談では、両国首脳によってこの言葉が頻繁に引用された。そして、それを実質化すべく、新安保条約の経済条項の精神に則り、両国の関係閣僚が毎年協議を行う、日米貿易経済合同委員会が

設置されることが決まった⁽³⁾。安保紛争の余韻を断ち切ろうと「寛容と忍耐」をスローガンに掲げ、国民所得倍増計画を中核とする経済の高度成長を前面に押し出した池田内閣は、ライシャワーにとって好ましい政権であった⁽⁴⁾。

　だが、ライシャワー大使の登場により、対話の相手として新たに浮上したのは、やはり社会党であり、その最大の支持団体の総評であった。大使就任を目前に控えた4月11日のワシントンでの記者会見の席で、社会党や総評の代表とも積極的に会うつもりだと語ったライシャワーは⁽⁵⁾、社会党や労働組合から歓迎された。4月19日に羽田空港に出迎えたのは、政府関係者のほか、社会党の和田博雄国際局長、佐多忠隆、民社党の永末英一教宣局長らであり、自民党の代議士は1人も姿を見せなかった⁽⁶⁾。そして、ライシャワーは、7月28日、社会党の河上丈太郎委員長、和田国際局長らと会談したが、これについて、「アメリカ政府の高官と日本社会党の指導者との会合は、かの有名なマッカーサーと浅沼稲次郎委員長の大喧嘩以来だから、これは象徴的な意味でも、実際に『損なわれた対話』を修復するうえでも、画期的なものだ」と記録した。10月25日にも、ライシャワーは、社会党の有力議員と会談した。ライシャワーによると、これも「『損なわれた対話』の部分的な修復」であった⁽⁷⁾。

　野党幹部以上にライシャワーが頻繁に会ったのは、総評や全労といった労働組合の指導者であり、「穏健な全労（のちの同盟）とは常に話が合ったが極左に近い総評の岩井章、太田薫両氏とはよく激論を楽しんだ。二人とも反米感情むき出しで論じたてるものの、人間的には気持ちのいい人で、二人との論争は常に快い刺激になった」と回想している⁽⁸⁾。国務省極東局の労働顧問から駐日大使館のアメリカ広報・文化交流局の労働情報官に転じていたソコロヴによると、ライシャワーと総評の太田議長および岩井事務局長の初めての会談は、1961年9月半ばに実現したが、その場の雰囲気は「非常に楽しいものであった」という⁽⁹⁾。ライシャワーは、日本の労働組合指導者と自ら接触するだけでなく、ゴールドバーグ労働長官やロバート・ケネディ司法長官をはじめ、来日したアメリカ政府の高官との会談を設定した⁽¹⁰⁾。岩井は、ケネディ司法長官との会談で、ライシャワーが政府だけでなく、その批判勢力の意見に耳を傾けることを高く評価した⁽¹¹⁾。ライシャワーは総評との「損なわれた対話」の修復に成功したのである。

対話は野党や労働組合に限られず、一般世論、とりわけそれに大きな影響を与える知識人にも向けられた。そこで重視されたのが、アメリカに関する情報を流し、好意的なイメージを形成する任務を持つ広報・文化交流局であった。ライシャワーは、「日本との相互理解と共感を育てるような知的・文化的交流に努力せよ」とスタッフに指示する一方、政治担当および経済担当と並ぶ文化広報担当の公使のポストを新設して広報・文化交流局を格上げし、その活動を活性化しようと試みた[12]。広報・文化交流局も対労働工作を重視し、1961年7月1日に始まる1962会計年度の方針で、日本全国に12ヵ所あるアメリカ文化センターの労働組合に対する活動の強化を打ち出した。従来、福岡と大阪にとどまっていた労働組合との接触を、それ以外の地域にまで拡大しようとしたのである[13]。そして、その梃子となったのが、広報・文化交流局によって1961年11月に創刊された日本語の月刊誌『アメリカの労働問題』であった。この雑誌は、「日本の労働組合員のため」に、「アメリカの労働条件や労使関係についての記事」を重点的に掲載するという方針の下に編集された[14]。

こうしたライシャワー大使の対日労働政策にいち早く期待を寄せたのは、イギリス政府であった。イギリス外務省は、社会党および総評との対話が切断されたことについてアイゼンハワー政権を公然と批判したライシャワーが大使に就任することで、日本の労働組合に対する英米両国のアプローチの溝が狭まるのではないかと期待した[15]。そして、そうした変化の徴候は、ライシャワーの着任後まもなく見られた。5月11日、アメリカ大使館のシルヴァーバーグ労働官は、イギリス大使館のリーズ・メイオール参事官に対して次のように語った。日本の重要な政治勢力である総評を決して見放してはいない。総評は一枚岩というよりも、様々な政治的意見を反映した組織であり、絶えず微妙な変化を続けている。総評と全労を含めた組織的再編が起こり、日本の労働組合運動が健全な発展を遂げる可能性は十分にある。総評がきちんとしてくれば、全労の立場は難しくなるであろう。メイオールは、総評であれ、全労であれ、労働組合の健全な部分を支援するというシルヴァーバーグの考えを、イギリス政府の方針とほとんど変わらないと評価した[16]。

総評の穏健化と石田労政

　ケネディ政権の登場によるアメリカ政府の対日労働政策の転換が可能になったのは、総評が穏健化しつつあったからであった。その兆しは、すでに1960年に入った頃から見受けられた。すなわち、社会党が1959年10月に分裂し、西尾派と河上派の一部が民社党の結成に向かったことは、全労の攻勢を強め、国労など総評傘下の労働組合に組織的動揺を発生させた。太田と岩井が率いる総評主流派の労働者同志会は、それを食い止めるべく、民社党結成の前日の1960年1月23日、「労働運動の前進のために」と題する声明書を発表した。周知のように、この文書は、日本では西欧諸国とは異なり資本が国家権力と結合しているため、賃金や労働条件、労働基本権の確立といった経済闘争が、平和と民主主義をめぐる政治闘争に発展する必然性を持っていると指摘し、「日本的労働組合主義」を提唱した。しかし、その基調は、政治闘争に対する経済闘争の重視という、岩井が事務局長に立候補した際の原則を再確認し、総評ではなく社会党が政治闘争の前面に立つべきだと主張しつつ、経済闘争を主軸とする労働戦線の統一を訴えるものであった[17]。

　この当時のアメリカ大使館は、総評の方針転換に懐疑的であった。マッカーサー大使は、政治闘争に対する世論の批判と岸内閣の強硬策、マルクス主義に基づく賃金闘争や選挙運動の限界、民社党の結成に伴う組織的動揺の発生、安保闘争の停滞といった状況のなかで、総評が方針転換を迫られていることを認めたが、総評が一片の声明書だけで見解を変えるとは思われないと国務省に報告した[18]。総評の幹事会は5月13日に1960年度の運動方針の草案を決定し、労働者同志会の声明書に立脚して、春闘の失敗、安保闘争の沈滞、三池争議での第二組合の発生など、大きな壁に突き当たっているという自己批判を盛り込んだが、これについてもアメリカ大使館は、過去の方針からの変化を認めながらも、方針と実際の行動の乖離を考えると、総評が大幅に転換したとは判断できないと指摘した[19]。なお、太田議長が、アメリカ大使館のシルヴァーバーグ労働官やイギリス大使館のカルヴァート労働官に対して、西側の労働組合と積極的に交流したいと伝えたのは、この頃のことであった。

　マッカーサー大使の判断は、必ずしも誤りではなかった。5月20日の未明、新安保条約の批准案が衆議院で強行採決されると、安保闘争は民主主義擁護の

運動に発展して幅広い国民の支持を集め、5月末から6月半ばにかけて史上空前の巨大なデモが国会を包囲した。新安保条約は6月19日に自然成立したが、予定されていたアイゼンハワー大統領の訪日は中止され、23日の条約の発効とともに岸首相は退陣を表明した。予想外の安保闘争の高揚に自信を得た総評は、6月30日からの拡大評議員会で、1960年度の運動方針案を最終的に決定し、経済闘争とそのための組織活動を重視するそれまでの草案の基調を変え、再び政治闘争に傾斜した。アメリカ大使館が国務省に送付した電報によると、5月13日の幹事会の草案に盛り込まれた主要な方針を継承しつつも、その力点は直接的な政治闘争のための大衆的な組織基盤の強化に置かれていた。アメリカ大使館は、これによって総評は左傾化したと断定した[20]。そして、この運動方針案は、7月31日から4日間の日程で開催された総評の第15回大会で採択された[21]。

　ところが、その2週間前の7月19日、池田内閣が、安保紛争によって退陣した岸内閣を反面教師とし、「寛容と忍耐」をスローガンに掲げて成立していた。労相に起用されたのは、石田博英であった。第1次岸内閣の官房長官および労相として、1957年春闘の国労への厳しい処分など対総評強硬策を主導した石田は、労相退任後に考えを一変させ、総評を破壊したり、分裂させたりするのではなく、その穏健化を図ることで、健全な労働組合運動を創出しなければならないと語るようになっていた[22]。労働省が発行する『週刊労働』の編集者の芦村庸介が1958年8月28日にスカゲン労働官に語ったところによると、かつて労相在任時に全労支持を公言していた石田は、将来の日本の労働組合運動を担うのは総評であると考え、「飴と鞭」を使ってその穏健化を図ることを主張し、全労を支持して対総評強硬策を取り続ける労相の倉石忠雄と対立していた[23]。石田は、その後も全鉱の原口委員長をメンバーとする民主経済研究会を設立する動きをみせるなど、総評の内部の穏健派との接触に努めた[24]。

　石田は、池田内閣の労相就任後の1960年8月29日、マッカーサー大使と会談して、次のように語った。新内閣は「低姿勢」をとることで、5月から6月にかけての安保紛争のような情勢を再発させない、つまり総評に政治的アジテーションを行う機会と理由を与えないよう努力している。総評の全ての指導者や組合員が共産主義者であるわけではないが、一部はそうであり、それへの対

策を講じたいと考えている。だが、日本政府は総評の役員を解雇するといった直接的な措置をとることができない。そこで、一般の組合員が最終的に自らの手で共産党員の指導者を排除するような状況を作り出したいと考えている。国労や合化労連では、一般の組合員が総評の政治闘争に反発して第二組合を結成しようとしているが、そうした総評傘下の労働組合の分裂を促進したい。とはいえ、総評を破壊することは不可能であり、共産党がそれを支配しないよう努めていきたい。中央および地方の総評の役員を訪米させることは、その意味で大変望ましい[25]。以上のように、石田労政は、岸内閣から池田内閣にかけて大きく変化したのである。

石田労相は、12月15日にマッカーサーと再度会見し、自らの考えをより明確に伝えた。総評は、三池争議が第二組合の発生によって敗北に終わった結果、総選挙で共産党との一線を明確にしたように、徐々に右傾化している。総評を反政府・親共産党の一枚岩の組織とみるのは誤りである。太田や岩井ら最高指導者は合理的かつ現実的であり、一般の組合員は政治に無関心で基本的に保守的である。その中間に位置する指導者が、多くの共産主義者を含み、左翼的であるにすぎない。倉石前労相らは、総評の内部の多様な意見の存在を無視して、総評全体を抑圧したが、賃金や労働条件などに関する総評の正当な要求に応じ、最高指導者との良好な関係を維持しつつ、一般の組合員と信頼関係を築くことが肝要である。前回の会談で総評の分裂を促進したいと述べたが、それによって穏健な勢力が総評を脱退し、左翼的な勢力が内部で影響力を増してしまうことを考えると、やはり一般の組合員の正当な要求に応え、穏健な最高指導者の立場を強化することが、最も有益なアプローチであると考える。

このような石田労政の方針は、三池争議が解決される過程で生じた解雇者に新たな職の斡旋を約束したことに示された。石田は、マッカーサーとの会談で、熱心に話合いを重ねた結果、最初は敵対的で猜疑心を持っていた炭鉱労働者が、次第に友好的になってきたと語った[26]。そして、炭労は、この石田労政に呼応するかのごとく、1960年10月12日からの第28回臨時大会で、三池争議の敗北を受けて石炭政策転換闘争に乗り出すことを決定した。炭鉱の合理化が石炭から石油へのエネルギー革命の下で進められていることを踏まえ、個別企業での抵抗闘争を組織するだけでは不十分であり、国民の共感を得られるような

統一闘争を組み、政府に石炭政策の転換を求める必要性を説き、その一環として炭鉱労働者の救済措置の実施などを打ち出したのである。石炭政策転換闘争は、同じ時期に社会党の江田三郎書記長らが提唱した構造改革論と通底する性格を持っていたが、これに従い、総同盟傘下の全炭鉱や経営者との協力、政府への陳情などが行われることになった。こうした炭労の方針転換は、上部団体の総評にも大きな影響を及ぼした。

　池田内閣の「低姿勢」によって安保闘争の余韻が失われた1961年5月13日、総評は拡大評議員会を開いて1961年度の運動方針の草案を決定した。これは新安保条約への反対と直接的な政治闘争を強調した過去2年間の運動方針と比べて、かつての労働者同志会の声明書にみられたように、労働者の経済的利益の獲得を重視するものであった。さらに、合理化と事前協議制への反対も影をひそめた。アメリカ大使館の分析によると、その背景には、鉄鋼労連や全鉱などが合理化への全面的な反対を取り止めて事前協議制の拡充を謳ったこと、政治闘争を強調しすぎたがゆえに国労などで組織的動揺が発生していること、安保闘争と三池争議が国民の十分な支持を得られず敗北に終わったこと、「低姿勢」で臨んだ前年の総選挙とこの年の春闘で勝利を収めたことなどが存在していた。石田労相は、記者会見で、総評の運動方針草案を労使関係の改善に向けた動きとして歓迎した。亀井光労働事務次官が語ったところによると、この石田声明は総評の穏健化を促進する意図に基づくものであった[27]。

　こうしたなか、総評の内部では、太田議長と岩井事務局長を中心とする主流派と、共産党に近い高野前事務局長が率いる反主流派の対立が激化した。貿易自由化、経済成長、産業合理化といった労働組合の直面する諸問題を日米安保体制から切り離して捉えることができないと考える高野は、運動方針草案を経済闘争偏重と鋭く批判したが、それに対して岩井は、機関紙『総評』7月21日号に「総評の政治闘争強化について」と題する論文を寄稿し、政治闘争の必要性を認めつつも、その基調は反アメリカ帝国主義であってはならず、賃金と労働条件の改善という労働組合の基本的な課題に結びついていなければならないと反論した。岩井の批判は、共産党が暴力革命を放棄していない点や、その独善的な態度にも向けられた。同じ7月21日にアメリカ大使館のシルヴァーバーグ労働官と会談した太田も、この岩井論文に全面的に同意していると語っ

た。それに加えて太田は、共産党が主導する原水協について、イデオロギー的な主張を除去して真の国民運動にしなければならないと語り、それからの脱退と新組織の結成を準備していることを明らかにした[28]。

　8月2日から5日間の日程で開催された総評の第17回大会は、アメリカ大使館の評価では、主流派が「決定的な勝利」を収めた。政党支持問題について、「社会党支持、問題ごとに革新政党と協力する」という原案が、「社共両党支持」や「革新勢力と協力」といった修正案を抑えて、427対158で可決され、経済闘争を重視する運動方針案も、463対21で採択された。また、人事では、太田議長と岩井事務局長が再選され、中央執行委員も25名中20名を主流派が占めた[29]。ただし、国際労働運動に関しては、「積極的中立」を標榜し、「アジア・アフリカの労働者の連帯強化」を謳う一方、「国際自由労連、世界労連のいかんをとわず、労働者の共通の要求を基盤として一致できる運動については積極的に提携し、共同行動をすすめる」と述べ、従来の方針を再確認した[30]。だが、これについても、太田議長が、反ファッショ統一戦線を提唱した7月25日の記者会見で、全労との協力とともに、AFL-CIOや西欧諸国の国際自由労連加盟組合との共同行動を重視する意向を示していた[31]。

　総評とAFL-CIOの交流は、この大会の直後に実現した。大河内一男東京大学教授を団長とし、大出俊総評副議長、安恒良一私鉄総連書記長、古賀定炭労事務局長、山田耻目国労書記長ら、総評の主要単産の書記長クラスを網羅する14名の代表団が、8月13日にアメリカに向けて出発したのである。その渡航費用はアメリカ政府ではなくアジア財団によって支払われたが、ライシャワー大使が回想録で認めているように、そこにはCIAの秘密資金が流れ込んでいた[32]。ライシャワーは、総評が労組間交流に積極的な姿勢をみせるなかで実施される最初の民間プロジェクトの意義を強調し、国務省に高い待遇を与えるよう要請した[33]。国務省は、政府高官との会見の機会を提供することに難色を示す一方、ケネディ大統領と会談した全労の滝田議長と比べて極端に低い待遇を与え、不満を惹起することも避けたいと考えていた[34]。そこで、ライシャワーは、労働省の幹部やチェスター・ボウルズ国務次官との会談を設定するよう要請した[35]。しかし、結局、アメリカでの代表団の交流は、政府高官ではなく、ウィリアム・シュニッツラー書記長やウォルター・ルーサー副会長な

ど、AFL-CIO の幹部を中心とするものになった。

　ここからもうかがわれるように、総評の穏健化の評価をめぐって、国務省と駐日大使館の間にはいまだ微妙な温度差が存在していた。アイゼンハワー政権期に総評との接触の拡大を主張した労働省でさえ、8月29日に作成した「総評の新路線」と題する文書で、岩井論文や総評第17回大会などを取り上げ、総評が共産党に対抗する姿勢をとっていると指摘しつつも、この新路線が本質的な変化なのか、あるいは単なる戦術的な変化なのかの判断は難しく、太田や岩井の発言から考えると、むしろ後者ではないかとみられると記した。労働省は、経済成長などの新たな状況が、総評主流派の指導者を自覚している以上に変化させていると主張し、総評の穏健化の可能性を見過ごすことなく、代表団との接触に努める必要性を強調したが、それでも慎重な姿勢を崩さなかった[36]。この文書を受けて、AFL-CIO 国際部のハーリー・ポラックも、総評が転換しつつある事実を認めながらも、過去の例から懐疑的にならざるをえないと指摘し、本当に変化しているのか判断するためにも代表団と交流すべきだと説いた[37]。

　ポラックによると、実際に総評の代表団と接触した AFL-CIO の幹部の反応は実に複雑であった。アメリカの不況を克服するためにケネディ大統領がベルリン危機を引き起こしたと大出総評副議長が発言したことは、AFL-CIO 側を驚かせた。それとは逆に、AFL-CIO のシュニッツラー書記長が総評の国際活動を非難したことは、総評側を困惑させた[38]。総評の代表団にとっても、AFL-CIO との接触は多様な印象を与えた。私鉄総連の安恒書記長が帰国後に語ったところによると、シュニッツラーとは話合いができないという印象を持ったが、西ドイツを NATO に加盟させた点でアメリカにもベルリン危機の責任があると語った全米自動車労組のウォルター・ルーサー会長については、高い評価を抱いた。AFL-CIO の組織に関しても、官僚的でダイナミズムを欠いている反面、労働教育の重視、分裂の少なさ、合理的な組織構造など学ぶべき点が少なくなかった[39]。国務省は、この交流について、AFL-CIO が日本に対する直接的な関心を高める効果を持ったと評価した[40]。

　総評の代表団は、アメリカからの帰途に西欧諸国を訪れ、10月2日、ブリュッセルの国際自由労連本部に立ち寄り、ベクー書記長らと会談した。この席

で、ベクーが正当な労働組合の闘争については積極的な支援を続けるつもりだと語ったのに対し、大出は総評を代表して以下の3つの申入れを行った。第1は、AFL-CIOと緊密な関係を構築し、理解を深めるために、国際自由労連に手助けをしてもらいたいという依頼であった。同様に西ドイツのDGBとの交流についても援助を求めた。第2は、ILO第87号条約の批准闘争に関する支援を継続することであった。第3に、ILO第87号条約の批准や労働時間の短縮などの問題について行っている全労、新産別、中立労連などとの共闘を、オートメーションと技術革新の問題に関しても実施したいので、国際自由労連の助力を得たいという要請であった[41]。総評は、この代表団の派遣を契機として、国際自由労連およびその加盟組合との交流を活発化していったのである。

ケネディ政権と国際公正労働基準

　AFL-CIOは、前述したように、1959年2月24日の執行委員会で採択した声明「国際貿易における公正労働基準」を契機として、国際公正労働基準をGATTに受容させるようアメリカ政府に強力な働きかけを行い、一定の成功を収めたが、1960年の大統領選挙では、共和・民主両党がいずれも国際公正労働基準の実現を公約に掲げるに至った。すなわち、共和党の選挙綱領は、「経済成長とビジネス」の項目で、「国際貿易における公正競争のために、輸出国での公正労働基準の発展を促進する」と謳い、公正競争という経営者の利益を強調しつつ、国際公正労働基準に前向きな姿勢を示した。それに対して、民主党の選挙綱領は、「国際貿易」の項目で、「新しい民主党政権は、アメリカの労働者を保護し、その他の地域の多くの労働者の生活水準を向上させるために、公正競争と公正労働基準を保障する国際協定の実現に努める」と主張し、支持基盤である労働者の利益を中心に据えて、国際公正労働基準の必要性を訴えた[42]。そして、AFL-CIOの全面的な支援を受けた民主党のケネディは、共和党のニクソンを僅差で破って大統領に当選した。

　AFL-CIOの執行委員会は、ケネディ政権が発足した1ヵ月後の1961年2月26日、国際貿易政策に関する声明書を発表した。この声明書は、自由貿易を支持する反面で、それがアメリカの労働者と産業を苦境に陥れてはならないと主張し、以下の7つの要望を行った。すなわち、当該産業に深刻な打撃を与え

るほどの関税の引下げを禁じる「危険点」条項を関税法に明記すること、アメリカの労働者と産業が深刻な打撃を受けた場合の関税の引上げを可能にするエスケープ・クローズを存置すること、GATTやILOに設置された市場攪乱に関する苦情処理機関を強化すること、輸入によって被害を受けた労働者・産業・地域を救済する貿易調整法を制定すること、アメリカ国内の生産水準の維持を貿易政策の目標に加えること、国際公正労働基準をアメリカの貿易政策の一部にすること、雇用を奪う他の工業国にではなく後進国に海外投資が向かうよう税制を改正することであった[43]。AFL-CIOは、国際公正労働基準をはじめとする従来からの主張を維持しつつも、自由貿易の弊害を重視する傾向を強めたのである。

　国際収支の悪化に悩むアメリカ政府の圧力を受けた日本政府は、1960年6月24日の「貿易為替自由化計画大綱」の閣議決定以降、開放経済への移行を積極的に進めていたが、1961年6月の池田・ケネディ会談の際、ラスク国務長官は、アメリカの労働組合が失業の増大への懸念から保護主義に傾きつつあると警告して、貿易自由化を加速するよう池田勇人首相に要請した[44]。アメリカでの失業問題の深刻化は、日米経済関係に大きな影を投げかけていたのである。さらに、この日米首脳会談が日米貿易経済合同委員会の設置を決めたことを受けて、アメリカ政府は、8月8日に省庁間の作業グループの第1回会合を開いた。この席で、CIO出身のジョージ・ウィーヴァー国際問題担当労働次官補は、互恵通商協定法に対してアメリカの労働組合の支持を得るため、日米両国の賃金制度を議題の1つに設定し、それに関する共同研究の実施を日本側に求めるよう主張し、同意を得た[45]。つまり、アメリカ政府は、GATTのような多国間の枠組みだけでなく、日米貿易経済合同委員会という日本との二国間の枠組みを通じて直接的に国際公正労働基準を実現することを決意したのである。

　第1回日米貿易経済合同委員会に臨むアメリカ政府の方針は、10月26日に文書としてまとめられた。3番目の議題である「日米両国における賃金制度と労働生産性」に関する文書は、GATTとILOの市場攪乱問題の取組みの進捗状況、1961年2月26日のAFL-CIO執行委員会の声明書などに触れた上で、次のように述べた。日本からの輸入制限を主張するアメリカ国内の勢力が、生

産性、原材料費、付加給付などを考慮に入れずに、アメリカの平均時給 2 ドル 10 セントと日本の 30 セントとを単純に比較して、日本の低賃金を非難している。アメリカ政府は、不当に低い賃金と労働条件にも、事実の歪曲にも関心を有しており、いずれにしても正確な測定が必要だと考えている。そのために日米共同の特別委員会を設置して、繊維、電機、機械、木材、ミシンといった日米貿易に関係する主要な産業を取り上げ、平均時給、付加給付、労働生産性、労働コスト、生産コスト、非生産コストなどのデータを収集するとともに、大規模高能率工場、中規模工場、小規模工場をそれぞれ選んでケース・スタディを行うことを日本政府に対して提案する[46]。

　これに危機感を抱いた日本政府は、対抗提案を用意した。為替レートを基礎にした名目賃金の単純な比較を行い、日本は低賃金であるというのは適切でない。日本の労働者は賃金以外に各種の手当や退職金を受け取っており、物価水準も低い。大企業と中小企業の賃金格差が大きく、職務よりも年齢や勤続によって賃金が決められているので、単純な比較は困難である。近年の高度成長によって、賃金は著しく上昇し、賃金格差も縮小している。日本政府は、こう指摘した上で、次のような本音を述べた。「もし『低賃金』の国からの輸入が低賃金を理由に制限されたならば、そうした『低賃金』の国は輸出の拡大を通じて生活水準を向上させる機会を失ってしまう」。そこで、日米貿易を拡大する方法を幅広い観点から共同研究したい。そこには賃金や労働コストだけでなく、アメリカの産業の現状や日本製品のアメリカでの販路の拡大などが含まれるべきである。日米両国の経済界の対立を惹起しかねない不必要な公開を避けるために特別委員会は設置せず、大使館など通常のチャンネルを通して情報と資料を交換し合うものとする[47]。

　第 1 回日米貿易経済合同委員会は、11 月 2 日から 3 日間の日程で、日本の箱根で開催された。初日の協議で、ゴールドバーグ労働長官は、日本の低賃金、アメリカの労働組合の保護主義、日本の労働組合の政治主義、アメリカ政府の労働組合に対する支配という 4 つの誤解が、日米両国の労働組合の間に存在していると述べた。ゴールドバーグが強調したのは日本の低賃金についてであり、日本側の抵抗感を薄めるべく、近年の日本の賃金と労働条件の向上はアメリカで十分に知られておらず、誤解を正すために共同研究を提案しているのだと語

った。そして、ゴールドバーグは、すでに福永健司労相と話合いを行い、妥協案を提示したことを明らかにした。それは、日米貿易に関わる労働問題の全ての側面を通常の手続きを通して調査する、との文言を共同宣言に盛り込むというものであった。ゴールドバーグは、この文言によって日米両国が調査の重要性を認めるだけでなく、標準以下の賃金と労働条件を除去することが両国共通の希望であると表明しなければならないと力説し、本心を垣間見せた。

第1回日米貿易経済合同委員会は、共同宣言を発表して11月4日に閉幕した。共同宣言の11段落では、労働条件と生活水準の向上が両国にとって重要であること、貿易政策が雇用状況に影響を受けなければならないことが確認された。16段落では、この合同委員会で、日米両国の賃金、労働条件、雇用と日米貿易との関係が協議されたと明記された。そして、20段落の(c)で、日米両国が生活水準の向上に向けて一致して努力することが謳われ、(e)では、貿易関係に影響を及ぼす誤解を避けるため、賃金、労働条件、雇用など労働政策に関する情報を改善する必要が記され、ここで示された事項について両国政府が調査を実施することで合意したと述べられた[48]。賃金と労働条件の向上か、さもなければ貿易上の制裁か、いずれかを迫られることにつながりかねない共同調査を何としても回避したかった日本政府は、最終的にアメリカ政府に押し切られたのである。具体的な研究の方法についての合意が達成されなかったとはいえ、これは紛れもなくアメリカ政府の勝利であった。

ゴールドバーグ労働長官は、その翌日の11月5日、総評、全労、新産別および中立労連の代表と相次いで会談を行った。いずれの会談でもゴールドバーグが最初に触れたのは、自分とアメリカの労働組合との関係であった。ゴールドバーグは、1948年からCIOの法律顧問を務め、1955年のAFLとCIOの合同に深く関わり、その後はAFL-CIOの特別顧問の地位にあった著名な労働弁護士であった[49]。ケネディ政権が反動的でも資本家的でもないことは、こうした自分を労働長官に起用した事実に示されている、とゴールドバーグは述べた。ケネディ政権は、外交面で自由主義陣営の利益を擁護する一方、内政面ではフランクリン・ローズヴェルト政権の伝統を引き継ぎ、社会保障の拡張や生活水準の向上などリベラルで進歩的な政策を実施しており、それゆえAFL-CIOはケネディ政権を支持している。しかし、同時に、アメリカの労働組合

は、共産圏のそれとは違って、政府から自立し、批判の自由を持っている。ゴールドバーグは、アメリカがいかに労働組合運動を擁護しているのかを力説したのである。

そこでの最も重要な話題は、賃金問題であった。ゴールドバーグは、日米貿易経済合同委員会の共同宣言に言及しながら、アメリカでの貿易制限の動きを食い止めるためにも、日本の賃金と労働条件の向上が必要だと力説した。さらに、アメリカ政府とAFL-CIOが、あらゆる国の生活水準の引上げに関心を持っていると述べた。これに対する日本の労働組合の反応は、日本政府とは異なり、極めて好意的であった。中立労連議長で電機労連委員長の竹花勇吉は、政府や経営者が低賃金を隠そうとしていると批判しつつ、賃上げに努める決意を語り、アメリカが保護主義に走らないよう要請した。総評の太田議長と岩井事務局長は、「日本の賃金と国際貿易」と題する文書をゴールドバーグに手交し、日本の賃金があるべき水準よりも低く、政府や経営者の強い抵抗にもかかわらず、正当な分配を獲得すべく努力すると表明した。全労の滝田議長も、賃上げが生産性の上昇に遅れていると述べ、正当な成果配分の必要性を強調した[50]。アメリカ政府と総評を含む日本の労働組合との間には、暗黙の協力関係が成立していたといえよう。

ケネディ政権は、公式にも国際公正労働基準を推進していた。例えば、ケネディ大統領が1962年1月25日に議会に送った通商教書は、低賃金国の賃金水準が国際基準によって支えられつつ上昇することを望むと述べた[51]。ウォルター・ルーサーによると、これは全米自動車労組の働きかけの成果であった[52]。ルーサーは、この教書を受けて、旧知のゴールドバーグ労働長官に書簡を送り、不公正な貿易競争を取り除き、アメリカの国際収支を改善し、自由主義諸国の生活水準を向上させるために、GATT協定とアメリカの互恵通商協定法に公正労働基準条項を盛り込むよう求めた[53]。これに対して、ゴールドバーグは、GATTの市場攪乱に関する特別委員会をはじめ、アメリカ政府がこれまでも国際公正労働基準を実現するため努力してきたこと、今後もOECD（経済協力開発機構）の人的資源委員会で意見を表明する予定であることなどを伝えた[54]。こうした政労一体となった国際公正労働基準に関する取組みは、アメリカの対日労働政策を日本政府寄りから労働組合寄り、しかも戦闘

的な総評を重視するものに変化させる1つの重要な背景となった。

国務省訪米プログラムの新規開始

　生産性プログラムは、1960年1月、高度成長による日本の経済力の上昇を背景として、1961会計年度をもって停止されることになったが、このうち労働組合を対象とする訪米プログラムについては、マッカーサー大使の提案に従い、国際協力局から国務省の教育文化局に移管した上で、従来からの国務省の指導者交流プログラムとあわせて継続する方向で検討が進められた。新任のライシャワー大使も、その必要性を積極的に認め、アメリカ本国に対する働きかけを強めた[55]。1961年6月13日、駐日大使館から国務省に送付された電報は、新たな対日労働交流プログラムが、生産性を向上させるものからアメリカの政治と経済を見学させるものに移行するだけでなく、総評からの参加者を増加させなければならないと強調した。最大かつ急進的な労働組合の中央組織である総評は、中国やソ連から頻繁に接触を受けており、それを放置することはできない。とりわけ60年安保から数年間が極めて重要であるというのが、駐日大使館の認識であった。

　国務省は、こうした駐日大使館の主張に全面的な賛意を示して準備を進めたが、アメリカ議会の1962年度予算の審議過程で、深刻な問題が発生した。国務省が、対日労働交流プログラムの経費50万3600ドルを教育文化局の費目として計上したのに対して、下院の歳出委員会が、それを国務省の予算に盛り込むことを拒否し、従来と同じく国際協力局、正確にはそれを改組して発足する予定の国際開発局の予算から支出するよう求めたのである。だが、日本に対する国際協力局の生産性プログラムが1961会計年度をもって終了する以上、それは筋の通らない要求であった。しかも、国務省の懸命の努力にもかかわらず、8月14日の上院の歳出委員会は、下院の決定を支持した[56]。そこで、国務省は、国際開発局の臨時費から流用する以外に選択肢がなくなった。しかし、国際協力局のヘンリー・ラボアース長官が、9月11日にラスク国務長官に宛てた覚書で拒否したため、それも暗礁に乗り上げた。新規の対日労働交流プログラムは、頓挫するかにみえた。

　それに強い危機感を抱いたライシャワー大使、ジョージ・ボール国務次官ら

第 1 節　ケネディ・ライシャワー路線　289

は、アジアで最大の自由にして民主的な労働組合が、共産主義勢力の主要な標的であり、日本の民主主義の支柱でもあること、対日労働交流プログラムが、労働組合の内部の民主的な勢力を強化し、日本の政治的安定を高める重要な手段であることなどを力説して、予算措置を講じるよう訴えた[57]。労働省も、ウィーヴァー労働次官補がマクジョージ・バンディ国家安全保障担当大統領特別補佐官に書簡を送り、国際開発局の臨時費からの流用を大統領府に働きかけた[58]。そして、11月3日、国際開発局のファウラー・ハミルトン長官が、第1回日米貿易経済合同委員会への出席のため箱根に滞在中のラスク国務長官に対して、それを承諾する電報を送付し、大筋で解決をみることになった[59]。最終的に、1962年1月9日のハミルトンの覚書によって、1962会計年度のみという条件を付けつつ、対日労働交流プログラムの経費53万2960ドルが国際開発局から国務省の教育文化局に移転されることが確定した[60]。

　11月3日に予算問題が解決した後、最大の焦点となったのは、アメリカに派遣される労働組合指導者の選考手続きであった。とりわけ、それに日本生産性本部を関与させるか否かが問題となった。生産性プログラムに代えて、総評を主たる対象とする政治目的の新規のプログラムとして実施される以上、生産性本部を選考に関与させるのは適切でなく、駐日大使館が直接行うべきというのが、国務省、国際開発局、労働省の原則的な立場であったが[61]、駐日大使館の内部には、マッカーサー前駐日大使の見解と同じく、生産性本部に選考を委ねるべきとの意見が根強く存在していた。7年間で1000万ドルを投下してきた生産性本部の労働組合に対する影響力を削ぐべきではない。ここ数年、訪米プログラム、生産性討論集会、生産性地方本部、生産性労働大学など、生産性運動への総評の参加が急速に高まっている。駐日大使館は、その協力なしに、対日労働交流プログラムの企画・選考・実施をうまく行えない。以上の諸点が、生産性本部の関与を望ましいとする主たる理由であった[62]。

　しかし、駐日大使館の内部では、生産性本部の関与を低めるべきとの意見もあった。広報・文化交流局のソコロヴ労働情報官を中心にまとめられた文書は、各10名からなる5つの代表団、すなわち全体のプログラムの約半数については、広報・文化交流局が設定する基準に従い生産性本部が候補者を選び、広報・文化交流局の最終的な同意を得るものとし、実施も生産性本部に任せるが、

同一の産業に属する日米両国の労働組合の友好関係を促進する労組間交流方式に関しては、生産性本部ではなく当該労働組合の指導者に人選を委ね、広報・文化交流局の承認を受ける、という手続きを提案した。そして、いずれの方式についても、国際自由労連、国際金属労連、国際運輸労連などの推薦を歓迎することが明記された[63]。ライシャワー大使は、1962年2月16日に国務省に電報を打ち、このソコロヴらの提案に沿って、各8名からなる5つの地方チームについてのみ生産性本部を人選に関与させること、地方チームに関しては多様な労働組合から将来有望な若手労働運動家を主体に選ぶことなどを勧告した[64]。

ソコロヴの提案の眼目は、生産性本部の関与を低下させることで、訪米プログラムの参加者の多様性を確保する点にあった。それゆえ、日米両国の労組間交流の促進が中心に据えられた。アメリカの労働組合が、大会の開催期間など最良の時期を選んで、各5名からなる8つの産業別組合チームをそれぞれ招待する。反対に、ホストを務めたアメリカの労働組合が、年間の合計で20名の代表を日本に派遣し、カウンター・パートと交流を行う。生産性本部が人選と実施に関わる5つの地方チーム（各8名）は、若手労働運動家が主体であり、ルーティンとして実施する[65]。こうしたソコロヴの提案は、国務・労働両省の承認を得た反面で、生産性本部と結合する全労の強い反発を惹起した。滝田全労議長は、3月2日に行われた国務省極東局のロバート・キニー労働顧問との会談で、「全ての労働交流プログラムの参加者は日本生産性本部によって選ばれるべきである」と述べ、ソコロヴの提案を実際的でも賢明でもないと批判した。もちろん、キニーは駐日大使館の方針を積極的に擁護した[66]。

1962年7月1日に始まる1962会計年度の労働交流プログラムで訪米した産業別チームの構成は、全労が改組して4月26日に発足していた同盟会議傘下の全繊同盟5名、電労連5名、全金同盟・造船総連5名、総評傘下の国労8名、炭労5名、全逓・全電通8名、鉄鋼労連6名、中立労連傘下の電機労連6名であり、総評が重視された。そのほかの訪米チームは、同盟会議のトップ・チーム8名、5つの地方チーム各8名であった。全体として、総評と同盟会議からほぼ同数が派遣された［表6］。そして、8月には、引退したソコロヴに代わり、AFL-CIO国際部のポラックが広報・文化交流局の労働顧問として来日した。

表6　日米労働交流プログラムによる日本の労働組合
　　　指導者の訪米者数(1962-68 年)

	総 評	全労/同盟	中立労連	新産別	その他	計
1962	39	38	6	2	4	89
1963	25	22	2	0	8	57
1964	26	23	3	0	1	53
1965	24	21	5	1	5	56
1966	13	21	6	4	6	50
1967	17	19	8	0	0	44
1968	15	19	3	0	3	40
計	159	163	33	7	27	389

出典：労働省編『資料労働運動史　昭和43年』労務行政研究所、
1971 年、777 ページ。

　ポラックは、来日に先立つ7月15日のラジオ放送で、「少なくとも総評傘下の労働組合の一部には、アメリカの労働組合運動との理解を求める努力がみられる」と語り、このプログラムを通して総評をはじめとする日本の労働組合をAFL-CIO と緊密化させたいという希望を述べていた[67]。ポラックは、AFL-CIO のポストを一時的に離れながらも、事実上その代表として労組間交流を中心とする訪米プログラムの実施にあたった。

　以上の間、ケネディ政権は、アイゼンハワー政権が安保紛争の最中の1960年6月11日に策定したNSC6008/1 に代わる対日政策文書の作成を進めていた。そして、「日本に関する政策と活動のガイドライン」と題する国務省の文書が、1962年3月に決定された。この文書は、社会党政権の成立に対して強い懸念を示した。自民党に代わり政権を獲得する可能性があるのは社会党だけだが、急進的な社会主義革命を追求しているだけでなく、中ソ両国に傾斜した中立政策を掲げている。もし社会党政権が成立したならば、日米関係が悪化するばかりか、アジア諸国を急激かつ決定的に共産主義陣営に傾かせてしまう。それゆえ、穏健な保守政権を維持することが当面必要である。だが、1960年の総選挙での野党の得票が1958年よりも3.7％増加したことにみられるように、それが実現不可能になる日がやがて到来するであろう。もはや保守支配の継続を当然視することはできない。そうであるならば、その日に備えて、自民党政権の崩壊を早めることなく、社会党を次第に穏健化することが、極めて重要な課

題である。

　こうした認識に立脚し、この文書は具体的な方針として、「保守勢力の支持を失わないようにしながら、野党の社会主義政党やその労働組合の支持者のなかの穏健化の傾向を助長する」と謳った。そこで示された方法は、以下の3つであった。第1に、全労と民社党に好意的な関心を示すことである。第2は、民間資金によるプログラムを促進する一方、大規模な労働交流プログラムを継続することで、総評の非共産主義者や全労などの労働組合指導者とアメリカをはじめとする西側の労働組合指導者との幅広い接触を推進することである。第3は、西欧諸国の社会主義者に対して、社会党と民社党への関心を高め、接触を強めるよう促すことである[68]。確かに、この具体的な方針では、全労に対する配慮が強く示されている。しかし、社会党の穏健化の必要性を強調した背景説明の箇所とあわせて読むならば、アメリカ政府が、アイゼンハワー政権期の全労に対する一方的な肩入れを改め、総評を重視する方針に転換したことが分かる。実際、第2の方法として挙げられた訪米プログラムは、総評を主たる対象としたのである。

　このようなアメリカ政府の方針には、強い批判が寄せられた。日本共産党の機関紙『アカハタ』は、10月9日から「日本の労組ねらうケネディ・ライシャワーの手」と題する6回にわたる特集記事を掲載し、ケネディ政権が総評を標的にして反共工作を行っていると非難した。「二年前の安保闘争の"反省"から……なんとしても日本の統一戦線を分裂させ、共産党の影響力をたちきらなければならない。そのためには、全労でなくて総評を、はれものにさわるようにしてでも歓待して、共産党ときりはなそう——こういうアメリカ国務省の"政策転換"が、実は去年の秋からの日本労組幹部の大量招待の背後にある」[69]。だが、アメリカ政府にとって共産党からの攻撃よりも深刻だったのは、緊密な関係にある財界、自民党、同盟会議（全労）などから寄せられた不満であった。訪米プログラムの変更は、総評に対する支持を意味しているのではないか、という疑念である。もちろん、それは誤解であった。しかし、アメリカ大使館は、総評の穏健化の促進と同盟会議との友好関係の維持をいかに両立させるかに頭を悩ませた[70]。

　ところが、この新たな対日労働交流プログラムが開始されたのと同じ7月1

第1節　ケネディ・ライシャワー路線　　293

日に実施された参議院選挙の結果は、総評の穏健化の必要性を一層高めた。9月21日にライシャワー大使が国務省に送付した報告書は、次のような分析を行った。社会・民社・共産の革新三党は、衆議院選挙で1946年の21.6％から1960年の39.2％、参議院選挙では1947年の26.0％から1962年の44.9％と、得票率を著しく増大させている。これは、組織労働者、知識層、事務労働者、若年者、都市生活者などの増加によって生じた不可避的な変化である。この傾向からみて、1969年に革新政党が自民党の得票を凌駕することが予測される。1970年の新安保条約の期限切れを睨んで、自民党政権を支持しつつも、少なくとも現在の水準の対米協調を受け入れるまでに左翼政党の主要部分の穏健化を図らなければならない[71]。石田博英は、その約3ヵ月後、『中央公論』1963年1月号に論文「保守政党のビジョン」を発表し、産業構造の変化に伴い1968年に社会党の得票率が自民党を追い抜くと予想し、自民党は労働憲章を作成して労働者を取り込まなければならないと主張したが、アメリカ大使館は、これと共通の認識を持っていたのである。

(1)　池井優「アメリカの対日政策―ライシャワー大使の役割を中心として」(慶應義塾大学『法学研究』第43巻第7号、1970年)、同「ライシャワー大使の役割―戦後アメリカ対日政策の一考察」(細谷千博・綿貫譲治編『対外政策決定過程の日米比較』東京大学出版会、1977年)、同『駐日アメリカ大使』文芸春秋、2001年、第4章。
(2)　Edwin O. Reischauer, "The Broken Dialogue with Japan," *Foreign Affairs*, October, 1960, pp. 11-26.
(3)　エドウィン・O・ライシャワー(徳岡孝夫訳)『ライシャワー自伝』文芸春秋、1987年、311-312、320ページ。
(4)　ライシャワー大使が池田内閣を支持したことについては、池田慎太郎「池田外交と自民党―政権前半期を中心として」(波多野澄雄編『池田・佐藤政権期の日本外交』ミネルヴァ書房、2004年)。
(5)　『ライシャワー博士の考え方』外交知識普及会、1961年、116ページ。
(6)　「ライシャワー路線と革新陣営」(『エコノミスト』1962年11月27日)7ページ。
(7)　エドウィン・O・ライシャワー、ハル・ライシャワー(入江昭監修)『ライシャワー大使日録』講談社、1995年、41、45ページ。
(8)　ライシャワー『ライシャワー自伝』292-293ページ。

(9) Sokolove to Victor Reuther, September 20, 1961, UAW-IAD Collection, Box 107, Folder 15, RL.
(10) ライシャワー『ライシャワー自伝』336、351 ページ。
(11) "Meeting with Representatives of Labor Unions," February 9, 1962, Robert Kennedy Papers, Box 6, JFKL.
(12) ライシャワー『ライシャワー自伝』272-273 ページ。
(13) USIS Tokyo to USIA Washington, August 23, 1961, No. 2, 894.06/8-2361, *CUSSDJ, 1960-1963*, Reel 15.
(14) ヘンリ・ソコロフ「編集者のことば」(『アメリカの労働問題』1961 年 11 月)。
(15) Treganowan to Wallis, April 21, 1961, LAB 13/1423, PRO.
(16) Mayall to de la Mare, May 12, 1961, FO 371/158541, PRO.
(17) 労働者同志会「労働運動の前進のために」1960 年 1 月 23 日(労働運動研究会編『資料労働戦線統一——総評・同盟から「連合」へ』労働教育センター、1988 年)。
(18) Tokyo to Secretary of State, January 29, 1960, No. G-351, 894.062/1-2960, *DUSPJ, 3, Vol. 7*.
(19) Tokyo to Secretary of State, May 3, 1960, No. G-608, 894.062/5-2360, *DUSPJ, 3, Vol. 7*.
(20) Tokyo to Secretary of State, July 7, 1960, No. G-7, 894.062/7-760, *DUSPJ, 3, Vol. 7*.
(21) 日本労働組合総評議会編『総評三十年資料集 上巻』労働教育センター、1986 年、401-407 ページ。
(22) Tokyo to Secretary of State, August 19, 1958, No. 370, 894.062/8-1958, *RDOS, IAJ, 1955-1959*, Reel 6.
(23) Tokyo to the Department of State, September 11, 1958, No. 319, 894.06/9-1158, *RDOS, IAJ, 1955-1959*, Reel 5.
(24) Tokyo to Secretary of State, October 28, 1958, No. G-341, 894.062/10-2858, *RDOS, IAJ, 1955-1959*, Reel 6.
(25) Tokyo to Secretary of State, August 31, 1960, No. 700, RG 84, Entry 2828A, Box 80, NA; Tokyo to the Department of State, September 9, 1960, No. 279, RG 174, Entry 50, Box 20, NA.
(26) Tokyo to the Department of State, December 29, 1960, No. 735, RG 174, Entry 50, Box 20, NA.
(27) Tokyo to the Department of State, May 17, 1961, No. 1282, 894.062/5-1761, *CUSSDJ, 1960-1963*, Reel 16.
(28) Tokyo to the Department of State, August 3, 1961, No. 94, 894.062/8-361,

CUSSDJ, 1960-1963, Reel 16.
(29) Tokyo to Secretary of State, August 7, 1961, No. 438, 894.062/8-761, *CUSSDJ, 1960-1963*, Reel 16.
(30) 日本労働組合総評議会編『総評三十年資料集 上巻』432-433ページ。
(31) 『週刊労働ニュース』1961年7月31日。
(32) ライシャワー『ライシャワー自伝』274ページ。
(33) Tokyo to Secretary of State, June 27, 1961, No. G-1657, 894.062/6-2761, *CUSSDJ, 1961-1963*, Reel 16.
(34) Rusk to Tokyo, July 24, 1961, No. 219, 894.062/6-2761, *CUSSDJ, 1960-1963*, Reel 16.
(35) Tokyo to Secretary of State, July 28, 1961, No. 342, 894.062/7-2861, *CUSSDJ, 1960-1963*, Reel 16.
(36) "Sohyo's New Line," August 29, 1961, enclosed with Pollak to Schnitzler, August 31, 1961, RG 1-38, Box 68, Folder 6, GMMA.
(37) Pollak to Schnitzler, August 31, 1961, RG 1-38, Box 68, Folder 6, GMMA.
(38) Memorandum of Conversation, October 5, 1961, 894.062/10-561, *CUSSDJ, 1960-1963*, Reel 16.
(39) Memorandum of Conversation, December 14, 1961, 894.062/12-1461, *CUSSDJ, 1960-1963*, Reel 16. 大出総評副議長は、帰国後の座談会で、「旧AFLの指導者たちは超高齢者で占められている。だから、彼らは頑固というか石頭の人たちという感じですね」と語る一方、「CIOのあるグループの考え方は、われわれと共通する点もあったということは、私たちにとって新しい発見でした」と述べた。国労書記長の山田耻目も、「CIOのウォルター・ルーサー氏を中心とする考え方や運動の進め方と、非常に老いたAFL系の指導者の考え方の間には、かなりの懸隔がある」と指摘した。大出俊ほか(座談会)「総評・アメリカを見る」(『月刊労働問題』1962年1月)。
(40) Memorandum of Conversation, October 5, 1961, 894.062/10-561, *CUSSDJ, 1960-1963*, Reel 16.
(41) "Japanese Trade Union Leaders and Labour Experts Delegation's Visit to Brussels," October 2, 1961, ICFTU Archives, Box 3548, IISH.
(42) Arthur M. Schlesinger, jr., *History of American Presidential Elections 1789-1968 Volume 9, 1960-1968*, New York: Chelsea House Publishers, 1985, p. 3475, p. 3517; AFL-CIO Department of Research, *AFL-CIO Looks at Foreign Trade: A Policy for the Sixties*, Washington D. C.: AFL-CIO, 1961, pp. 138-139, AFL-CIO Papers, Roll 9, JFKL.
(43) AFL-CIO Executive Council, "International Trade Policy," February 26,

1961, *AFL-CIO-ECSR*, pp. 811-814.
(44)　Memorandum of Conversation, June 20, 1961, RG 59, CF 1914, Box 256, NA.
(45)　"First Meeting of the Interdepartmental Working Group for the United States-Japan Joint Economic Committee," August 8, 1961, NSF, Box 253, JFKL.
(46)　"United States-Japan Committee on Economics and Trade, Tokyo, November 2-4, 1961," October 26, 1961, RG 59, CF 1981, Box 266, NA.
(47)　"A Counter-Proposal for a Continuing United States-Japanese Technical Study on Wage Systems and Productivity in the Two Countries," undated, RG 59, CF 1986, Box 266, NA.
(48)　Tokyo to the Department of State, November 13, 1961, No. 416, RG 59, CF 1986, Box 266, NA.
(49)　ゴールドバーグについては、David L. Stebenne, *Arthur J. Goldberg: New Deal Liberal*, New York: Oxford University Press, 1996; 清水良三「ケネディ内閣の研究―ゴールドバーグ労働長官」(国士舘大学『政経論叢』第39号、1982年)、「ゴールドバーグ米労働長官」(『アメリカの労働問題』1961年11月)。
(50)　Tokyo to the Department of State, November 17, 1961, No. 439, RG 174, Entry 57-B, Box 1, NA;「全労第三十二回常任執行委員会議事要録」(日本労働政策研究・研修機構『全労資料』803)、『全労新聞』1961年11月10日。
(51)　*Public Papers of the Presidents of the United States, John F. Kennedy 1962*, Washington D. C.: United States Government Printing Office, 1963.
(52)　Walter Reuther to Graedel, February 1, 1962, Reuther Collection, Box 444, Folder 2, RL.
(53)　Walter Reuther to Goldberg, February 1, 1962, UAW-IAD Collection, Box 52, Folder 28, RL.
(54)　Goldberg to Walter Reuther, February 21, 1962, UAW-IAD Collection, Box 52, Folder 28, RL.
(55)　Tokyo to Secretary of State, June 13, 1961, No. 3566, RG 174, Entry 50, Box 20, NA.
(56)　Memorandum for Crockett by Koren, "Effort to Salvage Japanese Labor Exchange Program," September 5, 1961, 894.06/9-561, *CUSSDJ, 1960-1963*, Reel 15.
(57)　Action Memorandum for the Administrator by Fowler, "FY 1962 Program Approval Request－Japanese Labor Exchange Program," December 14, 1961, RG 469, Entry 421, Box 65, NA.
(58)　Weaver to Bundy, September 13, 1961, NSF, Box 282, JFKL.
(59)　Hamilton to Secretary of State, November 3, 1961, 894.06/11-361, *CUSSDJ*,

1960-1963, Reel 15.
(60) Memorandum for Coombs by Hamilton, "Japanese Labor Exchange Program," January 9, 1962, RG 469, Entry 421, Box 65, NA.
(61) Department of State to Tokyo, December 20, 1961, No. 1576, 894.06/12-2061, *CUSSDJ, 1960-1963*, Reel 15; Department of State to Tokyo, January 16, 1962, No. 1753, RG 84, Entry 2828A, Box 94, NA.
(62) Doherty to the Ambassador, January 18, 1962, RG 84, Entry 2828A, Box 94, NA.
(63) Jones, Silverberg and Sokolove to the Ambassador, January 22, 1962, RG 84, Entry 2828A, Box 94, NA.
(64) Tokyo to Secretary of State, February 16, 1962, No. 2278, RG 84, Entry 2828A, Box 94, NA.
(65) Robinson to Weaver, March 21, 1962, UAW-IAD Collection, Box 107, Folder 6, RL.
(66) Memorandum of Conversation, March 2, 1962, 894.062/3-262, *CUSSDJ, 1960-1963*, Reel 16.
(67) Labor News Conference, "Japanese-American Trade Union Exchange Program," July 15, 1962, UAW-IAD Collection, Box 107, Folder 7, RL.
(68) Department of State, "Guidelines for Policy and Operations, Japan," March 1962, NSF, Box 124, JFKL.
(69) 『アカハタ』1962年10月9日、Tokyo to the Department of State, November 1, 1962, No. A-512, 794.00/11-162, *CUSSDJ, 1960-1963*, Reel 5.
(70) Tokyo to Secretary of State, September 15, 1962, No. 796, NSF, Box 124, JFKL; Tokyo to the Department of State, October 16, 1962, No. A-492, RG 84, Entry 2828A, Box 94, NA.
(71) Tokyo to the Department of State, September 21, 1962, No. 383, 611.94/9-2162, *CUSSDJ, 1960-1963*, Reel 35.

第2節　労組間交流の進展

総評と国際自由労連の緊密化

　総評は、安保闘争の後、西側の労働組合との交流を重視する姿勢を強めたが、その一方で、太田議長が1960年12月から翌年2月にかけてソ連を訪問するなど、世界労連およびその加盟組合との交流を活発に行った。太田は、プラハの世界労連本部を訪れたほか、東ドイツでは自由ドイツ労働総同盟(FDGB)とともに「両国の労働者階級の要望にもとづき総評およびFDGBの兄弟的緊密をさらに発展させ、またすでに確立していることを宣言する」という共同声明を発表した。ベルリンの壁の建設によって緊張が高まるなか、世界労連とFDGBは1961年9月22日から24日にかけて東ベルリンで「対独平和条約締結と西ベルリン問題の解決をかちとり、戦争挑発に反対するための国際労組代表者会議」を開催したが、総評によって派遣された鈴木誠市国際部長は、議長団の一員を務めるとともに、東西ベルリンの境界線を閉鎖した東ドイツを支持する諸決議に賛成した。鈴木は、会議の終了後、FDGBの機関紙の取材などを通じて、東ドイツの労働組合との友好関係を強調し、アメリカと西ドイツを強く批判した[1]。

　こうした総評の行動は、国際自由労連との摩擦を生じさせた。国際自由労連のベクー書記長は、10月6日、総評の太田議長に宛てて書簡を送り、鈴木国際部長の言動が総評の積極中立の方針と矛盾しているばかりか、訪米の帰途に国際自由労連本部を訪問した大出副議長が西ドイツのDGBと友好関係を築きたいと述べたこととも矛盾していると非難した。太田は11月2日に返信を送付し、以下のように説明した。総評が鈴木国際部長を派遣したのは、ベルリン危機のなかで積極中立の方針を会議に反映させるためであり、いかなる軍事ブロックにも反対する、完全軍縮を目指してあらゆる国の核実験に反対する、東西ドイツを承認してベルリンを非武装都市化する、中国を国連に加盟させる、という4つの原則の実現に努めた。FDGBの機関紙の記事が誤解を生じさせたとすれば、遺憾に思う。だが、ベクーはこの説明に納得せず、11月10日に

太田に再度書簡を送り、国際自由労連は全く誤解していないし、共産主義陣営への一方的な加担は総評の積極中立の方針に反すると反論した[2]。

　国際自由労連の厳しい批判に接した総評は、岩井事務局長が11月27日からの第18回臨時大会で「自由労連、世界労連との関係は、積極中立という軍事的世界平和の観点から見た中立的な問題とは、少し意味は違うのであつて、2つの世界組織に対して、総評としては組織的に中立の立場をとる」と発言し、国際政治上の軍事的中立と国際労働運動上の組織的中立とを区別した。この区別は、スウェーデンのLOなどのように、自国の東西両陣営からの中立を方針に掲げつつも、国際自由労連と協力する余地を残すものとみられた。また、総評は、12月4日から開催された世界労連の第5回大会に、野口一馬副議長、鈴木国際部長ら3名の代表をオブザーヴァーとして派遣したが、東ベルリンの会議とは一変して慎重な姿勢で臨んだ。岩井は、議長団の一員に選出された野口に対して、直ちにその職を辞するよう電報を打ち、野口も、ソ連の核実験をやむをえないとするサイヤン書記長の報告について、総評の方針に反するので支持できないと発言した[3]。

　太田は、1962年1月10日、ベクーに返書を送った。この書簡は、日本の労働者が生活水準を向上するために社会主義を望んでいると指摘した上で、慎重な言い回しを使いながら、共産主義諸国との貿易が対米偏重の貿易構造を是正するのに必要であること、在日米軍基地が日本を戦争に巻き込む危険性を生じさせていることの2点を詳しく説明し、これらの理由から積極中立の方針をとっているのだと述べた。そして、国際自由労連が世界平和と労働者の生活水準の向上のために果たしている役割に敬意を表した。これに対する1月25日のベクーの返事は、太田の主張で積極中立の概念と相容れないものは全くないと指摘したばかりか、国際自由労連の見解と対立するものも何もないと断言した。共産主義と異なる社会主義は、国際自由労連の加盟組合の多くが掲げており、安全保障政策や国際貿易政策もそれぞれの加盟組合の自由な判断に委ねられているというのが、ベクーの説明であった[4]。以上の5通の往復書簡を通じて、総評と国際自由労連は一定の了解に達したのである。

　この頃、岩井事務局長は、2つの外遊を計画していた。1月下旬の中国と2月上旬の西ドイツである。しかし、訪中は、健康上の理由から1月22日に急

遽取り消された。すでに1961年を通じて、総評と中国の関係は冷却化していた。すなわち、1月に来日した中華全国総工会の代表団は、アメリカ帝国主義に対する批判を共同声明に盛り込むよう主張したが、総評はこれを拒否した。8月6日からの第7回原水爆禁止世界大会でも、中国の支持する日本共産党が、原水禁運動をアメリカ帝国主義に反対する高度の政治運動に発展させるべきと主張したのに対し、総評は社会党とともに人道的立場に立脚する幅広い国民運動たるべきだと訴えた。その後、総評と総工会の交流は一時的に停止した。こうした経緯から、岩井の訪中取消しは、政治的考慮によるものだとみられた[5]。他方、DGBの招待による西ドイツの訪問は、当初の予定通り実施された。東ベルリンを訪問した経験を持つ岩井に繁栄する西ベルリンを見せることで、総評の理解を深めるというねらいが、DGBにはあった。2月10日、岩井は西ドイツに向けて出発した[6]。

　岩井率いる総評の代表団は、西ドイツを訪問した後、ブリュッセルの国際自由労連本部を訪れた。ベクー書記長が不在であったため、ステファン・ニジンスキー書記次長が対応した。2月20日と21日の会談で、岩井は世界労連を批判する一方、前年8月の第17回大会以来、総評の内部で国際自由労連に対する誤解の多くが払拭され、自由にして民主的な国際労働運動に参加する機運が高まっていると述べた。太田議長の出身単産の合化労連や私鉄総連などは、今年度の大会で国際産業別組織への加盟を検討する見通しであり、国際自由労連に加盟する炭労の原茂、全鉱の原口幸隆、全逓の宝樹文彦の各委員長は、最近の会合でこうした傾向を促進すべく影響力を最大限行使することで合意した、と岩井は伝えた。ニジンスキーは、国際政治上の中立と国際労働運動上の中立を峻別すべきだと強調し、総評が共産党政権に支配される世界労連を選ぶ余地はないと説いた。岩井は、共産党系の労働組合の扱いについて柔軟性を持つべきだと反論したが、それと同時に、いずれかと問われれば国際自由労連を選ぶという印象をニジンスキーに与えた。

　総評は、前年の半ばから、ILO第87号条約の批准闘争との関連で、国際自由労連とその加盟組合、そして国際産業別組織の指導者を日本に招待することを計画し、全労、新産別、中立労連に協力を求める一方、国際自由労連にその意向を伝えていた。岩井は、ニジンスキーに対して、この計画の説明を行った。

第 2 節　労組間交流の進展　　301

当初これに賛成していた全労が、日本を発つ前日になって総評と世界労連の関係を理由に協力を拒否したため、この席で正式の招待はできないが、全労を全力で説得して、3月に開かれる国際自由労連の執行小委員会までに正式の招待状を送りたい、と岩井は述べた。この説明に対して、ニジンスキーは、個人にではなく組織に宛てて招待状を送付した方がよい、招待の目的を明確化した方がよいなどと好意的な助言を行った。同席したアジア地域組織のマパラ書記長も、この計画に前向きな反応を示し、とりわけナショナル・センター間の協力を歓迎した。2日間にわたった岩井とニジンスキーの会談は、友好的かつ落ちついた雰囲気の下で行われ、両者に大きな満足を与えた[7]。

　国際自由労連は、3月12日に執行小委員会を開催した。すでに2月20日に作成されていた議案は[8]、日本の労働組合の要請に応じて1962年春に国際自由労連の単独もしくは国際産業別組織との共同で使節団を派遣することを検討するよう要請した。しかし、全労が反対する姿勢を崩さない以上、訪日使節団の派遣は実現困難であり[9]、AFL-CIOのブラウン駐欧代表が反対しただけでなく、ベクー書記長も可能性を否定せざるをえなかった。だが、この執行小委員会は、炭労が全炭鉱と協力して展開している石炭政策転換闘争への支援の継続とともに、日本の労働組合との交流の促進を決定した[10]。もちろん、交流を深める対象には、総評が含まれていた。ベクーは、3月6日、世界労連との緊密な関係ゆえに総評からの協力の申入れには応じられないと主張する全労の和田書記長に書簡を送り、総評の指導者が共産主義者に対して批判的になってきており、遅かれ早かれ世界労連およびその加盟組合と関係を持つことの危険性に気づくであろうと指摘し、全労の頑なな姿勢を暗に批判した[11]。

　5月18日、「国際組織（ICFTU・ITS）加盟組合連絡会議」が、総評傘下の11の労働組合、すなわち国際自由労連（ICFTU）に加盟する全鉱、全逓、炭労、日放労、都市交通、国際産業別組織（ITS）のみに加盟する国労、動労、日本交通公社労組、そして国際産業別組織への加盟を指向する全日通、私鉄総連、合化労連によって結成された。議長に全鉱の原口委員長、事務局長には全逓の秋山実共闘部長が就任した。中立系の日本航空乗員組合も、オブザーヴァーとして参加した。その趣意書は、世界労連が主として共産主義諸国の労働組合から構成され、資本主義諸国の労働者をほとんど組織していないことを指摘した上

で、労働者の権利、賃金、労働条件といった労働組合運動の具体的な課題を解決するためには、国際自由労連や国際産業別組織に加盟しなければならないと述べ、それとの連携を深める目的で連絡会議を設立すると表明した[12]。議長に就任した原口は、アメリカ大使館との会談で、世界労連を支持する反主流派に対抗して、総評の国際自由労連指向を強めるつもりであると決意を語った[13]。

　このような組織の必要性は、全逓の宝樹委員長、全鉱の原口委員長、総評の岩井事務局長、国際自由労連東京事務所の大倉所長の4者の間で、かねてより話し合われていた。1960年9月8日の4者の会合では、全労傘下の国際自由労連加盟組合が緊密に調整を行っているのに対し、総評傘下の加盟組合は相互のつながりを欠いており、何らかの連絡組織が必要である、という考えが示された[14]。1961年12月11日の会合では、国際自由労連に統一した方針を示すためにも、また、総評の内部で自らの主張を実現するためにも、総評傘下の加盟組合はもっと緊密に調整を行うべきだ、と原口が力説したのに対し、岩井は、世界労連に対抗してできるだけ多くの総評傘下の労働組合を自由にして民主的な国際労働運動に参加させたいと述べつつ、2つの国際労働組織の間での組織的中立という従来からの方針を変更する難しさについて触れ、国際自由労連そのものよりも国際産業別組織に加盟させる方が容易だと語った[15]。宝樹と原口の主導で進められた連絡会議の設置を、岩井は承認していたのである。

　国際自由労連を支持する宝樹と原口は、太田と岩井を中心とする総評主流派に属しながらも、中立主義を掲げるその内部で独特な位置を占めていた。高野率いる総評反主流派と全労という左右の両勢力との対抗上、総評主流派は長らく結束を保ってきたが、太田と岩井が共産党と原則として共闘すると語った1959年6月16日の下呂談話以来、内部では深刻な亀裂が生じていた。そして、それを決定的なものにしたのが、社会党の江田書記長らが提唱した構造改革論であった[16]。すなわち、太田が構造改革論を改良主義に陥る危険性が高いと批判し、岩井がそれに同調したのに対して、宝樹と原口は構造改革論を支持した。また、石炭政策転換闘争を実施していた炭労の原委員長も、構造改革論を擁護した。宝樹、原口らは、「国際組織(ICFTU・ITS)加盟組合連絡会議」の設置にみられるように、太田と岩井を巻き込みつつ、総評を国際自由労連に引

き寄せる一方、マルクス主義の枠内ながら改良を積極的に位置づける構造改革論を支えることで、社会党政権の樹立を目指した[17]。

その後、8月の総評第19回大会を前にして、総評の穏健化を促進する2つの動きがみられた。1つは、総評傘下の炭労と総同盟傘下の全炭鉱の要請を受け、7月13日から27日にかけて、国際自由労連と国際鉱夫連盟が石炭政策転換闘争を支援するため4名からなる合同調査団を日本に派遣したことである。調査団が作成した報告書は、共同闘争を支持しつつも、全炭鉱より炭労に好意的な態度を示した。もう1つは、原水禁運動をめぐる総評と中国の対立が、8月1日から開催された第8回原水爆禁止世界大会を契機として、修復不可能なものになったことである。総評と社会党は、人道的立場からあらゆる国の核実験に反対することを主張し、大会期間中に実施されたソ連の核実験に抗議するよう訴えたが、アメリカ帝国主義との闘争を主張する日本共産党と中国など外国代表の一部が、共産主義諸国の核実験は平和のためのものであると論じて譲らず、混乱のうちに閉会する事態となった。その後も統一に向けた努力がなされたが、両者の間の溝は深く、この大会をきっかけに原水協は分裂した[18]。

8月24日から開催された総評の第19回大会には、岩井が訪独した際の招待に基づき、国際自由労連副会長の肩書きを持つウィリー・リヒターDGB会長が出席した。従来、世界労連およびその加盟組合との同席を避けてきた国際自由労連にとって、これは重要な意味を持っていた。総評も慣例に反して、リヒターの挨拶を外国からの来賓の最初に設定した[19]。そして、この大会で採択された運動方針は、国際自由労連と世界労連に対して組織的中立の立場をとることを謳いつつも、「国際競争の激化にともなつて、一国の労働者の労働条件はただちに他の国の労働条件に関係する事情はつよまつた」、「日本の新技術は欧米資本主義諸国のそれをとりいれているのだから、それらの国のストライキ戦術、賃金闘争、合理化反対闘争などの諸経験を産業別に学ぶ必要が生じた」という2つの理由から、「資本主義諸国の労働運動との交流連帯をふかめる」と表明した。つまり、「国際組織(ICFTU・ITS)加盟組合連絡会議」の趣意書と同一の認識が示されたのである。そして、この運動方針では、アメリカ帝国主義という言葉が削除された[20]。

国際金属労連の対日活動とケアリー訪日

　総評の国際自由労連への接近は、このように安保闘争後著しく進展したが、それには同時に大きな限界があった。国際自由労連と世界労連に対する組織的中立の方針が維持されたことである。総評の内部では反共産主義を掲げる国際自由労連への抵抗感が根強く、一括加盟する可能性は当面存在しなかった。総評傘下の単産についても、「国際組織(ICFTU・ITS)加盟組合連絡会議」の結成過程での岩井の発言にみられるように、政治問題の比重が高い国際自由労連よりも、経済問題に重点を置く国際産業別組織への加盟の方が比較的容易であった。そこで、技術革新や貿易自由化などを背景とする総評の西側の労働組合との交流の進展は、傘下の単産の国際産業別組織への加盟の動きとして顕在化した。すなわち、1962年5月の全日通の第17回大会と8月の私鉄総連の第26回大会は国際運輸労連への、同じく8月の合化労連の第25回大会は国際石油労連への加盟問題を協議し、下部討議に付すことを決定した[21]。そして、この問題についての最大の焦点になったのは、800万人を擁する世界最大の国際産業別組織の国際金属労連であった。

　国際金属労連が対日活動で重視したのは、総評傘下の鉄鋼労連と総評に近い中立労連傘下の電機労連の2つの労働組合であったが、いずれかといえば、前述したように全米鉄鋼労組を通じた鉄鋼労連との交流の方が先行していた。ところが、トランジスター・ラジオなどの対米輸出の増大を受けて、電機労連の野口勝一副委員長は、1960年8月4日に国際金属労連を通じて、アメリカ国際電機労組のジェームズ・ケアリー会長に対し、電機産業の労働条件や貿易問題に関して東京で協議を行いたいという意向を伝えた[22]。国際金属労連のグラデル書記長とダンネンバーグ書記次長は、繰り返しケアリーに書簡を送り、低賃金輸出問題を解決するためにも、共産党の影響力を弱めるためにも、電機労連と良好な関係を築き、国際金属労連への加盟を実現することが必要であり、それに積極的な電機労連の内部の勢力を支援する目的で招待を受けるよう要請した[23]。ケアリーも、ゼネラル・エレクトリックの東芝への出資に言及し、電機労連との交流に前向きな態度をとった[24]。

　1961年4月14日、国際金属労連のダンネンバーグ書記次長、アメリカ国際電機労組のジョージ・コリンズ会長代理、アメリカ国際機械工組合のルドル

フ・フォープル国際部長からなる代表団が、電機労連の招待で来日した。ここに電機労連と国際金属労連、とりわけアメリカ国際電機労組との交流が開始されたのである。そして、その帰国に先立つ4月26日、「いかなる形の全体主義および植民地主義にも反対する」、「自由な国際貿易の原則への固執を確認する」、「相互理解の増進のため計画的な交流を行う」、「国際公正労働基準に到達するため、各労働組合は、それぞれの組合活動を通じて労働条件の改善に全力をつくし、国際的な貿易政策、すなわち完全雇用と社会的進歩をその目標とすべき政策の起案および適用にあたり、GATTおよびILOなどの如き国際的な機関が労働者の利益にその努力を提供するよう影響力を及ぼすため努力する」などと謳う共同声明が発表された[25]。電機労連は、賃金と労働条件の向上を実現するために国際的な圧力を利用すべく、国際公正労働基準に賛成したのである。

ダンネンバーグは、5月8日に開かれた国際金属労連の中央委員会で、訪日の報告を行い、総評が政治闘争から経済闘争に力点を移し、それが当面続く見通しであることを強調した。中立主義の方針は変わらないものの、実践的な活動を通して援助を与えることができる、というのがダンネンバーグの見解であった[26]。それを裏付けるかのように、国際金属労連と日本の金属労組の交流は、これ以降急速に進展した。5月9日からローマで開催された国際金属労連の第19回大会には、電機労連の竹花勇吉委員長、鉄鋼労連の宮田義二書記長、新産別傘下の全機金の関野忠義委員長の3名が、国際金属労連日本事務所の瀬戸所長に伴われて参加した。また、国際金属労連と全米鉄鋼労組の代表が9月25日から鉄鋼労連の10周年記念式典と第21回大会に出席し、10月5日には、野口副委員長に率いられた電機労連の代表団が、アメリカ国際電機労組の招きで渡米した。そして、10月30日には、イギリス造船機械労組の代表団が、中立労連傘下の全造船と総同盟傘下の造船総連の招待で来日した[27]。

国際金属労連の対日活動は、1962年も引き続き積極的に展開された。2月13日に全米鉄鋼労組の代表団が鉄鋼労連の招待で訪日したのに続いて、5月26日、アメリカ国際電機労組のケアリー会長が電機労連の10周年記念式典および第10回大会に出席するために来日した。AFLと合同する前に長期にわたりCIOの書記長を務めたケアリーは、全米自動車労組のウォルター・ルーサ

一会長に次ぐ、CIO 系の代表的な指導者であり、AFL-CIO の副会長および産業別組合部門の書記長、国際金属労連では会長代理の地位にあった。なお、全米鉄鋼労組も CIO の加盟組合であった。興味深いのは、ケアリーが共産主義者と協力しながら、それと決別した経験を持っていたことである。1940 年代末、世界労連を分裂させ、国際自由労連の結成を主導したのも、また、CIO 傘下で共産党に支配された最大の単産の全米電機労組を分裂させ、アメリカ国際電機労組を結成したのも、ケアリーであった。電機労連の 10 周年記念式典および第 10 回大会には、世界労連の金属機械労働組合インターナショナルの代表も招待されていた。ケアリーは、AFL-CIO の代表が世界労連の代表と同席するのは日本で最初だと知りながら、それをあえて受け入れたのである[28]。

　ケアリーは一策を講じた。それはケネディ大統領に電機労連宛のメッセージを要請することであった。これは極めて異例のことであったが、マサチューセッツ州を有力な基盤とする両者は、かねてより緊密な関係にあった。ケネディは上院議員になる以前からアメリカ国際電機労組の共産主義者との闘争を助け、アメリカ国際電機労組は大統領選挙をはじめケネディを支援していた[29]。ケアリーは、訪日直前の 5 月 21 日、実弟のロバート・ケネディ司法長官と会い、大統領のメッセージを依頼して快諾を得た[30]。その内容は、アメリカ国際電機労組と電機労連が日米両国の最大の電機産業の労働組合であるばかりか、いずれも共産主義勢力の支配を退けてきた歴史を持つことを強調し、電機労連の結成 10 周年を祝うとともに、日米両国の友好と親善を深めるために 2 つの労働組合の間の交流の促進を希望する、という趣旨のものであった[31]。この年の 2 月 4 日に来日して総評など労働四団体の指導者と会談したケネディ司法長官は[32]、ケアリーに対して日本の労働情勢に関する情報と示唆を与えた[33]。

　5 月 28 日、電機労連の 10 周年記念式典に出席し、挨拶に立ったケアリーは、大統領のメッセージを読み上げた上で、1950 年代半ばのウェスチングハウスでの 156 日ストに言及して、アメリカ国際電機労組や全米自動車労組など共産主義者を排除した CIO 系の労働組合が、いかに戦闘的であるかを力説した。そして、クレムリンに操られる共産党系の労働組合が、労働者の生活水準の向上に無関心であり、偽りの戦闘性しか持っていないことを批判し、アメリカ国際電機労組の発展によって少数派に転落した全米電機労組が、機会主義ゆえに

日本からの電子機器の輸入に反対していると非難した。さらに、ケアリーは、失業、オートメーション、貿易といった諸問題には国際労働運動を通じてしか有効に対処できないと指摘し、ゼネラル・エレクトリックと東芝の資本関係などに触れつつ、アメリカ国際電機労組と電機労連が提携を深めなければならないと力説した。共産主義勢力に対抗するためだけでなく、国際公正労働基準を実現するためにも、国際自由労連や国際金属労連の役割が重要である、というのがケアリーの主張であった(34)。

　ケアリーは、来日中、国際公正労働基準の重要性を強調した。訪日の目的を質問されたケアリーは、貿易について協議を行い、日本の労働組合の賃上げ闘争を支援したいと語った。日本の賃金が生産性や利潤と比べて極端に低いことが、日本の対米輸出を増大させ、アメリカの失業問題を深刻化させている。例えば、日本の四大電機メーカーの平均賃金は、アメリカのそれの約4分の1であるが、従業員1人当たりの利潤は、アメリカで最も業績のよいゼネラル・エレクトリックと同程度である。これは賃上げの余地がかなりあることを意味する。ケアリーは、国際公正労働基準を用いて、生産性と利潤に見合う水準に賃金を引き上げるよう、日本の経営者に圧力を加えなければならないと述べた(35)。そのためには、日本最大のナショナル・センターの総評の協力が不可欠であった。しかも、保守的なAFL系に比べて戦闘的なCIO系には、総評に対する抵抗感が相対的に薄かった。ケアリーは、「AFL系の一部には、"積極中立"にまだ疑点をもっているものもいるだろうが、ルーサーをはじめとして絶対多数が総評を理解している」と語った(36)。

　ケアリーはわずか5日間しか日本に滞在しなかったが、その成果は必ずしも小さくなかった。アメリカ大使館の国務省への報告によると、ケネディのメッセージを含むケアリーの挨拶は、反主流派の代議員から批判を浴びたものの、好意的に受け止められた。また、ケアリーは、電機労連だけでなく総評や全労の指導者とも会談を重ねた。ケアリーの訪日は日米両国の労働組合の密接な結合を形成する上で画期的な出来事となったというのが、アメリカ大使館の評価であった。その最大の具体的な成果は、電機労連の国際金属労連指向を強めたことであった。電機労連の第10回大会は、国際金属労連との関係強化を打ち出し、その直後に行われたアメリカ大使館との会談で、竹花委員長が1年ない

し2年以内に国際金属労連に加盟する意向を示した(37)。ケアリーは、6月19日、国際金属労連のグラデル書記長に書簡を送り、国際金属労連に加盟する方法と手段を検討する調整委員会が、電機労連の執行委員と関係労組の代表によって設立され、それが訪日の最も重要な成果であったと報告した(38)。

ケアリーは、来日中、電機労連の竹花委員長に対して、アメリカに招待したいと申し出た。電機労連の代表団は、1962会計年度から始まった国務省の対日労働交流プログラムによって渡米し、9月14日、アメリカ国際電機労組の第10回大会で、竹花が演説を行った。竹花は、国際金属労連およびアメリカ国際電機労組との交流の進展について触れた後、経営者の介入と共産党の支配の両方に反対することを表明した。この演説の重点は、日本の低賃金に置かれた。竹花は、日本の賃金を西ドイツの水準にまで引き上げ、アメリカと西欧諸国の賃上げをさらに促進したいと述べた(39)。そして、10月5日に発表された電機労連とアメリカ国際電機労組の共同宣言は、最初の項目で国際公正労働基準の実現に向けて努力することを謳った(40)。この電機産業の労働組合間の交流の進展と並行して、鉄鋼労連と全米鉄鋼労組の関係も一層緊密化した。門間吉信委員長ら鉄鋼労連の3名の指導者が全米鉄鋼労組の第11回大会に出席するため8月23日に渡米したのに続いて、鉄鋼労連は9月24日からの第24回大会で、国際金属労連との関係強化を打ち出した(41)。こうしたなか、全米自動車労組のウォルター・ルーサー会長が、11月15日に来日したのである。

ルーサーの訪日準備と全労

ルーサーの来日の直接的なきっかけとなったのは、全労の和田書記長が1960年11月9日に送った招待状であった。和田は、全労が傘下の自動車労連とともに、全米自動車労組の指導者を数名、翌年春に招待したいと申し入れ、その際には全労以外の労働組合とも交流する機会を設けたいと提案した(42)。1953年の日産争議の敗北後、日本の自動車産業の労働組合は、四分五裂の状態にあった。総評傘下の有力単産であった全自動車は、争議中の負債処理問題をめぐって内部対立が激化し、1954年12月1日からの臨時大会で解散を余儀なくされた。これに対して、組合員の多数を掌握した日産の第二組合は、1955年1月23日、販売・部品など関連企業の労働組合とともに自動車労連を発足

させ、翌年6月に全労に加盟した。自動車労連は産業別組合と自称したが、トヨタなどは加盟せず、基本的に日産グループの枠内にとどまった。トヨタ、いすゞ、日野などは、1962年1月28日に全国自動車を結成し、いずれのナショナル・センターにも加盟しない純中立の立場をとった。

　日本の自動車労組の結集を進めたいルーサーは、和田の申入れに対して前向きの姿勢をとったが、多忙を極めていたため、1961年3月14日の書簡で、日程を半年ほど遅らせて9月末ないし10月初頭にするよう要請した[43]。だが、今度は全労の都合がつかず、5月19日の書簡で、和田は翌年まで延期したいと伝えた[44]。この和田の申し出は、ルーサーにとって渡りに船であった。かねてから全労単独の招待による訪日を問題視していたルーサーは、その直前の5月9日からローマで開催された国際金属労連の第19回大会で、国際金属労連のグラデル会長、ダンネンバーグ書記次長、瀬戸日本事務所長、電機労連の竹花委員長、鉄鋼労連の宮田書記長、全機金の関野委員長らと会い、ナショナル・センターを横断する労働組合の共同招待によって訪日したいという意向を示し、賛意を得ていた。そのために必要な時間が、この順延によって生じたのである[45]。国際自由労連のニジンスキー書記次長も、幅広い労働組合の共同招待による訪日に賛成し、大倉東京事務所長を通じて協力することを約束した[46]。

　国際金属労連のローマ大会から帰国した日本の労働組合指導者は、ルーサーの共同招待を実現すべく工作を進めた。傘下の鉄鋼労連の宮田書記長から打診された総評の岩井事務局長は、7月14日にルーサーに宛てて書簡を書き、それに喜んで応じることを伝えた[47]。新産別と中立労連も、共同招待に積極的に同意した。しかし、電機労連の竹花委員長から接触を受けた全労の和田書記長は、慎重な態度を示し、即答を避けた[48]。和田は、8月26日にルーサーに書簡を送り、翻意を迫った。その書簡によると、和田が全米自動車労組に招待状を送ったのは、かつて反米的で破壊的な方針をとった結果、深刻な分裂状態に陥っている日本の自動車産業の労働組合を、自由にして民主的な労働組合の中央組織である全労の下に統一するためであった。全てのナショナル・センターの共同招待という形式は、このような目的と相容れない、と和田は強調した。そして、単独招待の場合でも全労以外の労働組合と会談を行う機会を設定する

つもりだと述べ、その線で再考するよう強く要請した(49)。

　だが、ルーサーが共同招待を希望している以上、全労は妥協せざるをえなかった。和田は、国際金属労連日本事務所の瀬戸所長に対して、ルーサーが全米自動車労組だけでなく、AFL-CIOの代表として来日するのであれば、共同招待に加わってもよいと伝えた(50)。ルーサーはこれを受け入れ、その結果、多数の肩書きを引き下げて訪日することになった。すなわち、AFL-CIO副会長および産業別組合部門会長、全米自動車労組会長、国際金属労連自動車部会長、国際自由労連副会長である(51)。そして、総評の岩井事務局長、全労の和田書記長、新産別の落合英一書記長、中立労連の竹花議長、国際自由労連の大倉東京事務所長、国際金属労連の瀬戸日本事務所長の6者からなる歓迎準備委員会が設置され、1962年4月14日に第1回会合が開かれた(52)。元CIO会長のルーサーは、AFL-CIO会長で元AFL会長のミーニーと並ぶアメリカ労働界の巨頭であり、大きな注目を集めたその初めての来日は、日本の全てのナショナル・センターを歓迎準備(実行)委員会の下に結集したばかりか、国際自由労連と国際金属労連に結びつけたのである。

　これまで繰り返し述べてきたように、ルーサーは、反共産主義の立場から全労を支持するミーニーとは異なり、労働戦線の統一を促進する観点から総評の穏健派を重視する国際自由労連の対日政策を支持していた。それゆえ、国際自由労連は、ルーサーの訪日に大きな期待を寄せた。ベクー書記長は、8月1日、ルーサーに宛てて書簡を送り、次のように述べた。1962年度の運動方針案をはじめ、総評は国際自由労連と国際産業別組織に好意的になってきている。なかでも「国際組織(ICFTU・ITS)加盟組合連絡会議」の結成は、重要な意味を持っている。全労は総評の方針転換に懐疑的な見解を示しているが、国際自由労連はこうした総評の好ましい変化を促進すべきだと考えている。国際自由労連は、全労が頑なな態度を改め、総評傘下の国際自由労連を支持する労働組合と協力して、労働戦線の統一に尽力することを期待している(53)。このベクーの書簡に対して、ルーサーは8月23日に返事を送り、国際自由労連が掲げる目標を実現するために全力を尽くしたいと書いた(54)。

　全労が労働戦線の統一に消極的な態度を崩さなかったのは、その強硬な反共産主義に加えて、内部の組織問題が関係していた。全労の滝田議長は、9月14

日にアメリカ大使館のウリック・ストラウス副労働官と会談し、「第1のステップは全労と総同盟の統一であり、これが達成されて初めて、総評との統一を真剣に検討できるようになる」と語った[55]。全労は結成以来、その傘下に位置しながら同じくナショナル・センターである総同盟との組織競合に悩まされており、具体的には、新規に加盟を希望する労働組合を全労に直結させるのか、それとも総同盟の下に置くのかをめぐって深刻な摩擦が発生していた。そこで、全労から総同盟を切り離し、総同盟とそれを除く全労とを対等な関係にした上で、それに全官公を加えた3組織により構成される中央組織として、1962年4月26日に同盟会議が結成された。議長に海員組合の中地熊造組合長、議長代理に電労連の片山武夫会長、事務局長に総同盟の天池清次総主事がそれぞれ就任した。しかし、同盟会議傘下の全労と総同盟の組織競合は、この段階では解消されなかった。

　だが、同盟会議の結成は、全労と国際自由労連の関係を見直す契機となった。1954年の結成の際、全労は総評傘下の加盟組合の反対により国際自由労連への一括加盟を認められず、単産が個別に加盟する方式が暫定的に採用され、全労の傘下にあった総同盟はナショナル・センターでありながら例外的に単産扱いとして一括加盟した。ところが、同盟会議の結成によって全労と総同盟が対等の関係になったことから、全労の和田書記長は9月29日に国際自由労連のベクー書記長に書簡を送り、単産個別加盟方式の変則性と事務的煩雑さなどに言及しつつ、1963年1月1日から一括加盟したいと申し入れた。そして、総評およびその傘下の単産との関係に関する国際自由労連の懸念を緩和するため、「全労は全労加盟以外の労働組合が国際自由労連に直接加盟することを歓迎し、それを決して制約しないことを約束する」、「日本の国際自由労連加盟組合の複雑な状況に鑑みて、それが完全に解消するまで、全労は国際自由労連との関係で日本のナショナル・センターとしての特権的地位を主張しない」と付記した[56]。

　この頃までに、全労の一括加盟にとって有利な情勢が形成されつつあった。総評傘下の国労・私鉄総連・日教組の脱退と全労の組織拡大によって、国際自由労連の加盟組合は、総同盟を含む全労が6単産92万人、総評が5単産49万8000人と逆転していた。イギリス大使館の観察によると、1962年5月18日に

「国際組織(ICFTU・ITS)加盟組合連絡会議」が結成された1つの理由は、全労に対して劣勢に陥った総評が国際自由労連への影響力を強化するためであった。全鉱、全通、炭労、日放労、都市交通の5単産は、国際産業別組織に加盟する国労、動労、日本交通公社労組の3単産38万2000名を加え、全労とほぼ拮抗する勢力を結集し、さらに新規の加盟組合を増やすことで、全労に対抗しようとしたのである。そして、その短期的なねらいは、引退する西巻敏雄が占めていた国際自由労連の執行委員のポストを獲得することにあるとみられた(57)。しかし、全労系が組織的な優位を背景として強硬な態度を示した結果、総評系は譲歩せざるをえず、7月5日から開かれた国際自由労連の第7回大会で、全労の和田書記長が執行委員に選出された(58)。

とはいえ、全労がルーサー来日の端緒を開きながら、それによって不利な立場に追い込まれたことは明白であり、AFLとCIOの合同を成し遂げたルーサーが、かつてのミラードのように、国際自由労連本部の意を呈して労働戦線の統一を提案することが予想された。そこで、10月7日、全労の滝田議長は和田書記長とともに記者会見を行い、「統一の最低綱領は、指導方針において共産主義との絶縁を明確化することである」と指摘し、総評に「世界労連とハッキリ絶縁する態度をとる」よう求め、この条件を総評が真面目に考慮するならば全労も労働戦線の統一に取り組みたいと述べた。それに対して総評の岩井事務局長は、「AFL-CIOのルーサー副会長がくる情勢の中で、従来から戦線統一に消極的なのは全労であると云われていたのをここでもりかえすためと見られる」と分析を加え、「共産党、世界労連と一切の交流をするなということでは賛成出来ない」と語りながらも、基本的に好意的な反応を示した。滝田談話は、その意図とは逆に労働戦線統一の機運を高めたのである。

滝田談話に最も積極的な態度を表明したのは、総評と全労の中間に位置し、従来から労働戦線統一の必要性を訴えていた新産別であった。新産別は、10月18日からの第14回大会で、労働戦線の統一を明記する運動方針を採択し、労働組合主義の徹底や共産党の排除などを条件として提示した(59)。その2日前の10月16日、ルーサー歓迎準備委員会の一員でもある落合書記長は、ルーサーに書簡を送り、訪日に向けて情報提供と助言を行った。全労は総評の方針転換に懐疑的である。しかし、総評の変化は、技術革新や経済成長の進展、安

保・三池闘争への反省といった指導者の思惑を超える情勢の変化に起因しており、共産圏との関係などについて曖昧さが認められるが、総評の規模と影響力を考えると、それを積極的に促進すべきである。重要なのは、その結果、労働戦線統一の条件が成熟しつつあることである。従来それに消極的であった全労ですら、滝田談話にみられるように、反対できなくなっている。共産党との対決と労働組合主義の採用を進める総評主流派を支援し、労働戦線の統一を推進しなければならない[60]。

労働戦線の統一を望む国際自由労連も、10月19日の「総評および国際自由労連と国際産業別組織の加盟組合の指導者に関する覚書」をはじめ、様々な情報をルーサーに送り届けた。この文書において、国際自由労連が「総評のなかで最も信頼できる友人」と評価したのは、全逓の宝樹委員長であり、宝樹は総評の指導者のなかで例外的に全労と良好な関係を築いているとされた。それに比べると、全鉱の原口委員長は、全労との摩擦や決断力の弱さから、やや評価が低かった。総評の最高指導者については、不用意な発言を行い、全労から信用されない太田議長よりも、岩井事務局長の方が高く評価された。岩井は、何事にも慎重で総評の団結を重視し、国際自由労連と世界労連に対する組織的中立を主張しているが、いずれかといえば国際自由労連を選ぶであろうと考えられた。全労では、能弁で有能だが、総評に強硬な態度をとる和田書記長よりも、総評からも信頼され、労働戦線の統一に積極的な滝田議長への期待が示された[61]。国際自由労連は、10月31日に追加の書簡を送り、滝田談話にみられる労働戦線統一への動きをルーサーに知らせた[62]。

ルーサーの来日とその提唱

全米自動車労組のウォルター・ルーサー会長は、実弟のヴィクター・ルーサー国際部長ら3名の団員とともに、11月15日に来日した。費用は、国務省の日米労働交流プログラムから支出された。その意味で、ルーサーの来日には、全米自動車労組、AFL-CIO、国際金属労連、国際自由労連の4つの労働組織のみならず、アメリカ政府も深く関与していた。羽田空港に到着したルーサーは、歓迎実行委員会を構成する総評の岩井事務局長、全労の和田書記長、新産別の落合書記長、中立労連の竹花議長らの出迎えを受け、早速その翌日から精

力的に日程をこなした。上記の4つのナショナル・センターや金属・自動車産業の労働組合との協議、社会・民社両党の幹部、大橋武夫労相、ライシャワー大使、日経連の首脳などとの会談のほか、日産追浜工場をはじめいくつかの工場を見学し、日本労働協会などで講演を行い、関西にも赴いた。新聞などの取材にも積極的に応じ、その動向は広く報道された。そして、ルーサーは、11月24日に歓迎実行委員会と共同声明を発表し、翌日、帰国の途についた[63]。

来日前、ルーサーの発言で最も注目されたのは、労働戦線統一問題であった。到着後の記者会見で、ルーサーは、「日本の労働団体に対し戦線を統一しろ、などという助言をするつもりはない」と述べながら、「われわれの経験に照らすと賃金その他の要求に関して、労働戦線が統一されている方が強力な戦いができることは疑いない」と語り、慎重な言い回しを使いつつ、労働戦線統一の重要性を訴えた。だが、全労を含む同盟会議は、11月16日の会談で、総評が共産主義者を内部に抱え、世界労連と交流していることに触れ、労働戦線の統一は不可能であると力説した。それに対して、ルーサーは、政治問題を棚上げにし、賃金問題などでの共闘を通じて信頼感を醸成するよう説得したが、同盟会議は納得せず、両者の主張は平行線のまま終わった。国際自由労連東京事務所の大倉所長は、簡単な図を用いて、同盟会議がねらう総評からの国際自由労連および国際産業別組織の加盟組合の切取りではなく、総評の大部分を占める中立主義者を含めた労働戦線統一の必要性を説き、ルーサーの全面的な賛同を得た［図3］。

ルーサーが賃金問題を通じた労働戦線の統一を主張した背景には、いうまでもなく、日本の低賃金を打破するという目的があった。ルーサーは、到着後の記者会見で、「日本の賃金はその分配率において西欧諸国と大きな開きがある」と述べたが、11月20日の大橋労相との会談では、アメリカの繊維労働者が日本の低賃金輸出で生活を脅かされ、不満を高めていると指摘しつつ、現行の業者間協定方式を改め、全国一律の最低賃金制度を実施するよう要請した。これは総評の主張と全く同一であった。11月16日のルーサーと太田議長ら総評幹部の会談は、賃金闘争での戦闘性について見解が一致し、非常に友好的に行われた。新聞紙上の対談でも、太田が「労働者の賃金をあげて国内市場を拡大していかなければいけない。とくに日本の生産力がヨーロッパなみになったのに、

全労が企図する分断線		大倉が企図する分断線	
	▼		▼

30% 親国際自由労連勢力	50% 中立主義者	20% 共産主義者と その同調者
総　評		

出典：Okura to Becu, February 28, 1963, ICFTU Archives, Box 3540, IISH.

図3　大倉国際自由労連東京事務所長の対総評戦略

賃金が三分の一というのはおかしい」と述べたのに対して、ルーサーは「太田さんに同感だ」と返答し、利益の公平な分配により内需を拡大することで、技術革新と大量生産に基づく国際競争力の強化を目指すべきだと強調した[64]。

　日本の低賃金輸出の阻止は、ルーサーをはじめとする AFL-CIO のみならず、アメリカ政府の方針でもあった。前述したように、AFL-CIO の意向を受けたアメリカ政府は、1961年11月2日から開かれた第1回日米貿易経済合同委員会で、賃金の共同調査を要求し、共同宣言に盛り込むことに成功した。ところが、1962年3月23日にアメリカ側が示した提案に対して、日本側は産業や工場単位の調査を実施することなどに強く抵抗し[65]、6月13日の協議で、両国の相互理解の促進と貿易の拡大を目的に据えること、まず共同で調査方法を検討し、次いでそれぞれの政府が調査を行い、資料と意見を交換すること、個別企業を調査の対象とせず、合同のフィールド調査も行わないことなどを逆に提案した。日本政府は、通産省をはじめとして、低賃金を理由に対米輸出が制約されることを懸念したのである[66]。日本側の強い反対に直面したアメリカ側は、6月13日の提案の受入れを決意し、ルーサー来日の直前の11月9日に通告した。1年をかけてようやく入口についての合意が成立したのである[67]。

　こうした日本政府の態度に強い不満を感じていた総評の岩井事務局長は、11月16日のルーサーとの会談で、アメリカ政府が要求した賃金の共同調査に日本政府が拒絶的な態度をとっていることを批判した。これを受けて、ルーサーは、労働組合が協力して賃金調査を実施してはどうかと提案した。太田議長も、これに全面的に賛成した。ルーサーは、同日の同盟会議、新産別、中立労連との会談でも、同じ趣旨の提案を行った。そして、これ以降、労働四団体との協議を進める一方、次のような構想を明らかにしていった。すなわち、賃金およ

びそれに関するあらゆる条件を調査するため、国際的な賃金共同調査センターを設置する。準備委員会は、日本の労働四団体の代表各1名、ルーサー、ヨーロッパの労働組合の代表2名などによって構成し、東京に事務局を置き、日本人を事務局長とする。これを母体として、日米欧の労働組合が正式にセンターを設立する。経費は、参加組合がそれぞれの能力に応じて拠出する。調査は、鉄鋼、自動車、造船などの金属産業から開始し、漸次拡大していく。

　この賃金共同調査センターの直接的な目的は、日本の労働組合の賃上げ闘争を支援することにあった。賃金、コスト、生産性などに関する情報は、経営者に対する交渉力を高めるために不可欠であり、最低賃金制度や社会保障制度の拡充を政府に要求する上でも有益である、とルーサーは考えた。しかし、それには同時に2つの追加的な目的があった。その1つは、賃金問題について日本の労働四団体を協力させ、労働戦線の統一を促進することである。もう1つは、センターの運営を通して、日本の労働組合を西側の労働組合に結合させることである。ルーサーの賃金共同調査センターの提案は、重要な戦略的意味を持っていたといえよう。ただし、この提案は事前の準備を欠いていたため、曖昧な点を数多く残していた。国際自由労連や国際金属労連との関係も、その1つであった。この点についてルーサーは、総評との関係を円滑化するため、金属産業を調査する段階では国際金属労連のみを参加させ、センターの運営が順調に進み、調査対象を広げる段階で国際自由労連を加える、という提案を帰国後に行った[68]。

　しかし、賃金共同調査センターの設立は、労働四団体の全面的な賛意を得られなかった。前述したように、総評は諸手を挙げて賛成し、新産別と中立労連も積極的に支持した。それは日本の低賃金の実態を明らかにし、国際的な圧力を用いて賃上げを実現するためであった。1963年の春闘で「ヨーロッパ並みの賃金」というスローガンが掲げられるが、これも賃金闘争を国際的な視野から進める姿勢のあらわれであった。だが、同盟会議は、賃金共同調査センターの設置に難色を示した。全労の滝田議長が、「賃金の実態調査といつても、よく考えないとアメリカやヨーロッパの一部経営者に日本品輸入抑制の口実として利用されるおそれがある」と語ったように、賃金の国際比較は難しく、諸外国の保護主義を高める危険性がある、というのが主たる理由であった。また、

アメリカ政府の代弁者としてルーサーは提案したのではないか、という疑念も抱かれた。日本政府や経営者も、同様の理由から強い反対意見を持っていた。そして、同盟会議の批判的な態度は、それを反映しているとも伝えられた。

とはいえ、ルーサーの威信は絶大であり、同盟会議は賃金共同調査センターの構想に反対できなかった。そこで、全労の和田書記長が、その具体的な内容を共同声明に盛り込まず、原則だけを記すよう申し入れるにとどめた。11月24日に発表された共同声明は、日米両国の労組間交流の推進、日本のILO第87号条約の批准促進と並んで、賃金共同調査センターの設置に触れ、「日米両国の労働組合が共同調査センターを設置し、賃金を中心とする労働経済に関する国際調査を協力して実施すること」、「調査センターの組織や方法については、日本の労働組合がそれぞれの内部と団体間でさらに協議をする必要があり、ルーサーのアメリカ帰国後も連絡を保ち、できるだけ早く上記の問題について結論を得るよう努力すること」、「日本の労働四団体は協議を行い、連絡の窓口機関を設立すること」などが定められた。事務局長の人選や調査の方法をはじめ、具体的な内容の決定に際して、同盟会議の強い抵抗が予想されたが、まがりなりにも賃金共同調査センターの設立について合意を得たのである。

ルーサーの帰国から約1週間後の12月3日、第2回日米貿易経済合同委員会がワシントンで開催された。賃金の共同調査は正式の議題としては取り上げられなかったが、翌4日に行われた大橋労相とウィラード・ワーツ労働長官の会談の主要な協議事項となった。ワーツは、最高裁判事に就任したゴールドバーグの後任として、次官から長官に昇格した人物であった。この席で大橋は、経済成長を背景として日本の賃金が上昇し、西欧諸国の水準に接近しつつあり、繊維、鉄鋼、化学などの産業ではイタリアを上回っていると述べ、日本の低賃金を強調したルーサーを名指しで批判した。ルーサーから賃金共同調査センターの構想について聞いていたワーツは、日本の低賃金の実態がアメリカの労働界や産業界の批判ほど深刻でないことを認めつつも、それを無視しえないことに理解を求めた。そして、労働組合の調査がその性格上限界があるがゆえに、アメリカでは政府の共同調査を要求する意見が強いと述べた。両者は、日本政府の提案に基づく調査の実施を確認し、その方法を検討するために専門家を派遣すること、付加給付を調査項目に含むことなどで合意した[69]。ルーサーの

構想は、日米両国政府に対する圧力になったのである。

賃金問題と並ぶルーサー来日の具体的な成果は、国際金属労連の組織化の進展であった。来日の直前の10月20日に国際金属労連日本事務所の瀬戸所長がルーサーに送付した文書によると、250万人の金属労働者のうち約97万人が11の産業別組合に組織され、それらに所属していない組織労働者が20万人以上存在していた。11の産業別組合とは、総評傘下の鉄鋼労連(15万7000人)、全国金属(15万人)、同盟会議傘下の全金同盟(15万400人)、自動車労連(5万7000人)、造船総連(4万3000人)、中立労連傘下の電機労連(23万3000人)、全造船(7万4000人)、全電線(2万人)、車輛労連(1万4500人)、新産別傘下の全機金(3万4500人)、純中立の全国自動車(4万人)であった。中立労連は総評の強い影響下にあったため、総評系65万人、同盟会議系25万人というのが、瀬戸の示した勢力分布であった。これらのうち、鉄鋼労連、全金同盟、自動車労連、造船総連、電機労連、全機金、全国自動車が国際金属労連を指向し、全国金属と全造船が世界労連に近い立場をとっていた[70]。

国際金属労連への加盟に向けた動きは、電機労連の竹花委員長、鉄鋼労連の宮田書記長、全機金の関野委員長の3名が、1961年5月9日からローマで開催された国際金属労連の第19回大会に出席した際に決意したことで、すでに始められていた。その推進役となった宮田の目的は2つあった。1つは、貿易・資本の自由化を受けて、西側の労働組合との国際連帯が、賃金や労働条件を向上させる上で不可欠になるという認識であった。この国際金属労連のローマ大会で、宮田は国際公正労働基準という概念を初めて知ったという。もう1つは、高野派が強い影響力を保つ鉄鋼労連の体質改善を進め、労働組合主義を定着させるためである。前述したように、宮田は八幡製鉄労組の右派の盟友会の指導者であった[71]。そして、鉄鋼労連、電機労連、造船総連、全機金、全金同盟、全国自動車、自動車労連などの有志は、1962年初頭から非公式に懇談会を設けて検討を進め、5月のケアリー来日を経て、10月のルーサーの歓迎準備会合で、国際金属労連への加盟について大筋で合意した[72]。

こうしたなかで来日したルーサーは、11月18日、高野の出身単産である全国金属などを除く金属産業の労働組合と懇談会を持ち、鉄鋼、自動車、電機、造船などの部会を有する協議会を設立し、それを通じて国際金属労連に一括加

盟するよう提案した。この提案は、懇談会の出席者により全会一致で合意され、国際金属労連日本事務所の瀬戸所長を暫定的な事務局長として、組織や人事などを具体化していくことが決まった。共産主義勢力を排除した金属労働戦線の統一をねらう国際金属労連の対日方針が受け入れられ、実現に向かったのである。この協議会は、賃金共同調査センターと密接に連携して運営されることが想定されたが、それと同様の問題を抱えることになった。同盟会議からの批判である。傘下の全金同盟や造船総連などの加盟申請を保留されてきた同盟会議は、組織力で勝る総評傘下の鉄鋼労連や中立労連傘下の電機労連が協議会の主導権を握ることを容認できず、それを形式的な組織にとどめたいと考えていた。そうした問題を孕んではいたが、ルーサーの来日によって、国際金属労連の日本での組織化は大きく前進したのである。

(1) 労働省編『資料労働運動史 昭和36年』労務行政研究所、1963年、854-855、872ページ、鈴木誠市「ベルリン国際労働組合会議に出席して」(『月刊総評』1961年11月)、岩井章・野口一馬・鈴木誠市(座談会)「積極中立とイタリアの意見」(『月刊総評』1962年2月)。
(2) "Agenda Item 11(c): Japan," ICFTU Sub-Committee, March 12-14, 1962, ICFTU Archives, Box 373, IISH.
(3) 労働省編『資料労働運動史 昭和36年』855-856ページ。
(4) "Agenda Item 11(c): Japan," ICFTU Sub-Committee, March 12-14, 1962, ICFTU Archives, Box 373, IISH;『総評』1962年1月12日、2月2日。
(5) 労働省編『資料労働運動史 昭和36年』854-856、873ページ。
(6) Bonn to the Department of State, March 8, 1962, No. 1231, 894.062/3-862, *CUSSDJ, 1960-1963*, Reel 16.
(7) Nedzynski to Becu, February 28, 1962, ICFTU Archives, Box 3548, IISH.
(8) "Agenda Item 11(c): Japan," ICFTU Sub-Committee, March 12-14, 1962, ICFTU Archives, Box 373, IISH.
(9) Wada to Becu, February 16, 1962, ICFTU Archives, Box 3559, IISH.
(10) Minutes, ICFTU Sub-Committee, March 12-13, 1962, ICFTU Archives, Box 373, IISH.
(11) Becu to Wada, March 6, 1962, ICFTU Archives, Box 3559, IISH.
(12) Okura to Nedzynski, May 25, 1962, ICFTU Archives, Box 3548, IISH;労働省編『資料労働運動史 昭和37年』労務行政研究所、1964年、867-868、

880-881 ページ。
(13) Tokyo to Secretary of State, May 25, 1962, No. A-977, *CUSSDJ, 1960-1963*, Reel 16.
(14) Okura to Millard, September 8, 1960, ICFTU Archives, Box 3232, IISH.
(15) Okura to Nedzynski, December 11, 1961, ICFTU Archives, Box 3548, IISH.
(16) 岩井章『総評とともに』読売新聞社、1971 年、104-105 ページ、太田薫『闘いのなかで』青木書店、1971 年、168-169 ページ、宝樹文彦『証言戦後労働運動史』東海大学出版会、2003 年、304-307 ページ。
(17) 原口は、1961 年 3 月 17 日のイギリス大使館との会談で、構造改革論に対する支持を明らかにし、それを攻撃する太田を批判するとともに、改良主義に反対ではないと述べた。さらに、総評の内部の極左勢力を無力化すれば、総評と全労の統一が実現できるとも語った。宝樹は、同年 5 月 4 日の会談で、経済闘争を重視する総評の 1961 年度の運動方針案について説明した上で、社会党の将来に言及し、江田を首相にしたいと語った。Cortazzi to Trench, March 22, 1961, FO 371/158540, PRO; Mayall to de la Mare, May 11, 1961, FO 371/158540, PRO.
(18) 労働省編『資料労働運動史 昭和 37 年』866、871-876、901 ページ。
(19) Nedzynski to Okura, August 16, 1962, ICFTU Archives, Box 3548, IISH; Okura to Nedzynski, September 15, 1962, ICFTU Archives, Box 3548, IISH.
(20) 日本労働組合総評議会編『総評三十年資料集 上巻』449 ページ。
(21) 労働省編『資料労働運動史 昭和 37 年』868 ページ。
(22) Dannenberg to Carey, August 4, 1960, IUE Records, Box 73, Folder 2, RU.
(23) Graedel to Carey, January 31, 1961, UAW-IAD Collection, Box 107, Folder 14, RL; Dannenberg to Carey, February 15, 1961, IUE Records, Box 73, Folder 2, RU.
(24) Carey to Dannenberg, November 22, 1960, IUE Records, Box 73, Folder 2, RU.
(25) 『国際金属労連ニュース』1961 年 5・6 月。
(26) Minutes, IMF Central Committee, May 8 and 12, 1961, IMF Collection, Box 5, IISH.
(27) 労働省編『資料労働運動史 昭和 36 年』938-941 ページ。
(28) Seto to Carey, March 26, 1962, IUE Records, Box 74, Folder 25, RU; Silverberg to Carey, April 27, 1962, IUE Records, Box 74, Folder 25, RU; Carey to Silverberg, May 9, 1962, IUE Records, Box 74, Folder 25, RU.
(29) James B. Carey, Oral History Transcripts, JFKL.
(30) Carey to Robert Kennedy, May 21, 1962, IUE Records, Box 74, Folder 25, RU; Carey to Robert Kennedy, May 24, 1962, IUE Records, Box 74, Folder 25,

第 2 節　労組間交流の進展　321

RU.
(31) Message from President John F. Kennedy to Denki Roren on Its 10th Anniversary Convention, undated, IUE Records, Box 74, Folder 25, RU;「電機労連結成十周年記念大会にケネディ米大統領からメッセージ」(『アメリカの労働問題』1962 年 6 月)。
(32) "Meeting with Representatives of Labor Unions," February 9, 1962, Robert Kennedy Papers, Box 6, JFKL.
(33) Carey to Robert Kennedy, May 24, 1962, IUE Records, Box 74, Folder 25, RU.
(34) Address by James B. Carey, 10th Anniversary Convention of Denki Roren, May 28, 1962, IUE Records, Box 44, Folder 26, RU;「電機労連十周年記念大会におけるIUEケアリー会長の挨拶」(『アメリカの労働問題』1962 年 6 月)。
(35) "Answers to Questions Put to President Carey in Japan," undated, IUE Records, Box 44, Folder 26, RU.
(36) 『週刊労働ニュース』1962 年 5 月 28 日。
(37) Tokyo to the Department of State, June 19, 1962, No. 1067, *CUSSDJ, 1960-1963*, Reel 16.
(38) Carey to Graedel, June 19, 1962, IUE Records, Box 73, Folder 1, RU.
(39) "Address of Yukichi Takehana, President, Denki Roren to the 10th Constitutional Convention of IUE, AFL-CIO," September 14, 1962, IUE Records, Box 121, Folder 19, RU.
(40) "Joint Declaration," October 5, 1962, IUE Records, Box 74, Folder 29, RU.
(41) 労働省編『資料労働運動史 昭和 37 年』868、927、1019 ページ。
(42) Wada to Walter Reuther, November 9, 1960, Reuther Collection, Box 457, Folder 13, RL.
(43) Walter Reuther to Wada, March 14, 1961, Reuther Collection, Box 457, Folder 13, RL.
(44) Wada to Walter Reuther, May 19, 1961, Reuther Collection, Box 457, Folder 13, RL.
(45) Victor Reuther to Graedel, June 6, 1961, UAW-IAD Collection, Box 107, Folder 14, RL; Walter Reuther to Becu, June 21, 1961, UAW-IAD Collection, Box 107, Folder 14, RL.
(46) Nedzynski to Walter Reuther, June 30, 1961, UAW-IAD Collection, Box 107, Folder 14, RL.
(47) Iwai to Walter Reuther, July 14, 1961, Reuther Collection, Box 457, Folder 13, RL.

(48) Seto to Walter Reuther, July 27, 1961, Reuther Collection, Box 457, Folder 13, RL.
(49) Wada to Walter Reuther, August 26, 1961, UAW-IAD Collection, Box 107, Folder 15, RL.
(50) Seto to Victor Reuther, October 27, 1961, UAW-IAD Collection, Box 107, Folder 15, RL.
(51) Walter Reuther to Seto, February 9, 1962, Reuther Collection, Box 457, Folder 14, RL; Walter Reuther to Wada, February 9, 1962, Reuther Collection, Box 457, Folder 14, RL.
(52) Seto to Walter Reuther, March 31, 1962, Reuther Collection, Box 457, Folder 14, RL.
(53) Becu to Walter Reuther, August 1, 1962, Reuther Collection, Box 459, Folder 1, RL.
(54) Walter Reuther to Becu, August 23, 1962, Reuther Collection, Box 438, Folder 13, RL.
(55) Tokyo to the Department of State, September 28, 1962, No. A-425, 894.062/9-2862, *CUSSDJ, 1960-1963*, Reel 16.
(56) Wada to Becu, September 29, 1962, ICFTU Archives, Box 3559, IISH.
(57) Cortazzi to Hitch, May 24, 1962, FO 371/165032, PRO.
(58) 木畑公一『戦後国際労働運動の軌跡』日本生産性本部、1991年、66ページ。
(59) 労働省編『資料労働運動史 昭和37年』725-732ページ。
(60) Ochiai to Walter Reuther, October 16, 1962, Reuther Collection, Box 458, Folder 4, RL.
(61) Becu to Walter Reuther, October 19, 1962, ICFTU Archives, Box 3540, IISH.
(62) Patteet to Walter Reuther, October 31, 1962, Reuther Collection, Box 458, Folder 3, RL.
(63) 以下の記述については、断りのない限り、以下のルーサー自身の訪日に関する2つの報告書、アメリカ大使館の国務省への報告書、国際自由労連東京事務所の大倉所長の本部宛の報告書、そして、『国際金属労連ニュース』1962年12月、労働省編『資料労働運動史 昭和37年』892-896ページを用いた。"Visit to Japan by Walter P. Reuther and UAW Delegation, November 15-25, 1962," Reuther Collection, Box 458, Folder 8, RL; "President Reuther's Report(Partial): Japan," UAW-IAD Collection, Box 108, Folder 13, RL; Tokyo to the Department of State, January 25, 1963, No. A-1034, RG 84, Entry 2828A, Box 113, NA; Okura to Becu, February 28, 1963, ICFTU Archives, Box 3540, IISH.

(64) 『東京新聞』1962年11月22日、Reuther Collection, Box 458, Folder 4, RL.
(65) Memorandum of Conversation, March 23, 1962, 894.06/3-2362, *CUSSDJ, 1960-1963*, Reel 15.
(66) Memorandum of Conversation, June 13, 1962, 894.06/6-1362, *CUSSDJ, 1960-1963*, Reel 15; Tokyo to Secretary of State, June 14, 1962, No. 3497, RG 84, Entry 2828A, Box 95, NA.
(67) Department of State to Tokyo, November 9, 1962, No. A-326, *CUSSDJ, 1960-1963*, Reel 15.
(68) Walter Reuther to Graedel, December 12, 1962, Reuther Collection, Box 438, Folder 13, RL; Walter Reuther to Becu, December 13, 1962, Reuther Collection, Box 438, Folder 13, RL.
(69) Memorandum of Conversation, December 4, 1962, 894.06/12-462, *CUSSDJ, 1960-1963*, Reel 15.
(70) "A Brief Survey of the Trade Union Movement in Japan," by Ichiro Seto, October 20, 1962, enclosed with Victor Reuther to Walter Reuther, October 31, 1962, Reuther Collection, Box 458, Folder 3, RL.
(71) 宮田義二『組合ざっくばらん』東洋経済新報社、1982年、131-139ページ。
(72) IMF・JC10周年史編纂委員会編『IMF・JC10年の歩み』28ページ。

第3節　IMF-JC と同盟の結成

国務省訪米プログラムと日米政府間賃金調査

　ルーサーの来日を成功と評価した駐日アメリカ大使館は[1]、総評の穏健化を一層促進すべく、労働交流プログラムを従来以上に活用しようと考えた。そのためには、日本生産性本部の人選への関与を低下させることが必要であった。1963年1月29日にチャールズ・ファース文化広報担当公使が国務省に送った書簡によると、生産性本部の労働部は同盟会議によって掌握されており、それゆえ1962会計年度の派遣者の約半数にあたる40名の地方チームの人選に関与した生産性本部は、中立系の労働組合を取り込もうとする一方、総評、とりわけその内部の同盟会議に対抗的な勢力を極力排除しようとした。これは、総評を右傾化させ、AFL-CIO など西側の労働組合と緊密化させるというアメリカ政府の方針に反している。そこで、1963会計年度では、訪米視察団のオリエンテーションには生産性本部を使うが、人選については駐日大使館が日本の労働組合と直接交渉して行うべきである、というのがファースの意見であった。総評と同盟会議の参加者は前年と同じくほぼ均等にすることが提案されたが、総評のなかでも主流派からの参加者を増加することが考えられた[2]。

　もっとも、アメリカ大使館は、総評の穏健化を図りつつも、同盟会議に対する支援を停止していなかった。同盟会議は、従来の第二組合工作を切り換え、既存の単組の執行部を掌握して総評から脱退させる戦術を採用したが、その最初の成功例として、昭和電工塩尻労組が、1962年12月23日に太田総評議長の出身単産の合化労連を脱退した。この直後、同盟会議と緊密な関係にある民社党からアメリカ大使館に、その数名の指導者を訪米させて欲しいという要請が伝えられた。これは明らかに分裂への報酬を意味したが、アメリカ大使館は、合化労連の内部の民主化運動を促進するという理由から、それに好意的な反応を示した。1600人の組合員を擁する塩尻労組の動向は、それ以外の昭和電工の組合員1万1500名に大きな影響を与えることが予想されるからである。しかし、その指導者を国務省の労働交流プログラムで訪米させることは、総評主

第 3 節　IMF-JC と同盟の結成　325

流派を穏健化するという目的を阻害する可能性があった。そこで、アメリカ大使館は、政府の資金に基づかない民間の労組間交流によって訪米させるよう、国務省に提案した[3]。

　とはいえ、アメリカの対日労働政策の中核をなす国務省の訪米プログラムは、1963 会計年度に向けて総評を一層重視する方向で見直しが進められた。3 月 7 日には、その円滑な実施に不可欠な AFL-CIO の同意を取り付けるために、エーヴェラル・ハリマン極東担当国務次官補がミーニー AFL-CIO 会長と会談した。AFL-CIO の国際部から駐日大使館の広報・文化交流局に出向中のポラックは、この席でミーニーに対して次のような説明を行った。総評の穏健化の傾向が覆る可能性は否定できないが、それを促進するために労働交流プログラムを活用するのは価値ある投機だと思われる。訪米プログラムの人選を独占できなくなった同盟会議は立腹しているが、駐日大使館はそれから自立性を確保すべきである。例えば、総評の穏健派を代表する全逓は、宝樹委員長の下で 20 万人の組合員を擁し、国際自由労連にも、国際郵便電信電話労連にも加盟している。それを差し置いて、わずか 2 万人の同盟会議傘下の第二組合を支援するのは、非現実的である。しかも、同盟会議には、組合員数で勝る総評と均等に訪米させるという配慮を行っている。この説明に対して、ミーニーは完全な支持を与えた[4]。

　ポラックが AFL-CIO の同意を取り付けて日本に戻った後、アメリカ大使館は最終的な協議を行い、派遣や受入れに関わる事務的業務は日本生産性本部に委託するが、人選や実質的なオリエンテーションについては大使館が排他的に執り行うことを決定した[5]。国務省は、6 月 20 日、生産性本部の事務的業務への関与を理由に総評が参加を拒まないように注意することを条件として、これに同意を与えた[6]。こうして、生産性本部は、国務省の訪米プログラムの人選から完全に排除されることになった。そして、7 月 1 日に始まる 1963 会計年度では、総評から国労、私鉄総連、合化労連、九州鉄鋼、関西地域、賃金調査、婦人、文化センターの 8 チーム、同盟会議から全繊同盟、電労連、全金同盟、全化同盟、トップ、調査部長、婦人、文化センターの 8 チームが、それぞれアメリカに派遣された。そのほか、自動車労連や全国自動車などを含む自動車関係労組チームがアメリカを訪れた。これらのうち最も重要な位置づけを与

えられたのは、国際産業別組織への加盟を検討していた私鉄総連と合化労連のチームであった。

　国務省は、1963会計年度の派遣計画の決定後、駐日大使館に電報を送り、訪米プログラムに関する長期計画を策定し、対日労働政策の全体のなかに位置づけ直すよう求めた[7]。駐日大使館は、それに応えて「日米労働交流プログラムの政策的側面」と題する文書を作成し、10月8日に送付した。この文書は、日本を自由主義陣営に結びつける上での最大の潜在的脅威として労働組合を位置づけ、それを穏健化させ、その内部の民主的な勢力を強化することを日米労働交流プログラムの目標に掲げた。そして、プログラムの主たる対象を総評主流派に置いた。将来にわたって総評の主導権を握ることが予想されるにもかかわらず、これまでアメリカとの直接的な接触が乏しかったという理由からである。また、人選に関しては駐日大使館が行い、派遣方法については労組間交流を促進することが謳われた。要するに、この文書は、総評の穏健化を重視する従来のプログラムの有効性を再確認するものであった[8]。駐日大使館は、これに基づいて1964会計年度の派遣計画を作成し、10月18日に送付した[9]。

　こうしたアメリカの対日労働政策への総評と同盟会議の反応は、対照的であった。第3回日米貿易経済合同委員会に出席するために来日したワーツ労働長官は、1964年1月26日にライシャワー大使の同席の下、労働四団体の幹部と会談した。ジョン・グッドイヤー参事官の報告によると、総評の太田議長は、2年ほど前のゴールドバーグ労働長官との会談と比べて、日本の低賃金問題により大きな時間を割き、イデオロギー的ないし政治的な発言を控え、くつろいだ様子で会話を楽しんだ。そして、ルーサーの来日を高く評価して、アメリカの労働組合指導者をさらに訪日させるよう求めた。太田の労組間交流への積極的な姿勢は、アメリカの労働組合の戦闘性に対する賞賛の反映だとみられた。それに対して、同盟会議の中地議長、その傘下の全労の滝田議長らは、アメリカが総評に接近し、真の友人を無視していると非難する一方、太田とは異なり、ルーサーの賃金共同調査センターにも、アメリカの労働組合指導者の来日にも言及しなかった。同盟会議は、総評の方が日米労働交流プログラムから大きな利益を得ているとみていた[10]。

　総評を重視するアメリカ政府の方針の背景には、6月10日の駐日大使館の

第 3 節　IMF-JC と同盟の結成

報告書が指摘したように、1961 年以来の総評の穏健化が継続しているという認識があった。総評が日本最大のナショナル・センターである以上、この傾向を促進することはアメリカ政府の最優先の課題であった。ただし、この報告書が注目した通り、1962 年からの 1 年間で、総評の組合員が 412 万 3218 名から 419 万 1683 名に 1.7％ しか増えなかったのに対し、同盟会議のそれは組織再編もあって 113 万 4373 名から 134 万 8268 名に 18.9％ も増加した。この時期の同盟会議の成長は、数と率の両面で総評を凌駕していたのである[11]。しかし、それでも同盟会議の組織的な劣勢は否めなかった。イギリス大使館に伝えられた情報によると、アメリカ大使館は次のような見通しを持っていた。総評の穏健化によって、同盟会議は総評との明確な差異を示せなくなる。そして、長期的には、総評が急進派と穏健派に分裂した後、同盟会議は後者に飲み込まれる。アメリカ大使館の総評の穏健化への期待は、イギリス大使館にすら楽観的と思われるほどであった[12]。

　アメリカ政府は、ルーサーの来日後、以上のように国務省の訪米プログラムを通じて総評の一層の穏健化を図る一方、日本政府との賃金の共同調査の実施に努めた。しかし、前者が同盟会議の反発を招いたように、後者は日本政府および経営者の抵抗を受けた。すなわち、1963 年 4 月 8 日から 11 日にかけて日米両国の労働省の専門家などからなる「日米賃金調査に関する合同作業グループ」の会合がワシントンで行われた。この席で、個別企業の調査をすでに断念していたアメリカ側がいくつかの産業の調査を実施するよう主張したのに対し、日本側はそれに反対した。欧米諸国の貿易制限の口実や日本の労働組合の賃金闘争の根拠として用いられるおそれがある、というのがその主たる理由であった。また、報告書の作成についても、アメリカ側が二国間の賃金を共同で分析し、比較しなければならないと説いたのに対し、日本側は両国がそれぞれ自国の分析を行い、それを並置すればよいと述べた[13]。10 月 11 日に開かれた会合でも、日本側は、輸出産業の経営者の反対を理由に挙げて、産業調査を拒否した[14]。

　11 月 22 日のケネディ大統領の暗殺に伴うジョンソン政権の成立後、1964 年 1 月 27 日から第 3 回日米貿易経済合同委員会が開催された。賃金調査は、28 日の大橋労相とワーツ労働長官の会談で、議題として取り上げられた。しかし、

両者の見解は、産業調査をめぐって激しく対立し、物別れに終わった[15]。予想外の強硬な反対に直面したアメリカ政府は、これ以上の軋轢を回避するため、すでに一通りの情報交換が終わっていた一般的なデータを用いた分析だけを当面行い、産業調査については先送りとし、報告書の一部の共同執筆のみを要求することを決め、6月5日、駐日大使館に指示した[16]。前年の10月11日の会合で、産業調査を欠いた賃金の共同調査は「ハムレットのいないハムレット」のようなものだと詰め寄ったアメリカ政府にとって、これは極めて大きな譲歩であった。それでも、日本政府は、結論の共同執筆とそこでの両国の賃金水準の比較に反対した。だが、アメリカ政府は、日本政府の遷延策にもかかわらず、その後も賃金の共同調査の実施を求め続けたのである[17]。

賃金共同調査センターの設立

こうした日米両国政府の賃金調査の動きと並行して、ウォルター・ルーサーが提唱した日米欧の労働組合による賃金共同調査センターの設置が進められた[18]。ルーサーの離日から半年あまり後の1962年12月12日、歓迎実行委員会は解散のための会合を開き、共同声明を再確認し、センターの設立に向けて検討を進めることで合意したが[19]、予想された通り、同盟会議はそれに消極的な姿勢をとった。新産別の落合書記長がアメリカ大使館に語ったところによると、同盟会議の内部では、賃金や労働条件が低い中小企業を多く抱える総同盟が強硬に反対し、貿易摩擦の当事者である全繊同盟出身の滝田全労議長も批判的であった。共同声明の調印者として比較的積極的な態度を示していた和田全労書記長も、センターの早期設立に難色を示し、ルーサーの意図に不信の念を抱いていた。同盟会議の消極的な姿勢の背後には日本政府や経営者の圧力がある、と国際金属労連日本事務所の瀬戸所長は説明した。アメリカ大使館は、こうした情報を踏まえて、伝統的な企業意識が同盟会議に影響を及ぼしていると分析した[20]。

総評、同盟会議、中立労連、新産別の労働四団体は協議の結果、賃金調査センター設立準備懇談会の設置を決め、1963年3月4日にその第1回会合を開いた。そこでも、センターの設立をめぐってルーサーとミーニーの間に対立があるという情報を得ていた同盟会議の天池事務局長が、共同声明に調印したル

ーサーの資格について、全米自動車労組会長と AFL-CIO 副会長のいずれなのかを明確化すべきだと主張し、具体的な話合いに入るのを妨げた[21]。そこで、世話人を務めていた新産別の落合書記長が、3月8日に懇談会を代表してルーサーに書簡を送り、この点を問い質すとともに、AFO-CIO および国際自由労連の支持を得ているのか否かを尋ねた[22]。落合は、その4日後にルーサーに私信を書き、同盟会議の意図について次のように説明し、慎重な対応を求めた。同盟会議が AFL-CIO の協力をセンターの設立の条件としているのは、ミーニー率いる AFL 系との緊密な関係ゆえであり、国際自由労連との協力を主張しているのは、同盟会議がその加盟組合の主流たることを自任しているためである[23]。

　このような思惑は別として、同盟会議の主張そのものは正当であった。日本の4つのナショナル・センターが参加する以上、アメリカのナショナル・センターである AFL-CIO、そして各国のナショナル・センターからなる国際自由労連の協力を求めることは、当然であった。それゆえ、総評の代表を含む懇談会は、全会一致でルーサー宛に書簡を送ることを決めたのである。こうしたなか、ルーサーは、3月11日から開かれた国際自由労連の執行委員会に出席し、賃金共同調査センターについて説明を行い、設立に協力するよう要請した。ベクー書記長も、ルーサーの発言に積極的に賛成した。そして、執行委員会は賃金共同調査センターの設立を支持することを決定するとともに、傘下のナショナル・センターと国際産業別組織に協力を呼びかけることを決めた[24]。前述したように、離日直後のルーサーは、金属産業の調査の段階では国際金属労連のみを参加させ、調査対象を広げる段階で国際自由労連を加えるという構想を持っていたが、それを変更したのである。いずれにせよ、この決定によって国際自由労連の態度は明らかになった。

　ルーサーは、国際自由労連の執行委員会に出席した際、全労の和田書記長と会談し、その懸念を解こうと努力した。全労を含む同盟会議の主たる懸念は、第1に賃金共同調査センターが労働戦線統一の道具として用いられるのではないか、第2に日本製品の輸入制限の手段として使われるのではないか、という2点であった。そこで、ルーサーは、前者については、真意を隠しながらそれを否定し、後者に関しては、日本の賃金を引き上げるとともに、誤解に基づく

低賃金への非難を解消することが、センターを設立する目的であると述べた[25]。さらに、ルーサーは、3月26日に落合世話人に返書を送り、全米自動車労組会長の資格で賃金共同調査センターを提唱したこと、全米自動車労組、AFL-CIO 産業別組合部門、国際自由労連の正式の承認をすでに得たこと、AFL-CIO もミーニー会長が前向きの態度を示し、次の執行委員会で協議する予定であることなどを伝え、日米両国政府間の共同調査が始まろうとしている現在、それが経営者の意向に影響されかねない以上、労働組合による賃金調査の早期実施が求められると力説した[26]。

3月29日、賃金調査センター設立準備懇談会の第2回会合が開かれた。この席で、全労の和田書記長は、国際自由労連の決定とルーサーとの会談の結果を報告した。そして、日米欧の共同でセンターを設立すること、暫定的に3年を活動期間とすること、日本は3分の1の経費を負担することなどが決められた[27]。ただし、AFL-CIO の正式の決定は、未だになされていなかった。そこで、和田は、4月8日に AFL-CIO のミーニー会長に書簡を送り、総評の内部に AFL-CIO との提携に批判的な意見が存在することを指摘した上で、賃金共同調査センターに参加するよう求めた[28]。AFL-CIO には、4月17日、国際自由労連からも、資金を拠出し、協力するよう求める書簡が送られた[29]。5月14日の AFL-CIO の執行委員会は、和田の要請に応えて、特別基金から500ドルを賃金共同調査センターの設立のための資金として全労に送金することを決め、5月27日に実施された[30]。これによって、AFL-CIO の支持が確定し、賃金共同調査センターの設立に向けた国際的な枠組みが大筋で整えられた。

問題が残されたのは、国際金属労連であった。2月24日からの国際金属労連の執行委員会は、日本の労働四団体の態度が明確化するまで決定を先送りすることにした[31]。そこで、ヴィクター・ルーサーは、9月11日からの中央委員会で、次のように力説した。「日本における脅威は、共産主義や誤った中立主義の考えだけから生じているわけではない。日本の労働組合にとって、もう1つの脅威は、経営者が企業別組合を自らの利益のための道具として用いようとしていることである。日本には生産性本部が存在しているが、経営者といくつかの労働組合によって構成されている同本部は、残念なことに、あまりにも長くアメリカ政府の支援を受けてきた。日本生産性本部は、経営者によって支

配されており、非常に保守的な労働組合運動を助長している」。そして、「我々は、当然ながら、自動車産業、電機産業、造船業の賃金水準や競争力に関心を持っているが、それらの産業の労働者は技術・賃金・経済に関する情報を持っていないため経営者に対抗できないでいる」と指摘し、賃金共同調査センターの設立への協力を訴えた(32)。

　また、日本でも新たな問題が発生していた。4月17日の全労の中央執行委員会は、総評の英文パンフレット『これが総評だ』が事実を歪曲し、全労を誹謗中傷していると批判して、賃金調査センター設立準備懇談会への出席を停止した。だが、落合世話人らが国際的な責任を説いて、総評と全労の説得にあたった結果(33)、総評は遺憾の意を表明し、全労も6月26日の中央執行委員会でそれを了承した。そして、8月23日に第3回懇談会が開催され、10月14日の第6回懇談会までに、以下の計画が策定された。事業の継続を概ね3年間とし、その後の存続は改めて協議する。まず金属産業から調査を始める。準備委員会の構成は、日本4名ないし5名、アメリカ1名ないし2名、ヨーロッパ2名とする。経常費については、日米欧がそれぞれ3分の1を分担し、年間2700万円（7万5000ドル）を見込む。日本の負担分は、総評40万円、同盟会議25万円、中立労連7万円、新産別3万円とする。しかし、この間も全労の滝田議長は、アメリカ大使館のシルヴァーバーグ労働官に対して、依然として熱意を欠いていることを伝えていた(34)。

　消極的な態度を崩さない同盟会議を引きずりながら、ようやく一応の了解を達成した懇談会は、10月17日に落合世話人の名前で、国際自由労連のベクー書記長、AFL-CIOのミーニー会長、全米自動車労組のルーサー会長の3名に書簡を送り、それを報告した(35)。これを歓迎するルーサーは、全米自動車労組の初年度分担金の半額6250ドルを早速送金するとともに、打合せのため落合をアメリカに招待したいと申し出た(36)。しかし、同盟会議は執拗に抵抗した。11月26日の第7回懇談会では、ルーサーからの招待状が落合を世話人ではなく議長と記していることを取り上げ、懇談会の代表としては派遣できないと主張し、また12月16日の第8回懇談会では、ルーサーやベクーが賃金共同調査センターを労働戦線統一の手段とみなす発言を繰り返していることに異議を唱えた。だが、落合は、懇談会の一員として個人的資格で1964年1月4日

に渡米し、AFL-CIO およびその傘下の労働組合と意見交換を行った。そして、1月8日にはハリマン政治担当国務次官と会談し、賃金共同調査センターの設立を高く評価する発言を得た(37)。

　同盟会議は、日本準備会の発足を前にして、最後の抵抗を試みた。すなわち、全労の和田書記長は、落合訪米中の1月9日にルーサーに書簡を送り、全米自動車労組が責任を持ち AFL-CIO は支持・後援するにすぎないのか、それとも AFL-CIO がアメリカの労働組合を代表して責任を引き受けるのか、明確化するよう求めた。また、賃金共同調査センターの設立を実現するために、それが労働戦線の統一と無関係であることを強調して欲しいと要請した(38)。和田は、ミーニーの女婿のアーネスト・リー AFL-CIO 国際部次長にも、この書簡を同封して問い合わせた(39)。1月23日のリーの返書は、AFL-CIO がこのプロジェクトに協力するとしながらも、その責任を引き受けたり、運営に参加したりしないと表明し、ルーサー率いる産業別組合部門が資金を拠出すると聞いていると述べた(40)。和田の思惑通り、ルーサーとミーニーの間の亀裂が明らかになったのである。1月22日の第9回懇談会で決まっていた日本準備会の発足は、1月31日の第10回懇談会で延期を余儀なくされた。

　2月4日、懇談会に参加する労働四団体の代表は連名で、ミーニーとルーサーに書簡を送付し、AFL-CIO が責任を持ってセンターの運営に参加することを明確化するよう求めた(41)。落合世話人は、2月6日にルーサーに宛てて私信を書き、同盟会議が混乱を作り出すために些細な問題を意図的に持ち出していると批判しつつ、2月4日の書簡に忍耐強く返答するよう求めた(42)。そこで、ルーサーは2月20日にミーニーと会談し、以下の2点で折り合うことに成功した。「AFL-CIO は東京に設置される国際労働組合賃金センターの活動に参加し、全面的に協力するが、このプロジェクトの運営ないし管理に関する責任を引き受けない」。「AFL-CIO は国際自由労連および日欧の労働組合の代表とともに活動する政策委員会のメンバーを任命し、このプロジェクトに協力するスタッフを任命する」(43)。そして、ミーニーは、ルーサーの求めに応じて3月2日に落合に書簡を送り、賃金共同調査センターに参加して協力するが、その運営ないし管理の責任は負わない、という AFL-CIO の方針を示し、参加を否定したリー書簡の内容を訂正した(44)。

これより前、国際金属労連は、1月23日からの執行委員会で、賃金共同調査センターの設立に向けた日本国内の動きを評価して、2年間という条件付ながら年間5000ドルを拠出することを決め、あわせて技術的な援助を行うことを決定した(45)。国際自由労連も、3月2日からの執行委員会で、ヴィクター・ルーサーとベクー書記長の提案に従い、国際連帯基金から1万ドルを緊急手続きにより賃金共同調査センターに拠出することを決めた。それと同時に、加盟組合と国際産業別組織に対して、資金提供を含めた協力を行うよう求める権限をベクーに与えた(46)。また、この執行委員会に出席したヴィクター・ルーサーは、ベクーを交えて全労の和田書記長と会談を行い、2月20日のミーニーとの会談の内容を記したウォルター・ルーサーの書簡を提示して、AFL-CIOが賃金共同調査センターに参加することを約束した。そして、最終的に、4月10日にウォルター・ルーサーから懇談会に宛ててその旨を明記する書簡が送られたことで、同盟会議が求める日本準備会の発足の前提条件が整えられた(47)。

賃金共同調査センターを設立するための日本準備会は、6月16日に発足し、その後検討を進めた結果、総評3名、同盟会議2名、中立労連1名、新産別1名、AFL-CIO 2名、DGB 1名、スカンジナヴィア1名、国際自由労連1名、国際金属労連1名からなる運営委員会を設けることを決めた。AFL-CIOの方針を受けて、センターの運営と管理の責任は日本の労働組合によって構成される理事会が負い、運営委員会は調査の事項・方法・資金計画といった技術面で協力する諮問機関にとどめるというのが、準備委員会の構想であった(48)。しかし、ウォルター・ルーサーは、10月19日、準備委員会の事務局長の和田全労書記長に書簡を送り、運営委員会を諮問機関ではなく政策決定機関とするよう求め、AFL-CIOは発言すれども責任を持たなければよいと主張した(49)。1965年1月25日からの国際準備会議と28日の小委員会で、ヴィクター・ルーサーら外国代表の主張が通り、運営委員会は国際委員会と名称変更された上で、政策決定機関と位置づけられた。そして、1月30日、賃金共同調査センターが正式に設立された(50)。

IMF-JC の結成

　1962年11月15日に来日したウォルター・ルーサーは、賃金共同調査センターの設立を提唱するとともに、国際金属労連の日本での組織化を促進した。この2つは、いずれも日本の労働組合について、労働戦線統一の推進、賃金と労働条件の向上、西側の労働組合との結合の3つを目指すものであった。来日中の11月18日の金属労組との懇談会で、協議会を設立して国際金属労連に一括加盟するという合意が成立したことを受けて、ルーサーは帰国後の12月12日にグラデル書記長に宛てて書簡を送り、日本協議会の設立への動きを歓迎し、加盟を求める文書を用意するよう求めた[51]。他方、日本国内では、電機労連、鉄鋼労連、造船総連、全機金、全国自動車などの幹部が、1963年1月16日を皮切りに、2月13日、3月22日、4月22日、5月8日と懇談会および世話人会を重ね、1963年秋を目途に日本協議会結成準備会を設立し、1964年3月に日本協議会を結成することなどを決めた。このように、ルーサーの帰国後、国際金属労連の日本での組織化に向けた動きは、急速に進展した[52]。

　こうしたなか、5月10日に国際金属労連は、グラデル書記長と瀬戸日本事務所長の連名で、「国際金属労連日本協議会（仮称）」の結成を提唱する声明を発表し、次のように謳った。「国際貿易の自由化、巨大資本の国際的な技術提携が世界の先進工業国の共通の姿になってくれば、労働条件の産業別国際基準設定の運動は非常に重要な意義をもってくることは明らかであります。すでにヨーロッパ共同市場では、国境をこえた労働条件の同一化が具体的な課題となり、社会保障の引上げ、職業教育にいたるまで協同で引上げていく運動が活発に行われています。真の労働組合運動はいうまでもなくイデオロギーや思想の相違を討論する機関ではなく、現実的な立場から労働者の生活と権利擁護、賃金、労働条件などを具体的に解決していく義務をもっていると思います。それが故に日本の労働運動の中核である日本の金属産業労働者は当然の帰結として国際連帯の場を国際金属労連（IMF）に求めるべきだと信じます」。貿易・資本の自由化にみられる国際的相互依存の進展を背景として、日本の労働組合は西側に統合されていったのである。

　以上のグラデル・瀬戸提唱を受けて、中立労連傘下の電機労連は、5月29日からの第11回大会で、「国際金属労連加盟については、鉄鋼、造船、自動車

など国内金属主要単産の動向あるいは他産業主要全国単産の国際提携の状況などを勘案しつつ国際金属労連日本協議会に参加する」という運動方針案を可決した。この運動方針案に対しては、共産党に近い加盟組合から、国際金属労連の方針に拘束されるおそれがある、世界労連の金属機械労働組合インターナショナルとの関係を損なう、といった理由に基づき修正案が提出されたが、少数の賛成しか得られず否決された。日本協議会の結成に中心的な役割を果たしてきた電機労連の決定は、重要な意味を持った。その後、同盟会議傘下の造船総連と自動車労連、純中立の全国自動車が、5月から9月にかけての大会で、それぞれ国際金属労連に加盟する方針を決定した。すでに前年度の大会で国際金属労連への加盟を決定していた新産別傘下の全機金も、7月19日からの第14回大会でこれを再確認した。

　それに対して、総評反主流派の拠点で高野前事務局長の出身産の全国金属は、9月29日からの第14回大会で、国際金属労連日本協議会を「国際自由労連、とくにアメリカのAFL-CIOの日本版」だと断定し、排撃する方針を示した。中立労連傘下で左派の影響力が強い全造船、全電線、車輛労連も、7月から9月にかけての大会で、国際金属労連への加盟に消極的な態度を決めた。そうしたなか、最大の焦点となったのは、電機労連に次ぐ組織力を誇る総評傘下の鉄鋼労連であった。鉄鋼労連は、運動方針案を作成する際、国際金属労連への加盟について10対10に意見が分かれたため、執行委員会で明確な態度を打ち出すことができず、9月25日からの第27回大会では、「組織的に検討課題とする」という方針を決めるにとどめた。鉄鋼労連の内部では、宮田書記長をはじめとする右派が加盟を強力に推進したが、左派がそれに根強く抵抗した。そこで、鉄鋼労連は無理押しを避けて、八幡製鉄労組が日本協議会への参加を決定するなど、可能な単組だけを国際金属労連に加盟させることにした。

　国際金属労連日本協議会への批判は、左派からだけではなかった。同盟会議を構成する総同盟傘下の全金同盟は、5月28日からの第13回大会で、「これまで同様今後も協議会単位加盟を排し単産加盟を主張していく」という方針を決定した。全金同盟が日本協議会への参加を拒否したのには、いくつかの理由があった。第1は、いち早く国際金属労連に加盟を申請しながら、保留されてきたという経緯である。第2は、規約上単産単位の直接加盟は排除されておら

ず、アメリカなどと同じく日本でも認められるべきという主張である。第3は、日本協議会の結成が金属労働戦線を統一する策動であるという批判である。これらのうち最も重要なのは、第3の理由であった。国際金属労連を指向するという共通点のみで、運動の進め方に関する基本的な違いを無視して、ナショナル・センターを横断する日本協議会を設立するのは、民主的な金属産業の労働組合の結集に寄与しない。全労傘下の自動車労連はもちろん、同じく総同盟傘下の造船総連と比べても保守的な全金同盟は、総評に対抗する同盟会議の方針に忠実に従ったのである。

　他方、国際金属労連も、反共産主義の観点から労働戦線の分裂をやむをえないとみなす同盟会議に対して批判的であった。前述したように、ヴィクター・ルーサーは、9月11日からの国際金属労連の中央委員会で、「国際金属労連は冷戦問題を棚上げし、総評、同盟会議、新産別の労働組合指導者を基本的な経済・労働組合問題に集中させなければならない」と述べるとともに、「日本生産性本部は、経営者によって支配されており、非常に保守的な労働組合運動を助長している」と指摘し、経営者とそれが支配する生産性本部に対抗して賃金と労働条件を向上すべく、賃金共同調査センターの設立に加えて、日本の金属労働者の組織化を推進することを説いた。ルーサー兄弟は、日本の生産性を向上する必要性を認めながらも、労働者の生活水準の上昇がそれに遅れをとっていることに強い苛立ちを感じていた。日本の低賃金輸出を脅威とみなす国際金属労連にとって、同盟会議は生産性本部を通じて経営者に従属する保守的な労働組合であり、戦闘的な総評の方が好ましく思われた。

　この発言のなかで、ルーサーは、「経営者が企業別組合を自らの利益のための道具として用いようとしている」と警告を発した[53]。だが、日本協議会の設立を推進した鉄鋼労連の宮田書記長は、八幡製鉄労組の右派の盟友会の指導者で、企業主義的体質を持つ人物であった。宮田は、国際金属労連への加盟に尽力した理由を次のように振り返っている。「日本経済なり、産業・企業が本格的な国際時代を迎え、貿易・資本の自由化からもたらされる諸問題が、日本の労働運動に大きな影響を及ぼしてくるだろう。そのとき、国際的な労働運動が獲得している諸権利——IMFローマ大会に参加してはじめて、ILOの国際公正労働基準を知る——を、日本でも獲得していくためには、諸権利・労働諸

第 3 節　IMF-JC と同盟の結成　　337

条件の国際比較が、経営側への強力な説得材料になるはずである。そのために、IMF との国際連帯が欠かせないと、痛切に感じた」(54)。宮田は、1961 年の国際金属労連の第 19 回大会に出席することで、企業の論理を重視しつつもそれを超える視座を獲得し、国際連帯を通じて賃金と労働条件を引き上げるべく、国際金属労連の下への金属労組の大産別結集を進めたのである。

　金属産業の労働組合の定期大会が終わり、態度が出揃った 11 月 1 日の世話人会は、1964 年 1 月 20 日に日本協議会結成準備会を発足させることを決めるとともに、鉄鋼労連、電機労連、造船総連、自動車労連、全機金、全国自動車の 6 単産の代表を準備世話人に選定した。こうして、日本協議会の結成に向けた動きは、いよいよ本格化することになった。これを受けて、国際金属労連は、12 月 15 日にグラデル書記長、ダンネンバーグ書記次長、瀬戸日本事務所長の 3 者の連名で、「国際金属労連日本協議会（仮称）」の結成を再度提唱し、そのなかで、加盟に消極的な態度をとる労働組合の誤解を解くため、全国金属からの批判に反論を加え、アメリカの労働組合を特別視しておらず、あくまで対等な関係にあることを強調した。日本協議会結成準備会は、予定通り 1964 年 1 月 20 日に第 1 回会合を開き、その後 4 月 24 日、5 月 16 日と会合を重ね、準備を進めた。この間、国際金属労連は、4 月 3 日からの執行委員会で、日本協議会に打撃を与えかねない全金同盟の単独加盟を認めないことを改めて確認した(55)。

　5 月 16 日、国際金属労連日本協議会（IMF-JC）の結成大会が、グラデル書記長とダンネンバーグ書記次長の出席を得て開催された。電機労連、造船総連、全国自動車、全機金の 4 単産、鉄鋼労連傘下の八幡製鉄、中山製鋼の 2 単組、計 6 組合 38 万名が正式に加盟し、自動車労連、新三菱重工、日本鋼管、住友金属、神戸製鋼など 9 組合 16 万名がオブザーヴァーとして加盟した。合計の組合員数は、54 万名であった。議長には電機労連の福間知之副委員長、事務局長には国際金属労連日本事務所の瀬戸所長が就任した。大会宣言は、「日本の労働運動全体にとって国際的には通商の自由化、OECD への加盟、国際公正労働基準の確立、国内的には、開放経済下における賃上げと時間短縮、ILO 条約批准、最賃制等何れも直面する重大な課題があります。これらの課題は、どれ一つをとらえても又国際的にも国内的にも一組織一団体或いは一国のみで

は効果的な解決を期待できない情勢にあることは、云うまでもありません」と謳い、国際金属労連およびその加盟組合との連携によって、賃金と労働条件を引き上げることを打ち出した。

ところが、全金同盟の批判は、日本協議会の発足後も続けられ、機関紙の9月20日号では、「見方によっては全金同盟の切り崩しとも見られる行為である」とすら書いた。同盟会議も、10月20日に同盟の結成大会に提出される運動方針案を発表した際、全労の和田書記長が次のように述べて、国際運輸労連と対比しつつ国際金属労連を批判した。「もともと産別インターというものは、そのインターの綱領規約を承認すればどんな組合でも加入できる。加入するのはあくまで各単産個々ということになっている。にもかかわらず、IMFの場合は、日本で加入したいという単産にも入るなと足どめをして、一つのナショナル・センターを先に作って、これに入れてから一括加盟というやり方をとっている。これは国内組織に対する干渉であって、ITFなどはそういうやり方はしていない」。11月11日から開催された同盟の結成大会は、造船総連などの反対にもかかわらず、こうした内容を持つ運動方針案を可決した。同盟会議およびその後身の同盟のIMF-JCへの批判は、明確であった。

それに対して、7月20日からの総評の第26回大会では、この問題は一切討議されなかった。もちろん、IMF-JCの結成は、総評にとっても大きな問題を孕んでいた。国際自由労連と世界労連に対する組織的中立に抵触するばかりか、鉄鋼労連や電機労連など総評と中立労連の加盟組合によって組織されていた金属共闘が解体してしまうおそれがあった。それにもかかわらず、総評は、表面上静観する態度をとり、実際には岩井事務局長が鉄鋼労連の宮田書記長に対して、国際金属労連への鉄鋼労連の加盟のみならず、日本協議会の結成についても同意を与えていた[56]。全日通が前年、国際運輸労連に加盟したのに続いて、合化労連が7月10日からの第30回大会で、国際石油化学労連への加盟を決めるなど、総評主流派は国際産業別組織に対して依然として好意的な姿勢をとっていたのである。さらにいうならば、岩井は、国際金属労連の加盟組合が大規模なストライキを行う戦闘性を持っていることに注目し、それが日本に好ましい影響を与えることに期待していた[57]。

日本協議会は、5月16日の結成後、機関誌の発行や地方組織の整備を行う

一方、国際金属労連への一括加盟に向けて準備を進め、5月27日からの電機労連の第12回大会を皮切りとして、傘下の各単産がそれぞれの大会で、日本協議会を通じて国際金属労連に加盟することを決めた。そのほか、オブザーヴァー加盟の自動車労連と純中立の本田技研労組が、同様の決定を行った。これを受けて、日本協議会は、10月30日に第2回臨時協議委員会(大会)を開催し、一括加盟の申請を満場一致で決定した。そして、11月24日の国際金属労連の中央委員会は、日本協議会の加盟を全会一致で承認した[58]。その翌日の11月25日から4日間の日程で開かれた国際金属労連の第20回大会で、40名の代表団を率いて出席した日本協議会の福間議長は、加盟の承認に謝意を述べるとともに、日本の賃金をヨーロッパの水準に近づけていく決意を表明した。こうして、国際金属労連の日本での組織化は、国際自由労連との最初の協議から11年半、日本事務所の開設から7年半を経て、ようやく実現したのである。

全労の国際自由労連一括加盟と同盟の結成

　IMF-JCの設立に半ば対抗して進められたのが、全労の国際自由労連への一括加盟であった。前述したように、1954年4月22日に結成された全労は、国際自由労連への一括加盟を憲章に謳い、その申請を直ちに行った。しかし、総評の一括加盟を望む国際自由労連は、それを拒否し、単産を個別に加盟させる方式を暫定的に採用した。ナショナル・センターでありながら、全労の傘下に位置する総同盟は、単産の扱いで一括加盟が認められた。それから8年後、全労は、総同盟および全官公と対等の関係で同盟会議を結成したのを捉えて、1962年9月29日に国際自由労連に対して一括加盟を再度申請した。これによって、すでに国際自由労連に加盟していた全繊同盟、海員組合、電労連、自動車労連、全映演の5単産に加え、全特定、郵政労、新国労、全交労の4単産が全労を通して新たに加盟するものとされた。その際、全労は、国際自由労連の懸念を緩和するため、ナショナル・センターとしての特権的地位を主張せず、全労以外の労働組合が国際自由労連に加盟するのを妨げないと約束した[59]。

　全労からの申請を受け取った国際自由労連は、1963年2月12日、日本の加盟組合に書簡を送り、意見を求めた。全労傘下の5単産と総同盟がそれを支持したのに対し、総評傘下の加盟組合は反対意見を示した。例えば、全鉱の原口

委員長は、3月6日のベクー書記長宛の書簡で、全労傘下の新規の加盟組合は総評から分裂して結成された第二組合であり、総評傘下の加盟組合と競合しており、総評の内部の国際自由労連との関係強化を求める動きに悪影響を及ぼす、という理由を挙げて、全労の一括加盟を認めないよう要請した[60]。都市交通も、国際自由労連東京事務所の大倉所長を通じて、第二組合の加盟を認めた場合、国際自由労連が日本の労働組合運動の分裂を奨励しているかのような印象を与えてしまうと主張した[61]。ここで第二組合として指弾されたのは、全逓から分裂した全特定と郵政労、国労から分裂した新国労、私鉄総連から分裂した全交労であった。なかでも全特定と郵政労の前身の全郵労は、1956年に国際自由労連に加盟を申請しながら、拒否されたばかりか、全逓との合同を勧告された経緯があった。

　3月11日からの国際自由労連の執行委員会に事務局が提出した議案は、総評傘下の加盟組合の意見を基本的に支持するものであった。すなわち、単産の個別加盟は暫定的な方式にすぎず、全労の一括加盟が正しい方向だと指摘しつつも、第二組合問題に言及し、全労に対して一括加盟を強く求めないよう要請すると記していた。それと同時に、日本の加盟方式を再検討する権限を書記長に与えることも盛り込まれた[62]。執行委員として出席した全労の和田書記長は、これに強く反発した[63]。3月11日に和田とベクーの会談が行われたが、その席で和田は、この文書の内容を伝えられたならば、全労傘下の5単産は国際自由労連を脱退するであろうと述べた。第二組合については、それらが正式の審査を経て全労に加盟している以上、何ら問題はないと述べ、さらに、変則的な単産個別加盟方式を正常化しなければならないと力説した。この問題が協議された3月13日の執行委員会でも、和田は、態度を若干緩和させたとはいえ、全労の一括加盟が認められなければ、会費の納入を停止すると半ば恫喝した。

　和田の強硬な姿勢に直面したベクーは、執行委員会の休憩中に和田と話し合い、次の執行委員会までにトップ・レヴェルの代表団を日本に派遣するので、即時の決定を強く主張しないで欲しいと要請した。そして、再開された執行委員会で、ベクーは、ナショナル・センターの加盟を原則とする規約に適合的で永続的な方式を検討すべく、会長と書記長を含む代表団を日本に派遣し、その

報告書に基づき次の執行委員会で協議したいと提案した。これは一種の遷延策であった。そこで、和田は、使節団の主たる目的を加盟方式の正常化と明示すること、次の執行委員会で最終決定を行うことの2点を強く要求した。だが、イエイヤー会長などの出席者は、決定の期限を設定することはできないと反論した。なかでもイギリスTUCのアルフレッド・ロバーツは、総評の好ましい傾向を損なうべきではないと語った。これに対して、和田は、この9年間の実績からみて総評が国際自由労連に一括加盟する見込みは当面ないと反論したが、最終的にベクーの提示した修正案が採択された(64)。

国際自由労連の執行委員会が遷延策をとったことは、全労に大きな不満を与えた。全労は、4月16日の中央執行委員会で、1月に発行された総評の英文パンフレット『これが総評だ』が、経営者に盲従して低賃金や大量解雇を受け入れ、第二組合工作を進めていると全労を非難していることを取り上げ、納得できる回答を得られない限り、総評との共同行動を一切行わないと決め、賃金調査センター設立準備懇談会などをボイコットした。実は、このパンフレットは、1960年の『総評の立脚点』に若干の修正を加えただけのものであり、少なくとも木畑公一国際部長はその事実を知っていた。総評によって国際自由労連への一括加盟を阻止されたことに憤慨した木畑が口実に使ったというのが、アメリカ大使館の認識であった。事実、全労の和田書記長は、4月24日、グッドイヤー参事官に対して、総評傘下の加盟組合の虚言ゆえに国際自由労連の執行委員会が最終決定を先延ばししたと批判し、それゆえ中央執行委員会で総評との関係の見直しを行ったのだと語った。和田の怒りは、とりわけ全鉱の原口委員長に向けられた(65)。

総評と全労の対立は、6月5日からの第47回ILO総会の理事選挙にも波及した。総評は原口を理事候補に擁立したが、全労を含む同盟会議はそれを受け入れず、和田を推して原口への一本化を拒んだ。総同盟の上西正雄主事によると、同盟会議が原口を拒否したのは、全労の国際自由労連への一括加盟を阻止したからであった。全労の木畑国際部長は、原口が嘘を本当だと思わせる能力を持っており、国際自由労連に対しても総評が一括加盟を検討しているかのような発言を行い、全労の一括加盟を妨害したと非難し、「狡猾な狐」と罵倒した。それほどまでに、原口に対する同盟会議の憎悪は根深かった。そして、こ

のILOの理事選挙で原口を忌避する同盟会議を支援したのは、AFL-CIOのミーニー会長であった。ミーニーは、和田の立候補を取り下げるよう同盟会議に求める一方、AFL-CIO出身のルドルフ・フォープル労働者側副議長を用いて、国際自由労連の候補者リストから原口の名前を削除させた。その結果、原口は理事選挙で落選し、辛うじて最下位で副理事に選ばれた[66]。

AFL-CIOのなかでも、ミーニーを中心とするAFL系は、全労の国際自由労連への一括加盟に賛成した。ミーニーの女婿のリー国際部次長は、国際自由労連の執行委員会の直後の3月28日に作成したロス国際部長宛の覚書で、全労の要求を論理的で妥当であると評価した。国務・労働両省やAFL-CIOの一部は、総評が好ましい方向に変化しつつあり、全労の一括加盟を認めた場合、総評やその傘下の国際自由労連加盟組合を遠ざけてしまう、と主張するかもしれない。だが、AFL-CIOが議論を避け、国際自由労連が日和見的な態度をとったならば、全労や総同盟からの批判を招いてしまう。しかも、そうした批判は、共産主義者に攻撃の材料を与え、国際自由労連に対する不信を生じさせることになる、とリーは主張した[67]。前述したように、ミーニーが国務省の訪米プログラムの人選から日本生産性本部を排除することに同意するなど、AFL系も1960年代に入ると総評の穏健化の必要性を認めるようになっていた。しかし、それはあくまでも全労を含む同盟会議との関係を損なわない範囲に限定されていた。

10月14日、国際自由労連のイエイヤー会長、ベクー書記長、アジア地域組織のマパラ書記長からなる代表団が来日した。代表団と会談した総評およびその傘下の国際自由労連加盟組合は、日本の労働組合運動の全体が国際自由労連との関係強化に向かうなか、全労の一括加盟は得策ではないと指摘するとともに、第二組合が全労を通じて国際自由労連に加盟するのは耐え難く、それが認められた場合、総評傘下の加盟組合の多くが加盟を続けられなくなると述べた。他方、同盟会議とそれに属する加盟組合は、第二組合問題を事実無根の言いがかりだと批判し、一括加盟が認められなければ、会費の納入を停止する可能性があるとほのめかした。代表団は、全労・総同盟・全官公の合同が近く予定されていることを受けて、それまで一括加盟を待つよう提案したが、同盟会議は、それとは別の問題であると一蹴し、全労の一括加盟が認められなければ、一本

化後の同盟会議も加盟申請を行わないと述べた。板ばさみに陥った代表団は、10月22日の離日に際しての新聞声明で、執行委員会に報告書を提出するまで見解の表明を差し控えると語った。

　だが、代表団は、いずれかというと総評に対して好意的であり、記者会見の質疑応答で、1954年の単産個別加盟方式が暫定的な措置である以上、原則的には全労の一括加盟に反対する理由はないと指摘しつつも、結論を出すにあたっては、労働戦線の統一という観点から慎重に考えなければならないと述べた[68]。現に、国際自由労連本部の書記で代表団に秘書として参加した堀井悦郎が11月2日に完成させた報告書の原案は、1954年の単産個別加盟方式が歴史的役割を終え、規約に沿うナショナル・センターの加盟を妨げる理由はないと断言し、全労の一括加盟を完全に正当であると述べつつも、全労が同盟会議への一本化のため数ヵ月で解散することに触れ、日本の労働組合の間でより大きな合意が形成されるよう、もう少し時間をかけるべきだと結論づけた。そして、全労の加盟申請を保留とし、書記長が加盟方式を見直してナショナル・センターの加盟に道を開いた上で、同盟会議に加盟申請を行うよう求めるという勧告を盛り込んだ[69]。アジア地域のマパラ書記長も、この堀井の原案の結論と勧告を全面的に支持した[70]。

　全労の和田書記長は、11月15日から開催されたAFL-CIOの第5回大会に出席した。ベクー書記長は、そこで和田と面会して、全労の一括加盟を拒否する意向を示し、同盟会議の一本化後に改めて加盟申請をしてはどうかと提案した[71]。しかし、和田はそれを受け入れなかったばかりか、ミーニーAFL-CIO会長との会談で、国際自由労連が全労の一括加盟を認めなければ、傘下の加盟組合を国際自由労連から脱退させると表明するなど、強硬な態度を崩さなかった。もちろん、こうした和田の姿勢は、ベクーにも伝えられていた。同盟会議を支持するAFL系のミーニーは、和田に全面的な支援を約束するとともに、ウォルター・ルーサーに対して、全労の要求は道理にかなっており、国際自由労連も受け入れるべきだと述べるなど、影響力の行使に努めた。CIO系を率いるルーサーは、ミーニーに慎重な態度をとるよう求めた[72]。だが、AFL-CIOでは、旧CIO出身のロス国際部長が11月9日に死去し、その後任にラヴストーンが就任するなど、国際部におけるAFL系の影響力が増大しつつあ

た。全労自身も、英文の『全労ニュース』などを通して、自らの主張の正しさを全世界に訴えていた[73]。

　12月2日からの執行委員会に向けて、11月25日、代表団の報告書が最終的にまとめられた。これは堀井の原案とは異なり、全労の一括加盟の申請を原則として受理するよう勧告するものであった。そうした方針をとるに至った理由は、結論の修正箇所に明示された。1つは、日本の労働組合の加盟方式を規約と合致させる時期が到来したという判断である。ナショナル・センターの加盟を原則とする規約の拘束力は大きかった。もう1つは、一本化後の同盟会議が国際自由労連に一括加盟を求める保証がないばかりか、全労の加盟申請を拒否した場合、そうしない可能性が高くなるという理由である。原案に盛り込まれていた全労ではなく同盟会議の加盟に努めるべきとの遷延策は、同盟会議の強硬な姿勢ゆえに、否定されたのである[74]。ベクー書記長とニジンスキー書記次長は、いかに時間がかかろうとも、総評の一括加盟を実現したいと考えていたが[75]、総評系に組合員数で優越する全労傘下の加盟組合が脱退したならば、国際自由労連が大きな打撃を受けることは必至であった。そこで、規約の原則に立ち戻らざるをえなかったのである[76]。

　国際自由労連の執行委員会は、ケネディ大統領の暗殺によりアメリカの執行委員が出席できなくなったため延期され、1964年3月2日から開催された。ベクーは、総評に一括加盟の機会を与える目的で単産個別加盟方式を採用したにもかかわらず、1954年以来、総評傘下の加盟組合数は減少したと総括し、全労がそれ以外の労働組合の加盟を妨げないと約束していることに触れた上で、全労の一括加盟を認めるよう提案した。執行委員会はそれを了承し、ナショナル・センターの加盟を原則とする方式に変更するために必要な措置をとるよう書記長に命じた[77]。そこで、ベクーは、3月23日に再び日本に赴き、加盟組合連絡委員会に対して、全労の一括加盟が4月1日から発効すること、1954年の覚書が無効になること、従来通り個別加盟を希望する単産はその権利を持つこと、連絡委員会に代わる連絡機関を設置することなどを盛り込む覚書を締結することを提案した。そして、全労の一括加盟に強く反対する総評傘下の加盟組合を含め、連絡機関に関する部分を除いて合意が成立し、3月27日に連絡委員会との間で覚書が調印された[78]。

11月10日、全労と総同盟はそれぞれ解散し、11日から同盟の結成大会が開催された。これにあわせて、7月6日のAFL-CIOと同盟会議の共同声明に従い、ミーニー会長がラヴストーン国際部長とともに初めて来日した。ミーニーは、同盟との打合せに基づいて行動し、総評の太田議長らとの会見も、同盟の了解の下で行った。そして、ラヴストーンは、同盟の木畑国際局長に対して、AFL-CIOの日本の労働組合との交流は、今後全て同盟を窓口として実施したいと伝えた。同盟とAFL-CIOの関係は、ここに確固たるものとなった[79]。それに対して、国際自由労連のベクー書記長は、多忙を理由に同盟の結成大会に出席しなかったばかりか、送付したメッセージで、同盟の結成を歓迎しつつも、完全な労働戦線の統一が達成されない限り日本の労働組合運動の交渉力は弱いままであると指摘し、労働組合間の紛争や組合員の争奪を避けるよう求めた[80]。11月30日からの国際自由労連の執行委員会は、11月19日の同盟の一括加盟の申請を承認し、1965年1月1日から発効した[81]。

(1) Tokyo to Secretary of State, November 28, 1962, No. 1330, NSF, Box 124A, JFKL.
(2) Tokyo to the Department of State, January 29, 1963, No. A-1064, RG 84, Entry 2828A, Box 113, NA.
(3) Tokyo to Secretary of State, December 31, 1962, No. 1552, RG 84, Entry 2828A, Box 95, NA.
(4) Memorandum of Conversation, March 7, 1963, LAB/LAB, *CUSSDJ, 1963-1966*, Reel 22.
(5) Tokyo to Secretary of State, June 12, 1963, No. 3035, LAB/1 Japan-US, *CUSSDJ, 1963-1966*, Reel 22.
(6) Tokyo to the Department of State, June 20, 1963, LAB/1 Japan-US, *CUSSDJ, 1963-1966*, Reel 22.
(7) Department of State to Tokyo, August 7, 1963, LAB/1 Japan-US, *CUSSDJ, 1963-1966*, Reel 22; Department of State to Tokyo, August 23, 1963, No. 490, LAB/1 Japan-US, *CUSSDJ, 1963-1966*, Reel 22.
(8) Tokyo to the Department of State, October 8, 1963, No. A-395, LAB/1 Japan-US, *CUSSDJ, 1963-1966*, Reel 22.
(9) Tokyo to the Department of State, October 18, 1963, No. A-442, LAB/1, *CUSSDJ, 1963-1966*, Reel 22.

(10) Tokyo to the Department of State, February 19, 1964, No. A-931, LAB/1, *CUSSDJ, 1963-1966*, Reel 23.
(11) Tokyo to the Department of State, June 10, 1964, No. A-1524, LAB/2, *CUSSDJ, 1963-1966*, Reel 23.
(12) Tokyo to Foreign Office, February 27, 1964, FO 371/176053, PRO.
(13) Department of State to Tokyo, June 27, 1963, No. A-801, LAB11/11, *CUSSDJ, 1963-1966*, Reel 23.
(14) Tokyo to the Department of State, October 16, 1963, No. A-433, LAB11/11, *CUSSDJ, 1963-1966*, Reel 23.
(15) Tokyo to the Department of State, February 12, 1964, No. A-929, LAB11, *CUSSDJ, 1963-1966*, Reel 23.
(16) Tokyo to the Department of State, June 5, 1964, No. A-582, LAB11, *CUSSDJ, 1963-1966*, Reel 23.
(17) "United States-Japan Wage Study," June 21, 1966, Fifth Meeting of the Joint United States-Japan Committee on Trade and Economic Affairs, July 5-7, 1966, RG 59, CF 64, Box 416, NA.
(18) 以下の記述については、労働省編『資料労働運動史 昭和38年』労務行政研究所、1965年、749-756ページ、労働省編『資料労働運動史 昭和39年』労務行政研究所、1966年、797-807ページ、労働省編『資料労働運動史 昭和40年』労務行政研究所、1967年、918-924ページ、を参考にした。
(19) Seto to Victor Reuther, December 20, 1962, Reuther Collection, Box 458, Folder 8, RL.
(20) Tokyo to the Department of State, February 13, 1963, No. A-1171, LAB11/11, *CUSSDJ, 1963-1966*, Reel 23; Tokyo to the Department of State, February 21, 1963, No. A-1210, LAB11/11, *CUSSDJ, 1963-1966*, Reel 23.
(21) Tokyo to Secretary of State, March 8, 1963, No. 2080, LAB11/11, *CUSSDJ, 1963-1966*, Reel 23.
(22) Ochiai to Walter Reuther, March 8, 1963, Reuther Collection, Box 459, Folder 2, RL.
(23) Ochiai to Walter Reuther, March 12, 1963, Reuther Collection, Box 459, Folder 2, RL.
(24) Minutes, ICFTU Executive Board, March 11-14, 1963, ICFTU Archives, Box 111, IISH.
(25) Wada to Walter Reuther, April 10, 1963, Reuther Collection, Box 459, Folder 3, RL.
(26) Walter Reuther to Ochiai, March 26, 1963, Reuther Collection, Box 459,

第3節　IMF-JC と同盟の結成　347

Folder 3, RL.
(27)　Ochiai to Walter Reuther, April 2, 1963, Reuther Collection, Box 459, Folder 3, RL.
(28)　Wada to Meany, April 8, 1963, RG 18-1, Box 29, Folder 4, GMMA.
(29)　Becu to Meany, April 17, 1963, Reuther Collection, Box 459, Folder 3, RL.
(30)　"Contribution to Japanese Trade Union Congress," AFL-CIO Executive Council, May 14, 1963, Reuther Collection, Box 459, Folder 3, RL; Meany to Wada, May 27, 1963, RG 18-1, Box 29, Folder 4, GMMA.
(31)　Minutes, IMF Executive Committee, February 23 and 24, 1963, IMF Collection, Box 15, IISH.
(32)　Minutes, IMF Central Committee, September 11-13, 1963, IMF Collection, Box 5, IISH.
(33)　Ochiai to Walter Reuther, April 25, 1963, Reuther Collection, Box 459, Folder 3, RL.
(34)　Tokyo to Secretary of State, September 3, 1963, No. 696, LAB3/3-2, *CUSSDJ, 1963-1966*, Reel 22.
(35)　Ochiai to Becu, Meany and Walter Reuther, October 17, 1963, ICFTU Archives, Box, 3579, IISH.
(36)　Victor Reuther to Ochiai, October 21, 1963, Reuther Collection, Box 459, Folder 3, RL; Walter Reuther to Ochiai, November 5, 1963, Reuther Collection, Box 459, Folder 3, RL; Walter Reuther to Ochiai, November 15, 1963, Reuther Collection, Box 459, Folder 3, RL.
(37)　Memorandum of Conversation, January 8, 1964, LAB7, *CUSSDJ, 1963-1966*, Reel 23.
(38)　Wada to Walter Reuther, January 9, 1964, Reuther Collection, Box 459, Folder 4, RL.
(39)　Wada to Lee, January 9, 1964, RG 18-1, Box 29, Folder 4, GMMA.
(40)　Lee to Wada, January 23, 1964, RG 18-1, Box 29, Folder 4, GMMA.
(41)　Oki, Wada, Kashiwabara and Amano to Meany and Walter Reuther, February 4, 1964, Reuther Collection, Box 459, Folder 4, RL.
(42)　Ochiai to Walter Reuther, February 6, 1964, Reuther Collection, Box 459, Folder 4, RL.
(43)　Walter Reuther to Meany, February 25, 1964, Reuther Collection, Box 459, Folder 4, RL.
(44)　Meany to Ochiai, March 2, 1964, RG 18-1, Box 29, Folder 4, GMMA.
(45)　Minutes, IMF Executive Committee, January 23 and 24, 1964, IMF Collec-

tion, Box 16, IISH.
(46) Minutes, ICFTU Executive Board, March 2-4, 1964, ICFTU Archives, Box 119, IISH.
(47) Walter Reuther to Participating Japanese Organizations in Proposed Wage Research Center, April 10, 1964, Reuther Collection, Box 459, Folder 4, RL.
(48) Oki, Wada, Takehana and Kashiwabara to Walter Reuther, June 23, 1964, Reuther Collection, Box 459, Folder 4, RL; Wada to Walter Reuther, August 4, 1964, Reuther Collection, Box 459, Folder 4, RL; Wada to Walter Reuther, September 21, 1964, Reuther Collection, Box 459, Folder 4, RL.
(49) Walter Reuther to Wada, October 19, 1964, Reuther Collection, Box 459, Folder 4, RL.
(50) Ochiai to Becu, February 2, 1965, ICFTU Archives, Box 3581, IISH.
(51) Walter Reuther to Graedel, December 12, 1962, Reuther Collection, Box 438, Folder 13, RL.
(52) 以下、国際金属労連日本協議会の結成および国際金属労連への加盟の過程については、IMF・JC 10周年史編纂委員会編『IMF・JC 10年の歩み』25-51 ページ、労働省編『資料労働運動史 昭和38年』761-764 ページ、労働省編『資料労働運動史 昭和39年』741-750 ページ、を参考にした。
(53) Minutes, IMF Central Committee, September 11-13, 1963, IMF Collection, Box 5, IISH.
(54) 宮田『組合ざっくばらん』137-138 ページ。
(55) IMF Executive Committee, April 3 and 4, 1964, IMF Collection, Box 16, IISH.
(56) 宮田『組合ざっくばらん』158-159 ページ。
(57) ものがたり戦後労働運動史刊行委員会編『ものがたり戦後労働運動史 第6巻』240 ページ。
(58) Minutes, IMF Central Committee, November 24-28, 1964, IUE Records, Box 73, Folder 35, RU.
(59) Wada to Becu, September 29, 1962, ICFTU Archives, Box 3559, IISH.
(60) Haraguchi to Becu, March 6, 1963, ICFTU Archives, Box 3559, IISH.
(61) Okura to Becu, March 1, 1963, ICFTU Archives, Box 3559, IISH.
(62) "Agenda Item 6: Applications for Affiliation(Supplement)," ICFTU Executive Board, March 11-14, 1963, ICFTU Archives, Box 107, IISH.
(63) 全労は、1963年3月6日の中央執行委員会で、この問題について「強い態度で臨む」ことを決めていた。「全労第八回中央執行委員会議事要録」(労働政策研究・研修機構『全労資料』1311)。

第 3 節　IMF-JC と同盟の結成　349

(64)　Becu to Okura, March 26, 1963, ICFTU Archives, Box 3559, IISH; Minutes, ICFTU Executive Board, March 11-14, 1963, ICFTU Archives, Box 111, IISH.
(65)　Tokyo to the Department of State, April 26, 1963, No. A-1533, LAB3/3-2, *CUSSDJ, 1963-1966*, Reel 22.
(66)　Tokyo to the Department of State, May 10, 1963, No. A-1605, LAB3/3-2, *CUSSDJ, 1963-1966*, Reel 22; Tokyo to the Department of State, September 4, 1963, No. A-38, LAB3/3-3, *CUSSDJ, 1963-1966*, Reel 22.
(67)　Lee to Ross, March 28, 1963, RG 18-1, Box 27, Folder 13, GMMA.
(68)　労働省編『資料労働運動史　昭和 38 年』746-749 ページ、「全労第三十四回中央執行委員会議事要録」(労働政策研究・研修機構『全労資料』1355)、「全労第三十五回中央執行委員会議事要録」(労働政策研究・研修機構『全労資料』1357)。
(69)　Horii to Geijer, November 2, 1963, ICFTU Archives, Box 3541, IISH.
(70)　Mapara to Horii, November 11, 1963, ICFTU Archives, Box 3541, IISH.
(71)　木畑『戦後国際労働運動の軌跡』87 ページ。
(72)　Walter Reuther to Becu, November 19, 1963, ICFTU Archives, Box 3559, IISH;「全労第三十六回中央執行委員会議事要録」(労働政策研究・研修機構『全労資料』1358)、「全労第三十七回中央執行委員会議事要録」(労働政策研究・研修機構『全労資料』1359)。
(73)　木畑『戦後国際労働運動の軌跡』82-91 ページ。
(74)　"Agenda Item 5: Regions and Individual Countries: Reports on Activities and Particular Problems (b) (3) Report of the Mission to Japan," ICFTU Executive Board, December 2-5, 1963, ICFTU Archives, Box 111, IISH.
(75)　ニジンスキー『国際労働組合運動に生きて』122 ページ。
(76)　国際自由労連が全繊同盟など全労の国際活動を高く評価して一括加盟を認めたという小笠原浩一『労働外交』の評価は、根拠がない。
(77)　Minutes, ICFTU Executive Board, March 2-4, 1964, ICFTU Archives, Box 119, IISH.
(78)　"Agenda Item No. 4(b): Asia," ICFTU Executive Board, November 30 - December 3, 1964, ICFTU Archives, Box 119, IISH.
(79)　労働省編『資料労働運動史　昭和 39 年』883-885 ページ。
(80)　Becu to Nakachi, November 5, 1964, ICFTU Archives, Box 3552, IISH.
(81)　"Agenda Item 6: Applications for Affiliation (Supplement 1)," ICFTU Executive Board, November 30 - December 3, 1964, ICFTU Archives, Box 120, IISH; Minutes, ICFTU Executive Board, November 30 - December 3, 1964, ICFTU Archives, Box 127, IISH.

結論

社会民主主義という選択肢

西側に統合される日本の労働組合

　まず、本書の議論を要約する。最も重要なのは、冷戦期の対日労働政策において、反共産主義の枠内で2つのアプローチが競合したことである。それは、アメリカの2つのナショナル・センターであるAFLとCIOの対立に典型的にみられた。AFLは共産主義との妥協なき闘争を方針とし、共産主義者が主導する労働組合の中央組織の分裂工作と右派労働組合運動の育成を常套手段とした。AFLにとって中立主義者は、共産主義の同調者にほかならなかった。それに対してCIOは、共産主義勢力に対抗するには、労働者の生活水準を向上させなければならないと考えた。そこで、生産性の向上について経営者と協力する一方、労働戦線の統一を実現し、経営者に対する交渉力を高めようと試みた。CIOの認識によると、労働戦線の統一は賃金や労働条件の引上げに必要な戦闘性を持つものでなければならず、中立主義者は西側指向に導くべきではあるが、協力すべき対象であった。その意味でCIOの反共産主義は、比較的穏健であった。こうした社会民主主義的なCIOのアプローチは、TUC、DGBなど西ヨーロッパの主要な労働組合の支持を得るとともに、国際自由労連や国際金属労連にも受け入れられた。

　歴史をさかのぼって具体的にみていこう。第二次世界大戦後の日本で最初に労働組合運動の主導権を掌握したのは、共産党であった。強硬な反共産主義を掲げるAFLは、それに強い危機感を抱き、キレンを日本に派遣した。総司令部労働課長に就任したキレンは、労働教育に重点を置いて共産党の組合支配に対抗する民主化運動を支援したが、国家公務員法の改正に反対して辞任を余儀なくされた。これに伴い総司令部でのAFLの影響力が急速に低下すると、代わって総司令部労働課で主導的な役割を果たすようになったのは、CIO出身のブラッティ労働関係・教育係長であった。キレンが共産党の支配下にある労働組合の分裂を図ったのに対し、ブラッティは民同派の労働組合の結集による

統一的なナショナル・センターの結成に努めた。しかも、共産党のみならず、経営者に癒着する総同盟右派を排除した戦闘的な中央組織の設立を目指した。しかし、反共産主義に基づいて1950年に結成された総評は、朝鮮戦争の勃発を背景に左傾化を遂げ、東西両陣営に対する中立を打ち出し、西側の国際労働組織である国際自由労連への一括加盟という既定の方針を否決した。

　総評が中立主義化すると、2つのアプローチは、それ以前にも増して鋭く対立した。先行したのは、デヴェラルを駐アジア代表として日本に送り込んだAFLであった。デヴェラルの日本での活動には、CIAからAFL自由労働組合委員会に提供された資金が使用された。共和党のアイゼンハワー政権も、反共産主義的な労働組合運動の育成を対日政策の基本に据え、総評の分裂と1954年の全労の結成を後押しした。AFLとアメリカ政府は、全労の国際自由労連への一括加盟を支持し、全労の出版活動に資金援助を行った。全労に対する支援策の最大のものは、アメリカ政府の生産性プログラムであり、これによって多くの全労の指導者・活動家が訪米した。だが、組合員数において全労は総評に遠く及ばなかったため、アメリカ政府は、共産党寄りの姿勢を強めた高野実に対抗して総評の事務局長選挙に立候補した岩井章に期待を寄せた。しかし、高野に勝利した岩井は、世界労連およびその加盟組合との交流を続け、総評の中立主義を変えなかった。そこで、アイゼンハワー政権は、岸内閣の対総評強硬策を支持した。これに対して、国際自由労連は、総評を西側指向に転換すべく努める一方、それを中心とする労働戦線の統一を提唱した。

　1955年に成立したAFL-CIOでは、人事をはじめAFL系が優位を占めたが、対日政策ではCIO系が主導権を握った。生産性プログラムを一因として日本の国際競争力が高まり、日米経済摩擦が繊維から電機・鉄鋼へと広がったためである。失業問題の深刻化にもかかわらず、冷戦戦略上も国際経済上も、保護主義がアメリカの国益に反する以上、国際的に公正な労働基準を設定し、日本の賃金と労働条件を引き上げ、労働コストを高めることで、貿易摩擦を緩和するしかなかった。それを実現するには、大きくいって2つの方法があった。1つは、GATTやILOを用いる方法であり、もう1つは、戦闘的で統一的な労働組合運動を日本で育成する方法であった。後者は、まさにCIO系のアプローチであった。そして、AFL-CIOはCIO系の主導により国際公正労働基準と

いう概念を採用し、それを国際自由労連や国際金属労連へと導入していくとともに、民主党のケネディ政権にも受け入れさせた。戦前から日本のソーシャル・ダンピングを警戒してきたイギリス政府やTUCも、こうした動きに同調した。

　総評との対話を試みるケネディ・ライシャワー路線が登場したのは、このような状況下であった。ケネディ政権は、日米貿易経済合同委員会の場で、日本政府に賃金の共同調査の実施を同意させるとともに、生産性プログラムを停止して、全労よりも総評を重視する新たな訪米プログラムを開始した。1962年には、このプログラムの一環として、元CIO会長で全米自動車労組会長のウォルター・ルーサーが来日した。国際公正労働基準の実現を目指すルーサーは、総評を中心とする労働戦線の統一を働きかけるとともに、日米欧の労働組合からなる賃金共同調査センターの設立を提唱した。そして、ルーサーの来日が契機となり、総評傘下の鉄鋼労連と総評に近い中立労連傘下の電機労連が中心を担って、1964年にIMF-JCが設立された。大産別結集によって金属労働者の生活水準の引上げを目指すIMF-JCの結成は、国際金属労連という西側の国際労働組織への結合という点ばかりでなく、労働戦線の統一に向けての起爆剤という点で、CIOのアプローチが総評結成以来再び結実したことを意味した。

　同じく1964年には、全労が国際自由労連への一括加盟を認められた。それまで国際自由労連は、全労ではなく総評に一括加盟を働きかけてきた。しかし、生産性運動を背景とする全労の発展は顕著であり、国際自由労連の加盟組合員数で、全労系は総評系を凌駕した。そして、AFL系が主導権を握るAFL-CIOの支援の下、全労が傘下の労働組合の脱退までちらつかせて強硬に迫った結果、国際自由労連は、中立主義に固執する総評の一括加盟を諦め、全労の一括加盟を承認した。そして、同年、全労は同盟に再編され、翌年、同盟が全労に代わって国際自由労連に一括加盟した。結成後の同盟は、韓国労働組合総連盟と協定を結んで交流し、南ヴェトナム労働総同盟に支援を行うなど[1]、アジアで反共産主義的な労働組合運動を育成すべくAFL-CIOと連携した。1965年の日韓国交正常化やヴェトナム戦争をめぐる日米両国政府の協力関係を下支えする役割を果たした同盟は、アメリカとの緊密な関係と強硬な反共産主義の2点において、東側の労働組合との交流に積極的な姿勢をとるようになったTUCや

DGB など西ヨーロッパの労働組合の主流とは異なっていた。

こうした同盟の AFL-CIO 寄りの姿勢は、AFL-CIO が国際自由労連から脱退した際にも示された。すなわち、ミーニーら AFL 系主導の AFL-CIO の運営に批判的なウォルター・ルーサー元 CIO 会長率いる全米自動車労組は、序論で紹介した CIA からの資金提供疑惑などを非難して 1968 年 5 月に AFL-CIO を脱退し、国際自由労連に加盟を申請した。AFL-CIO はかねてから、東西交流にみられる共産主義への宥和的な態度や国際連帯基金の運営などに関して、西欧諸国の労働組合が主導する国際自由労連に強い不満を抱いていたが、ハーム・ブイター書記長が全米自動車労組の加盟申請に好意的な態度を示したことが決定打となって、ついに翌年 2 月、国際自由労連からの脱退を表明した[2]。この過程のなかで同盟は、国際自由労連から脱退しなかったとはいえ、基本的に AFL-CIO の見解を支持し続けたのである[3]。

労働戦線統一運動から連合結成へ

本書の論旨からみて、より重要なのは IMF-JC の成長であった。IMF-JC が結成された際の最大の問題は、その主導権を握った鉄鋼労連が加盟せず、八幡製鉄労組など傘下のいくつかの単組が参加するにとどまったことであったが、鉄鋼労連は 1966 年 2 月 17 日からの第 33 回臨時大会で最終的に加盟を決めた。ここに IMF-JC の組織労働者数は 100 万人を超え、日本の産業の主軸をなす鉄鋼、電機、自動車、造船の中核的な労働組合が結集した。そして、IMF-JC は、1967 年の春闘にあたって賃金闘争連絡会議を設け、大幅賃上げを求めて運動を展開し、春闘相場を形成する役割を果たした[4]。この「JC 春闘」を中心的に担った鉄鋼労連の宮田義二書記長は、右派であったとはいえ、賃金をはじめとする労働組合本来の経済闘争には積極的に取り組み、高度成長とそれに基づく労働力不足を背景として大幅賃上げを要求し、顕著な成果を勝ち取った[5]。それは石油危機後の 1975 年春闘での「経済整合性」論まで続いていく。国際金属労連につながる大産別組織として発足した IMF-JC の発展は、著しかったといえよう。

IMF-JC に対しては、企業主義的な右寄りの組織だという批判が、この当時から存在していた。総評の太田薫議長が「これらの組合の幹部には賃上げへの

結論　社会民主主義という選択肢　355

積極性がなく、IMF加盟が賃上げにではなく反共のイメージに結びついている」と指摘し、反共産主義に加えて戦闘性の欠如を攻撃したのは、その代表的な例である[6]。鉄鋼労連の宮田書記長自身、「鉄鋼市場ではIMF加盟組合でないと輸出入のシャットアウトを食う、それくらい強力な組合だ。自動車などにしても、締出される恐れが出る」と語り、企業の貿易上の利益を念頭に置いてIMF-JCを結成したことを明らかにした[7]。また、経営者側の日本鉄鋼連盟の土屋勤労働部長も、「鉄鋼労連のIMF加盟を歓迎しない経営者はまずないだろう。第一はイデオロギーの問題だ。国際金属労連はハッキリ反共を標榜している。これに加盟することで、経済ベースで労資が話合えるようになることは大変好ましいことだ。……第二は、日本鉄鋼業の国際的地位の向上につながる。チープ・レーバーの国際的批判に対しても、IMF加盟によって反ばくできる」と語っていた[8]。

　しかし、国際金属労連のオットー・ブレナー会長が、「日本の金属産業の近代的な労働組合活動が強化されることで、欧米の賃金水準に近づくことを経営者は恐れている」と述べたように[9]、IMF-JCが結成されたからといって、国際金属労連は日本に対する圧力を弱めることはなかった。むしろ経営者側に歓迎されたがゆえに、IMF-JCは大幅賃上げを効果的に実現できたといえるであろう。国際金属労連からの国際的な圧力は、賃金を引き上げる上で最大の交渉材料になるからである。IMF-JCの機関誌に掲載されたある論考は、次のように説いている。「もし日本の経営者が国家利益という観点に立ち国際場裏で有利な地位を占めたいと思うのであれば、まず国内において労働条件を国際水準まで引き上げ、しかるのち労組の協力を得て外国の労働組合の了解をうるという以外に途はないということを世界の金属労働者は教えてくれたのです。資本だけが先行しても苛烈な国際競争に勝つことはできません」[10]。これこそ、まさに国際公正労働基準の考え方である。先の宮田の発言も、こうした文脈で捉えられるべきであろう。

　IMF-JCは大産別組織であり、企業を超えた広がりを持っていたが、そればかりでなく既存のナショナル・センターを横断しており、労働戦線統一の起爆剤としての可能性を秘めていた。結成の翌年である1965年の活動方針は、「JCとしても、労働戦線が統一されていき、その流れの中で、金属産業の結集

体がゆるぎない大産業別組織に成長していくことを望んでいます。一般的にいって、基幹産業の大産業別の組織が確立し、その上に統一された全国連合体が構成されていくことができればよいのだと思います」と謳った[11]。IMF-JC が労働戦線統一の展望を具体的に持っていたことは、瀬戸一郎事務局長の次の発言からも明らかである。すなわち、1966 年 10 月 21 日、アメリカ大使館のロバート・フェイファー労働官代理と会談した瀬戸は、「日本の労働運動の統一は考えられているよりも早く実現する」との見通しを示した上で、「JC は統一の過程で触媒となるとともに、統一体に参加するであろう」と語り、「労働戦線の統一は日本社会党と民主社会党の統一をもたらす」とまで述べた[12]。

　このような観点から IMF-JC を高く評価したのが、総評傘下の有力単産である全逓の宝樹文彦委員長であった。『月刊労働問題』1967 年 2 月号に掲載された宝樹論文「労働戦線統一と社会党政権樹立のために」は[13]、「ITS（国際産業別組織）の活動が国際的に大きく発展している際、総評・同盟・新産別・中立労連傘下の金属関係労組および純中立の金属労組が、一つの組織体に結集したことは、日本の労働運動全体の重要な課題である労働戦線統一の立場からみて、その基盤となる大産業別組織の再編成に向かって、金属労働者が率先して前進した姿として、正しく評価されねばならない」と説き、IMF-JC への支持を表明しつつ、それを基礎とする労働戦線の統一を提唱した。そして、「IMF・JC の方針は、政党に対しては社会党・民社党のいずれに対しても中立であり、積極的に政党とは関係を持たない立場をとっているが、だからといって、これらの政党との関係を断ち切るのではなく、労働戦線の統一が達成された基盤の上に、社会党・民社党を結合した新しい社会党政権の樹立されることを期待していることは明らかである」と指摘した。

　第 1 次労働戦線統一運動の出発点として知られるこの宝樹論文は、「四つの全国中央組織の枠をはずして、それらの系列下にある労働組合と単独中立組合とを糾合して、それぞれ大産業別に整理統合を行なわなければならない」と産業別整理を説き、「第二組合をつくることだけを、組合運動の使命と考えている同盟内の一部の層や、社共の統一戦線だけを期待する、総評内部の一部の組合は、当然、この労働戦線の統一に賛意を表するわけがない」と左右両翼の排除を主張する点などで、総評の結成と近似した形態の労働戦線統一を打ち出し

た。そのことは、宝樹が全鉱の原口幸隆委員長と並んで、長期にわたり総評の内部で国際自由労連を支持してきたことと符合する。総評の結成以来、ミラード提案にみられるように、国際自由労連は一貫して産業別組織に立脚する労働戦線の統一を支持し、行動してきたからである。そして、国際自由労連本部は、加盟組合である同盟との関係から公式には意見を表明しなかったが、宝樹提案に注目を寄せた[14]。つまり、宝樹提案は、唐突になされたのではなく、こうした歴史的な経緯の上に行われたのである。

　興味深いのは、この宝樹論文が「労働戦線の統一こそが革新政権樹立の最大の基盤となる」と述べ、労働戦線統一の延長線上に、社会党と民社党の統一、そして政権の獲得を唱えたことである。「北欧諸国の革新政党は依然として政権の座にあり、また西独、ベルギーなど多くの国ぐにの社会党が、近い将来に政権獲得の期待をもちうる新たなる展望を切りひらきつつある」という指摘にみられるように、こうした主張の背景には、西欧の社会民主主義政党に対する高い評価が存在していた。宝樹は江田三郎の支持者として知られる[15]。西ヨーロッパの社会民主主義をモデルとして、江田を中心に社会党と民社党の統一を成し遂げ、政権を獲得するという展望が、宝樹の労働戦線統一の提唱には存在していたのである。西欧諸国の労働組合が主流をなす国際自由労連と緊密な関係を持つ宝樹は、江田にすら先んじてマルクス主義から脱却し、社会民主主義を再評価することができた[16]。宝樹提案に始まる第１次労働戦線統一運動は、戦後日本における社会民主主義の最大のチャンスであったといえよう。

　IMF-JCの結成のインパクトをナショナル・センターまで波及させようとする労働戦線統一運動を主に担ったのは、IMF-JCの中心的な指導者の宮田鉄鋼労連書記長（委員長）であった。そして、宮田は、宝樹や原口と連絡をとりながら根回しを進め、1970年11月11日に統一世話人会、1972年3月29日には統一連絡会議を発足させた[17]。しかし、議会制民主主義と政治ストの関係などをめぐって、総評が強硬な態度を崩さず、統一連絡会議は翌年7月13日に事実上の解散を余儀なくされた。同盟の第二組合工作などによって民間の大企業の労働組合が相次いで脱退した結果、総評の主力は、国際経済からの影響の希薄な官公労組や中小企業の労働組合になっていた。総評がこのような組織構成である以上、国際金属労連をはじめとする国際産業別組織の対日活動は、大き

な限界を伴ったのである。それどころか、ヴェトナム戦争などを背景として、総評は1960年代半ばから再び左傾化し、世界労連傘下の労働組合との交流を深めていた[18]。それに加え、国労・動労の反マル生闘争の勝利によって官公労組が勢いづいていた。こうしたなか、総評は同盟との統一を熱心には追求しなかったのである。

総評は、1975年春闘と同年のスト権ストで敗北して以降、従来の方針を転換し、国際自由労連をはじめ西側の労働組合との提携を重視するとともに[19]、労働戦線の統一に積極的な姿勢をとるようになる。そして、第2次労働戦線統一運動は、1989年11月21日の連合の結成として最終的に結実した。ところが、その時点までに、組織率の低下など、労働組合の力量は大きく後退していた。なかでもIMF-JCは、統一的なナショナル・センターと社会民主主義政権による支えを欠いたまま、1975年春闘で「経済整合性」論を採用したのを契機として、賃上げの自粛を繰り返した。IMF-JC傘下の労働組合は、石油危機による高度成長の終焉を受けて、それまでの戦闘性を失い、企業主義的な色彩を強めたのである。しかるに、初代連合会長に就任した全電通(情報労連)の山岸章委員長は、宝樹の路線の継承者として社会・民社両党の結集に努め、政権の獲得を目指した。ところが、IMF-JC傘下の単産の消極的な姿勢もあり、社会民主主義勢力の結集に失敗し、失意のまま退陣を余儀なくされた[20]。さらに、連合そのものも、組合員数の減少に悩まされ、影響力を低下させている。

社会民主主義という選択肢

だが、ここで改めて注目したいのは、宝樹提案に始まる労働戦線統一運動がアメリカ政府の支持を受けていたことである。アメリカ大使館のハワード・ロビンソン労働官が1971年3月4日に作成し、アーミン・マイヤー大使の承認を得た報告書は、1960年代の対日労働政策を振り返って、次のように記した。「過去10年間のアメリカの政策目標は、(a)国際問題について政治的なデモンストレーションを動員するよりも経済的な目標を追求する、(b)アメリカと緊密なつながりを持ち、自民党が選挙で敗れた時に政府に参加する能力を有する、強力で非マルクス主義的な野党の選挙基盤となる、〔以上2つの要件を兼ね備えた〕非マルクス主義的で民主的で統一的な労働組合の中央組織の成長を奨励

することを主たるねらいとしてきた」。そして、この文書は、「民間労組の指導者たちは、新たな非マルクス主義的な左派野党を結成するという究極の目標を有しつつ、日本の労働組合運動を再編するために重要な役割を果たしている」と指摘した[21]。つまり、アメリカ政府は、西側指向で統一的な労働組合のナショナル・センターの設立と、それを基盤とする政権担当可能な社会民主主義政党の結成に期待を寄せたのである。

　この事実は極めて重要である。戦後日本の保守支配を支えたのは、アメリカだと考えられているからである。確かに、総司令部が社会党主導の中道連立内閣に対する支持を取り下げ[22]、吉田茂率いる自由党と緊密な関係を築いて以降、とりわけ冷戦の下で、アメリカ政府は保守勢力を育成し、その政権を安定化するために全力を傾けた。その頂点が、1955年の自民党の結成であった。アメリカは、社会党の政権獲得を阻止すべく、防衛分担金交渉など様々な機会を捉えて、保守合同を働きかけ、最終的に実現させたのである[23]。そして、その後もアメリカは自民党政権を背後から支援し、CIAを通じた秘密資金援助すら行ったといわれる[24]。しかし、これまでの分析からも明らかなように、アメリカ政府は、自民党政権以外の選択肢を否定したわけではなかったし、労働組合に対しても必ずしも敵対的ではなかった。アメリカが拒否したのは、あくまでも共産主義や中立主義であり、西側陣営を指向する西欧的な社会民主主義は、アメリカの冷戦政策が許容する範囲に入っていたのである。

　しかも、アメリカは、反労働者的な自由競争型の資本主義というイメージとは反対に、戦闘的で統一的な労働組合のナショナル・センターの結成を後押しした。それは、先進工業国という国際経済上の位置ゆえであった。賃金や労働条件の水準が相対的に低い国々との競争にさらされたアメリカは、国内の産業や雇用を守る方法に頭を悩ませた。自由貿易主義を掲げていたため、保護主義をとりえなかったからである。そこで、アメリカは、後発国の賃金や労働条件を向上させ、労働コストを高めるべく、労働組合運動を育成しようと考えた。労働組合は、チープ・レーバーによる輸出を企図する後発国の政府や経営者への対抗力として期待されたのである。このような政策は、なかでも日本に対して向けられた。総司令部が、労働組合の結成を奨励したのも、総評の結成による労働戦線統一を図ったのも、こうした考えに基づいていた。ケネディ・ライ

シャワー路線の下で全米自動車労組のウォルター・ルーサー会長がIMF-JCの結成を促進し、その延長上に行われた労働戦線統一運動をアメリカが支持したのも、それゆえであった。

　労働組合運動の育成以外にも、アメリカは、日本の賃金と労働条件を引き上げるために様々な試みを実行した。その最も直接的な方法は、民主党のケネディ政権が行った日本政府に対する賃金の共同調査の要求であった。全米自動車労組のルーサー会長も、それに歩調を合わせて、日米欧の労働組合による賃金共同調査センターの設立を提唱した。日本側の抵抗が強く、十分な成果を挙げられなかったとはいえ、アメリカが政労一体でこうした圧力を加えたことは、注目に値する。そして、日本の低賃金を問題視する点では共和党もほとんど変わらず、アイゼンハワー政権は、日本のGATTへの正式加入の際、関税を引き下げる代わりに、最低賃金制度の導入を求め、その検討を約束させた。後発国の輸出攻勢に対抗して雇用を守ることは、アメリカの国益だったからである。最低賃金法は、実際に岸内閣の下で成立した。その成立に主として国内要因が作用したのは疑いないが、占領下の労働基準法の制定と同じく、アメリカからの外圧も無視しえない要因として働いたのである。

　また、アメリカは、日本に対して個別的に圧力を加えるだけでなく、GATT規定のなかに公正労働基準条項を盛り込もうと考えた。国際的に公正な労働基準を設定し、不当に低い賃金と労働条件によって輸出を行う国に対して制裁を加えようとしたのである。もっとも、その実現は非常に困難であった。例えば、賃金を１つとってみても、物価水準や付加給付などを加味した実質賃金で考えなければならないが、その比較と公正とみなしうる水準の設定は難しかった。問題の性質上、GATTよりもILOで扱われるべきではないかという批判もあった。低い賃金と労働条件は生産性を低下させ、長期的には国際競争力を弱めるのであって、ソーシャル・ダンピング批判は的外れである、という理論的な反論も寄せられた。そして何よりも、比較優位の観点から低い賃金と労働条件を武器にせざるをえない後発国からの反発が強かった。とはいえ、国際公正労働基準の概念の妙味は、アメリカの労働者と経営者の利益となるだけでなく、輸出国の労働者の生活水準も高める点にあった。一種の「開かれた国益」といえよう。

以上みてきたように、冷戦の下でもアメリカから日本に加えられた圧力は多様であり、それゆえ日本政治には保守支配以外の選択肢が存在していた。もちろん、アメリカは自民党政権を支援し、財界主導の生産性運動に援助を与えた。中立主義を掲げる総評の分裂工作も行った。しかし、他方で、賃金と労働条件を高めるために様々な手段を講じ、その一環として中立主義者を含む労働戦線の統一を支持した。それを基盤とする西側指向の社会民主主義政党についても、その結成に期待を寄せた。アメリカは、とりわけ民主党政権の下、社会民主主義的と形容できる圧力を日本に加えたのである。しかも、こうした圧力をかけたのは、アメリカ一国だけではなかった。戦前からソーシャル・ダンピング批判を熱心に行ってきたイギリスは、政労使一体で日本の労働者の生活水準の向上を目指し、統一的で戦闘的なナショナル・センターの結成を後押しした。国際自由労連や国際金属労連をはじめとする国際産業別組織もまた、アメリカのCIOやイギリスのTUCからの働きかけもあり、同様の方針をとった。

グローバル社会民主主義の可能性

今日、多国籍企業とヘッジ・ファンドに象徴される、国境の壁を超えた自由な経済活動が急速に進展している。アメリカ政府や国際通貨基金などの国際機関は、それを下支えするため、「ワシントン・コンセンサス」に基づいて、国家による規制の緩和、国営企業の民営化、大幅減税の実施をはじめ、「小さな政府」を指向する新自由主義的改革を採用するよう、世界各国に圧力を加えているといわれる。このようなアメリカ主導のグローバリゼーションの結果、貧富の格差の拡大など様々な問題が引き起こされているが、なかでも深刻なのは、国際競争力を維持・強化し、海外からの直接投資を誘致する必要から、世界各国が賃金や労働条件を引き下げる「底辺への競争」を強いられていることである。この「底辺への競争」の下で、労働組合運動は抑圧され、不安定な雇用の増大と労働者の生活水準の切下げが発生している。だが、こうした状況に一国だけで対抗しようとしても、経済活動の停滞を引き起こし、国民生活を悪化させてしまう。しかし、依然として世界政府は存在せず、国際的な枠組みによって歯止めをかけることも容易でない。

そこで、グローバル資本主義の展開に対して、どのようにグローバル社会民

主主義を構築するかは、世界的に大きな関心事となっている。デヴィッド・ヘルドが示す解答は、グローバル・ガヴァナンスの改革である。国際通貨基金、世界銀行、WTO（世界貿易機関）、ILO、国連といった多国間主義に基づく国際機関を強化しつつ民主化し、平等・公正・環境といった目標に向けて、各国間の調整を行うとともに、市場に規制を加えることが、その主たる内容である。要するに、経済のグローバリゼーションに対応して、政治と法のグローバル化を図ろうという戦略である。そして、この戦略を支える勢力として、社会民主主義の伝統を尊重しつつ地域統合を進めるヨーロッパ諸国、アメリカのリベラルなグループ、自由で公正な貿易ルールを求める途上国、平等や環境などの価値の実現を目指す国際的な非政府・非営利組織などが挙げられる。ヘルドは、グローバル社会民主主義を構築する上で反米主義を否定し、アメリカのリベラル派を重視しなければならないと強調している[25]。

　本書も、アメリカの国益のなかには社会民主主義的な要素が埋め込まれており、民主党や労働組合などのリベラル派によって主として担われていると考える。アメリカ政府は、本書が分析した1960年代半ば以降も、そして1995年にGATTに代えてWTOが発足した後も、国際公正労働基準の実現に努めてきた。その背景には、AFL-CIOが、失業問題の深刻化を受けて、保護主義に傾斜しつつも、それを一貫して求めてきたという事実がある。WTOによる国際公正労働基準の採用は、途上国の反対などにより、未だ実現していないが、アメリカ、カナダ、メキシコの3ヵ国によって1992年に調印された北米自由貿易協定では、アメリカの要求に従い、労働に関する補完協定が結ばれ、最低賃金などが履行されない場合の貿易制裁が明記された[26]。国際公正労働基準については、ヨーロッパ諸国も、熱心に支持している。先進国の保護主義の隠れ蓑にすぎないと批判する声もあるが、国際的な枠組みを設定して賃金や労働条件を下支えし、「底辺への競争」に歯止めをかける試みとして、積極的に評価されるべきであろう。

　また、「底辺への競争」を食い止めるには、こうした国際公正労働基準を求める欧米諸国の動きだけでなく、労働組合の国際連帯も重要である。グローバリゼーションの下で、その負の側面に対抗するために、国際労働運動は急速に再編されつつある。具体的に述べるならば、国際自由労連は、2000年、国際

産業別組織およびOECD労働組合諮問委員会とともに、グローバル・ユニオンという枠組みを創設した。2006年10月には、国際自由労連とキリスト教系の国際労連が合同し、フランスのCGTなど両組織に未加盟のナショナル・センターも参加して、153ヵ国、304組織、1億6800万人を擁するITUC（国際労働組合総連合）が結成された。日本からは、連合が加盟している。もはや名目的な存在にすぎない世界労連を除いて、国際労働運動を唯一代表することになったITUCの発足に伴い、国際自由労連と国際労連の傘下にあった国際産業別組織の整理・統合が予定されている。グローバル・ユニオンの枠組みも、2007年1月にグローバル・ユニオン評議会へと強化された。

　ITUCは、「グローバル化の変革」を結成大会で採択したプログラム文書の最初の項目に置き、「グローバル化を根本的に変革し、働く男女、失業者、貧しい男女に役立つものにする」と謳った。そして、「WTOのルールに労働者の権利条項を組み込み、これによって各国間で貿易されるすべての製品とサービスに、中核的労働基準を順守して製造、販売されることを義務づけるよう活動すべきである。こうした条項は保護主義に反対し、開発を支持するものであり、開かれた世界的な貿易システムにおける社会的公正を確保する重要な手段である」と強調した[27]。中核的労働基準とは、グローバル市場で順守されるべき最低限の国際労働基準としてILOが1998年に定めた4分野8条約、すなわち結社の自由および団結権・団体交渉権（第87号、第98号）、強制労働の禁止（第29号、第105号）、児童労働の廃止（第138号、第182号）、差別の禁止（第100号、第111号）を指す。これをWTOなどの貿易ルールに盛り込むことは、現在、国際労働運動の最大の戦略目標の1つになっている。

　貧富の格差の拡大など世界中で深刻な問題を発生させているグローバル資本主義に対抗する鍵は、公正なグローバリゼーションを目指す国際的な労働組合運動と先進国の政府のイニシアティヴに存在する、というのが本書の含意である。日本についてみると、このような動きに連合は積極的な態度を示しているが、途上国に対する配慮やアメリカが保護主義に走ることへの懸念などから、日本政府は必ずしも前向きでないといわれる。だが、低賃金を武器にして台頭する国々との「底辺への競争」は、避けなければならない。もちろん、保護主義も回避すべきである。そうだとすれば、日本政府は、WTOの多角的貿易交

364　結論　社会民主主義という選択肢

渉や二国間の自由貿易協定の締結による貿易の自由化を進める一方で、経済援助を積極的に行い、連合と協力して労働組合を育成するなど、途上国の賃金と労働条件の向上を図るとともに、欧米諸国と歩調を合わせて貿易ルールのなかに中核的労働基準を盛り込むよう努めるべきであろう。そして、そうした「開かれた国益」に立脚する試みのなかから、グローバル社会民主主義の可能性は開かれていくのではなかろうか。

(1) 『同盟二十三年史 上巻』同盟史刊行委員会、1993年、469-473ページ。
(2) Carew et al., *The International Confederation of Free Trade Unions*, pp. 323-328.
(3) 『同盟二十三年史 上巻』464ページ。
(4) IMF・JC 10周年史編纂委員会編『IMF・JC 10年の歩み』52-69ページ。
(5) 千葉利雄『戦後賃金運動』日本労働研究機構、1999年、214、415-419ページ。
(6) 太田薫「国際労働運動における総評の立場」(『月刊労働問題』1965年5月) 77ページ。
(7) 「国際金属労連加盟の影響」(『朝日ジャーナル』1964年9月27日) 11ページ。
(8) 『鉄鋼調査週報』1965年9月13日。大宮知郎「IMF・JCの本質と方向」(『月刊労働問題』1966年2月) 107ページ、より再引した。
(9) Minutes, IMF Central Committee, September 22 and 23, 1966, IMF Collection, Box 6, IISH.
(10) 「一代議員の感想」(『IMF日本協議会』1964年12月) 36ページ。
(11) 「1965年度活動方針(案)」(『IMF日本協議会』1965年6月) 9ページ。
(12) Tokyo to Department of State, No. A-659, November 11, 1966, LAB3-2, *CUSSDJ, 1963-1966*, Reel 23.
(13) 宝樹文彦「労働戦線統一と社会党政権樹立のために」(『月刊労働問題』1967年2月)。
(14) "Agenda Item 8: Regions and Individual Countries: Reports on Activities and Particular Problems," ICFTU Executive Board, October 4-6, 1967, ICFTU Archives, Box 145, IISH.
(15) 宝樹は、1966年9月15日のシルヴァーバーグ労働官との会談でも、江田に対する期待を語っている。Memorandum of Conversation, September 15, 1966, enclosed with Tokyo to Department of State, No. 515, October 18, 1966, LAB 3-2, *CUSSDJ, 1963-1966*, Reel 23.
(16) 江田が社会民主主義者と名乗るようになるのは、1973年のことであった。杉森康二「根っからの社会民主主義者」(『江田三郎—そのロマンと追想』『江田三

郎』刊行会、1979年) 386 ページ。
(17) 宮田『組合ざっくばらん』171-191 ページ。
(18) 『総評四十年史』編纂委員会編『総評四十年史 第2巻』第一書林、1993年、542-546 ページ。
(19) 同上、555-560 ページ。
(20) 中北浩爾「連合」(佐々木毅編『政治改革1800日の真実』講談社、1999年)。
(21) Tokyo to Department of State, No. A-232, March 29, 1971, RG 59, Entry 1613, SNF, 1970-1973, Box 1408, NA.
(22) 福永文夫『占領下中道政権の形成と崩壊』岩波書店、1997年。
(23) 樋渡由美『戦後政治と日米関係』東京大学出版会、1990年、中北『一九五五年体制の成立』、池田慎太郎『日米同盟の政治史』国際書院、2004年。
(24) Michael Schaller, *Altered States: The United States and Japan since the Occupation*, New York: Oxford University Press, 1997, pp. 135-136, 165. 日本語訳は、マイケル・シャラー(市川洋一訳)『「日米関係」とは何だったのか』草思社、2004年、237-240、290-291 ページ。
(25) David Held, *Global Covenant: The Social Democratic Alternative to the Washington Consensus*, Cambridge: Polity, 2004. 日本語訳は、デヴィッド・ヘルド(中谷義和・柳原克行訳)『グローバル社会民主政の展望』日本経済評論社、2005年。
(26) 花見編『貿易と国際労働基準』27-31 ページ、小林英夫『現代アメリカ労働史論』啓文社、1987年、159-168 ページ。
(27) 日本労働組合総連合会総合国際局編『ITUC: International Trade Union Confederation 国際労働組合総連合』日本労働組合総連合会、2007年。

参考文献

1. 未刊行資料
(1) アメリカ
National Archives at College Park (NA)
　Record Group 59: General Records of the Department of State
　　Entry 1613: General Records of the Department of State Subject Numeric Files, 1970-1973 (SNF, 1970-1973)
　　Entry 3051B: Lot Files, Conference Files, 1949-1972 (CF)
　Record Group 84: Records of the Foreign Service Posts of the Department of State
　　Entry 2828A: Japan: Tokyo Embassy Classified General Records, 1952-1963
　Record Group 174: General Records of the Department of Labor (Bureau of International Labor Affairs)
　　Entry 44: Office of Director, General Correspondence, 1953-1957
　　Entry 50: Secret Messages and Dispatches Concerning Country Assignments, 1958-1961
　　Entry 57-B: Assistant Secretary for International Affairs, General Correspondence, 1953-1967
　Record Group 306: Records of the United States Information Agency (USIA)
　　Entry 1021: Office of Research, Country Project Correspondence, 1952-1963
　Record Group 469: Records of U. S. Foreign Assistance Agencies, 1948-1961
　　Entry 421: Office of the Deputy Director for Operations, Office of Far Eastern Operations, Japan Subject Files, 1950-1961
　　Entry 1263: Mission to Japan, Office of the Director, Subject Files, 1957-1959
　　Entry 1264: Mission to Japan, Executive Office, Subject Files (Central Files), 1955-1958
　　Entry 1265: Mission to Japan, Executive Office, Classified Subject Files (Classified Central Files), 1953-1958
　　Entry 1266: Mission to Japan, Program Office, Subject Files, 1954-1958
John F. Kennedy Presidential Library (JFKL)
　Presidential Papers, National Security Files, 1961-1963 (NSF)
　Robert F. Kennedy Attorney General's Papers, 1961-1964 (Robert Kennedy Papers)
　American Federation of Labor and Congress of Industrial Organizations Papers (AFL-CIO Papers)

James B. Carey, Oral History Transcripts
Archives of Labor and Urban Affairs, Walter P. Reuther Library, Wayne State University(RL)
 UAW President's Office: Walter P. Reuther Collection(Reuther Collection)
 UAW Washington Office International Affairs Department: Victor Reuther and Lewis Carliner(1955-63)Collection(UAW-IAD Collection)
 CIO Secretary-Treasurer's Office Collection(CIO-STO Collection)
 CIO Washington Office Collection(CIO-WO Collection)
 Valery Burati Collection(Burati Collection)
 Jay B. Krane Collection(Krane Collection)
George Meany Memorial Archives(GMMA)
 RG 1-27: Office of the President, President's Files, George Meany, 1947-1960
 RG 1-38: Office of the President, George Meany Files, 1940-1980
 RG 18-1: International Affairs Department, Country Files, 1945-1971
 RG 18-2: CIO International Affairs Department, Director's Files, Michael Ross, 1945-1955
 RG 18-3: International Affairs Department, Jay Lovestone Files, 1939-1974
Wisconsin Historical Society(WHS)
 American Federation of Labor Records, 1888-1955(AFL Records)
 International Brotherhood of Pulp, Sulphite and Paper Mill Workers Records, 1906-1957(IBPSPMW Records)
American Catholic History Research Center and University Archives, the Catholic University of America(ACUA)
 Richard L. G. Deverall Papers(Deverall Papers)
Hoover Institution Archives, Stanford University(HIA)
 Jay Lovestone Papers(Lovestone Papers)
Special Collections and University Archives, Rutgers University(RU)
 International Union of Electrical, Radio and Machine Workers, President's Office Records(IUE Records)
Special Collections, Georgetown University(GU)
 Samuel D. Berger Papers(Berger Papers)

(2) イギリス
National Archives(PRO)
 Records of the Foreign Office(FO)
 Records of the Ministry of Labour(LAB)

Modern Records Centre, University of Warwick (MRC)
　Papers of the Trades Union Congress (TUC Papers)

(3) オランダ
International Institute of Social History (IISH)
　International Confederation of Free Trade Unions Archives (ICFTU Archives)
　International Metalworkers' Federation Collection (IMF Collection)

(4) 日本
外務省外交史料館
　戦後外交記録
国立国会図書館憲政資料室
　GHQ/SCAP Records
労働政策研究・研修機構
　『総評資料』
　『全労資料』
　『高野実文書』
東京大学経済学部図書館
　『石川一郎文書』

2. マイクロフィルム

Records of the U. S. Department of State Relating to the Internal Affairs of Japan, 1945-1949: Department of State Decimal File 894, Wilmington: Scholarly Resources, 1986. (*RDOS, IAJ, 1945-1949*)

Records of the U. S. Department of State Relating to the Internal Affairs of Japan, 1950-1954: Department of State Decimal Files 794, 894, and 994, Wilmington: Scholarly Resources, 1986. (*RDOS, IAJ, 1950-1954*)

Records of the U. S. Department of State Relating to Internal Affairs of Japan, 1955-1959: Department of State Decimal Files 794, 894, and 994, Wilmington: Scholarly Resources, 1990. (*RDOS, IAJ, 1955-1959*)

Confidential U. S. State Department Central Files, Japan, 1960-January 1963: Internal and Foreign Affairs, Bethesda: University Publications of America, 1997-1998. (*CUSSDJ, 1960-1963*)

Confidential U. S. State Department Central Files, Japan, Internal Affairs and Foreign Affairs, February 1963-1966, Bethesda: University Publications of America, 1997. (*CUSSDJ, 1963-1966*)

Confidential U. S. State Department Special Files, Japan, 1947-1956, Bethesda: University Publications of America, 1990.（*CUSSDJ, 1947-1956*）

Minutes of the Executive Council of the American Federation of Labor, 1893-1955, Bethesda: University Publication of America, 1991-1996.（*MECAFL*）

William Green Papers, 1934-1952, Frederick: University Publications of America, 1986.（*Green Papers*）

3. 刊行資料

Foreign Relations of the United States, 1952-1954, Vol. 14, Part 2, Washington D. C.: United States Government Printing Office, 1985.（*FRUS, 1952-1954, Vol. 14*）

Foreign Relations of the United States, 1955-1957, Vol. 23, Washington D. C.: United States Government Printing Office, 1991.（*FRUS, 1955-1957, Vol. 23*）

Foreign Relations of the United States, 1958-1960, Vol. 18, Washington D. C.: United States Government Printing Office, 1994.（*FRUS, 1958-1960, Vol. 18*）

石井修・小野直樹監修『アメリカ合衆国対日政策文書集成3　日本の国内事情1960年』柏書房、1997年。（*DUSPJ, 3*）

石井修・小野直樹監修『アメリカ合衆国対日政策文書集成5　日米外交防衛問題1958年』柏書房、1998年。（*DUSPJ, 5*）

石井修・小野直樹監修『アメリカ合衆国対日政策文書集成6　日米外交防衛問題1955年』柏書房、1999年。（*DUSPJ, 6*）

石井修・小野直樹監修『アメリカ合衆国対日政策文書集成7　日米外交防衛問題1956年』柏書房、1999年。（*DUSPJ, 7*）

Gary M. Fink(ed.), *AFL-CIO Executive Council Statements and Reports, 1956-1975, Volume 1*, Westport: Greenwood Press, 1977.（*AFL-CIO-ECSR*）

参 考 資 料

1. 労働組合の構造

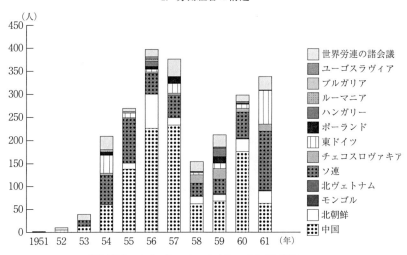

出典：Tokyo to the Department of State, July 13, 1962,
出典：著者作成。

2. ナショナル・センターの変遷(1946-89年)

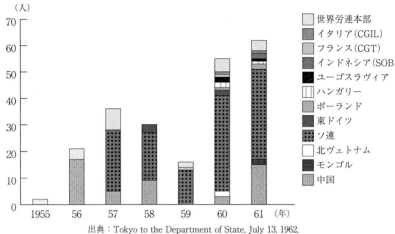

出典：Tokyo to the Department of State, July 13, 1962, No. A-66, 894.062/7-1362, *CUSSDJ, 1960-1963*, Reel 16.

図2　共産党系の労働組合指導者の日本への訪問者数(1951-61年)

注：結成時の組織人員は、結成大会における発表数である。
出典：神代和欣・連合総合生活開発研究所編『戦後50年　産業・雇用・労働史』日本労働研究機構、1995年、578ページ。

3. ナショナル・センター別の組合員数の推移(1947-93年)

(単位：千人)

6月末	全日本労働組合総連合会(連合)	日本労働組合総評議会(総評)	全日本労働総同盟(同盟)	全日本労働組合会議(全労)	日本労働組合総同盟(総同盟)	日本産業別労働組合会議(産別会議)	全国産業別労働組合連合(新産別)	中立労働組合連絡会議(中立労連)	全国労働組合総連合会(全労連)	全国労働組合連合協議会(全労協)	その他
1947	—	—	—	—	759	1,146	‥	—			4,363
48	—	—	—	—	873	1,228	‥	—			4,432
49	—	—	—	—	914	1,020	‥	—			4,721
50	—	—	—	—	835	290	55	—			4,713
51	—	2,921	—	—	313	47	69	—			2,588
52	—	3,102	—	—	219	27	40	—			2,559
53	—	3,273	—	—	240	13	39	—			2,338
54	—	3,003	—	595	222	13	41	—			2,446
55	—	3,094	—	624	237	12	34	—			2,542
56	—	3,138	—	662	242	13	36	‥			2,648
57	—	3,410	—	782	256	13	38	‥			2,583
58	—	3,519	—	795	272	—	40	‥			2,610
59	—	3,627	—	825	282	—	40	‥			2,682
60	—	3,707	—	922	303	—	41	‥			2,981
61	—	3,915	—	1,068	338	—	41	‥			3,153
62	—	4,069	1,184	781	430	—	50	‥			3,503
63	—	4,170	1,344	906	430	—	49	868			2,900
64	—	4,159	1,444	955	463	—	50	915			3,158
65	—	4,225	1,655	—	—	—	60	967			3,270
66	—	4,221	1,712	—	—	—	63	1,010			3,425
67	—	4,185	1,764	—	—	—	67	1,032			3,555
68	—	4,192	1,844	—	—	—	68	1,262			3,489
69	—	4,222	1,952	—	—	—	71	1,332			3,727
70	—	4,262	2,047	—	—	—	72	1,378			3,899
71	—	4,224	2,158	—	—	—	76	1,340			4,069
72	—	4,247	2,213	—	—	—	72	1,373			4,043
73	—	4,320	2,263	—	—	—	70	1,352			4,369
74	—	4,426	2,300	—	—	—	71	1,380			4,573
75	—	4,550	2,257	—	—	—	69	1,359			4,666
76	—	4,559	2,203	—	—	—	66	1,341			4,626
77	—	4,535	2,196	—	—	—	64	1,313			4,597
78	—	4,500	2,166	—	—	—	61	1,305			4,604
79	—	4,531	2,141	—	—	—	63	1,322			4,533
80	—	4,522	2,155	—	—	—	62	1,340			4,582
81	—	4,535	2,168	—	—	—	63	1,386			4,627
82	—	4,522	2,187	—	—	—	64	1,429			4,648
83	—	4,478	2,184	—	—	—	64	1,470			4,806
84	—	4,400	2,168	—	—	—	60	1,502			4,800
85	—	4,339	2,154	—	—	—	60	1,549			4,785
86	—	4,268	2,126	—	—	—	61	1,601			4,784
87	—	4,068	2,093	—	—	—	66	1,643			4,965
88	5,308	3,969	—	—	—	—	56	—			4,146
89	5,445	3,907	—	—	—	—	—	—	—	—	4,138
90	7,614	—	—	—	—	—	—	—	835	290	3,896
91	7,615	—	—	—	—	—	—	—	840	299	3,872
92	7,642	—	—	—	—	—	—	—	859	296	3,993
93	7,819	—	—	—	—	—	—	—	856	300	3,944

注：その他には、上記以外の上部団体及び無加盟を含む。連合欄の88、89年の数値は民間連合のものを示す。

出典：神代和欣・連合総合生活開発研究所編『戦後50年 産業・雇用・労働史』日本労働研究機構、1995年、579ページ。

4. 国際自由労連加盟組合の推移(1950-65年)

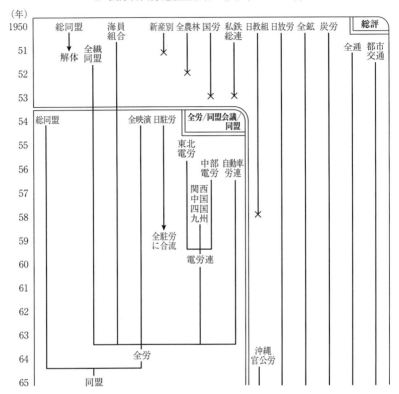

注：×は脱退を示す。
出典：労働省編『資料労働運動史』労務行政研究所、各年版、より著者作成。

あとがき

　政治学者として人物を中心とする歴史を好まない私でも、歴史を創り出す力を持つ指導者に魅了されることがある。『タイム』誌が20世紀の世界で最も重要な100人の人物に選んだウォルター・ルーサーは、その1人である。社会主義者からフランクリン・ローズヴェルトのニュー・ディール政策の熱心な支持者に転じたルーサーは、全米自動車労組を率いて賃金や労働条件の向上に努める一方、社会的労働運動を標榜し、国民健康保険制度の導入をはじめ福祉・住宅・教育などの改善を訴え、公民権運動にも積極的に加わって「白いマーティン・ルーサー・キング」と呼ばれた。ルーサーのCIO系はAFL-CIOの内部で少数派にとどまり、全米自動車労組はAFL-CIOからの脱退を余儀なくされ、ルーサー自身も航空機事故で不慮の死を遂げた。ところが、それから四半世紀を経た1990年代半ば、AFL-CIOは、ジョージ・ミーニー以来の保守的な路線から決別して、社会的労働運動を採用する歴史的転換を果たした。そして、昨日実施された大統領選挙で、ジョン・F・ケネディの再来といわれる黒人のバラク・オバマが勝利を収めた。

　アメリカのリベラル派について、日本での評価は総じて芳しくない。一方には、労働組合が強い影響力を持つ民主党は保護主義的であって、共和党こそが親日的であるという認識が存在する。また、他方には、民主・共和両党の間に有意な差異を認めず、アメリカは世界各国に弱肉強食の自由競争を押し付け、労働者を抑圧しているという批判がある。だが、少なくとも現在のアメリカのリベラル派は、保護主義者でもなければ、手放しの自由貿易主義者でもない。例えば韓国とのFTAに関して、オバマは、自由貿易主義を擁護しつつ労働に関する条項の欠如を批判している。このアプローチは、ルーサーらの国際公正労働基準の考え方を継承して、公正なグローバリゼーションを目指すものといえよう。今日、世界恐慌以来といわれる世界的な金融危機によって、新自由主義の限界が明らかになり、市場経済の効率性を認めながらも公正の観点からそれを制御する国際的な枠組みの構築が求められている。ヨーロッパを超えるグローバルな社会民主主義の可能性を探る上で、アメリカ、とりわけそのリベラ

ル派の再評価は避けて通ることができない。

　本書は、2年間の留学の研究成果である。2003年9月からイギリスのロンドン・スクール・オヴ・エコノミクス・アンド・ポリティカル・サイエンス(LSE)のサントリー・トヨタ研究所(STICERD)に、2004年9月からアメリカのハーヴァード大学のライシャワー日本研究所に、それぞれ1年ずつ客員研究員として滞在した。ジャネット・ハンター、イアン・ニッシュ、アンドルー・ゴードンの各教授をはじめ、以上の2つの機関の関係者に感謝申し上げたい。また、この分野の権威であるアンソニー・カルー教授から直接ご指導いただき、世界各地の文書館のアーキヴィストからは、研究に携わる人々の間の国際的な連帯というべきものを教えられた。そもそも留学は、立教大学法学部の許可を得、国際文化会館の新渡戸フェローシップ(大和日英基金)と立教大学の研究奨励助成金(海外研修派遣)を受けることで可能になった。さらに、研究を進めるに際して、労働問題リサーチセンターの研究助成(2004年度)と科学研究費補助金(2005〜2007年度、若手研究(B)、課題番号17730110)を与えられた。関係各位にお礼申し上げる。

　本書を執筆する過程で、いくつかの関連する論文とエッセーを発表してきた。下記の通りである。

① 「冷戦期アメリカの対日労働政策――反共産主義と社会民主主義の相克」(坂野潤治・新藤宗幸・小林正弥編『憲政の政治学』東京大学出版会、2006年)。

② 「労働組合の戦後日米関係史(上・中・下)」(『生活経済政策』2006年4月、5月、6月)。

③ 「ケネディ・ライシャワー路線の背景――日米貿易摩擦と国際公正労働基準」(大阪市立大学『法学雑誌』第54巻第2号、2007年)。

④ 「底辺への競争――公正なグローバル化で脱却を」(『朝日新聞』2007年12月8日)。

⑤ "Incorporating Japanese Labor into the Free World: Cold War Diplomacy and Economic Interdependence, 1949-1964," *Labor History*, Vol. 49, No. 2, 2008.

以上の論考の発表を勧めてくださった方々、特に小川正浩(生活経済政策研

究所)、刀祢館正明(朝日新聞社)、篠田徹(早稲田大学)の各氏に感謝したい。また、立教大学法学部政治学科のスタッフからは、いつも大きな知的刺激を受けている。なかでも、研究分野のみならず研究室も隣接する佐々木卓也・小川有美の両教授には、耳学問の機会を与えていただいている。残念ながら、労働に関する著書の出版事情は厳しい。そうしたなかで、岩波書店は、本書の学術的・社会的意義を理解し、出版を決断してくださった。とりわけ編集部の佐藤司氏には、大変お世話になった。本書は、2008年度の立教大学出版助成を得て刊行される。審査にあたられた先生方をはじめ、関係各位にお礼申し上げる。最後に、本書に結実した2年間の留学は、研究ばかりでなく、人生にとってもかけがえのないものであった。ロンドンでの素晴らしい時間を共有し、ボストン・ケンブリッジでの生活を日本から支えてくれた妻に、我々の流儀ではないことを承知しつつも、この場を借りて感謝の気持ちを伝えたい。

　　2008年11月5日

中北浩爾

人名索引

ア 行

相沢重明 112
愛知揆一 158
アイゼンハワー,ドワイト(Eisenhower, Dwight D.) 10-13, 102, 108, 122-125, 154, 179, 251-253, 273, 276, 278, 282, 291, 292, 360
秋山実 301
浅沼稲次郎 275
芦田均 29, 30, 32
足立正 225
アチソン,ディーン(Acheson, Dean G.) 68
アトリー,クレメント(Attlee, Clement R.) 5, 83
天池清次 189, 194, 311, 328
新木栄吉 125, 150
荒木正三郎 46
有沢広巳 226
アリソン,ジョン(Allison, John M.) 123, 150, 178, 186, 197, 250
イエイヤー,アルネ(Geijer, Arne) 206, 216, 217, 341, 342
池田勇人 274, 275, 278-280, 284, 293
池原ふじ 79, 86, 87, 92, 97, 100, 122, 130, 172
石川一郎 155
石黒清 125
石坂泰三 153, 158, 160, 161, 225
石田博英 198, 200, 203, 205, 278-280, 293
石橋巌 169, 170
市川誠 185
イーデン,アンソニー(Eden, Anthony) 83, 84
稲葉秀三 157
井堀繁雄 194
今村彰 80
イルグ,コンラッド(Ilg, Konrad) 107
岩井章 13, 77, 170, 173, 177-186, 198, 199, 202, 204, 208-214, 216, 218, 222, 224, 241, 275, 277, 279-282, 287, 299-304, 309, 310, 312, 313, 315, 338, 352
岩越忠恕 161
ウィーヴァー,ジョージ(Weaver, George L.-P.) 289
ウィン,カール(Winn, Carl) 148, 161, 225
ウェアリング,フランク(Waring, Frank A.) 96, 99, 121
ウェインバーグ,ナット(Weinberg, Nat) 262
上西正雄 171, 341
ウェルシュ,フランク(Welsh, Frank) 137-139, 174, 179, 181, 183
ウォル,マシュー(Woll, Matthew) 19-21, 28, 122, 182
江田三郎 280, 302, 320, 357, 364
エドガー,キャロル(Edgar, Carol L.) 34
エドワーズ,エイナー(Edwards, Einar) 225-228, 234, 246
エーミス,ロバート(Amis, Robert T.) 39, 40, 44-47, 54, 59, 71, 75, 77, 90, 119
大出俊 202, 281-283, 299
大木五郎 211
大倉旭 72, 78, 79, 85, 96, 100, 105, 180, 186, 213, 302, 309, 310, 314, 315, 322, 340
大河内一男 281
太田薫 13, 174-177, 180, 183, 185, 186, 198, 204, 208, 232, 234, 238, 241, 267, 268, 275, 277, 279, 280-282, 287, 298-300, 313-315, 320, 324, 326, 345, 354
大橋武夫 314, 317, 327
岡三郎 55
小笠原三九郎 158
小口賢三 53, 54
落合英一 45, 55, 171, 310, 312, 313, 328-332
オルデンブローク,ヤコブ(Oldenbroek, Jacobus H.) 6, 8, 42, 50, 51, 73, 74, 80-84, 96, 100, 101, 104-106, 108, 110-112, 114, 119, 128, 129, 133, 143, 175-177, 182, 183, 185, 186, 188, 199, 203-206, 208, 209, 211, 212, 214-218, 223

カ行

飼手真吾　53, 75
蔭山寿　85, 126, 127, 159, 225
ガスコイン，アルヴァリー(Gascoigne, Alvary D. F.)　48
片山武夫　170, 311
片山哲　24, 29
堅山利文　271
加藤閲男　39, 43, 46, 49, 69
兼田富太郎　212
金正米吉　159, 225
神長一毛　53, 54
神山清喜　112
亀井光　280
カメル，フアシ(Kamel, Fathi)　210, 212
カール，アルビン(Karl, Albin)　108
カルヴァート，ジェフリー(Calvert, Geoffrey R.)　57, 119, 131, 185, 201, 234, 267, 268, 277
河上丈太郎　275, 277
河村石太郎　227
菅道　43
菊川忠雄　63
岸信介　197-204, 206, 212, 213, 233, 235, 237, 252, 274, 277-279, 352, 360
北川義行　68, 210
北村勝雄　161
キーナン，ジョセフ(Keenan, Joseph)　21
キニー，ロバート(Kinney, Robert L.)　290
木畑公一　341, 345
ギブソン，ジョン(Gibson, John W.)　31, 52
木村篤太郎　86
キレン，ジェームズ(Killen, James S.)　22-35, 37, 52, 76, 84, 119, 140, 351
クーツ，レイ(Coutts, Ray C.)　199
グッドイヤー，ジョン(Goodyear, John)　326, 341
久保山愛吉　178
熊本虎蔵　77
倉石忠雄　205, 278, 279
クラットン，ジョージ(Clutton, George)　83
グラデル，アドルフ(Graedel, Adolph)　188, 189, 263, 264, 304, 308, 309, 334, 337
クリーシー，ロバート(Creasey, Robert)　250
クリップス，スタフォード(Cripps, Stafford)　146
グリーン，ウィリアム(Green, William)　21, 24, 125
クリンドラー，チャールズ(Kreindler, Charles)　19
クレーン，ジェイ(Krane, Jay B.)　51, 104, 106, 177, 180, 202, 217, 255
グロート，ダン(Groot, Dan)　202
ケアリー，ジェームズ(Carey, James B.)　45, 66, 257, 265, 266, 304-308, 318
ケイザー，フィリップ(Kaiser, Philip M.)　15, 27
ケナン，ジョージ(Kennan, George F.)　27
ケネディ，ジョン(Kennedy, John F.)　10, 11, 13, 242-244, 273, 274, 277, 281-284, 286, 287, 291, 292, 306, 307, 327, 344, 353, 359
ケネディ，ロバート(Kennedy, Robert F.)　275, 306
ケムズリー，ウィリアム(Kemsley, William)　255
ケンズリー，アーヴィン(Kuenzli, Irvin R.)　101
郷司浩平　151, 152, 158, 159, 161, 164, 166, 225-227, 230, 231
コーエン，セオドア(Cohen, Theodore)　20, 22-24
古賀専　116, 125-127, 135, 159, 225, 236
古賀定　281
後藤浩　162
小柳勇　197
コリンズ，ジョージ(Collins, George)　304
ゴールドバーグ，アーサー(Goldberg, Arthur J.)　243, 244, 275, 285-287, 296, 317, 326
ゴールドバーグ，ハリー(Goldberg, Harry)　118, 137
コロシモ，トマス(Colosimo, Thomas)　122, 137
近藤信一　170, 172
ゴンパーズ，サミュエル(Gompers, Samuel)　20

サ行

斎藤鉄郎　55
サイヤン，ルイ(Saillant, Louis)　6, 19, 22, 25, 41, 209, 299

人名索引　381

向坂逸郎　214
佐多忠隆　275
佐竹五三九　112
佐藤栄作　197, 203
サリヴァン，フィリップ(Sullivan, Philip B.)
　　40, 58, 92, 98, 123, 132, 143, 157, 174, 177,
　　180, 254
佐山励一　161
ジェルマノ，ジョセフ(Germano, Joseph)　267
塩路一郎　271
重枝琢己　128, 171
柴田圭介　55
柴田健三　53, 54
柴谷要　178-180
島上善五郎　72, 73
周恩来　241, 242
シュニッツラー，ウィリアム(Schnitzler,
　　William F.)　281, 282
東海林武雄　151
シルヴァーバーグ，ルイス(Silverberg, Louis)
　　222, 232, 238, 276, 277, 280, 331, 364
新家宗明　170, 266
末弘厳太郎　53
スカゲン，エドワード(Skagen, Edward M.)
　　162, 175, 180, 181, 183, 184, 200, 207, 210,
　　216, 225, 226, 233, 234, 236, 241, 278
杉本通雄　169, 170
鈴木誠市　299
鈴木茂三郎　72, 197
スター，マーク(Starr, Mark)　20, 21
スタッセン，ハロルド(Stassen, Harold E.)
　　148, 155, 156
スターリン，ヨシフ(Stalin, Iosif V.)　8, 19,
　　102
スタンチフィールド，ポール(Stanchfield, Paul
　　L.)　31
周東英雄　149
ストラウス，ウリック(Straus, Ulrich)　311
スナイダー，リチャード(Sneider, Richard L.)
　　236
スミス，ウォルター(Smith, Walter B.)　125
関野忠義　305, 309, 318
瀬戸一郎　190, 266, 305, 309, 310, 318, 319, 328,
　　334, 337, 356
セリグマン，ベンジャミン(Seligman, Benja-
　　min)　254
セン，デヴェン(Sen, Deven)　50
ゼンペル，アーノルド(Zempel, Arnold)　46
ソコロヴ，ヘンリー(Sokolove, Henri)　234,
　　236, 275, 289, 290
ソーレス，ジョヴィアノ(Soares, Joviano)
　　187
ソーントン，アーネスト(Thornton, Ernest)
　　56
ソーントン，レスター(Thornton, Lester H.)
　　267

タ　行

タウンゼント，ウィラード(Townsend,
　　Willard)　19, 66, 85, 88, 90, 95-98, 100, 101,
　　120-122, 129
高野実　12, 18, 47, 55, 56, 58-61, 68, 69, 72, 74,
　　75, 77, 79-81, 84-89, 95, 102, 108, 110-112,
　　117, 119, 121-126, 130, 132, 138, 174-177,
　　179-181, 183, 185, 186, 192, 204, 210, 213,
　　224, 280, 302, 318, 335, 352
高橋熊次郎　169, 170, 210
高山侃　246
高山恒雄　59
宝樹文彦　77, 176, 177, 186, 188, 202, 208, 209,
　　217, 218, 300, 302, 313, 320, 325, 356-358,
　　364
滝田実　46, 59-61, 77, 96, 121, 126, 127, 132, 136,
　　155, 159, 183, 207, 217, 242-244, 281, 287,
　　290, 310, 312, 313, 316, 326, 328, 331
竹花勇吉　287, 305, 307-310, 313, 318
竹本武男　267
ダス，モハン(Das, Mohan)　118
田中兼人　53, 54, 162, 189, 192
ダビンスキー，デヴィッド(Dubinsky, David)
　　19, 182
タラソフ，ミカエル(Tarasov, Mikhail)　19
ダレー，フレッド(Dalley, Fred W.)　50, 51
ダレス，アレン(Dulles, Allen W.)　1, 123
ダレス，ジョン・フォスター(Dulles, John
　　Foster)　69, 72, 73, 83, 123, 125, 149, 155, 156,
　　183, 198, 199
ダンネンバーグ，アルフレッド(Dannenberg,
　　Alfred)　116, 189, 190, 304, 305, 309, 337
チャップマン，ゴードン(Chapman, Gordon

W.) 50, 51, 84
土屋勤 355
ティボドー，ベンジャミン（Thibodeaux, Benjamin) 227, 230
ディロン，ダグラス（Dillon, C. Douglas) 239, 257
デヴェラル，リチャード（Deverall, Richard L. G.) 20, 23, 24, 27, 28, 33, 34, 49-51, 89, 90, 118-132, 135-137, 140, 141, 172, 173, 175, 180-182, 201, 352
デケイジェル，ロジェ（Dekeyzer, Roger) 50
デニング，エスラー（Dening, Esler) 83
テューソン，ヴィンセント（Tewson, Vincent) 44, 46, 48, 120, 129, 203
テーラー，アレン（Taylor, Allen) 99, 109, 123, 172, 174, 175
寺村一義 266
デ・ラ・メア，アーサー（de la Mare, Arthur J.) 236
寺本広作 81, 84
徳田球一 18, 27
徳田千恵子 54, 59, 60
ドッジ，ジョセフ（Dodge, Joseph M.) 32, 34, 39, 40, 57, 71
トルーマン，ハリー（Truman, Harry S.) 69, 88, 123
ドレーパー，ウィリアム（Draper, William H., Jr.) 31

ナ 行

永末英一 275
中地熊造 311, 326
中西実 238
永野重雄 225, 233
中山伊知郎 157, 225, 227
中山三郎 153
中脇ふじ 53, 79, 92
鍋山貞親 46, 60, 214
ニクソン，リチャード（Nixon, Richard M.) 123, 125, 178, 179, 283
西方慎一郎 271
西口義人 55, 162, 170
西巻敏雄 87, 98-100, 102, 108, 115, 137, 183, 205, 206, 208, 209, 213, 215, 218, 311
ニジンスキー，ステファン（Nedzynski, Stefan）

223, 300, 301, 309, 344
野上元 202
野口一馬 299
野口勝一 304, 305

ハ 行

バーガー，サミュエル（Berger, Samuel D.) 123-125, 127, 131, 172, 175
萩原徹 252
バーキン，ソロモン（Barkin, Solomon) 261
ハーター，クリスチャン（Herter, Christian A.) 198, 257
鳩山一郎 158
浜口栄 271
ハミルトン，ファウラー（Hamilton, Fowler) 289
原吉平 59
原茂 55, 300, 302
原口幸隆 78, 86, 87, 89, 90, 96, 97, 99-102, 104, 108, 111, 130, 176, 177, 185, 186, 210, 211, 219, 278, 300-302, 313, 320, 339, 341, 342, 357
ハーラン，ジョン（Harlan, John G.) 156, 157, 166
ハリマン，エーヴェラル（Harriman, W. Averell) 325, 332
バルー，ジョン（Ballew, John A.) 81, 83, 86, 87, 97, 121, 123
バルダンヅィー，ジョージ（Baldanzi, George) 61
ハロルド，ジョン（Harold, John) 33
ハロルドソン，ウェズレー（Haraldson, Wesley C.) 151, 152
バーンスタイン，マイヤー（Bernstein, Meyer) 264, 267
バンディ，マクジョージ（Bundy, McGeorge) 289
ピーターソン，エリック（Peterson, Eric) 238
平垣美代司 77, 102, 172-175, 177, 204, 211
ファース，チャールズ（Fahs, Charles B.) 324
ブイター，ハーム（Buiter, Harm) 354
フーヴァー，ハーバート（Hoover, Herbert, Jr.) 162
フーヴァー，ブレイン（Hoover, Blaine) 29, 30
フェイファー，ロバート（Pfeiffer, Robert F.)

356
フェザー, ヴィクター (Feather, Victor) 200
フォープル, ルドルフ (Faupl, Rudolph) 264, 305, 342
福永健司 286
福間知之 171, 337, 339
藤田進 53, 54, 69, 78, 85, 98, 111
藤田藤太郎 53, 54, 78, 85, 87, 89, 110, 125, 180, 184, 185
藤山愛一郎 198, 256
ブラウン, アーヴィング (Brown, Irving) 2, 3, 13, 44, 114, 118, 123, 128, 129, 131-133, 137, 203, 301
ブラウン, デルマー (Brown, Delmer) 138
ブラッティ, ヴァレリー (Burati, Valery) 12, 34, 38-40, 43-52, 54, 56-61, 66, 69, 70, 72-80, 86, 87, 89, 90, 92, 97, 100, 107, 108, 115, 119, 121, 122, 178, 186, 187, 351
フルシチョフ, ニキータ (Khrushchev, Nikita S.) 241-243
ブレーデン, トマス (Braden Thomas W.) 1-3, 13
ブレナー, オットー (Brenner, Otto) 263, 264, 355
ブロフィー, ジョン (Brophy, John) 50, 51
ベヴィン, アーネスト (Bevin, Ernest L.) 68
ベク―, オマール (Becu, Omer) 106, 114, 133, 175, 187, 199, 203, 217, 218, 282, 283, 298-301, 310, 311, 329, 333, 340-345
ベッカー, レオン (Becker, Leon) 33
ベル, アーネスト (Bell, Ernest) 19
星加要 53, 54
細谷松太 27, 28, 33, 49-51, 73, 79
ポトフスキー, ジェイコブ (Potofsky, Jacob S.) 244
ホフマン, ポール (Hoffman, Paul G.) 146
ポラック, ハーリー (Pollak, Harry) 325, 282, 290, 291
堀井悦郎 343, 344
堀井利勝 171, 188
ボール, ジョージ (Ball, George W.) 288
ボールドウィン, チャールズ (Baldwin, Charles F.) 157
ボーレ, マーティン (Bolle, Martin C.) 106, 129-132, 172, 176, 188

ボウルズ, チェスター (Bowles, Chester) 281

マ 行

マイヤー, アーミン (Meyer, Armin H.) 358
マイヤー, クラレンス (Meyer, Clarence E.) 155, 156, 166
マーカット, ウィリアム (Marquat, William F.) 29, 44, 54, 149
槙枝元文 174
マクラーキン, ロバート (McClurkin, Robert J. G.) 174
マーシャル, ジョージ (Marshall, George C.) 146
マシューズ, G・F・C (Matthews, G. F. C.) 46, 54, 55, 57
増原操 207, 232, 233
松浦正男 271
松岡駒吉 18, 20, 39, 45-47, 49, 51, 54, 60, 62, 119, 159
マッカーサー, ダグラス (MacArthur, Douglas) 17, 18, 20-22, 25-27, 30-33, 37, 47, 69-71
マッカーサー, ダグラス, 2世 (MacArthur, Douglas, II) 197, 198, 200, 216, 256, 274, 275, 277-279, 288, 289
マパラ, G (Mapara, G.) 185, 186, 213, 233, 234, 241, 242, 244, 301, 342, 343
マーフィー, ジョン (Murphy, John J.) 20
マーフィー, ロバート (Murphy, Robert D.) 87, 89, 122, 123, 125, 140, 174
マレー, フィリップ (Murray, Philip) 48, 256
水野三四三 53, 54
三田村四郎 214
ミーニー, ジョージ (Meany, George) 1-3, 7, 35, 36, 125, 172-175, 178, 181, 182, 201, 203, 206, 208, 209, 211, 216, 217, 223, 243, 254, 257, 310, 325, 328, 330-333, 342, 343, 345, 354
宮家愈 161, 271
ミヤザワ, ジョー (Miyazawa, Joe) 188, 189
宮田早苗 267
宮田義二 189, 231, 305, 309, 318, 335-338, 354, 355, 357
宮之原貞光 111, 112, 114, 130, 133, 177, 213, 218

ミラード，チャールズ(Millard, Charles) 186,
　203-209, 213, 216, 217, 220, 312, 357
向井忠晴 154
武藤武雄 48, 53, 54, 61, 72-75, 77-80, 85-87, 89,
　99, 109
ムンガット，ダイアン(Mungat, Dhyan) 85,
　95, 100, 101, 106, 176, 177, 185, 204
メイオール，リーズ(Mayall, A. Lees) 276
メータ，カンチ(Mehta, Kanti) 214
毛沢東 242, 243
モーガン，ジョージ(Morgan, George A.) 114
モーガン，A・M(Morgan, A. M.) 202
森善治 53, 54
森口忠造 69
モリソン，クリントン(Morrison, Clinton)
　156, 157
モリソン，ハーバート(Morrison, Herbert S.)
　82, 83
門間吉信 308

ヤ 行

安恒良一 169, 170, 178, 281, 282
柳本美雄 61
山岸章 358
山際正道 150
山崎五郎 216, 233
山田耻目 281, 295
大和与一 101
山脇陽三 53, 54
ヤング，ケネス(Young, Kenneth T.) 250
吉田茂 18, 32, 68, 69, 71, 75, 76, 80-84, 89, 106,
　109, 130, 151, 154, 155, 158, 181, 359
吉武恵市 86
吉村博行 210, 212
芦村庸介 278

ラ 行

ライシャワー，エドウィン(Reischauer, Edwin
　O.) 13, 273-276, 281, 288, 290, 292, 293, 314,
　326, 353, 359
ライダー，ウィリアム(Ryder, William T.) 75
ラヴストーン，ジェイ(Lovestone, Jay) 1-3, 7,
　9, 13, 19, 23, 28, 33, 49, 51, 89, 118, 119,
　122-125, 133, 135, 136, 172, 175, 182, 183,
　202, 203, 209, 216, 218, 241, 343, 345
ラスク，ディーン(Rusk, Dean) 243, 273, 284,
　288, 289
ラボアース，ヘンリー(Labouisse, Henry R.)
　288
リー，アーネスト(Lee, Ernest S.) 332, 342
リッジウェイ，マシュー(Ridgway, Matthew
　B.) 75, 76, 250
リード，フィリップ(Reed, Philip) 146
リヒター，ウィリー(Richter, Willi) 303
ルイス，ジョン(Lewis, John L.) 48
ルーサー，ヴィクター(Reuther, Victor G.) 1,
　2, 106, 108, 123, 132, 133, 146, 148, 149, 177,
　178, 183, 185, 187, 188, 190, 202, 254, 255,
　262-265, 313, 330, 333, 336
ルーサー，ウォルター(Reuther, Walter P.) 2,
　7, 14, 102, 106, 178, 182, 202, 203, 216,
　253-257, 259, 281, 282, 287, 295, 305,
　307-310, 312-319, 322, 324, 326-334, 336,
　343, 353, 354, 360
レヴィンソン，チャールズ(Levinson, Charles)
　107, 265
ロイヤル，ケネス(Royall, Kenneth C.) 31, 52
ロス，マイケル(Ross, Michael) 44, 45, 129,
　202, 342, 343
ロバーツ，アルフレッド(Roberts, Alfred)
　259, 341
ロバートソン，ウォルター(Robertson, Walter
　S.) 125, 158, 174
ロビンソン，ハワード(Robinson, Howard T.)
　358
ローマー，サミュエル(Romer, Samuel) 33

ワ 行

鷲谷政之助 227
和田春生 98, 99, 109, 121, 125-127, 129, 131,
　132, 136, 186, 208, 229, 301, 308-313, 317,
　328-330, 332, 333, 338, 340-343
和田博雄 275
ワーツ，ウィラード(Wirtz, W. Willard) 202,
　317, 326, 327
ワーツ，レオ(Wertz, Leo) 202
ワトソン，バーガス(Watson, Burges) 234

組織名索引

ア　行

アジア財団（Asia Foundation）　137, 138, 281
アメリカ音楽家組合（AFM: American Federation of Musicians）　139
アメリカ教員組合（AFT: American Federation of Teachers）　123
アメリカ合同衣料労組（ACWA: Amalgamated Clothing Workers of America）　244, 254
アメリカ合同運輸労組（UTSE: United Transport Service Employees of America）　66, 85
アメリカ広報・文化交流局（USIS: United States Information Service）　137-139, 144, 174, 179, 181, 183, 234, 235, 240, 275, 276, 289, 290, 325
アメリカ広報・文化交流庁（USIA: United States Information Agency）　139, 144
アメリカ国際機械工組合（IAM: International Association of Machinists）　175, 238, 241, 254, 264, 304
アメリカ国際電機労組（IUE: International Union of Electrical, Radio and Machine Workers）　257, 265, 304-308
アメリカ国際パルプ製紙労組（IBPSPMW: International Brotherhood of Pulp, Sulphite and Paper Mill Workers）　22, 27
アメリカ国際婦人服労組（ILGWU: International Ladies' Garment Workers' Union）　19, 20, 254
アメリカ国際木材労組（IWA: International Woodworkers of America）　148, 188
アメリカ繊維労組（TWUA: Textile Workers Union of America）　59, 61, 254, 261, 262
アメリカ造船労組（Industrial Union of Marine and Shipbuilding Workers of America）　254
アメリカ対外活動使節団（USOM: United States Operations Mission）　148, 156, 158, 161, 168, 225-227, 229, 230, 234, 236, 240
アメリカ地方公務員組合（American Federation of State, County and Municipal Employees）　84
アメリカ労働総同盟（AFL: American Federation of Labor）　1-3, 6-10, 12-14, 19-23, 25-36, 38, 39, 41, 42, 44, 45, 49-53, 85, 88, 89, 93, 103, 107, 114, 118-125, 127-129, 131-137, 141, 148, 156, 172-176, 178, 180-183, 201, 203, 216, 253, 254, 287, 295, 305, 307, 312, 329, 342, 343, 351-354
アメリカ労働総同盟・産業別組合会議（AFL-CIO: American Federation of Labor and Congress of Industrial Organizations）　1-3, 8, 10, 11, 36, 182, 201-203, 206, 208, 209, 211, 216, 218, 241-244, 253-262, 264, 267, 281-284, 286, 287, 290, 291, 301, 306, 310, 312, 313, 315, 324, 325, 329-333, 335, 342, 343, 345, 352-354, 362
アラブ労連（ICATU: International Confederation of Arab Trade Unions）　212
イギリス経営者総連盟（BEC: British Employers' Confederation）　146
イギリス合同繊維工場労組（United Textile Factory Workers Association）　56
イギリス産業連盟（FBI: Federation of British Industries）　146
イギリス生産性協議会（BPC: British Productivity Council）　146
イギリス造船機械労組（Confederation of Shipbuilding and Engineering Union）　305
イタリア労働組合同盟（CISL: Confederazione Italiana Sindacati Lavoratori）　6, 9, 118, 127
イタリア労働総同盟（CGIL: Confederazione Generale Italiana del Lavoro）　6, 29, 41, 112, 113, 124, 137, 177
イタリア労働連合（UIL: Unione Italiana del Lavoro）　6, 112
インド全国労働組合会議（INTUC: Indian National Trade Union Congress）　42, 50, 210, 211
インドネシア労働組合中央評議会（SOBSI: Sentral Organisasi Buruh Seluruh Indone-

sia) 113, 210
英米生産性協議会(AACP: Anglo-American Council on Productivity) 146, 147, 149, 152, 153, 163
オランダ労働総同盟(NVV：Nederlands Verbond van Vakverenigingen) 41

カ 行

海員組合(全日本海員組合) 27, 39, 43, 47, 48, 55, 73, 74, 77, 85, 87, 88, 95, 96, 98-102, 105, 108-110, 120, 121, 124, 126-135, 137, 159, 161, 162, 169, 170, 176, 183, 187, 201, 205, 208, 210, 215, 218, 225, 227, 228, 311, 339
化学同盟(化学産業労働組合同盟) 93, 227
カナダ労働会議(CLC: Canadian Labour Congress) 203
韓国労働組合総連盟(FKTU: Federation of Korean Trade Unions) 353
関税および貿易に関する一般協定(GATT: General Agreement on Tariffs and Trade) 11, 155, 249-252, 255, 257-261, 263-266, 283, 284, 287, 305, 352, 360, 362
機器電機労連(全国機器電機産業労働組合連合会) 106
北大西洋条約機構(NATO: North Atlantic Treaty Organization) 4, 42, 282
極東委員会(FEC: Far Eastern Commission) 21, 31, 34, 80
機労(日本国有鉄道機関車労働組合) 170, 171, 204, 206
金属機械労働組合インターナショナル(Trade Unions International of Metal and Engineering Industries) 306, 335
金属共闘会議 188
経済協力開発機構(OECD: Organization for Economic Cooperation and Development) 287, 337, 363
経済協力局(ECA: Economic Cooperation Administration[アメリカ]) 7, 75, 146, 147, 149
経済復興会議 23, 24, 29, 152, 159
経団連(経済団体連合会) 23, 152, 155, 225
原水協(原水爆禁止日本協議会) 281, 303
合化労連(合成化学産業労働組合連合) 59, 77, 170, 171, 174, 175, 179, 180, 230, 232, 300, 301, 304, 324-326, 338
国際運輸労連(ITF: International Transport Workers' Federation) 6, 27, 41, 42, 104-106, 133, 186-188, 190, 199, 200, 204, 217, 290, 304, 338
国際開発局(AID: Agency for International Development[アメリカ]) 7, 289
国際官公従業員組合連盟(IFPCS: International Federation of Unions of Employees in Public and Civil Services) 104, 106, 129
国際協力局(ICA: International Cooperation Administration[アメリカ]) 7, 139, 161, 169, 172, 229, 236, 239, 240, 242, 288
国際金属労連(IMF: International Metalworkers' Federation) 11-13, 15, 41, 104-108, 116, 187-190, 194, 195, 258, 259, 262, 264-266, 268, 290, 304-310, 313, 316, 318, 319, 328-330, 333-339, 348, 351, 353-355, 357, 361
国際金属労連日本協議会(IMF-JC: International Metalworkers' Federation-Japan Council) 11-13, 116, 334-339, 348, 353-358
国際鉱夫連盟(MIF: Miners' International Federation) 105, 214, 303
国際自由教員組合連盟(IFFTU: International Federation of Free Teachers' Unions) 101, 104, 106, 212
国際自由労連(ICFTU: International Confederation of Free Trade Unions) 6-13, 15, 41-52, 56, 66, 69, 70, 73-85, 87, 88, 95-112, 114-116, 119-122, 126-136, 141, 148, 149, 172, 174-178, 180, 182-190, 194, 199-219, 233, 236, 243, 253-255, 258-262, 267, 281-283, 290, 298-304, 306, 307, 309-316, 322, 325, 329-333, 335, 338-345, 349, 351-354, 357, 358, 361-363
国際自由労連加盟組合協議会 74, 93, 111, 119, 129, 131-134
国際自由労連加盟組合連絡委員会 133, 177, 302, 344
国際商業会議所(ICC: International Chamber of Commerce) 152
国際石油化学労連(IFPCW: International Federation of Petroleum and Chemical Workers) 338

組織名索引　387

国際石油労連(IFPW: International Federation of Petroleum Workers) 304
国際繊維被服労連(ITGWF: International Textile and Garment Workers' Federation) 105
国際組織(ICFTU・ITS)加盟組合連絡会議 116, 301-304, 310, 312
国際郵便電信電話労連(PTTI: Postal, Telegraph and Telephone International) 105, 325
国際連合(国連, UN: United Nations) 362
国際労働機関(ILO: International Labour Organization) 41, 43, 81, 83, 84, 102, 106, 109, 110, 116, 128, 195, 199, 200, 203, 204, 206, 207, 209, 219, 253, 255, 260, 263, 264, 283, 284, 300, 305, 336, 337, 341, 342, 352, 360, 362, 363
国際労働組合総連合(ITUC: International Trade Union Confederation) 363
国際労連(WCL: World Confederation of Labour) 363
国鉄新生民同(国鉄労働組合民主化同盟) 77, 233
国鉄総連(国鉄労働組合総連合会) 18, 24
国鉄反共連盟 27
国鉄民同(国鉄民主化同盟) 27, 39, 76
国務省(Department of State[アメリカ]) 6-8, 17, 21, 27, 31, 40, 42, 43, 58, 69, 86, 89, 92, 98, 126, 132, 133, 143, 150, 151, 153-157, 162, 169, 172-174, 177, 178, 180, 186, 200, 202, 234-243, 250, 252-254, 257, 273, 275, 277, 278, 281, 282, 288-293, 307, 308, 313, 322, 324-327, 342
国労(国鉄労働組合) 27, 29, 33, 39, 40, 43, 46-49, 53-55, 69, 72-74, 76, 77, 80, 96, 99, 101-105, 107, 112, 170, 171, 173, 177-179, 187, 197, 199, 200, 204, 233, 277-281, 290, 295, 301, 312, 325, 340, 358
国会共闘(国会闘争共同委員会) 40
コミンフォルム(欧州共産党情報機関, Cominform: Communist Information Bureau) 3
コメコン(経済相互援助会議, COMECON: Council for Mutual Economic Assistance) 3

サ行

産業別組合会議(CIO: Congress of Industrial Organizations[アメリカ]) 1, 2, 6-14, 19, 21, 22, 25, 31, 34-36, 38, 39, 41, 42, 44, 45, 48, 50, 51, 53, 56-58, 61, 62, 66, 75, 76, 85, 88, 97, 102, 103, 106-108, 119-123, 129, 132, 133, 148, 149, 172, 176-178, 180, 182, 183, 187, 188, 202, 203, 216, 217, 253, 254, 256, 257, 286, 295, 305-307, 310, 312, 343, 351-354, 361
三鉱連(全国三井炭鉱労働組合連合会) 213
産別会議(全日本産業別労働組合会議) 18-20, 23, 24, 27, 29, 39, 40, 43, 46, 57, 73, 86, 89, 159, 187, 188
産別民同(産別会議民主化同盟) 27-29, 32-34, 39
自治労(全日本自治団体労働組合) 55, 132, 170, 173
自治労協(全国自治団体労働組合協議会) 48, 73
私鉄総連(日本私鉄労働組合総連合会) 39, 40, 47, 48, 53-55, 73, 78, 85, 89, 95, 96, 98, 101, 102, 104, 105, 108, 169-171, 176, 178-180, 187, 188, 227, 230, 232, 281, 282, 300, 301, 304, 311, 325, 326, 340
自動車労連(日本自動車産業労働組合連合会) 55, 171, 227, 228, 233, 266, 271, 308, 309, 318, 325, 335-337, 339
自民党(自由民主党) 197, 203, 233, 235, 291-293, 358, 359, 361
車輛労連(車輛産業労働組合連合会) 318
自由ドイツ労働総同盟(FDGB: Freier Deutscher Gewerkschaftsbund[東ドイツ]) 299
自由労働組合委員会(FTUC: Free Trade Union Committee) 3, 7, 19-21, 23, 27, 33, 35, 49, 118, 120, 122-124, 135, 136, 141, 175, 182, 183, 202, 203
常炭連(常磐地方炭鉱労働組合連合会) 99, 109, 126-128
情報労連(情報産業労働組合連合会) 358
新国労(新国鉄労働組合連合) 339, 340
新産別(全国産業別労働組合連合) 29, 40, 43, 45, 47, 49, 51, 52, 55, 57, 69, 73, 74, 77, 171,

176, 187, 206, 207, 229, 283, 286, 300, 305, 309, 310, 312, 313, 315, 316, 318, 328, 329, 331, 333, 335, 336, 356
新聞通信放送労組(日本新聞通信放送労働組合) 24
スウェーデン全国労働組合連盟(LO: Landsorganisationen i Sverige) 9, 216, 260, 299
生産性向上全国委員会(Comité National de la Productivité[フランス]) 147
セイロン労働者会議(CWC: Ceylon Workers' Congress) 210
世界貿易機関(WTO: World Trade Organization) 362
世界労連(WFTU: World Federation of Trade Unions) 6, 8, 12, 19, 21, 22, 25-27, 41-43, 45, 48, 62, 63, 70, 78, 85, 97, 103-105, 109, 112-114, 121, 123, 137, 148, 161, 176, 177, 184, 199, 200, 202, 204, 205, 209-212, 215-217, 234, 241, 281, 298-304, 306, 312-314, 318, 335, 338, 352, 358, 363
全インド労働組合会議(AITUC: All India Trade Union Congress) 211
全映演(全国映画演劇労働組合) 99, 100, 109, 124, 126, 127, 133, 227, 228, 339
全化同盟(全国化学労働組合同盟) 95, 325
全官公(全日本官公職協議会) 311, 339, 342
全官公庁共闘委員会 18
全機金(全国機械金属労働組合) 271, 305, 309, 318, 334, 335, 337
全金属(全日本金属労働組合) 188
全金同盟(全国金属産業労働組合同盟) 55, 95, 112, 189, 194, 195, 230, 266, 290, 318, 319, 325, 335, 337, 338
全鉱(全日本金属鉱山労働組合連合会) 40, 43, 46-48, 53, 54, 73, 74, 78, 85, 86, 88, 89, 95-102, 111, 120, 133, 169-171, 176, 179, 185, 204, 227, 278, 280, 300-302, 312, 313, 339, 341, 357
全交労(全国民営交通労働組合) 339, 340
全港湾(全日本港湾労働組合) 89
全国化学(全国化学産業労働組合同盟) 53, 54, 61
全国金属(全国金属労働組合) 61, 77, 188, 318, 335, 337
全国港湾同盟準備会(全国港湾労働組合同盟準備会) 61

全国自動車(全国自動車産業労働組合連合会) 309, 318, 325, 334, 335, 337
全国食品(全国食品産業労働組合同盟) 61, 95
全国土建同盟(全国土建一般労働組合同盟) 61
全蚕労連(全国蚕糸労働組合連合会) 53, 54, 55, 171
全自動車(全日本自動車産業労働組合) 89, 112, 233, 308
全繊同盟(全国繊維産業労働組合同盟) 15, 45, 46, 54, 59-62, 77, 88, 95-102, 105, 109, 120, 121, 124, 126-134, 136, 159, 161, 170, 171, 176, 201, 210, 224, 226-229, 244, 290, 325, 328, 339, 349
全造船(全日本造船労働組合、全日本造船機械労働組合) 106, 171, 188, 206, 271, 305, 318
全ソ労働組合中央評議会(AUCCTU: All-Union Central Committee of Trade Unions) 6, 8, 19, 21, 199, 216, 241
全炭鉱(全国石炭鉱業労働組合) 127, 170, 171, 301, 303
全駐労(全駐留軍労働組合) 132, 185
全逓(全逓信労働組合、全逓信従業員組合) 29, 30, 39, 40, 43, 47, 48, 55, 73, 74, 77, 96, 101-105, 111, 128, 133, 170, 176, 179, 186, 188, 202-204, 208, 209, 217, 218, 233, 290, 300-302, 312, 325, 340, 356
全電線(全日本電線工業労働組合) 318
全電通(全国電気通信労働組合) 132, 170, 173, 290, 358
全特定(全国特定局従業員組合) 209, 233, 339, 340
全日労(全日本労働組合連盟) 40, 43, 46-48, 57, 69
全日通(全日通労働組合) 40, 47, 48, 53, 54, 55, 132, 170, 301, 304, 338
全評(日本労働組合全国評議会) 18
全文協(全国勤労者文化協会) 139
全米自動車労組(UAW: United Automobile Workers of America) 1, 2, 10, 14, 33, 106, 107, 146, 178, 187, 188, 190, 202, 254-259, 262-266, 282, 287, 306, 308-310, 313, 329-332, 353, 354, 360
全米炭鉱労組(UMW: United Mine Workers of America) 48

組織名索引　389

全米鉄鋼労組(USWA: United Steelworkers of America)　188, 203, 238, 254, 264, 267, 304-306, 308
全米電機労組(UE: United Electrical, Radio and Machine Workers of America)　306
全郵労(全郵政従業員組合)　209, 233
全労(全日本労働組合会議)　11-13, 49, 126, 127, 129-139, 141, 155, 157, 159-162, 166, 168, 172-174, 176, 179-183, 186, 187, 194, 198, 200-210, 213-215, 217, 218, 220, 224, 225, 227-230, 232-238, 240, 242-244, 246, 266, 267, 275-278, 281, 283, 286, 287, 290, 292, 301, 302, 307-313, 316, 317, 320, 326, 328-333, 336, 338-345, 349, 352, 353
全労会議準備会(全国労働組合会議準備会)　39, 47, 57, 129
全労連(全国労働組合連絡協議会)　18, 19, 22, 27, 39-41, 70, 71, 89, 96, 97
相互安全保障局(MSA: Mutual Security Agency[アメリカ])　7, 147, 148, 150
総司令部(連合国軍最高司令官総司令部, GHQ/SCAP: General Headquarters/Supreme Commander for the Allied Powers)　12, 17, 18, 20-25, 27-34, 39, 40, 42-44, 47-50, 52-54, 56, 57, 59, 60, 63, 69-71, 75-77, 79, 89, 107, 118, 119, 122, 140, 178, 351, 359
造船総連(全国造船労働組合総連合, 全国造船機械労働組合総連合)　116, 189, 266, 271, 290, 305, 318, 319, 334-338
造船連(総同盟全国造船連合会)　61, 95
総同盟(日本労働総同盟, 日本労働組合総同盟)　18-20, 22-24, 27, 39, 40, 43, 45-49, 55-63, 68, 69, 71, 73, 74, 77, 90, 95-100, 116, 119-121, 125-136, 141, 159-162, 169-171, 189, 194, 225, 227, 228, 230, 235, 236, 266, 280, 303, 305, 311, 328, 335, 336, 339, 345, 352
総評(日本労働組合総評議会)　12, 13, 34, 41, 48-54, 56-62, 64, 66, 68-82, 84-89, 93, 95-104, 108-112, 114, 117, 119-121, 123-135, 137-139, 153, 157, 159-162, 169, 172-189, 197-220, 224-243, 249, 267, 275-283, 286-293, 298-316, 320, 324-331, 333, 335, 336, 338-345, 352-354, 356-359, 361

タ行

対外活動本部(FOA: Foreign Operations' Administration[アメリカ])　7, 148, 153, 155-158, 161, 168, 169
炭労(日本炭鉱労働組合連合会, 日本炭鉱労働組合)　39, 40, 43, 47, 48, 52-55, 74, 78, 86, 87, 96, 98, 99, 101-105, 109, 111, 112, 128, 130, 133, 170, 173, 197, 204, 213-218, 279-281, 290, 300-303, 312
中央情報局(CIA: Central Intelligence Agency[アメリカ])　1-3, 5-7, 9, 19, 118, 123, 138, 281, 352, 354, 359
中華全国総工会　102, 103, 107, 111, 126, 172, 184, 185, 210-212, 215, 300
中立労連(中立労働組合連絡会議)　206, 207, 229, 266, 283, 286, 287, 290, 300, 304, 305, 309, 310, 313, 315, 316, 318, 319, 328, 331, 333-335, 338, 353, 356
賃金共同調査センター　316, 317, 319, 326, 328-334, 336, 353, 360
鉄鋼労連(日本鉄鋼産業労働組合連合会)　55, 59, 106, 161, 162, 170, 171, 180, 188, 189, 230-232, 238, 266, 267, 280, 290, 304, 305, 308, 309, 318, 319, 334-338, 353, 354, 357
電機労連(全日本電機機器労働組合連合会)　55, 106, 170, 171, 188, 204, 206, 266, 271, 287, 290, 304-309, 318, 319, 334, 335, 337-339, 353
電産(全日本電気産業労働組合)　33, 39, 40, 43, 48, 53, 54, 69, 74, 77, 78, 85, 98, 170, 233
電労連(全国電力労働組合連合会)　171, 227, 228, 232, 290, 311, 325, 339
ドイツ金属労組(IG Metall)　188, 263, 264
ドイツ経済合理化協会(RKW: Rationalisierungs-Kuratorium der Deutschen Wirtschaft)　147
ドイツ経済性協議会(RKW: Reichskuratorium für Wirtschaftlichkeit)　147
ドイツ労働総同盟(DGB: Deutscher Gewerkschaftsbund)　9, 108, 267, 283, 299, 300, 303, 351, 354
同盟(全日本労働総同盟)　12, 13, 353, 354, 356-358
同盟会議(全日本労働総同盟組合会議)　230,

290, 292, 311, 314-319, 324-329, 331-333,
335, 336, 338, 339, 341-345
同友会（経済同友会） 23, 151-153, 158, 162, 225
動労（国鉄動力車労働組合） 301, 312, 358
独立青年同盟 46
都市交通（日本都市交通労働組合連合会） 88,
96, 101, 102, 105, 111, 133, 204, 301, 312, 340

ナ 行

日米生産性増強委員会 152-154
日米貿易経済合同委員会 274, 284-287, 315,
317, 327, 353
日教組（日本教職員組合） 40, 43, 46, 48, 55,
72-74, 77, 80, 96, 100, 102-104, 106, 111, 112,
125, 128, 130, 133, 138, 145, 172-174, 178,
204, 206, 210, 212, 213, 218, 311
日経連（日本経営者団体連盟） 31, 32, 149, 152,
153, 162, 213, 314
日鉱（日本鉱山労働組合） 61, 73, 95, 127
日産協（日本産業協議会） 23
日商（日本商工会議所） 152
日駐労（日本駐留軍労働組合） 133, 227
日放労（日本放送労働組合） 43, 48, 55, 96,
99-102, 109, 124, 133, 204, 301, 312
日本交通公社労組（日本交通公社労働組合）
105, 301, 312
日本生産性協議会 154, 156-158, 166
日本生産性本部 149, 150, 153, 155-163, 166,
168, 224-230, 233, 236, 240, 243, 244, 246,
289, 290, 324, 325, 330, 336, 342
日本鉄鋼連盟 355

ハ 行

ビルマ労働組合会議（BTUC: Burma Trade
Union Congress） 210
フランス生産性向上連盟（Association Française pour Acroissement de Productivité）
147
フランス労働総同盟（CGT: Confédération
Générale du Travail） 6, 19, 21, 29, 41, 112,
113, 124, 137, 176, 363
フランス労働総同盟・労働者の力（CGT-FO:
Confédération Générale du Travail-Force
Ouvrière） 6, 9, 112, 118, 127
ベルギー労働総同盟（ABVV/FGTB: Algemeen
Belgisch Vakverbond/Fédération Générale
du Travail de Belgique） 50

マ 行

三池新労（三池炭鉱新労働組合） 214, 215
三池労組（三池炭鉱労働組合） 213
南ヴェトナム労働総同盟（CVT: Confédération
Viêtnamienne du Travail） 353
民社党（民主社会党） 274, 275, 277, 292, 293,
314, 324, 356-358
民労研（民主労働運動研究会） 77-79, 86, 99
民労連（全国民主主義労働運動連絡協議会） 99,
102, 108-110, 115, 124-126

ヤ 行

八幡製鉄労組（日本製鉄八幡労組を含む） 55,
162, 170, 180, 189, 192, 231, 267, 318, 335,
336, 354
郵政労（郵政労働組合） 339
ヨーロッパ経済協力機構（OEEC: Organization
for European Economic Cooperation） 147
ヨーロッパ生産性本部（EPA: European
Productivity Agency） 147, 163

ラ 行

硫労連（全国硫安工業労働組合連盟） 40, 47, 48
連合（日本労働組合総連合会） 12, 358, 363
労働組合会議（TUC: Trades Union Congress
［イギリス］） 6-10, 12, 13, 19, 21, 41, 42, 44,
45, 48-51, 54, 56, 60, 62, 80, 82, 84, 119, 120,
129, 138, 146, 185, 199, 200, 203, 341, 351,
353, 361
労働者同志会 77-79, 86-89, 103, 175, 176, 178,
184, 185, 258-261, 264, 267, 277, 280
労働省（Department of Labor［アメリカ］） 7,
8, 26, 27, 31, 39, 45, 52, 93, 202, 237, 250-252,
257, 289, 327, 342

ワ 行

ワルシャワ条約機構（WTO: Warsaw Treaty
Organization） 4, 363

■岩波オンデマンドブックス■

日本労働政治の国際関係史 1945-1964
──社会民主主義という選択肢

　　2008年12月5日　第1刷発行
　　2016年11月10日　オンデマンド版発行

　著　者　　中北浩爾
　　　　　　なかきたこうじ

　発行者　　岡　本　　厚

　発行所　　株式会社　岩波書店
　　　　　　〒101-8002　東京都千代田区一ツ橋2-5-5
　　　　　　電話案内　03-5210-4000
　　　　　　http://www.iwanami.co.jp/

　印刷／製本・法令印刷

Ⓒ Koji Nakakita 2016
ISBN 978-4-00-730530-6　　Printed in Japan